● 高等院校应用型专业心理学系列教材

神经科学导论

INTRODUCTION TO NEUROSCIENCE

主　编　陈伟海
副主编　陈富国

扫一扫二维码，获取本书教学资源

西南大学出版社
SWUPG 国家一级出版社 全国百佳图书出版单位

图书在版编目(CIP)数据

神经科学导论 / 陈伟海主编. — 重庆 ：西南师范大学出版社，2020.9

高等院校应用型专业心理学系列教材

ISBN 978-7-5697-0251-4

Ⅰ. ①神… Ⅱ. ①陈… Ⅲ. ①神经科学—高等学校—教材 Ⅳ. ①R74

中国版本图书馆 CIP 数据核字(2020)第 067686 号

神经科学导论

SHENJING KEXUE DAOLUN

主 编 陈伟海

副主编 陈富国

责任编辑：任志林

封面设计：王玉菊

排　　版：瞿 勤

出版发行：西南大学出版社（原西南师范大学出版社）

地址：重庆市北碚区天生路 1 号

邮编：400715 市场营销部电话：023-68868624

http：//www. xscbs. com

经　　销：新华书店

印　　刷：重庆正文印务有限公司

幅面尺寸：180mm×230mm

印　　张：20.25

字　　数：420 千字

版　　次：2020 年 11 月 第 1 版

印　　次：2025 年 9 月 第 2 次印刷

书　　号：ISBN 978-7-5697-0251-4

定　　价：56.00 元

序

随着神经科学、认知神经科学、脑科学的迅速发展，越来越多的心理学家采用神经科学的理论与技术探索心理、行为背后的神经、基因及生理机制，试图阐明人类心理、意识、情绪形成与发展的规律。心理学与神经科学结合已成为一种趋势，并且推动了认知神经科学、行为神经科学、精神病学、临床心理学、人工智能等学科的迅猛发展。

西南大学心理学部一向重视神经科学的教学科研，长期给本科生开设专业基础必修课《神经科学导论》，选修课《生理心理学》《认知神经科学》《行为神经科学》等。《神经科学导论》是心理学类专业本科生最基本的一门神经科学课程，涉及神经系统的结构、细胞功能、电生理、突触传递、神经递质等最基本的理论。但是在教学中我们发现，现有的神经科学教科书都主要面向医学、生物学专业的本科生，其内容过于深奥或需要有较扎实的生物学、医学前期知识背景。并且这些教材也极少结合心理学的专业内容，并不适于心理学类专业的学生使用。因而编写一本适合心理学类专业本科生使用的神经科学教科书迫在眉睫。

本书编委会的成员长期从事神经科学、心理学的教学科研工作，对神经科学和心理学的教学非常熟悉，经过反复的讨论，编写了这本适合心理学、应用心理学专业本科生使用的《神经科学导论》。本书总体构思框架及章节纲要由陈伟海负责，各章节编写人员：第一、二、三章陈伟海（西南大学心理学部）；第四章高军（西南大学心理学部）；第五、六章俸珊（西南大学药学院）；第七章张琪（闽南师范大学教育科学学院）；第八、九章陈富国（西南大学心理学部）；第十章周一舟（重庆师范大学教育学院）；第十一、十二章喻婧（西南大学心理学部）；第十三章高笑（西南大学心理学部）。陈伟海、陈富国负责全书内容的整理与协调。

该教材的特点包括：一、深入浅出。由于心理学专业本科生的生物学基础比较薄弱，因此该教材的知识起点为高中的生物学内容，逐渐加深难度，最终帮助学生建立起神经科学的基本知识体系；二、密切结合心理学。本书各章节的内容都充分体现了心理学专业的特点，避免阐述与心理学无关的知识点，引导学生思考心理现象背后的神经科学机制；三、强调基本理论。由于学时有限，本课程通常只有 36 或 54 学时，因此，本书只能强调最基本的神经科学理论，力求使学生在有限的学时内掌握扎实的神经科学基本理论。

本书的编写除了感谢编委会成员的辛勤付出外，还要感谢西南大学心理学部、西南师范大学出版社的大力支持，感谢我们团队研究生为本书收集、整理了大量的文献资料，反复多次地认真校对，为本书的顺利出版做出了极大的贡献。为了使学生能更好地学习到神经科学的精彩内容，加深对神经科学理论的理解，本书引用了国际知名著作的部分精美图片，比如《Human Anatomy & Physiology》《Neuroscience》《Neuroscience: Exploring the Brain》《Netter's Atlas of Neuroscience》《Seeley's essentials of anatomy & physiology》《Histology: A text and atlas》《Human Embryology and developmental biology》等。在相应图片下方，作者都详细地列出了引用说明，本书作者为原作者的贡献表示衷心的感谢。

尽管本书力求做到理论联系实际，心理学与神经科学相结合，参编人员反复研究讨论本书内容，但由于本书是首次尝试编写适合心理学类专业本科生使用的神经科学教科书，加之编者水平、能力有限，书中难免有不妥或错漏之处，敬请各位专家和读者批评指正，以便本书的进一步修订和完善。

陈伟海

2020 年 4 月于西南大学

目　录

第一章　绪论

越来越多的心理学家试图探究心理、精神、行为背后的生物学机制，现代神经科学理论和技术的进步为这种探索提供了可靠的保证。每天都有数千篇与神经心理学相关的论文发表，为揭开心理、行为的奥秘提供了大量的研究数据。心理学相关专业的学生通过学习神经科学的基本理论，可以将神经科学和心理学结合起来，更好地探讨心理学背后的神经科学机制，也可以让我们认识到心理、精神、意识背后都有其坚实的物质基质。心理学家们通过采用神经科学的理论和技术，可以让心理学的研究更加客观化，为复杂的心理学理论、概念提供更多客观的实验证据。从本章开始，让我们一起走进神经科学的大门！

第一节 什么是神经科学

一、神经科学的概念

神经科学是专门研究神经系统的结构、功能、发育、遗传、病理、医疗等方面的一门学科，涉及解剖学、组织学、生物化学、生理学、药理学、病理学、心理学、内科学、外科学、人工智能等相关学科。除此之外，对行为、学习、语言、教育及情绪的研究都有可能涉及神经科学。因此，神经科学并非一门独立的学科，而是综合了多个学科门类的一门综合性的学科，简言之，只要是研究与神经系统相关的内容都可以划分到神经科学的范畴。神经科学主要包括以下学科。

(1)神经心理学：研究心理与行为的神经科学基础。

(2)认知神经科学：认知神经科学将神经科学与心理学和精神病学的认知科学结合起来，研究大脑如何形成和加工思想意识。

(3)计算神经科学：结合计算机科学来探索大脑进行意识加工的模式，使用计算机来模拟大脑功能，并应用数学、物理或其他计算领域的技术来研究大脑功能。

(4)发育神经科学：研究大脑和神经系统从胚胎到成年的发育演变过程，该学科有助于更深入地了解神经系统进化过程，能够发现和理解一系列的发育障碍并研究解决方案。

(5)分子和细胞神经科学：在分子和细胞水平上研究单个细胞、基因和蛋白质在神经系统功能中的作用。

(6)神经影像学：医学影像学的一个分支，用来诊断疾病和评估大脑的健康状况。还可以用于研究大脑及其分区的功能。

(7)神经生理学：从亚细胞水平到整个器官、系统水平研究神经系统的生理功能，探索人类思维的生物基础，并为认知神经科学、神经心理学提供理论基础。

二、心理学与神经科学的结合

现代科学的发展，特别是神经科学、医学、影像学的发展，为深入研究心理、行为的生物基础提供了技术和理论保证。心理学和神经科学的结合产生了一系列蓬勃发展的新兴学科，如认知神经科学、行为神经科学、生理心理学等。这些学科使用现代神经生物学技术来研究学习和记忆、社会认知、决策以及视觉注意和感知觉等传统心理学的研究领域，深入探索心理、行为的奥秘，并为异常心理的治疗提供理论基础，是现代心理学发展的重要方向之一。比如，神经心理学实验室使用啮齿类动物模型研究学习和记忆的形成，采用功能磁共振技术研究创伤后应激障碍患者的脑功能异常，采用脑微透析技术来研究成瘾或其他动机行为的神经递质机制。

研究心理、意识、情绪的生物基础可以追溯到几千年前的古希腊时代。早期哲学家们长期争论所谓的头脑与身体关系问题。换句话说，哲学家和其他思想家想知道精神世界和物质世界之间的关系是什么。例如，亚里士多德教导我们思想和情感源自内心；希波克拉底和后来的柏拉图等希腊思想家认为，大脑是心灵所在的地方，它是所有思想和行动的源泉。当今时代，由于科学技术的进步，我们能够对脑功能进行精确的定位，能深入地理解神经元和神经递质的功能，能准确地记录事件相关电位，使我们能更深入地了解生物过程如何影响思想、情绪和行为，能有更多的机会探索心理、意识、行为背后的生物机制，分析大脑、神经递质和神经系统的其他方面如何影响我们的行为、思想和感觉。

要研究大脑的工作方式和心理、行为背后的神经科学机制，就必须先了解神经科学的基本理论，特别是神经系统的结构、神经电生理和神经递质三个最基本的理论。神经系统由中枢神经系统和周围神经系统组成，中枢神经系统由脑和脊髓组成，大脑最外层被称为大脑皮质，负责认知、感觉、运动技能和情绪的功能。大脑皮质由额叶、枕叶、顶叶、颞叶、岛叶组成。额叶涉及运动技能、高级认知和表达语言；枕叶参与加工视觉刺激和信息；顶叶参与躯体感觉信息的处理，如触觉、疼痛等；颞叶涉及声音和语言加工、记忆加工等。除了中枢神经系统，神经系统的另一个重要部分是周围神经系统，包括支配肌肉运动和腺体功能的运动（传出）神经，以及将各种类型的感觉信息传送到中枢神经系统的感觉（传入）神经。

在学习了神经系统结构的相关知识之后，想要了解思维、情绪、意识是如何产生、加工的，就必须要学习神经电生理学。思想、意识、感觉本质上讲就是生物电活动，在神经系统的不同部分产生相应的生物电活动，就构成了丰富多彩的意识。人类为什么会感知世界，为什么会对客观环境的刺激产生反应，为什么会有喜怒哀乐，为什么会记住曾经发生过的事情，为什么会有各种各样的想法，为什么会有精神情绪障碍，这都是来源于神经系统产生的正常或异常的生物电信号。生物电如同“摩尔斯”电码一样编码着整个意识世界的信息。心理、意识永远都不能独立存在，也并非神仙上帝所赋予，当产生生物电的神经系统死亡之后，意识也就随之消失。

对于有生命的神经细胞而言，生物电活动的交流无时无刻不在进行，为什么大脑能命令手指产生动作，为什么刺破脚趾能迅速感到疼痛，那是因为生物电编码了大脑的命令或刺激产生的感觉信息，并进行了长距离的传递。19 世纪的神经科学家卡贾尔就认识到，神经系统由许许多多神经细胞组成，神经细胞通过接触进行信息的交流，把信息即生物电从一个神经细胞传递给下一个神经细胞，从而实现神经信息的传递。神经细胞之间进行信息传递的关键物质就是神经递质，它如同接力棒一样把信息从一个神经细胞传递到另一个神经细胞，正常的感知觉和意识的加工离不开正常状态下的神经递质传递。如果神经递质的传递出现异常，过弱或过强都有可能会导致变态心理乃至精神疾病的产生。比如多巴胺传递过强可能会产生精神分裂症，而5-羟色胺传递不足则可能会产生抑郁症。

通过我们以上的简述可以看到，心理、意识、情绪的产生和加工一定有其相应的物质基础，心理现象绝不可能独立存在。我们在学习心理学的过程中，必须坚定辩证唯物主义一元论的观点，坚决抵制唯心主义、二元论的观点。学习神经科学的基本理论，将神经科学和心理学结合起来，可以让我们坚定心理学的唯物主义性质。心理学家们通过采用神经科学的理论和技术，不但可以在行为、认知层面上，也可以在脑区、神经网络、分子基因层面上探讨并验证心理、认知的概念与理论，并有可能推动一大批新兴学科的产生，比如人工智能。

三、神经科学的发展简史

在古代西方，古埃及人认为智慧在于心中。因为这个信念，在木乃伊制作过程中，他们会移除大脑，但将心脏留在体内。古希腊人是最早研究大脑的人之一，他们试图了解大脑的作用和工作原理。比如希腊哲学家亚里士多德有一种理论，认为大脑是一种使血液冷却的器官，可以冷却被心脏加热的血液。

在近代，法国医生和解剖学家皮埃尔·保罗·布洛卡(Pierre Paul Broca，1824—1880)在研究脑损伤的病人时，发现大脑中的不同区域执行了不同的功能。比如大脑中的布洛卡区(Broca)负责某些语言功能，这一区域的损伤会导致失语症，即患者无法产生准确或连贯的语言。

19世纪，德国内科医生和物理学家冯·赫姆霍兹(Von Hemholtz)测量了神经细胞产生电脉冲的速度。1873年，意大利医生、病理学家甘米洛·高尔基(Camillo Golgi)用铬酸银盐观察到神经元的形态，发明了高尔基染色法。20世纪初，西班牙病理学和神经科学家圣地亚哥·拉蒙·卡贾尔(Santiago Ramon y Cajal)就假设神经元是独立的功能单元。1906年，高尔基和卡贾尔因他们对神经元研究的贡献而分享了诺贝尔生理学或医学奖。

自20世纪50年代以来，现代神经科学的研究和实践取得了长足的进展，极大地推动了精神疾病、脑血管疾病和其他神经系统疾病的治疗进展。科学的发展使神经科学家能够深入地研究神经系统的结构、功能、发展、病变以及治疗方式。

中国传统医学也对神经科学有丰富的研究。《黄帝内经》记载“脑为髓之海”，“诸髓者，皆属于脑”，“脑为精明之府”，即脑与眼、鼻、舌等头面部的感官关系密切，主管人五官感觉等功能。隋代杨上善认为“头是心神居”。李时珍《本草纲目》中提到“脑为元神之府”。清代汪昂《本草备要》中记载“人之记性皆在脑中，小儿善忘者，脑未满也，老人健忘者，脑渐空也。凡人外见一物，心有一形影留于脑中”。时至今日，中国传统医学关于神经系统的理论仍然有助于神经系统疾病的治疗与康复。

复习巩固

1.请简述神经科学的概念及主要分支学科。
2.请简述中国传统医学对脑的认识。

第二节　神经科学的研究方法

现代神经科学研究方法非常丰富，用神经科学的研究技术来探索心理现象和行为的内在规律已得到广泛的认可，并已形成一系列具有神经心理特色的技术方法。神经科学与心理学相结合，并非是为了揭示机体本身的结构或生理规律，也不仅仅是在描述心理现象或行为方式，而是为了深入探索神经系统结构和物质的改变对心理行为的影响，从而寻找心理或行为现象背后的生物或物质基础。心理学家要想探讨脑与心理、行为的关系，或者探讨心理、行为的生物基础，并不是靠一个实验就能做到，而是需要经过一系列不同层次的实验工作，从不同层面得到解释。要想全面解析一个行为的生物基础，可能就要用到功能磁共振、事件相关电位、动物行为实验、分子生物学实验、电生理实验等技术，最后才能得到整体行为、脑结构、细胞、分子或基因水平的全面解释。

一、功能磁共振成像

功能磁共振成像(fMRI，functional magnetic resonance imaging)是一种新兴的研究脑功能的神经影像学技术，其原理是利用磁共振造影来测量神经活动所引发的脑内血液动力的改变，是目前研究脑功能的主要技术之一。血流与血氧的改变与神经元的活化有密切的关系，大脑神经细胞活化时会消耗氧气，而氧气要由活化脑区周围毛细血管中的血红蛋白进行补充。当脑区神经细胞活动时，其附近的血流会增加以补充消耗掉的氧气，因此脑区活化区域的脑血流会改变，局部血液中的去氧血红蛋白与含氧血红蛋白的浓度也会随之改变。由于含氧血红蛋白与去氧血红蛋白之间磁导率不同，含氧血跟去氧血量的变化使磁场产生扰动而能被磁共振造影检测出来。因此可以通过监测各脑区内脑血流改变的方式来判断哪些脑区在执行心理任务过程中被激活，从而可以找出与这些心理任务相关联的脑区。fMRI 通过检验脑血流磁场变化而实现脑功能成像，能够安全精确地研究大脑结构与功能关系。

二、事件相关电位

事件相关电位(ERP,events related potentials)是一种在头颅表面记录到的脑电位,通过记录相关事件任务诱发的脑电位,反映了心理、认知过程中大脑的神经电生理的变化。20 世纪 60 年代,Sutton 提出了 ERP 的概念,通过平均叠加技术从头颅表面记录大脑诱发电位来反映认知过程中大脑的神经电生理改变,因为 ERP 与心理过程有密切关系,因此可以用作"窥视"心理活动的"窗口"。ERP 技术是目前研究大脑心理认知活动过程神经机制的主要技术之一。因为 ERP 记录的是"事件"发生时大脑同步产生的电信号的改变,因此,ERP 具有极高的时间分辨率,通常可以达到毫秒级。但是 ERP 技术的空间分辨率较低,无法准确定位事件相关的脑区。而 fMRI 则正好与 ERP 技术相反,空间分辨率较高而时间分辨率较低,因此,现在神经心理学家们提出将 fMRI 与 ERP 技术联合使用,从而既能提高时间分辨率又而获得较满意的空间分辨率。

三、动物实验

用动物作为神经科学、生理心理学的研究对象具有悠久的历史,早在 20 世纪初,生理学家巴甫洛夫就利用实验犬的研究结果创立了经典条件反应理论。目前,动物实验是神经科学最广泛的实验技术之一。人与动物在许多心理功能上具有相似性,特别是在一些低等的心理功能,如恐惧、情绪、学习记忆等最基本的心理功能上具有相当大的相似性。动物实验具有人类实验所无法比拟的优势,特别是对于一些创伤性的实验。通过动物实验可以人为地操控神经元的活性,可以毁损需要研究的脑区,也可以在心理行为实验完成后获取动物的相关脑区进行生物化学的检测。因此,用动物进行心理行为学的研究已发展成为一项相当成熟的技术手段,在全球广泛应用。但是在进行动物实验时,必须遵守动物实验的相关伦理准则,遵守优化实验方案,减少动物使用量,尽量使用替代方式的原则,按照国务院颁布的《实验动物管理条例》开展动物实验,禁止虐待动物,保证实验安全。

四、行为遗传学研究

个体的心理行为表现并不仅仅受后天的学习教育的影响,而且也受到先天的生物遗传机制的影响。在研究个体的行为特征时,往往需要考察个体行为的遗传学基础。行为遗传学以解释复杂行为形成和发展的遗传规律为根本目标,探讨遗传和环境的交互作用对人类行为的影响。早在 1869 年,英国心理学家 Galton 就在《遗传的天赋》一书中提出智力的遗传问题。1960 年，美国心理学家 Thompson 出版《行为遗传学》一书，标志这门新学科的诞生。行为遗传学既为遗传学开辟了一个新的学科，也为心理学的研究提供了一个新的方法。行为遗传学在心理学领域的主要研究方法包括谱系研究、双生子研究，以及寄养子研究等。行为遗传学家将收集到的数据通过遗传学的特殊数据分析技术，如分离分析、连锁分析、多变量遗传分析等统计方法进行处理，从而确定人类某种疾病或行为特质是否具有遗传性。

复习巩固

1.请简述功能磁共振的原理。
2.请简述动物实验的伦理要求。

第二章　神经元与神经胶质细胞

人类各种各样的心理活动都和神经系统的功能密不可分，毫无疑问，大脑是自然进化所创造的最精细、最复杂的器官。要想知道大脑对各种各样的心理活动具体有什么样的影响，我们必须先了解单个神经细胞的结构与功能，再研究细胞间的功能协同。组成神经系统的主要细胞是神经元(neuron)和神经胶质细胞(glial cell)。神经元是神经系统最基本的结构和功能单位。神经元通过树突或胞体接收来自其他细胞的信息，然后将信息进行整合处理后通过轴突传递到其他细胞，使个体产生心理活动或者做出相应的行为反应，进而使个体内部环境保持动态平衡，使个体自身和外界环境保持紧密的联系。人体内有数以百亿计的神经元，而神经胶质细胞的数量更多，大约为神经元的10倍。神经胶质细胞是神经系统中除神经元外最重要的细胞。神经胶质细胞将神经元相互隔开，并给其提供营养，从而维持神经元的正常活动。本章主要介绍神经元及神经胶质细胞的结构与功能。

第一节　神经元的胞体结构

神经元，即神经细胞，胞体大小不一，直径一般为 4～150 μm，我们必须借助电子显微镜等仪器才能对它的内部构造进行观察。神经元可分为两部分，即细胞体和突起，细胞体又包含了细胞膜、细胞核、细胞质以及细胞骨架等成分，而突起又可分为树突和轴突两种(图 2-1)。

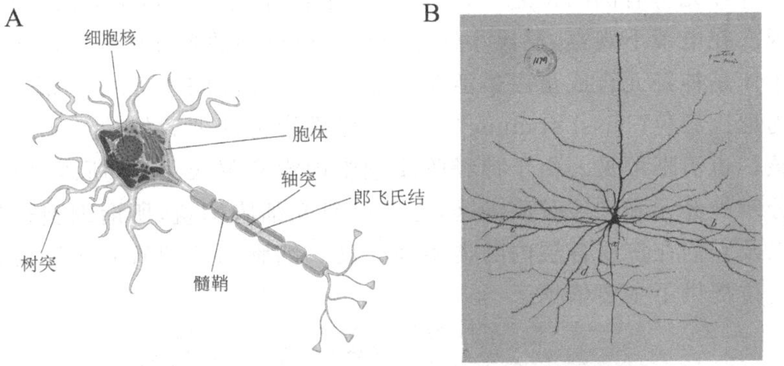

图 2-1　(A)神经元横式图；(2)Santiago Ramon y Cajal 绘制的锥体神经元

一、神经元的染色

人类在探索神经元的路上遇到过许许多多的难题。首先，大部分神经元直径为 10～50 μm，而人类肉眼可以分辨的极限大约也就是 50 μm。神经元的发现可以追溯到显微镜的发明时期。17 世纪后期，列文虎克(Antony van Leeuwenhoek)发明了显微镜，胡克(Robert Hooke)利用显微镜首次观察到并命名了细胞(cell)。1838 年，德国植物学家施莱登(Matthias Jakob Schleiden)和动物学家施旺(Theodor Schwann)根据对先前科学家研究结果的总结归纳以及自己的研究发现，提出了细胞学说，经过后人的发展，现今的细胞学说主要包括三方面的内容：细胞是一切多细胞生物的基本结构单位，对单细胞生物来说，一个细胞就是一个个体；多细胞生物的每个细胞为一个生命活动单位，执行特定的功能；现存细胞通过分裂产生新细胞。

其次，想要观察神经元还有另一个困难：脑组织太厚，无法透过光。我们必须将脑组织切成薄片，并且薄片的最佳厚度不能超过细胞直径，这样我们才能观察到单个的神经细胞结构。在 19 世纪早期，科学家们发现将脑组织浸入甲醛可以使细胞变硬，但同时也不会破坏细胞本身的结构，这个发现使我们能够将细胞进行固定从而方便切片，另外，他们也发明了一种叫作切片机的仪器将脑组织切割成微米级的厚度。但是新鲜的脑组织在显微镜下呈现出统一的奶白色，组织没有色差，并不能识别单个细胞，也就不能对神经元开展进一步的研究。直到19世纪后期，神经科学终于迎来了突破性的进步，细胞染色法的发明使科学家可以选择性地将大脑组织内的部分细胞染色，从而达到观察单个细胞的目的。

(1)尼氏染色

1892年，德国神经科学家弗兰兹·尼索(Franz Nissl)将脑片置于焦油紫(cresyl violet)或甲苯胺蓝(toluidine blue)等碱性染料中染色，观察到所有神经元的细胞质内出现了嗜碱性深染的斑块状物质，这些斑块被称为尼氏小体，又叫虎斑(如图2-2)。尼氏小体是神经元特有的结构之一，广泛分布于神经元胞体和树突内，而未在轴丘或轴突内发现。在电镜下观察，尼氏小体主要由平行排列的粗面内质网和游离核糖体组成。尼氏小体是神经元合成蛋白最活跃的部位，包括结构蛋白和分泌蛋白。这种染色法也被称为尼氏染色(Nissl staining)。经过尼氏染色处理后的神经元尼氏小体易于分辨，核、核仁也清晰可见。由于神经胶质细胞内没有尼氏小体，所以借助尼氏染色，我们可以分辨神经元和神经胶质细胞，也可以研究细胞构筑，所谓细胞构筑就是指细胞的排列以及它们在皮质各层内的类型和密度。细胞构筑的研究成果为大脑皮质分区和功能定位提供了主要依据。

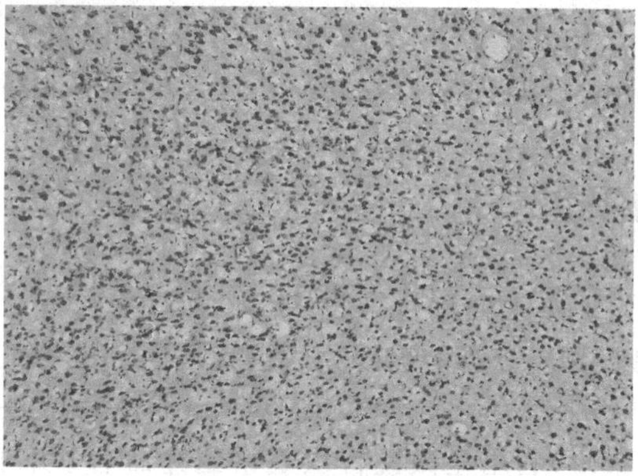

图2-2 尼氏染色后的细胞(100×光镜)

(2)高尔基染色

尼氏染色也有它的不足之处，尼氏染色主要是将胞体染色，并不能借助尼氏染色观察到神经元的突起。1873年，意大利神经组织学家高尔基发现将重铬酸钾和硝酸银混合所产生的黑色的铬酸银沉淀会由于组织的嗜银性而沉积在神经元中，从而达到将整个神经元染色的目的。为了感谢高尔基对这一神经科学的贡献，该染色方法被命名为高尔基染色法(Golgi staining)。高尔基染色法的发明使我们能够定性定量地观察神经元的形态，从量化的角度对细胞的结构进行描述。

高尔基染色法显示神经元的结构不仅仅包括尼氏染色处理后呈现出来的细胞核和核周，还有整个细胞体以及细胞体周围呈触须状的突起部分(图2-3)。图中神经元有核的膨胀区域即为细胞体(cell body),细胞体可简称为胞体(soma),又可称为核周体(perikaryon),它可以将树突传来的信息进行整合和处理,再经由轴突传到下一个细胞。从细胞体延伸而出的触须状结构称为突起。神经元的突起分为两种,较长且一般没有分支的称为轴突,一个神经元只有一个轴突。另一种突起称为树突,一个神经元可以有多条树突,呈树枝状向四周分散开来。高尔基根据染色后所观察到的神经元提出了神经元突起相互融合的观点,他认为,不同神经元之间是通过突起相互融合,也就是说,突起与突起之间是连通的,从而形成连续的网状结构,但是这种说法被后期的研究证明是错误的。

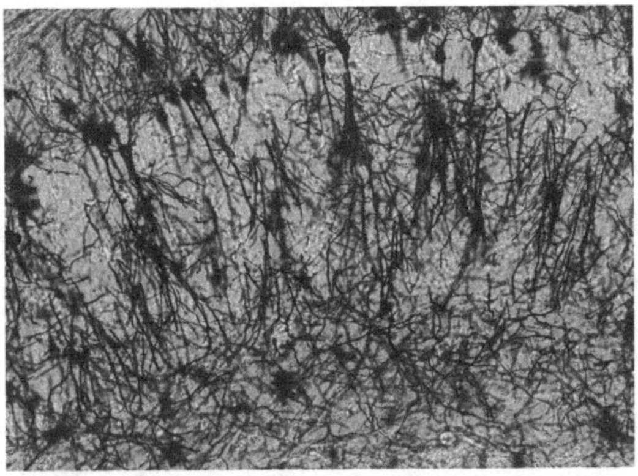

图 2-3　高尔基染色后的神经元

二、神经元学说

西班牙病理学家和神经科学家卡贾尔就对神经元突起相互融合的观点提出了不同的意见,他认为,不同神经元的突起之间不是连通的,它们通过相互接触达到信息交流的目的。卡贾尔所提出的神经元细胞突起相互接触的观点也被科学家们称为神经元学说(neuron doctrine)。神经元学说和早期由施莱登和施旺所提出的细胞学说中细胞是一切多细胞生物的基本单位的观点相符。

虽然神经元学说在之后的几十年中得到了许多科学家的支持,也有许多的研究结果间接证明了卡贾尔的观点,但并没有直接的证据否认高尔基突起融合的观点。直到1932年,鲁什卡(Ruska)发明了以电子束为光源的透射电子显微镜,后来经过改进,电子显微镜可以使我们看到突起与突起之间的具体结构,这成了神经元学说的直接证据。

三、细胞膜

细胞膜(cell membrane)起着将细胞内部和外部的组织液环境分隔开的作用,阻止细胞外的物质进入细胞。我们习惯上又将神经元的细胞膜称为神经元膜(neuronal membrane)。神经元膜一般厚度约为 5 nm,上面嵌有各种各样的离子通道和膜转运蛋白,它们起着通过或转运细胞内外各种物质的作用。正因为有了这些离子通道,神经元才能在受到刺激的时候,产生兴奋或者抑制反应,并且将这种信号传递到下一个细胞,使我们对外界刺激做出适宜的反应。

关于细胞膜组成的假说早在 20 世纪 30 年代就已经被提出,但是直到电子显微镜发明后才得以证实。目前普遍认为生物膜是嵌有球形蛋白质的脂质双分子层液态体(图 2-4),即液态镶嵌模型(fluid mosaic model)。生物膜的概念要比细胞膜大得多,生物膜还包括分隔各种细胞器的膜系统,即下文会提到的内质网、高尔基体等膜结构,也包括细胞核的核膜。液态镶嵌模型的主要观点是,膜以液态的、可流动的脂质双分子层为基本框架,其中镶嵌着具有不同功能的蛋白质。

神经元膜的主要化学组成成分为脂质、蛋白质和糖类,其中脂质所占比重最大,为 40%～50%,包括磷脂、胆固醇和糖脂,其中磷脂占比最大,主要是甘油磷脂和鞘磷脂两种成分,胆固醇可以调节神经元膜中的脂质成分的物理状态。蛋白质所占的比重也较大,为 30%～40%,通常情况下,细胞膜上蛋白质的比重越大,膜的功能也会越复杂。

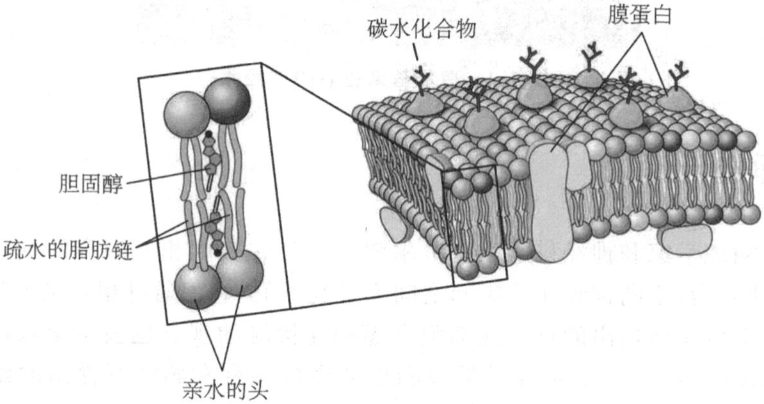

图 2-4 **细胞膜的液态镶嵌模型**

(**摘自** W. Pawlina, *Histology*: *A text and atlas*, Wolters Kulwer **公司**)

四、细胞核

胞体内核心的构造是细胞核(nucleus),细胞核内含有染色体(chromosome),染色体主要由脱氧核糖核酸(deoxyribonucleic acid,DNA)构成,基因是指带有遗传信息的 DNA 片段,是控制生物性状的基本遗传单位。DNA 主要由含氮碱基、糖类和核苷酸构成。DNA 是宽为 2 nm 左右的连续双螺旋结构。1953 年,沃森、克里克这两位科学家在英国科学杂志《Nature》上发表了一篇撼动科学界的研究论文，揭秘了 DNA 的双螺旋结构。

神经元的细胞核一般直径约为 10 μm，外表呈圆形，占据着神经细胞的中心。细胞核也像神经细胞本身一样，包裹着核被膜。核被膜是以磷脂双分子层为基础构成的双层膜，其上分布着直径约为 0.1 μm 的核孔。核孔是细胞核和细胞质之间大分子物质交换的通道，它的数量会根据细胞转录活动的旺盛程度以及细胞种类和代谢状况等情况的改变而发生改变。

DNA 的遗传信息先传递给信使核糖核酸（messenger ribonucleic acid，mRNA），然后再经过位于粗面内质网上的核糖体传递给蛋白质，这就是遗传信息的转录（transcription）和翻译（translation）过程，也被人们称作基因的表达。经过后期的研究发现，DNA 上的遗传信息也可以在各种酶的作用下，直接传递给 DNA，即完成 DNA 本身的复制。在病毒等生物体中，我们也可以见到逆转录过程，即以 RNA 为模板合成 DNA 的过程。生物学家们将其称为中心法则，中心法则用流程图可以表示为图 2-5：

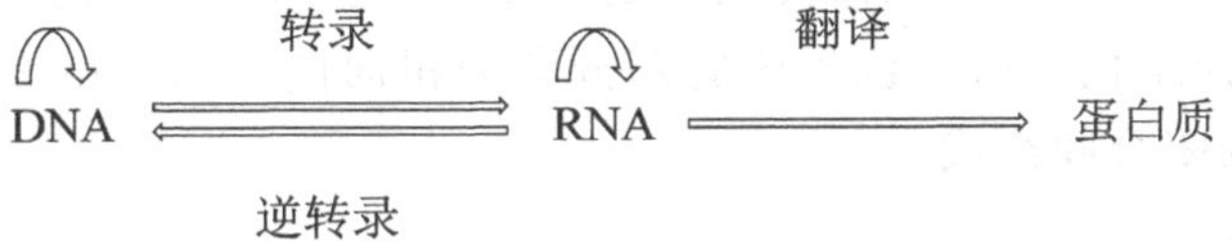

图 2-5　**中心法则**

DNA 在细胞里一般以双链形式存在，转录过程是以双链中的一条 DNA 为模板，我们称其为模板链。模板链上特定的 DNA 片段作为遗传信息的模板，在依赖 DNA 的 RNA 聚合酶的作用下，通过碱基互补配对的原则，以 ATP、CTP、GTP 和 UTP 四种核苷酸为原料合成 mRNA。翻译过程发生在转录之后，是以 mRNA 为模板，由转运 RNA（transport ribonucleic acid，tRNA）将所需的氨基酸运载到相应位置，在核糖体上合成蛋白质的过程。

因为神经元也是由干细胞分化而成，所以神经元的染色体数目和其他体细胞的染色体数目相同，有 23 对染色体，即 46 条，神经元的基因也和该个体其他体细胞的基因相同。基因的传递应该从生殖细胞说起，女性的生殖细胞只有一套遗传物质，即 22 条常染色体和一条 X 性染色体，而男性的则为 22 条常染色体和一条为 X 或者 Y 的性染色体，经过受精过程，精子和卵细胞结合形成受精卵，受精卵在女性的生殖器官子宫内经过分裂和分化形成各种各样的细胞、组织、器官，进而孕育出一个完整的生命。这样，子代就同时拥有了来自母亲的 DNA 和来自父亲的 DNA，它们组成了体内的遗传物质。

DNA 的复制、转录和翻译是细胞能够分裂分化的前提，但神经元不能继续分裂，神经胶质细胞却可以终生保持分裂能力，借以保持神经细胞死亡的空间位置，起修复和再生的作用。并且，根据目前的研究发现，科学家们一般认为，成人的神经元不可以再生，但对于神经元受损之后人体的某些本应不能进行的功能却得到了恢复的特例，科学家们给出的解释是，损伤神经元周围的其他神经元出现了功能代偿，也就是其他神经元取代了该受损神经元的功能。

五、细胞质

神经元的细胞质内分布着许多细胞器，包括为它本身提供能量的供能中心——线粒体，蛋白质的合成中心——粗面内质网和核糖体，分泌蛋白的加工和包装中心——高尔基复合体，脂质和糖类的合成中心——滑面内质网，以及将多余的蛋白质、核酸、多糖等生物大分子进行分解的溶酶体。

（一）粗面内质网

粗面内质网(rough endoplasmic reticulum)又被称为粗面ER(rough ER)，呈扁平囊状结构，因为粗面内质网上附着有大量的核糖体，而核糖体又是负责将mRNA翻译成蛋白质的细胞器，所以粗面内质网是神经元中蛋白质合成的主要场所。我们前文所提到的被尼氏染色液所着色的核周部分即为粗面内质网。粗面内质网位于细胞核附近，由成堆的闭合膜组成。

（二）核糖体

核糖体(ribosome)是直径为25 nm左右的球状细胞器，主要由rRNA和蛋白质组成，正如讲解中心法则的时候所提到的那样，核糖体在tRNA的帮助下，以mRNA为模板，以酶为催化剂，使细胞质中的各种氨基酸结合在一起，合成蛋白质。但是核糖体并不都是附着在粗面内质网上的，还有的核糖体处于游离状态，它们漂浮在细胞质内。有的游离核糖体可以聚集在一起，附着在单链的mRNA上，我们称其为多聚核糖体(polyribosome)。不管是游离核糖体还是附着在粗面内质网上的核糖体，主要负责的都是蛋白质的合成。但粗面内质网上的核糖体合成的蛋白质和在游离核糖体上合成的蛋白质具有不同的功能。游离核糖体主要参与细胞固有蛋白质的合成，而粗面内质网上的核糖体主要参与分泌性蛋白质的合成。

核糖体是一类非常特殊的细胞器，它在细胞的分裂分化中起着关键的作用，但它的结构又不同于其他的细胞器。核糖体没有生物膜包覆，主要由两个亚基组成，由于它的特殊性，核糖体有时候也被认为属于生物大分子，而不是一类细胞器。

（三）高尔基体

高尔基体(Golgi apparatus)是由意大利病理学家甘米洛·高尔基首先进行系统的描述，所以这一结构就以他的名字命名。高尔基体的形状类似于粗面内质网，也是扁平囊状的膜状结构，高尔基体对核糖体合成的蛋白质进行化学修饰，并将细胞中分布在不同部位的蛋白质进行分类整理，然后交给其他的细胞器做进一步的处理。

（四）滑面内质网

滑面内质网（smooth endoplasmic reticulum）又被称为滑面 ER，不同于粗面内质网上散布着核糖体，滑面内质网上并没有其他的细胞器，只是单纯的膜质细胞器。滑面内质网的形态也与粗面内质网有所不同，通常为管状和囊状。滑面内质网是一大类细胞器，它包含着很多不同的亚类，并且在神经细胞的不同位置的滑面 ER 有不同的功能。滑面内质网最常见的作用是合成脂质，除此之外，有的滑面内质网还可以参与蛋白质的加工处理，有的还可以调节细胞内离子或其他物质的浓度。

（五）线粒体

线粒体（mitochondrion）是细胞呼吸的重要场所。人类吃下去的糖类、蛋白质和脂质等有机物在一系列的酶的作用下，分解成丙酮酸这种小分子物质，丙酮酸又开始一系列复杂的生化反应，这些生化反应在 1937 年被德国科学家汉斯·克莱勃斯（Hans Krebs）发现，因此被称为克莱勃斯（Krebs）循环，这一循环也被称为三羧酸循环。这个循环中几个主要的中间代谢物是含有三个羧酸的有机酸。经过三羧酸循环，可以使腺苷二磷酸（即 ADP）磷酸化，生成腺苷三磷酸（adenosine triphosphate，ATP），进而为细胞的其他活动提供大量能量。每消耗一个丙酮酸分子可以生成 17 个 ATP 分子。

ATP 的全称为腺嘌呤核苷三磷酸，由一分子腺嘌呤、一分子核糖和三分子磷酸基团组成，它是一种不稳定的高能化合物，当其被水解时，可以释放出大量的能量。

（六）溶酶体

神经元除了具有上述细胞器之外，还含有用于降解胞体内多余的核酸、多糖和蛋白质等生物大分子的细胞器，这个细胞器就是溶酶体（lysosomes）。溶酶体的细胞器膜为单层膜，形状多种多样，其内含有大量的水解酶，生物催化剂酶都有各自的最适 pH，溶酶体内的酶也不例外。溶酶体内部呈酸性，pH 约为 5.0。除了水解大分子，溶酶体还可以在细胞衰老凋亡的时候使自身破裂，水解酶蜂拥而出，将整个细胞结构分解掉。

六、细胞骨架

神经元的细胞骨架（cytoskeleton）主要由微管、微丝和神经丝等成分构成。细胞骨架是一个动态的结构，其中有一部分是处于不断被破坏然后更新或者直接新建的状态中。细胞骨架不仅在维持细胞形态、承受外力、保持细胞内部结构的有序性上起着重要的作用，它还参与了许多重要的生命活动。

（一）微管

微管（microtubule）是一种纤维结构，它是一条笔直、壁厚的中空管，横切面呈圆环状，直径在 20 nm 左右(图 2-6)。微管的管壁由原纤丝构成，13 条细长的原纤丝以微管圆心为中心，环绕组成了微管的管壁。组成原纤丝的成分叫微管蛋白(tubulin)，微管蛋白是一种球状的、分子量较小的蛋白质，微管蛋白主要分为两种，即 α 微管蛋白(α-tubulin)和 β 微管蛋白(β-tubulin)，两种微管蛋白常以异二聚体的形式存在，若干异二聚体首尾相接，形成细长的微管原丝，13 根微管原丝靠共价键排列形成微管。微管具有可聚合和解聚的性质，这一性质使微管在维持细胞的固有形态、信号转导和物质运输等方面做出了巨大的贡献。

除了微管蛋白之外，在微管的组装聚合的过程中，还需要另一种蛋白质的参与，这种蛋白称为微管相关蛋白。微管相关蛋白可以使微管处于更加稳定的状态，有利于微管的组装，对维持微管的结构和功能至关重要。

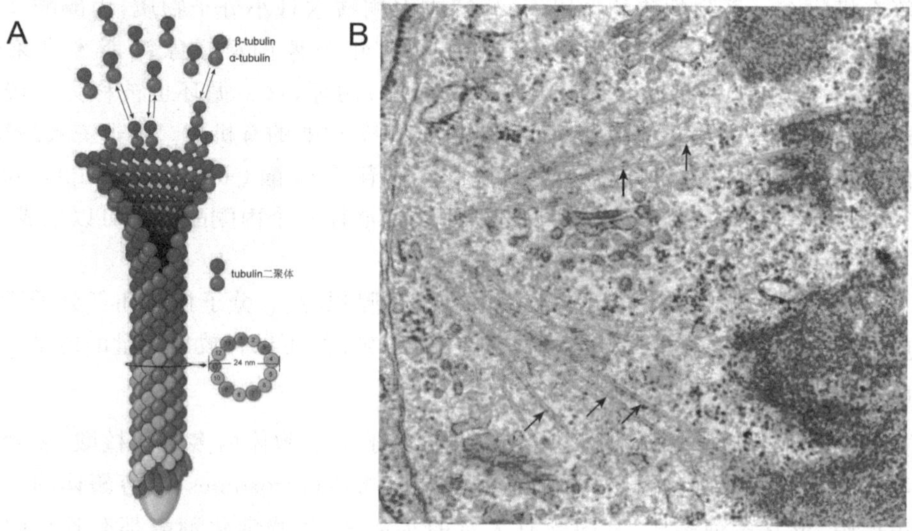

图 2-6 (A)微管的结构；(B)微管的电镜结构(30000×)(摘自 W. Pawlina, *Histology: A text and atlas*, Wolters Kulwer 公司)

(二)微丝

微丝(microfilament)是一种比微管更微小的结构，它的直径约为 5 nm，广泛分布于神经细胞结构中，主要由肌动蛋白(actin)聚合而成，肌动蛋白螺旋盘绕组成的肌动蛋白丝和微管以及中间纤维一起构成了细胞骨架(图 2-7)。肌动蛋白丝是细胞中含量最丰富的蛋白质之一，微丝作用的研究仍在进行中，根据目前的研究结果，微丝对于细胞结构的改变起着关键作用，使细胞的结构能够适应活动的需要。

微丝也和微管一样，处于不断的聚合和解聚的动态平衡中，当肌动蛋白单体上结合的物质为 ATP 时，单体往往会聚合组装成多聚体。但当 ATP 水解成 ADP，即二磷酸腺苷时，多聚体就会开始解聚，重新变成单体。

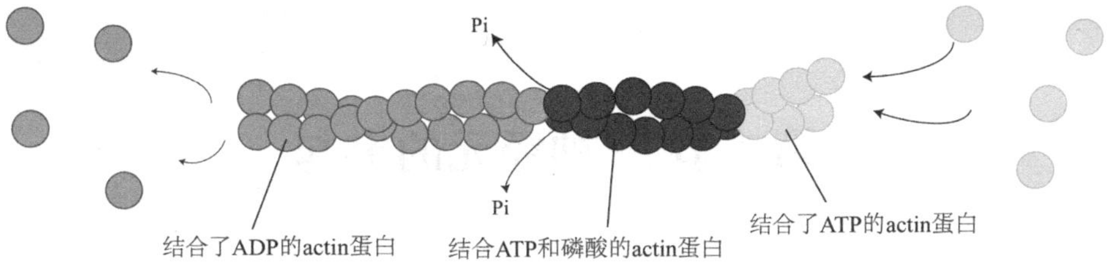

图 2-7　微丝的结构

（三）神经丝

神经丝（neurofilament）的直径大小在微管和微丝之间，约为 10 nm。神经丝和机体内其他细胞的中间纤维具有类似的结构特征，但是因为神经元中间纤维的特殊结构和作用，我们称这一结构为神经丝。神经丝由三种多肽组成，多肽是以氨基酸为主要原料，利用肽键连接在一起的化合物，多肽的分子量比蛋白质更小，蛋白质水解后先变为多肽，进一步水解才成为氨基酸。神经丝的多肽链相互盘绕，形成了非常紧凑的结构，这样紧凑的结构为神经丝在机械强度方面的优势打下了基础。

除此之外，神经丝在细胞中的含量也会随着生命个体的成长而变化，随着个体年龄的增长、机体细胞的老化和变性，神经丝的含量逐渐升高。神经丝的含量可作为评定细胞老化程度的参考依据之一。

复习巩固

1.神经元学说的基本观点是什么？
2.请列举细胞骨架的类型及功能。

第二节　神经元的突起

突起(neurite)是神经元特有的结构,神经元的突起分为轴突和树突,它们负责神经元之间的信息传递,轴突将信息从一个神经元传出,到达下一个神经元的树突或者胞体部分,而轴突和树突的结构之所以能帮助传递信息,这与轴突末端的结构——突触密不可分,同时还与突触后膜上的受体相关(突触的相关内容详见第六章)。

一、轴突

轴突(axon,图 2-8A)是神经元胞体伸出的细长而笔直的突起。神经元只有一根轴突,轴突和胞体之间过渡的结构称为轴丘(axon hillock),轴突自轴丘发出之后逐渐变细,轴突主干部分的直径保持基本稳定。对人类来说,轴突的直径为 1～25 μm,轴突长度变化范围很大,短的轴突可短于 1 μm,而最长的轴突甚至可以长达 1 m 以上。

(一)轴突的髓鞘

轴突的主干部分被髓鞘包裹,髓鞘像竹节一样,一节一节地包裹着轴突,起着绝缘的作用。在中枢神经系统,少突胶质细胞(oligodendroglial cell)包裹轴突形成髓鞘,在周围神经系统,施旺氏细胞(Schwann cell)包裹轴突形成髓鞘。这两种胶质细胞在神经元的生长发育过程中,细胞膜以同心圆方式包裹轴突,并将包裹部分的细胞质挤出,从而形成髓鞘。因为胶质细胞的细胞质已被挤出,髓鞘只留下磷脂双分子层,因此髓鞘具有特征性的脂类物质外观(图 2-8B)。轴突上没有包裹着髓鞘的裸露部分我们称之为郎飞氏结(node of Ranvier),神经元所产生的电信号在郎飞氏结之间跳跃传导,从而保证了信号能在神经轴突上高速传导。

(二)轴浆运输

轴突部分和胞体部分在蛋白质成分上有较大的差异,胞体内含有粗面内质网,而轴突内只含有极其少量的游离核糖体。因此,轴突本身并不能合成蛋白质,它的蛋白质来源为神经元胞体。神经元胞体与轴突末梢之间的物质运输称为轴浆运输(axoplasmic transport)。轴突离开了神经元胞体并不能独立存活,当轴突与胞体之间的连接被阻断之后,轴突将发生退化,这种退化称为沃勒氏退化(Wallerian degeneration)。这一现象最早在 19 世纪中叶由英国生理学家奥古斯都·沃勒(Augustus Waller)提出。20 世纪 40 年代,美国神经科学家保罗·韦斯(Paul Weiss)在这一发现的基础上,通过实验对轴浆运输进行了系统的探讨,他们环绕着轴突的圆周系了一条细线，在显微镜下就可以观察到物质在轴丘处聚集，而将这条细线解开后，聚集的物质将沿着轴突运输，但所记录到的轴浆运输的速度却远没有我们想象的那么快，每天 1～10 μm。

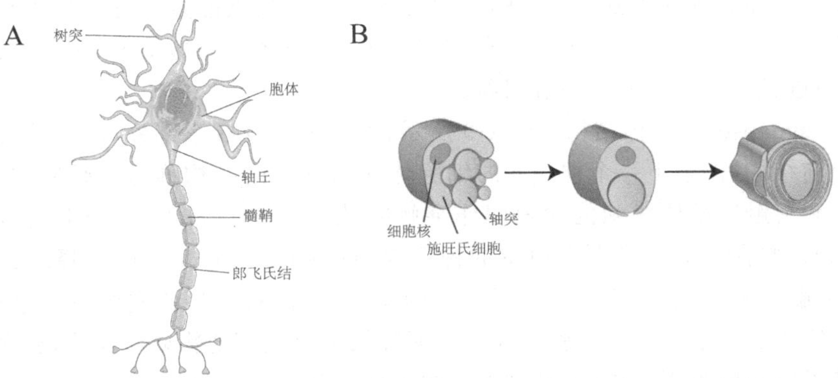

图 2-8　(A)**轴突的结构**；(B)**胶质细胞围绕轴突形成髓鞘的过程**[**改编自** Cold Spring Harb Perspect Biol，2015，7(8)：a020529，Doi：10.1101/cshperspect.a020529]

20 世纪 60 年代，对轴突运输的研究取得了进一步的进展，美国洛克菲勒大学的研究人员伯尼斯·格拉夫斯坦(Bernice Grafstein)利用放射性氨基酸标记的方法重新记录了轴浆运输的速度，他们将放射性的氨基酸注射到神经细胞的胞体内，氨基酸在胞体内的粗面内质网上可以组装合成蛋白质，研究人员记录到的蛋白质的轴浆运输的速度可以达到每天 1000 μm。我们将最开始韦斯所记录到的轴浆运输称为慢速轴浆运输，而将格拉夫斯坦所记录到的称为快速轴浆运输。前者一般是在以蛋白质为主要成分的微管和微丝等结构向前生长时发生，而后者一般是在神经递质、分泌颗粒等有膜结构在轴浆运输时发生。

目前我们经常研究的是快速轴浆运输，贮存在囊泡中的物质沿着神经元的微管，利用 ATP 水解所提供的能量，在驱动蛋白(kinesin)的帮助下从胞体一路运输到神经元的轴突末梢，我们将物质沿着这一方向运输的过程称为顺向运输(anterograde transport)，而相反方向的运输称为逆向运输(retrograde transport)，也就是代谢产物从轴突末梢运输到胞体的过程。逆向运输与顺向运输除了运输方向相反，参与的蛋白质也有所不同，逆向运输不需要驱动蛋白的帮助，而需要一种叫作动力蛋白(dynein)的蛋白质。

(三)轴突的末端与突触

如前所述，对信息传递起关键作用的还有轴突末端的突触。轴突从胞体经轴丘发起，最后到达轴突的末端，这一末端叫作轴突终末(axon terminal)，也叫终末扣(terminal bouton)。神经元轴突有时在轴突终末不止一个突触，可能会有许许多多的分支，每个分支的末梢都有突触结构。这样的分支我们统称为终末树(terminal arbor)。神经元的胞体部分和轴突部分蛋白质的组成不同，而轴突终末和轴突主干部分的蛋白质也有一定的差异。轴突终末的细胞膜表面附着有大量高密度蛋白质，除此之外，轴突终末还有一些其他轴突主干部分没有的特点，比如终末扣内不存在微管，但含有大量线粒体为胞内和胞外物质的跨膜运输等活动提供能量。终末扣含有许多被我们叫作突触囊泡(synaptic vesicle)的覆膜小泡，它们将神经递质等其他物质包裹在小泡中，通过胞吐作用释放到突触间隙。

突触(synapse)的具体结构如图 2-9 所示，主要可以分成三部分，位于轴突终末的叫作突触前结构，位于下一个神经元的细胞体或树突上的结构称为突触后结构，在突触前结构和突触后结构之间的间隙叫作突触间隙(synaptic cleft)。当电信号传导到轴突末端时，贮存在轴突终末囊泡里的神经递质(neurotransmitter)被释放到突触间隙，到达突触后膜，然后作用于突触后膜上的受体，从而将信息传递给下一个神经元。神经递质完成了自己的使命后就会在突触间隙被酶类或其他物质清除掉，从而使神经递质能够不断地回收再利用(突触的相关内容详见第六章)。

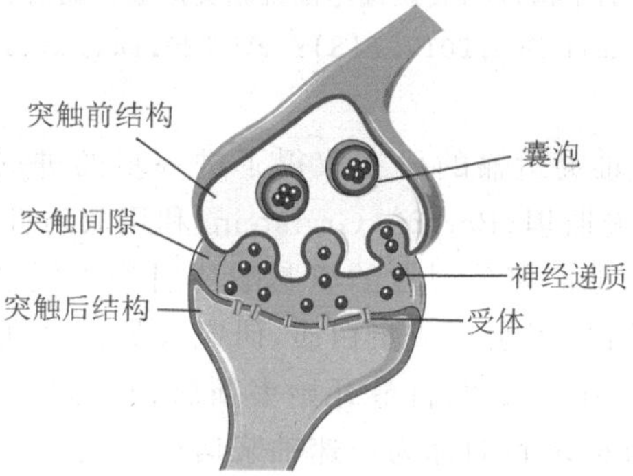

图 2-9　突触结构

二、树突

(一)树突的结构

轴突在一个神经元中只有一条，而树突(dendrite)却可以有若干条，树突起始部较粗，反复分支，逐渐变细，呈树枝状，故称树突；树突上分布着许多侧支，称为树突侧支。我们把单个神经元上的树突统称为树突树。树突的细胞质与胞体类似，主要由尼氏小体、线粒体、高尔基复合体、粗面内质网和核糖体等组成，因此也可以把树突看作胞体的一部分。树突的作用是接受其他神经元传来的信息，并将信息传向胞体，树突的反复分支使接收信息的面积得以扩大。树突表面分布着由蛋白质构成的受体(receptor)，受体的种类多种多样，保证了信息传递的多样性。不同的神经元上树突的形状、数量以及长短有很大的差异。我们可以据此判断神经元的种类。

（二）树突棘

树突没有髓鞘的包裹，树突表面有一种叫作树突棘（dendritic spine）的结构（如图2-10），树突棘就像玫瑰花茎上细小的刺一样，它生长在树突这些繁茂的枝丫之上。目前对于树突棘的功能研究仍在进行当中，根据目前的研究结果，科学家们认为，树突棘的结构可以被树突上突触的类型和数量所影响，它起着将突触后膜上被激起的化学反应隔绝开的作用。科学家们还在认知能力有损伤的病人中发现了脑部神经元树突棘的异常，比如智障儿童神经元的树突与正常儿童相比，他们的树突上的树突棘较少，并且呈细长的形态。

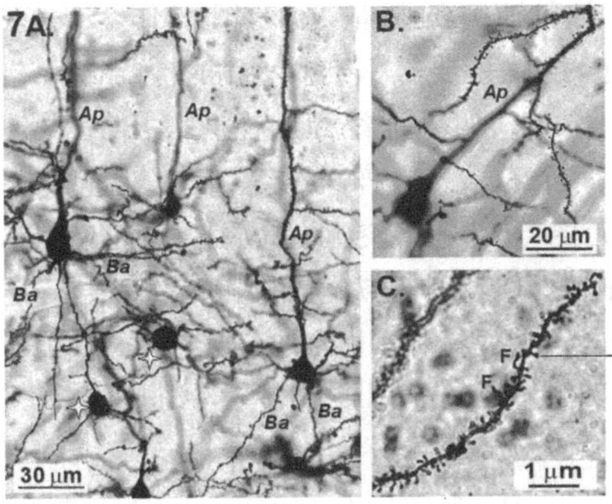

图 2-10 **树突与树突棘（摘自** Mehder RH，J Alzheimers Dis，2020，Doi：10.3233/JAD－191067）

生活中的心理学

丰富的社会环境可以逆转神经元损伤

丰富的社会环境可以逆转或缓解负性社会压力引起的神经元损伤。研究发现，长期的社会应激可以导致树突、树突棘等神经元结构的退化。神经生长因子以及脑源性神经营养因子的含量也会降低，从而导致脑功能的降低，认知能力下降，以及产生焦虑抑郁等不良情绪。

最近的动物研究表明，断奶后孤独饲养4周的大鼠脑内神经生长因子以及脑源性神经营养因子的分泌量明显降低，树突及树突棘数量明显减少，新生神经元增殖数量明显下降。但是如果孤独饲养的大鼠又回到丰富的社会环境（5只/笼）饲养4周，大鼠的树突及树突棘数量、神经生长因子及脑源性神经营养因子的含量，以及新生神经元增殖数量将恢复正常。这个实验表明暴露于丰富的社交环境，可以消除因社交隔离应激引起的对脑内神经元的负面影响，可以改善神经元功能，提高动物的认识能力。这个实验的结果提示我们，丰富的社会环境对于大脑的发育、成熟过程起着非常重要的作用。

三、神经元的分类

神经元的分类方式多种多样，本节集中介绍了目前最常用的几种分类方式。我们可以根据不同的特点将神经元分成几类，这有利于我们更加系统地对神经元的功能和形态进行学习。但需要注意的是，神经元的各种分类之间并不是排它的关系，根据某一分类方法进行分类的神经元也可以同时属于根据其他分类方法分类的另一类别。

（一）根据神经元突起数目分类

神经元突起的数目，即树突和轴突的数量之和，可以作为我们分类的依据之一。有的神经元只有一个神经突起，也就是要么只有一个树突，要么只有一个轴突，我们称之为单极神经元（unipolar neuron）。如果神经元胞体只发出一个突起，然后这个单突起随即分为中枢突和周围突两个分支，这样的神经元称为假单极神经元（pseudo-unipolar neuron）。单极神经元的“极”是指突起的数目。依此类推，有两个神经突起的叫双极神经元（bipolar neuron），但当神经突起的数目大于或者等于三个时，统称为多极神经元（multipolar neuron）。人类大脑中的神经元主要为多极神经元，我们主要的研究对象也是多极神经元（图 2-11）。

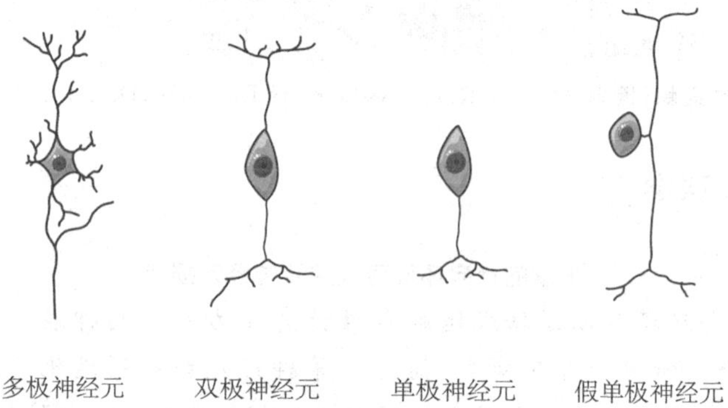

图 2-11　**神经元按突起数量分类**

（二）根据神经元功能分类

我们也可以根据神经元的功能将它们分成传入神经元、中间神经元和传出神经元，也有的科学家将它们分别叫作感觉神经元、联络神经元和运动神经元。感觉神经元将接收到的，来自身体内部或外部的刺激转化为电信号，然后将其传递到联络神经元，联络神经元的胞体位于中枢神经系统，也就是脑和脊髓的位置，在这些地方，信息将被整合处理。最后到达的是运动神经元，运动神经元的轴突末端通常分布在肌肉和腺体，起着支配效应器官的作用。

复杂的神经反射活动都是在以传入神经元、中间神经元和传出神经元这三种神经元为基础构成的神经元环路上传递信息。在反射中涉及的中间神经元越多，所引起的神经活动往往越复杂。比如人类的高级心理活动——思维，就需要大量中间神经元将信息整合处理。

（三）根据神经元树突形态分类

树突的形状多种多样，人们给不同形态的神经元起了非常形象的名字。以树突形态为依据进行的分类包含了大量的类别，比如说，在大脑皮层部分最常见的两种神经细胞包括锥体细胞（pyramidal cell）和星状细胞（stellate cell），锥体细胞在外观上形似金字塔，而星状细胞则类似星星的形状。

除了按照形态直接进行分类，我们还可以根据树突上是否分布着大量的树突棘对神经元进行分类。树突上分布着短小圆柱状的树突棘的称为有棘神经元（spiny neuron），没有树突棘的叫作无棘神经元（aspinous neuron）。

（四）根据轴突长度分类

神经元的轴突的长度差异很大，最长的轴突长度可以突破 1 m，而有的轴突却非常短，可达微米级。我们将那些拥有长轴突，可以从大脑的一个区域蜿蜒延伸到另一个区域的神经元叫作高尔基 I 型神经元（Golgi type I neuron），也叫投射神经元，我们前文提到的锥体细胞就是典型的高尔基 I 型神经元。而星状细胞则恰恰相反，它们的轴突不能延伸到较远的地方去，只能到达胞体附近，我们称其为高尔基 II 型神经元（Golgi type II neuron），因为单个细胞所能传达的信息只能处于较小区域，所以也叫局部环路神经元。

复习巩固

1.请对比轴突和树突的结构特征。
2.请列举神经元的主要分类。

第三节　神经胶质细胞

目前的科学研究主要集中于神经元，因此我们对神经元的介绍也较为详细，但神经胶质细胞也是一个不可忽视的存在，我们对神经胶质细胞的研究仍有待发展。神经胶质细胞的主要作用是支持神经元并给神经元供给营养，如果没有神经胶质细胞，大脑中的神经元也将不能工作。

一、神经胶质细胞的主要功能

神经胶质细胞的主要功能有以下几个方面：

（一）支持作用

神经胶质细胞在神经系统有广泛的分布，紧密地包围着神经元，构成神经元的发育和组构的基本支架，对神经元的胞体和突起起到支持作用。

（二）绝缘作用

少突胶质细胞和施旺氏细胞包裹轴突形成髓鞘，对神经元的轴突起到绝缘作用。

（三）营养物质的运输

神经胶质细胞里的星形胶质细胞一方面位于神经元的附近，另一方面通过附着于毛细血管的终足，参与营养物质的运输和血脑屏障的形成。

（四）调节突触间隙化学物质作用

神经胶质细胞可以限制突触间隙神经递质的扩散，也可以通过摄取突触间隙的神经递质，从而调节突触间隙的递质浓度。

（五）修复及再生作用

星形胶质细胞在出生后仍保留分裂能力，在受到创伤刺激之后会进行分裂，形成疤痕，对破坏的脑组织进行修复。

（六）防御作用

神经胶质细胞里的小胶质细胞可产生炎症及免疫反应，构成了神经系统的防御体系。

二、星形胶质细胞

星形胶质细胞(astrocyte)是人类大脑中最常见的一种神经胶质细胞。星形胶质细胞紧挨着神经元生长，它们和神经元之间的距离约为 20 nm(图 2-12)。星形胶质细胞就像海洋球池里的小球，对神经元造成轻微的挤压，影响着神经元的神经突起的生长和缩回。

除了对神经元生长造成的影响，星形胶质细胞对调节神经细胞外环境中的化学物质也做出了重要的贡献。星形胶质细胞可以限制已经释放到突触间隙的神经递质的扩散，或者经由星形胶质细胞细胞膜上的蛋白质的作用，将神经递质从突触间隙移走。除了对神经递质有如此巨大的影响，星形胶质细胞还可以控制细胞外的其他物质的浓度。

三、少突胶质细胞

少突胶质细胞(oligodendrocyte)主要分布于中枢神经系统,它比星形胶质细胞小一些,形态上也与星形胶质细胞有所不同,它的突起短而少,少突胶质细胞的主要作用是在中枢神经系统构成神经元轴突的髓鞘,起到绝缘的作用,从而使神经元的电信号能在轴突上跳跃式地高速传导。如果少突胶质细胞不能正常地工作,这可能会导致中枢神经系统部分神经元的脱髓鞘病变,进而引起精神类的疾病,如果这种情况非常严重,还有可能导致脑肿瘤。

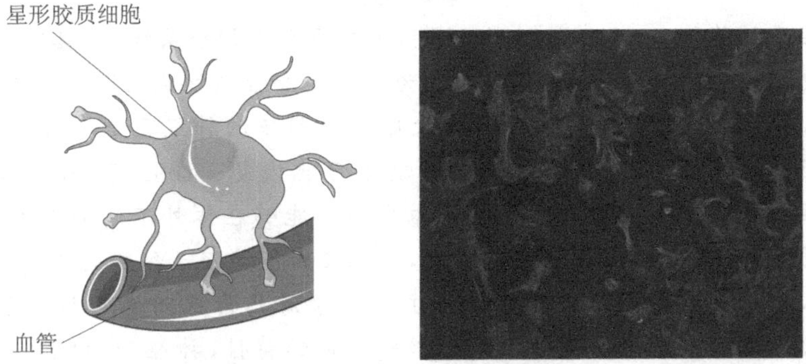

图 2-12　星形胶质细胞

注:左图为星形胶质细胞的模拟图,右图为培养的星形胶质细胞(400×)

四、施旺氏细胞

施旺氏细胞是周围神经系统最主要的胶质细胞,其主要功能是构成周围神经系统有髓神经纤维的髓鞘,另外还具有迁移、黏附、产生细胞外基质,分泌多种生物活性物质的功能。施旺氏细胞可以合成并分泌粘连蛋白、纤维连接蛋白、胶原蛋白等细胞外基质蛋白,这些基质蛋白沉积于施旺氏细胞外形成基底膜。施旺氏细胞还可以合成并分泌多种细胞黏附分子,如神经细胞黏附分子、神经胶质细胞黏附分子等,影响细胞的黏着。基底膜和细胞黏附分子对神经元的成熟、生长、黏附、保持稳定性,以及加快轴突生长起到重要作用。另外,施旺氏细胞在周围神经损伤修复过程中也起到重要作用。

五、小胶质细胞

小胶质细胞(microglia)是一种常见的神经胶质细胞,它们比星形胶质细胞和少突胶质细胞更小,它们的细胞体大多呈短棒状。小胶质细胞具有大量的突起,它们往往有三级或四级分支。小胶质细胞的形态可塑性很高，功能上与内源性免疫相关，是中枢神经系统的主要免疫细胞，与外周巨噬细胞（macrophages）极为相似。它们是大脑中主要的炎性细胞类型，通过"激活"对病原体和损伤做出反应，小胶质细胞被激活时，形态会发生变化，胞体异常增大，突起变短，并增殖和迁移到感染或损伤部位，吞噬并摧毁病原体，移除受损的细胞。但是，小胶质细胞的激活也介导了神经系统损伤和多种神经变性疾病的病理过程。

拓展阅读

神经干细胞

神经干细胞(neural stem cell,NSC)是指存在于神经系统中，具有分裂潜能和自我更新能力的母细胞，具有分化成为神经元和胶质细胞的潜能。在20世纪90年代，科学界还普遍认为成年人的大脑和脊髓中的神经元是不可能再生的，认为中枢神经系统的神经元一旦死亡，就不可能恢复。1992年，加拿大病理学家雷诺兹首先在成年小鼠大脑的纹状体分离出能够在体外不断分裂增殖的、自我更新的、具有多向分化潜能的细胞群，由此提出了神经干细胞的概念。

成人中枢神经系统的神经干细胞主要位于海马齿状回的颗粒下层和侧脑室的室管膜下区。不同于神经元缺乏增殖分化的特性，神经干细胞具有自我更新、多向分化和迁移的能力。正常情况下，神经干细胞将以对称的方式分裂，得到两个相同的子代细胞，这两个细胞都具有干细胞的特性，即均为神经干细胞。但在一些特殊的情况下，比如脑缺血时，神经干细胞将会以不对称的分裂方式增殖，分裂后的两个子代细胞具有不同的细胞特性。其中一个子代细胞将和亲代细胞一样，仍为未分化的神经干细胞，而另一个子代细胞将开始分化，最终形成神经系统中的神经元或者胶质细胞，代替自然死亡的神经细胞或者神经胶质细胞发挥作用。

复习巩固

1.请问星形胶质细胞有什么功能？

2.请问少突胶质细胞、施旺氏细胞和小胶质细胞有什么功能？

本章要点小结

1.神经系统的主要细胞是神经细胞和神经胶质细胞。神经细胞,又叫神经元,是神经系统最基本的结构和功能单位。

2.神经胶质细胞,是神经系统中除神经元外最重要的细胞。神经胶质细胞将神经元相互隔开,并给其提供营养物质,从而维持神经元的正常活动。

3.突起是神经元所特有的结构,神经元的突起分为轴突和树突,它们都负责了神经元之间的信息传递,轴突将信息从一个神经元传出,到达下一个神经元的树突或者胞体部分。

4.轴突在主干部就被髓鞘包裹,轴突上没有包裹着髓鞘的部分称为郎飞氏结,神经元所产生的电信号在郎飞氏结之间跳跃传导。

5.轴突内只有少量的游离核糖体,轴突本身并不能合成蛋白质,它的蛋白质来源为神经元胞体。神经元胞体与轴突末梢之间的物质运输称为轴浆运输。

6.胞体发出的树突可以有若干条,树突起始部较粗,反复分支,逐渐变细,呈树枝状;树突上分布着许多侧支,称为树突侧支。树突的细胞质与胞体类似,因此也可以把树突看作胞体的一部分。树突没有髓鞘的包裹,树突表面有一种叫作树突棘的结构。

7.只有一个神经突起的神经元称为单极神经元,如果神经元胞体只有一个神经突起,然后这个单突起分为两支,则称为假单极神经元;有两个神经突起的叫双极神经元,但当神经突起的数目大于或者等于三个时,统称为多极神经元。

关键术语表

神经元	neuron
神经胶质细胞	glial cell
树突	dendrite
树突棘	dendritic spine
轴突	axon
髓鞘	myelin sheath
郎飞氏结	node of Ranvier

复习思考题

单项选择题

1.以下哪个结构为神经元所特有？（　　）

A.尼氏小体　　B.高尔基体　　C.细胞膜　　D.线粒体

2.轴突不包含下列哪个结构？（　　）

A.微管　　B.粗面内质网　　C.线粒体　　D.肌动蛋白

3.有三个突起的神经元称为（　　）。

A.单极神经元　　B.双极神经元　　C.三极神经元　　D.多极神经元

4.接收到来自身体内部或外部的刺激并转化为电信号的神经元称为（　　）。

A.感觉神经元　　B.中间神经元　　C.运动神经元　　D.传出神经元

5.以下哪个结构不属于细胞骨架？（　　）

A.微管　　B.微丝　　C.神经丝　　D.线粒体

6.以下哪个细胞是中枢神经系统主要的免疫细胞？（　　）

A.星形胶质细胞　B.小胶质细胞　C.少突胶质细胞　D.施旺氏细胞

7.星形胶质细胞的功能不包括（　　）。

A.限制已经释放到突触间隙的神经递质的扩散

B.将神经递质从突触间隙移走

C.控制细胞外的其他物质的浓度

D.构成轴突的髓鞘

第三章　神经系统的发生

人体和哺乳动物都起源于单个细胞——受精卵，受精卵是由带有父亲遗传信息的精子和带有母亲遗传信息的卵细胞结合而成，这一过程称为个体受精。受精卵经过增殖、分化和一系列复杂的生物学过程成为一个成熟胎儿的过程称为发生(ontogenesis)，研究个体发生过程及规律的学科称为人体胚胎学(human embryology)。神经系统起源于外胚层，由神经管和神经嵴分化而成，神经管分化为中枢神经系统，神经嵴分化为周围神经系统。学习神经系统的发生有利于我们掌握神经系统各部分内在的有机联系，能使我们更好地理解心理发生发展的过程。本章主要介绍神经系统的胚胎发生过程。

第一节　神经管的形成及脑的发生

一、胚胎分化发育的三个阶段

由单一细胞逐渐演变为复杂的、功能明确的特定结构的发展过程称为分化(differentiation)。受精完成后，受精卵发生连续的有丝分裂，受精14天后形成二胚层胚盘，15天后，二胚层胚盘分化形成三胚层胚盘。三胚层胚盘形成之前的这段时间，即受精之后的前2周，称为胚前期；三胚盘形成直到受精后第56天胚胎初具人形，称为胚期。自受精后第57天(即第9周)到胎儿出生，称为胎期(图3-1)。胚期是胚胎分化发育最为复杂的阶段，通过胚期的分化，胚胎已初具人形，各系统器官结构从无到有，对环境有害因素也最为敏感。三胚层胚盘呈头端较宽、尾端较窄的椭圆形盘状结构，是人体发生的起源，构成人体的各种细胞、组织、器官、系统均来源于此。三胚层胚盘分为三层，即内胚层(endoderm)、中胚层(mesoderm)、外胚层(ectoderm)(图3-2A)。内胚层最终发育成多种内脏器官，如肝、胆、胰、肠、肺、生殖器等；中胚层主要分化成肌肉、骨骼、心脏、血管等器官；外胚层主要分化成神经系统、神经垂体、肾上腺髓质等。

受精 —胚前期（前2周）→ 三胚盘形成 —胚期（第3—8周）→ 胎儿形成 —胎期（第9—38周）→ 胎儿出生

图3-1　胚胎分化发育的3个阶段

二、神经管的形成

(一)神经管闭合的过程

神经系统起源于外胚层，由神经管和神经嵴分化而成，神经管分化为中枢神经系统，神经嵴分化为周围神经系统。中枢神经系统包括脑和脊髓，神经系统的其他部分称为周围神经系统，包括脑神经、脊神经、内脏神经等。在受精后第19天左右，胚盘中轴线两侧外胚层细胞增生，由单层先后分化成假复层和复层，形成头端宽、尾端窄的椭圆形结构，称为神经板(neural plate)，神经板由单层柱状上皮构成，称为神经上皮。受精后第20～21天，神经板两侧突起，形成神经褶(neural fold)，神经板中央凹陷形成神经沟(neural groove)(图3-2B)；第22天，两侧神经褶向中间靠拢并开始融合，神经沟开始闭合(图3-2C)，第27天后完成闭合，形成一条完全封闭的神经上皮管，即神经管(neural tube)(图3-2D)，神经管的头部分化成脑的各个结构，其余部分分化成脊髓。神经管管壁发展成假复层柱状上皮，神经上皮细胞不断分化，部分细胞迁移至上皮的外周，称为成神经细胞；部分神经上皮细胞分化出成神经胶质细胞。成神经细胞最终分化为神经细胞，即神经元，成神经胶质细胞最终分化成为神经胶质细胞，如星形胶质细胞和少突胶质细胞。如果神经管未能完全闭合，就会引起多种神经系统的畸形。在神经沟闭合形成神经管的同时，神经褶外侧的细胞不进入神经管，而是在神经管外侧形成两条纵向平行的结构，即神经嵴(neural crest)(图 3-2D)，周围神经系统即来源于神经嵴。

(二)神经管闭合异常

神经沟闭合形成神经管是神经系统发生的重要事件，神经管闭合异常将会引起脑和脊髓的分化或发育异常，并常伴有颅骨和脊柱的异常。神经管应于胚胎第 4 周末完全闭合，如果神经沟未能完全闭合成神经管，将会产生畸形。神经沟先是在中部开始闭合，然后是头侧和尾侧，如果头侧神经沟未能闭合，将会形成无脑畸形，如果尾侧神经沟未能闭合将会产生脊髓裂。神经管的闭合障碍可能和多种因素有关，比如有害环境、营养不良等。叶酸是代谢过程中的一种重要营养物质，与 DNA 的生物合成密切相关，叶酸不足有可能会增加神经管闭合不全的风险。蔬菜、水果、动物肝脏、鸡蛋、豆类、橙子都是叶酸含量丰富的食品。女性在怀孕前推荐每天服用 0.4 g 叶酸。

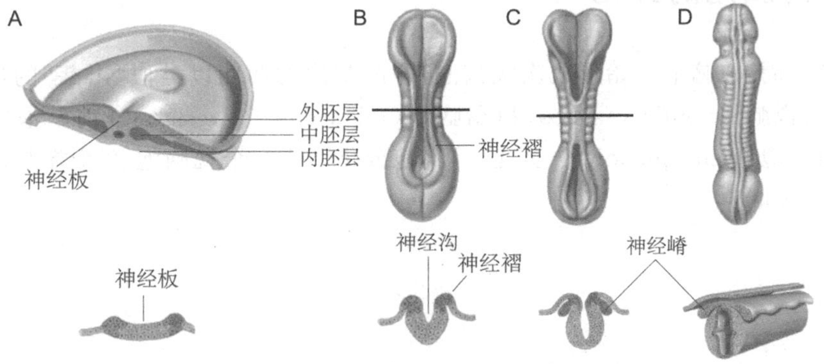

图 3-2　神经管和神经嵴的形成(摘自 David L. Felten, *Netter's Atlas of Neuroscience*, Elsevier **出版公司)**

注：(A)胚胎的 3 层，即外胚层、中胚层、内胚层；(B)受精后第 20～21 天，神经板两侧突起，形成神经褶，神经板中央凹陷形成神经沟；(C)第 22 天，两侧神经褶开始融合，神经沟开始闭合，在 27 天后完成闭合形成神经管；(D)神经管闭合的同时，神经褶外侧的细胞形成神经嵴。

三、初级脑泡的形成

脑分化于神经管的头部，脑分化的第一个事件即初级脑泡的形成，在受精后第 4 周末，神经管头部形成 3 个膨大，即 3 个初级脑泡(primary brain vesicles)，全脑的各个部位都来源于神经管头部的3个初级脑泡。

神经管最前端的初级脑泡是前脑泡(prosencephalon),前脑泡的头端向两侧膨大,最终形成左右两个端脑(telencephalon),前脑泡后端则最终演变成间脑(diencephalon);位于前脑泡后方的脑泡即中脑泡(mesencephalon),中脑泡最终演变成中脑;位于中脑泡之后的是菱脑泡(rhombencephalon),菱脑泡最终分化成小脑、脑桥和延髓(图3-3)。

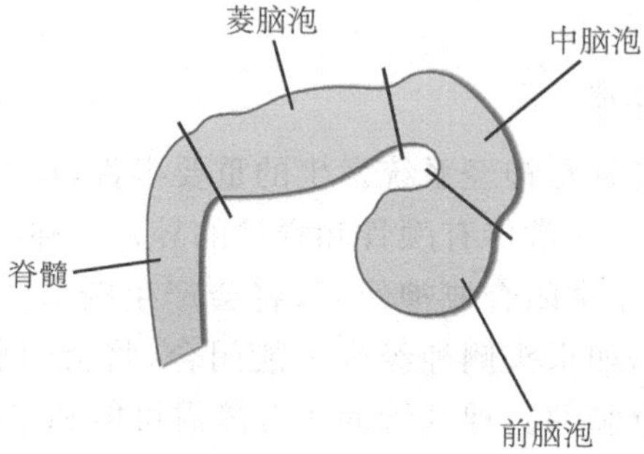

图3-3 三个初级脑泡的形成

四、前脑泡的分化

至第5周,前脑泡开始形成次级脑泡,即前脑泡的两侧以类似"出芽"的形式分化形成左、右视脑泡(optic vesicles)和端脑泡(telencephalic vesicles),前脑泡的中间分化形成间脑泡(diencephalon)。至此,前脑泡分化形成2个视脑泡、2个端脑泡和1个间脑泡(图3-4)。

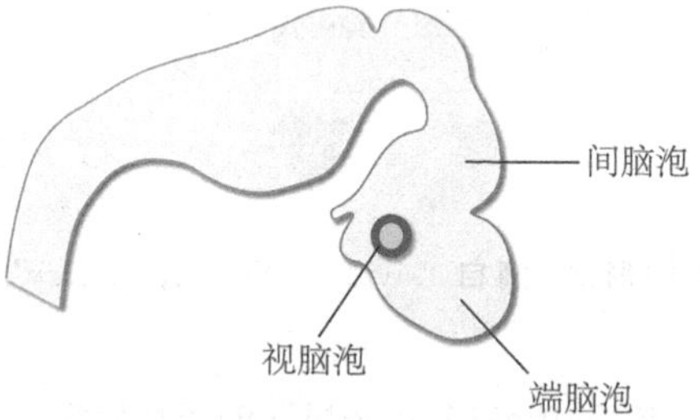

图3-4 前脑泡分化形成视脑泡、端脑泡和间脑泡

(一)视脑泡的发育

两侧视脑泡分别分化形成视茎(optic stalks)和视杯(optic cups),视茎和视杯最终演变成视神经和视网膜(图3-5)。值得注意的是,从胚胎发生的角度,可以看出视神经直接与间脑相连。

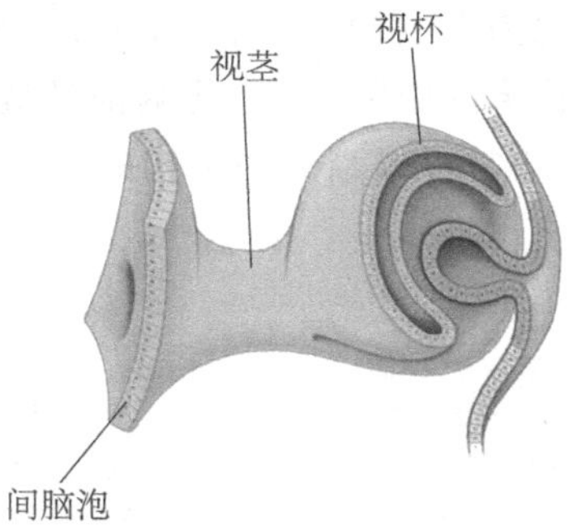

图 3-5　视脑泡的发育

（二）端脑泡的发育

两侧端脑泡逐渐发育膨大最终形成端脑（telencephalon），或称为终脑（end brain）。端脑不断分化，最终分化形成非常复杂、功能多样化的端脑结构和脑区。两侧端脑在发育的过程中逐渐合拢并向后方延伸，从而将整个间脑覆盖在端脑之中。两侧端脑的腹侧面也以"出芽"的方式产生嗅球（olfactory bulbs），嗅球是与嗅觉相关的脑区（图 3-6）。端脑皮质发生发育的过程中，各脑区通过轴突形成相互联系，并形成皮质与皮质下结构的相互联系。

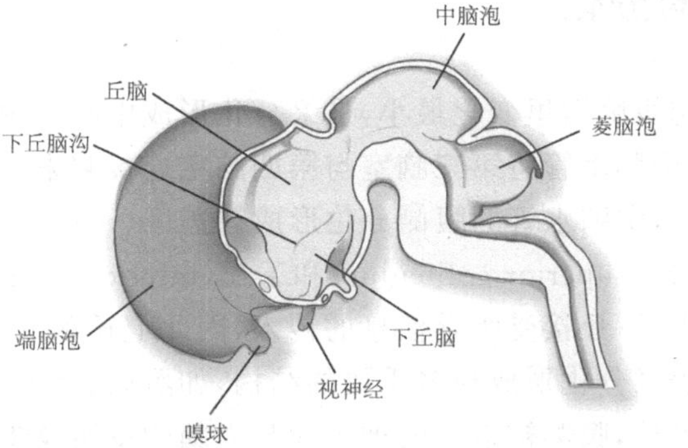

图 3-6　端脑的发育［摘自 Bruce M. Carlson，*Human Embryology and developmental biology*（4th *edition*），Elsevier **公司］**

端脑壁上的神经上皮细胞增生并向外侧迁移，分化成为神经细胞或神经胶质细胞，端脑中的大部分细胞都迁移至外表面，形成大脑皮质，少部分细胞聚集成团，位于端脑的基底部形成基底神经核。

（三）间脑泡的发育

受精后第 5 周末，端脑泡发育迅速，而位于两侧端脑泡中间的间脑泡发育较慢，第 6 周末，端脑泡与间脑泡已有明显区分，间脑泡最终发育成间脑。

（四）脑室的形成

在脑泡分化发育过程中，神经管的管腔随之分化形成各部位的脑室，脑室中充满了脑脊液。前脑泡的腔隙分化为左、右两个侧脑室和左、右端脑及间脑包围的第三脑室,中脑泡的腔隙很小,形成狭窄的中脑水管,菱脑泡的腔隙分化成较大的第四脑室。在神经影像学的实践中,脑室通常可以当成脑结构的区分标志,如侧脑室周围即端脑,而第三脑室两侧即丘脑。

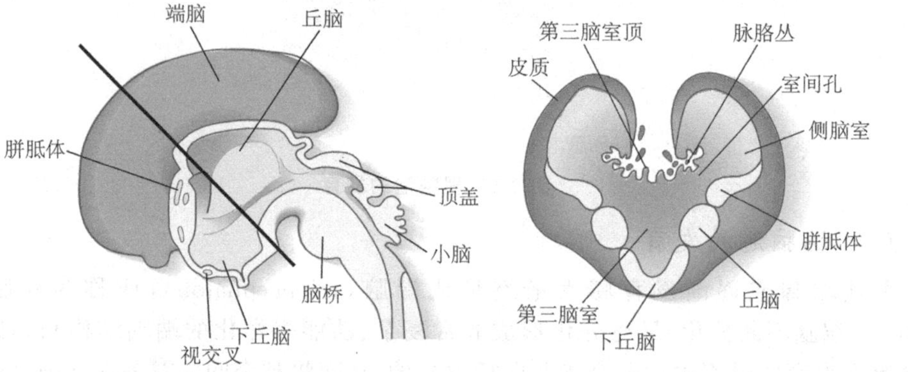

图 3-7 前脑的内部结构[**摘自** Bruce M. Carlson, *Human Embryology and developmental biology* (4th *edition*), Elsevier **公司**]

五、中脑泡的分化

中脑泡在 3 个初级脑泡里变化最小,最终分化形成中脑。中脑泡中间充满脑脊液的腔隙即中脑水管,中脑水管将第三脑室与第四脑室连接起来。中脑水管的背侧分化形成顶盖区(tectum),中脑水管的腹侧分化形成被盖区(tegmentum)。中脑顶盖分化形成两个结构,即上丘(superior colliculus)和下丘(inferior colliculus)(图 3-8)。上丘接受视觉信息的传入,下丘接受听觉信息的传入,因此上丘和下丘是视、听觉信息的中继站。中脑腹侧被盖区分化形成很多重要的结构,如黑质、红核,这两个核团与控制随意运动密切相关。另外,腹侧被盖区的神经元与大脑的皮质及皮质下结构形成广泛的突触联系,该脑区与意识、情绪、欣快感及动机行为密切相关。

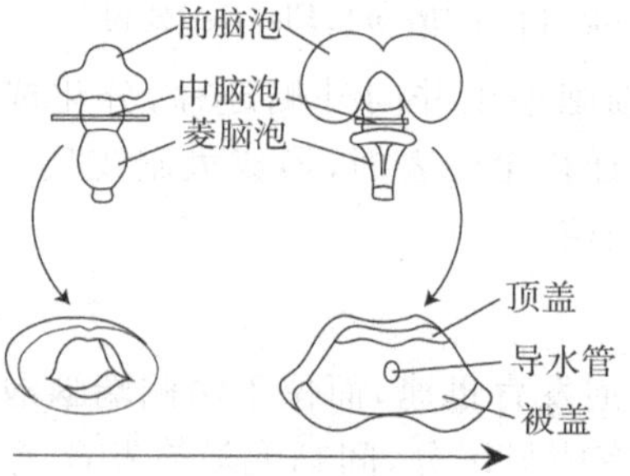

图 3-8 中脑的分化

六、菱脑泡的分化

菱脑泡最终分化形成 3 个重要的结构：小脑（cerebellum）、脑桥（pons）、延髓（medulla oblongata）。菱脑泡的前端分化形成小脑和脑桥，后端形成延髓，菱脑泡中间充满脑脊液的腔隙逐渐扩大分化形成第四脑室。

菱脑泡的内腔在发育过程中逐渐扩大，顶壁不断变薄，前端两侧向背外侧增厚扩张形成菱唇(rhombic lip)，菱唇逐渐增厚并接触融合形成左、右小脑半球(图 3-9)。菱脑泡的内腔腹侧分化形成脑桥。小脑构成第四脑室的顶部，脑桥构成第四脑室底部。后端菱脑泡在分化过程中没有太大的变化，逐渐分化形成延髓(图 3-10)。

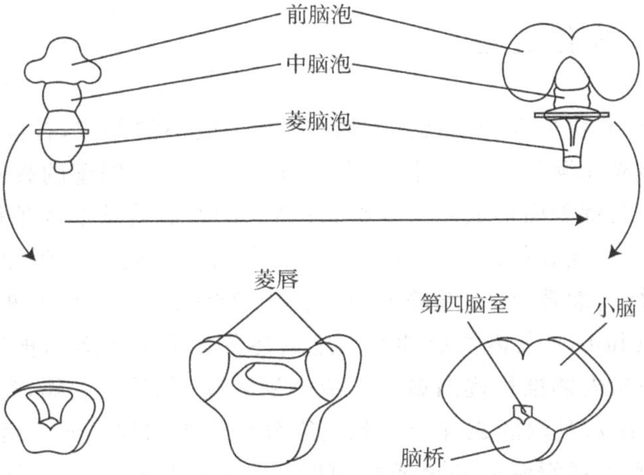

图 3-9　菱脑泡前端的分化

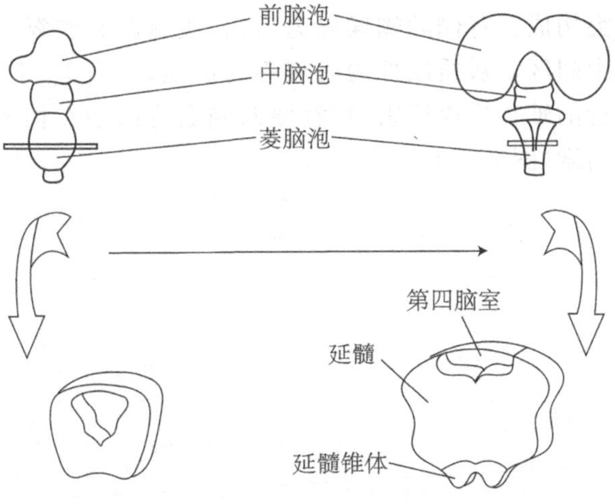

图 3-10　菱脑泡后端的分化

复习巩固

1.胚胎分化发育有哪三个阶段？
2.神经管前端分化发育成成熟的脑需要经过哪些主要事件？

第二节　脊髓和周围神经系统的发生

一、脊髓的分化过程

神经管的后段分化为脊髓，脊髓是神经管变化最小的部位，神经管壁不断增生增厚，神经管腔隙形成充满脑脊液的中央管(central canal)。侧壁的腹侧面增厚形成左、右两个基板，侧壁的背侧面形成两个翼板，神经管的背侧薄壁形成顶板，腹侧薄壁形成底板。成神经细胞和成胶质细胞不断增生，左、右两基板向腹侧延伸突出，左、右两基板间形成一条纵行的裂隙，位于脊髓的腹侧正中，称为前正中裂，基板最终形成脊髓灰质的前角(ventral horn)，其内的成神经细胞最终分化为躯体运动神经元；同时，左、右两翼板也增大，并向内侧推移逐渐愈合形成一层隔膜，称后正中隔，翼板形成脊髓灰质的后角(dorsal horn)，其内的成神经细胞最终分化为中间神经元。聚集于基板和翼板之间的成神经细胞形成脊髓的侧角或中间区(intermediate zone)，其内的成神经细胞最终分化为内脏传出神经元。脊髓的横切面显示，脊髓灰质呈蝴蝶样位于脊髓内部，由神经元胞体和树突构成。背侧的蝴蝶翼为后角，腹侧的蝴蝶翼为前角，位于前角和后角之间的灰质即中间区。灰质以外的区域称为白质，是由上、下行的神经元轴突构成。在脊髓背侧通行的轴突构成后索，在脊髓两侧通行的轴突构成外侧索，在脊髓前侧通行的轴突构成前索(图 3-11)。

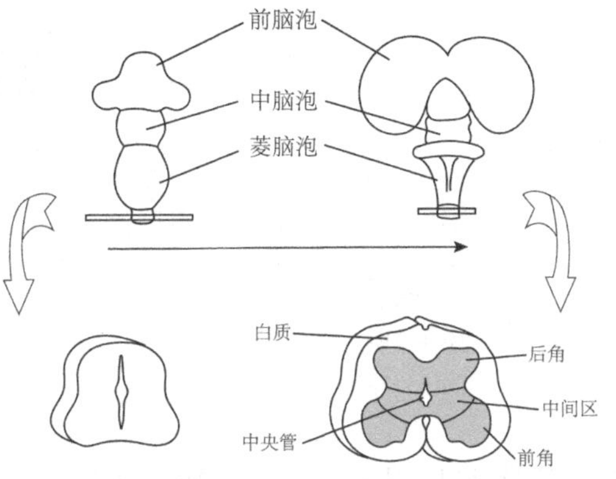

图 3-11　**脊髓的分化**

二、周围神经系统的发生

周围神经系统包括脑神经、脊神经、内脏神经及相应的神经节，神经节是周围神经系统神经元胞体聚集的部位。周围神经主要由神经嵴分化发育而来。神经嵴细胞向两侧迁移，分列于神经管的背外侧并聚集成团，分化为脑神经节和脊神经节，这些神经节属于感觉神经节，位于中枢神经系统之外(图 3-12)。神经嵴细胞最初为双极细胞，很快两个突起融合成为假单极细胞，单个突起分成中枢突和周围突两个分支，周围突终止于感觉末梢，中枢突进入脊髓或脑。感觉神经细胞的周围突构成感觉神经纤维。周围神经系统的躯体运动神经元胞体位于脑干和脊髓灰质前角，其轴突构成躯体运动神经纤维。

内脏神经可分为交感神经和副交感神经。胚胎发育至第 5 周，位于胸部神经嵴的细胞迁移至背主动脉的背侧，沿脊髓两侧移行，形成两列节段性排列的神经节，即交感神经节，这些神经节最终形成沿脊柱两侧排列的交感干。交感干形成后，位于脊髓胸腰段侧角的交感神经元发出的节前纤维在神经干内与节后神经元形成突触联系。副交感的节前纤维源自脊髓灰质侧角和脑干内脏运动核中的神经元，副交感神经的节后神经元位于它们支配的结构内或附近的周围神经节中。

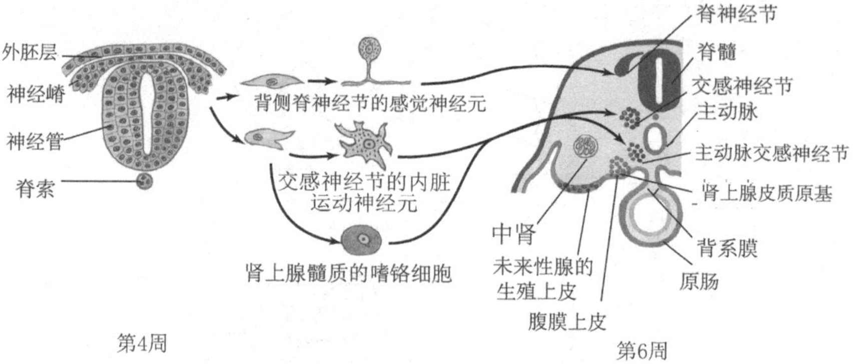

图 3-12　神经嵴的分化(摘自 David L.Felten, *Netter's Atlas of Neuroscience*, Elsevier 出版公司)

拓展阅读

神经管缺陷

神经管缺陷是一种由于神经管闭合不全所引起的先天性缺陷，表现形式包括无脑畸形、脑膨出、脊髓裂。

无脑畸形是由于胎儿发育过程中头侧神经沟闭合不全所引起，导致脑的很大一部分，包括头骨和头皮都不能正常形成。如果不是死胎，孩子通常在出生后几个小时内死亡。无脑畸形的确切病因尚不清楚，但人们认为，在育龄妇女的饮食中添加 0.4 g 叶酸(又称维生素 B_9)有助于减少无脑畸形和其他神经管缺陷。

脑膨出是比无脑更罕见的神经管缺陷。在脑膨出的病例中，随着胎儿的发育，神经管并没有完全闭合，导致大脑及其覆盖物从颅骨的开口处突出。其他症状包括小头畸形、脑积水、脑脊液过多和颅面畸形等。患有这种疾病的儿童可能有智力问题，伴有癫痫发作、发育迟缓和视力问题。

如果神经管尾侧未闭合，将导致脊髓裂，通常表现为神经损伤，或腿部瘫痪。脊髓裂患者可能需要一些设备来帮助他们行走，如背带或拐杖，有时还需要轮椅。和其他神经管缺陷一样，叶酸可能有助于预防脊髓裂。

复习巩固

1.请简述脊髓分化的过程。

2.请简述躯体感觉神经的分化过程。

本章要点小结

1.神经系统起源于外胚层，由神经管和神经嵴分化而成，神经管分化为中枢神经系统，神经嵴分化为周围神经系统。

2.在受精后第 22 天，两侧神经褶向中间靠拢并开始融合，神经沟开始闭合，第 27 天后完成闭合，形成一条完全封闭的神经上皮管，即神经管。神经管的头部将分化成脑的各个结构，其余部分将分化成脊髓。

3.脑分化于神经管的头部，在受精后第 4 周末，神经管头部形成 3 个初级脑泡，脑分化的第一个事件即初级脑泡的形成，全脑的各个部位都来源于神经管头部的 3 个初级脑泡。

4.神经管最前端的初级脑泡是前脑泡，前脑泡的头端向两侧膨大，最终会形成左右两个端脑，前脑泡后端则最终演变成间脑，位于前脑泡后方的脑泡即中脑泡，中脑泡最终演变成中脑，位于中脑泡之后的是菱脑泡，菱脑泡最终分化成小脑、脑桥和延髓。

5.至第 5 周，前脑泡开始形成次级脑泡，即前脑泡的两侧以类似“出芽”的形式分化形成左、右视脑泡和端脑泡，前脑泡的中间分化形成间脑泡。

6.两侧端脑泡逐渐发育膨大最终形成端脑。端脑不断分化，最终分化形成非常复杂、功能多样化的端脑结构和脑区。

7.两侧端脑的腹侧面也以“出芽”的方式产生嗅球，嗅球是与嗅觉相关的脑区。

关键术语表

神经管	neural tube
神经嵴	neural crest
初级脑泡	primary brain vesicle
前脑泡	prosencephalon
中脑泡	mesencephalon
菱脑泡	rhombencephalon

复习思考题

单项选择题

1.整个中枢神经系统起源于(　　)。

A.神经嵴　B.神经管　C.神经沟　D.内胚层

2.以下哪一项属于初级脑泡?(　　)

A.前脑泡　B.端脑泡　C.间脑泡　D.视脑泡

3.以下哪一项是次级脑泡?(　　)

A.前脑泡　B.端脑泡　C.中脑泡　D.菱脑泡

4.周围神经系统中所有神经元均来源于(　　)。

A.前脑泡　B.中脑泡　C.神经管　D.神经嵴

5.从胚胎发生的角度,可以看出视神经直接与(　　)相连。

A.端脑　B.间脑　C.中脑　D.小脑

6.菱脑泡最终分化成的结构不包括(　　)。

A.小脑　B.脑桥　C.延髓　D.中脑

第四章　神经系统的结构

神经系统(nervous system)是心理、精神及行为活动的主要调节系统，主要由神经组织组成，分为中枢神经系统和周围神经系统两大部分。中枢神经系统包括位于颅骨内的脑和位于脊柱内的脊髓，周围神经系统分布全身，包括与脑相连的脑神经和与脊髓相连的脊神经，以及调控内脏功能的内脏神经。

心理随着神经系统的进化而产生，又随着神经系统的进化而不断发展和完善，心理本质是脑对客观事物的反应。缺乏神经系统的动物没有心理，只有具备了神经系统的动物才能产生心理。有了脑和脊髓的脊椎动物可以产生较为成熟的心理，能够初步认识外部事物，但是只能知觉到事物的外部现象，还不能认识到事物之间的内部联系和本质。只有人类才能产生思维，才能具有高级认知的能力，才能认识到事物的本质。人脑是最复杂的物质，是神经系统发展的最高产物，人的心理是心理发展的最高阶段，因此，神经系统特别是大脑是心理活动的生物基础，世界上不存在没有物质基础的心理。本章主要介绍神经系统的基本结构组成。

第一节 脊髓

脊髓(spinal cord)是中枢神经系统的低级部分,来源于胚胎期神经管末端。脊髓上端与延髓相连,其活动受到脑的控制,脊髓内有脊髓中央管;脊髓通过与之相连的31对脊神经支配躯干和四肢的感觉和运动。

一、解剖学的方位及切面

为了能更好地描述解剖结构的方位,有一套专用的术语对结构方位进行描述。如,前(anterior)指的是指向额面方向的相对位置,后(posterior)指的是指向后背部的相对位置;上(superior)指的是指向颅顶的相对位置;下(inferior)指的是指向足底的位置;内侧(medial)指的是距离身体正中线较近的位置,外侧(lateral)指的是离正中线较远的位置。另外神经解剖学上常用腹侧(ventral)和背侧(dorsal)来表示方位。值得注意的是,描述脑和脊髓时,这两个方位名词的意义通常有所区别,如对于脑而言,腹侧通常表示的是下侧,背侧通常表示的是上侧;而对于脊髓和躯干而言,腹侧通常指的是前侧,而背侧通常指的是后侧。在开展啮齿类动物的研究时,前侧有时也称为鼻侧(rostral),而后侧也称为尾侧(caudal)。

为研究人体的内部结构,通常需要将身体或器官切开,尽管研究人员可以按自己的需求随意切开,但是通常有3个标准的切面,即矢状切面、水平切面、冠状切面(图4-1)。矢状切面指的是贯穿前后方向的切面,将人体分为对称的左、右两半的矢状切面称为正中矢状切面;水平切面指的是当人处于站立姿势时,与地面水平的切面,可将人体切为上、下两部分;冠状切面指的是与水平切面和矢状切面都垂直的切面,可将人体切为前、后两部分。

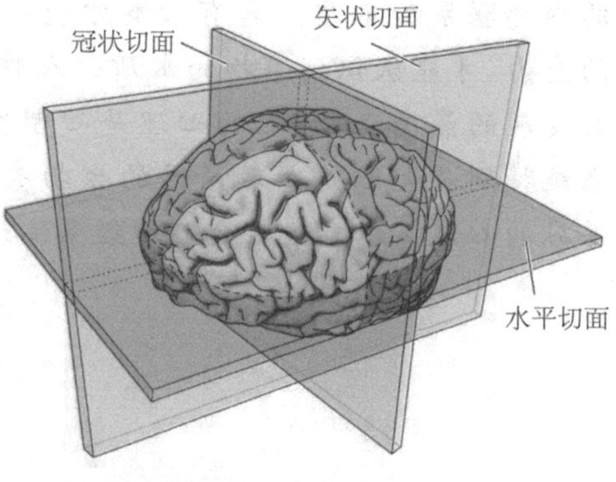

图4-1 解剖的3个切面[摘自 Dale Purves, *Neuroscience* (4th *edition*), Sinauer 公司]

二、神经系统的基本术语

根据神经元的胞体和轴突的聚集方式和分布部位的差异，有一些专门的术语对其进行描述。

神经纤维(nerve fiber)是由包裹胶质细胞(髓鞘)的轴突组成，主要构成中枢神经系统的白质和周围神经系统的脑神经、脊神经和内脏神经。在中枢神经系统，神经元胞体和树突聚集的部位，在新鲜标本上颜色灰暗，因此称为灰质(gray matter)；分布于大脑或小脑表面的灰质也称为皮质(cortex)，深埋在脑或脊髓内部的神经元胞体或树突聚集成团，称为神经核(nucleus)。中枢神经系统神经纤维聚集的部位在新鲜标本上呈亮白色，称为白质(white matter)；位于大脑和小脑深部的白质也称为髓质(medulla)。中枢神经系统里起止、行程基本一致的神经纤维称为束(tract)。在周围神经系统，神经元胞体聚集的部位称为神经节(ganglion)；神经纤维聚集成束，称为神经(nerve)。

三、脊髓的外形

脊髓位于椎管内，外侧包有 3 层被膜，全长 42～45cm，略呈扁圆柱形，最宽处横径 1～1.2 cm，重 20～25 g。脊髓上端在枕骨大孔处与延髓相连，下端变细呈圆锥状，称脊髓圆锥，约与第 1 腰椎下缘对齐(新生儿可达第 2、3 腰椎之间)，软脊膜在脊髓下缘尖端延伸为一条结缔组织细丝，即终丝(filum terminale)，止于尾骨背面，起固定脊髓的作用。脊髓在结构上并未分节，但由于脊髓与 31 对脊神经相连，并从脊椎间隙穿出椎管，因此，解剖学上将与脊神经相连的相应部分称为一个脊髓节段，因此，脊髓可分为 31 个节段，即颈髓 8 个节段(C_1—C_8)、胸髓 12 个节段(T_1—T_{12})、腰髓 5 个节段(L_1—L_5)，骶髓 5 个节段(S_1—S_5)和尾髓 1 个节段(C_0)(图 4-2)。

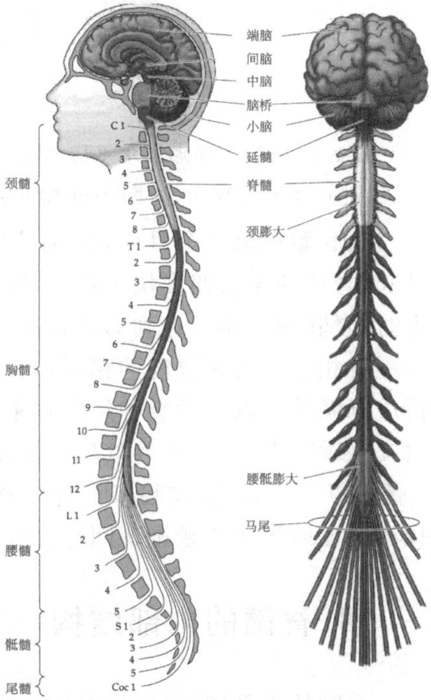

图 4-2　脊髓节段[摘自 Dale Purves, *Neuroscience*(4th *edition*), Sinauer 公司]

脊髓全长粗细不等，有两处明显的膨大，即位于脊髓上部的颈膨大和位于下部的腰骶膨大。脊髓表面分布有多条纵行的沟和裂，位于脊髓前面最深的是前正中裂

(anterior median fissure),可达 3 mm;后正中沟(posterior median sulcus)较浅,位于脊髓后侧正中;脊髓后外侧表面有后外侧沟(posterolateral sulcus),是脊神经后根进入脊髓的部位;在脊髓前外侧的表面有前外侧沟(anterolateral sulcus),是传出神经纤维组成的脊神经前根穿出脊髓的部位(图 4-3)。

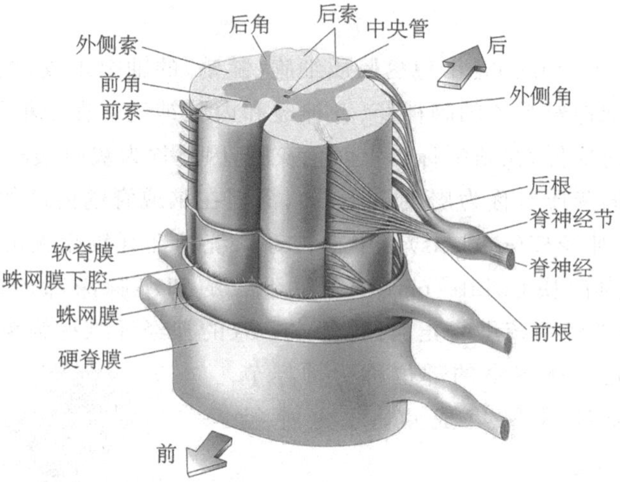

图 4-3　脊髓的外形及水平切面[摘自 Mark F. Bear, *Neuroscience: Exploring the Brain* (4th *edition*), Wolters Kluwer **公司]**

人胚胎在第 3 个月前,脊髓与脊柱基本等长,脊髓下端可达尾骨,但从胚胎第 4 个月起,脊柱的生长速度快于脊髓,脊髓长度逐渐短于脊柱,其位置相对上移。到胎儿出生时,脊髓的下端仅达到第 3 腰椎平面,成年后仅与第 1 腰椎平齐,脊髓下端仅以终丝与尾骨相连。由于脊髓的相对位置升高,而脊神经根仍要从相应节段的椎间孔穿出,造成脊髓颈段以下的脊神经根越来越朝向尾侧,以至腰、骶和尾段的脊神经根在椎管内几乎垂直下行,围绕终丝聚集成游离的束,共同组成马尾(cauda equina)。因此,第 1 腰椎以下无脊髓,在临床上进行脊髓蛛网膜下腔穿刺抽取脑脊液或麻醉时,通常选择第 3、4 或第 4、5 腰椎棘间进行穿刺,以免刺伤脊髓。

四、脊髓的内部结构

脊髓的水平切面显示,脊髓由围绕中央管的灰质和位于外周的白质构成。中央管细小狭长,是由胚胎发育时的神经管内腔演变而成,围绕中央管的是呈蝴蝶样的灰质(gray matter),灰质的外周是白质(white matter)。

(一)中央管

中央管(central canal)为狭长的管道,位于脊髓灰质的中央,贯穿脊髓全长。中央管在颅内与第四脑室相通,下端在脊髓圆锥内膨大为一梭形的盲端,称为终室。中央管内充满脑脊液。

(二)灰质

灰质在脊髓水平切面上呈蝴蝶样，主要由神经元胞体、树突和神经末梢组成，并富含血管。在水平切面上，灰质突起的部分称为角。灰质前部突起的部分称为前角(anterior horn)，后部突起为后角(posterior horn)，前、后角之间的过渡区称为中间带(intermediate zone)。在胸髓和腰髓上部，中间带外侧部向外延伸出外侧角(lateral horn)。中央管前、后的灰质分别称为灰质前连合(anterior gray commissure)和灰质后连合(posterior gray commissure)，连接两侧灰质。

脊髓灰质内含功能、大小、形态各不相同的多种神经元，其中发出轴突，组成脊神经前根的运动神经元的胞体位于脊髓灰质的前角；接受感觉神经元信息传入的神经元胞体位于后角；胸髓到腰髓上部($T_1 \sim L_3$节段)中间区外侧角是交感神经节前神经元胞体所在部位，即交感神经的低级中枢，发出的纤维经前根进入脊神经，再经白交通支到交感干。骶髓($S_2 \sim S_4$)的外侧角是副交感神经节前神经元胞体所在区域，即副交感神经的低级中枢，发出纤维组成盆腔内脏神经(交感神经与副交感神经的结构与功能详见本章第五节)。

(三)白质

脊髓的纵沟将白质分为3个索，即前正中裂与前外侧沟之间为前索(anterior funiculus)，后外侧沟与后正中沟之间为后索(posterior funiculus)，前、后外侧沟之间为外侧索(lateral funiculus)。在灰质前连合的前方有神经纤维交叉横越，称白质前连合(anterior white commissure)。

脊髓白质的神经纤维可分为：传入纤维、传出纤维、上行纤维、下行纤维及脊髓固有纤维。这些纤维组成不同的束在白质中穿行。

1.传入纤维

传入纤维由脊神经节神经元的中枢突组成，脊神经节是初级感觉神经元胞体聚集的部位，该处神经元为假单极神经元，周围突分布于躯干，接受感觉刺激，中枢突构成传入纤维，经脊神经后根进入脊髓，分内、外两侧。内侧部沿后角内侧进入后索，由粗的有髓纤维组成，构成薄束、楔束，主要传导本体感觉和精细触觉，也有分支进入脊髓灰质。外侧部主要由细的有髓和无髓纤维组成，这些纤维进入脊髓上升或下降1～2节段，在胶状质背外侧组成背外侧束(dorsolateral fasciculus)或称Lissauer束，由此束发出侧支或终支进入后角。后根外侧部的细纤维主要传导痛觉、温度觉、精细触觉和内脏感觉信息。

2.传出纤维

传出纤维由灰质前角的运动神经元发出的纤维和外侧角发出的交感或副交感神经节前纤维组成，经脊髓前根至周围神经，支配躯体运动和内脏活动。

3.上行纤维束

上行纤维束又称感觉传导束，主要是将后根传入的各种感觉信息向上传递至相应的脑区，主要有以下几种上行纤维束。

(1)薄束(fasciculus gracilis)和楔束(fasciculus cuneatus)。薄束和楔束位于脊髓白质后索内，是由同侧的脊神经后根内侧部的粗有髓纤维在脊髓后索直接延续而成(图 4-4)。薄束源自第 5 胸节及以下的脊神经节细胞，楔束源于第 4 胸节及以上的脊神经节细胞。在胸髓 T_5 以下的白质后索内仅有薄束，T_4 以上的白质后索内有薄束和楔束，楔束居薄束外侧。薄束传导同侧 T_5 以下脊神经后根传入的感觉信息，楔束传导同侧 T_4 以上的后根传入的感觉信息。在上行过程中，不断地加入同侧的脊神经后根纤维，薄束和楔束则以外加的方式排列布局，即由内向外，排列来自骶髓、腰髓、胸髓和颈髓的纤维。薄束和楔束传导同侧躯体及上下肢肌、腱、关节的本体感觉和皮肤精细触觉的信息。当后索损伤时，导致损伤平面以下同侧精细触觉和本体感觉减弱或消失，即患者不能通过触摸辨别皮肤上两点间距离；患者闭目不能确定关节和肢体的位置和方向。

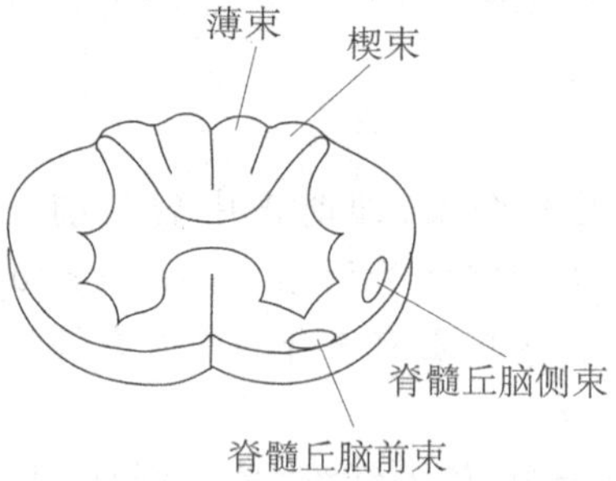

图 4-4　薄束和楔束

(2)脊髓丘脑束。脊髓丘脑束(spinothalamic tracts)分为脊髓丘脑前束(anterior spinothalamic tract)和脊髓丘脑侧束(lateral spinothalamic tract)。脊髓丘脑前束位于脊髓白质前索，主要传导粗触觉和压觉信息，脊髓丘脑侧束位于脊髓白质外侧索，主要传导痛觉和温度觉信息(图 4-4)。脊髓丘脑束起于脊髓灰质后角，纤维经白质前联合上升 1～2 个节段，或先在同侧白质内上升 1～2 个节段再穿过白质前联合，至对侧外侧索或前索上升，终止于背侧丘脑。因此，当一侧脊髓丘脑束受损时，损伤下方 1～2 个节段平面的对侧躯体痛觉、温度觉减退或消失。

(3)内脏感觉束(visceral sensory tract)。内脏感觉束起于脊神经节，其周围突分布于胸、腹脏器的痛觉和牵张觉感受器，中枢突经后根进入脊髓，经后角和灰质中间带神经元的中继，上行至背侧丘脑。

(4)脊髓小脑束。脊髓小脑束包括脊髓小脑前束(anterior spinocerebellar tract)、脊髓小脑后束(posterior spinocerebellar tract)、脊髓小脑嘴侧束(rostral spinocerebellar tract)和楔小脑束，这些是将信息由脊髓传向小脑的传导束。

除了以上上行纤维束，还有脊髓中脑束、脊髓网状束、脊髓橄榄束、脊髓前庭束等。

4.下行纤维束

下行纤维束包括起始于不同脑区而终止于脊髓的纤维束，其功能是支配躯体及内脏活动，调节肌张力和参与脊髓反射等。

(1)皮质脊髓束(corticospinal tract)。皮质脊髓束是最重要的下行传导束，该束起自大脑皮质中央前回和其他一些皮质的锥体细胞，发出的纤维经内囊、中脑大脑脚底、脑桥基底部、延髓锥体进入脊髓，终止于脊髓运动神经元。皮质脊髓束包括皮质脊髓侧束(lateral corticospinal tract)、皮质脊髓前束(anterior corticospinal tract)和皮质脊髓前外侧束(anterolateral corticospinal tract)(图 4-5)。

皮质脊髓侧束起于大脑皮质，占皮质脊髓束的大部分(75%～90%)，在延髓经锥体交叉进入对侧，在脊髓外侧索后部下行，直至骶髓。纤维依次中止于各节段灰质同侧前角运动神经元。前角运动神经元也称为“下位运动神经元”，从皮质发出的神经元称为“上位运动神经元”。

皮质脊髓前束是未交叉的纤维，在前索最内侧靠近前正中裂下行，该束只存在于脊髓上部，最终消失于胸髓中部。该束纤维多经白质前连合至对侧，主要终止于支配上肢肌和颈肌运动的前角运动神经元，有一部分始终不交叉而终止于同侧脊髓前角运动神经元，主要支配躯干肌。

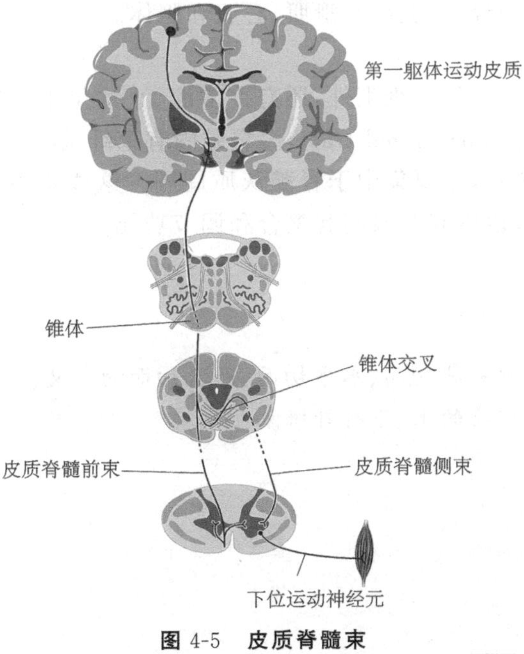

图 4-5　**皮质脊髓束**

(2)前庭脊髓束(vestibulospinal tract)。前庭脊髓束起自前庭神经核，小部分在双侧前索下行，大部分在同侧前外侧索下行。主要作用是兴奋伸肌运动神经元，抑制屈肌运动神经元，调节身体平衡。

（3）红核脊髓束（rubrospinal tract）。红核脊髓束起自中脑红核，发出的纤维在被盖腹侧交叉，继而在对侧脊髓外侧索下行，终止于脊髓灰质中间区。在人类该束可能仅投射至上3个颈髓节段。其功能是兴奋屈肌运动神经元，抑制伸肌运动神经元。

（4）网状脊髓束（reticulospinal tract）。网状脊髓束起自脑干网状结构，部分在同侧白质前索和外侧索下行，投射至脊髓灰质神经元。其功能是兴奋或抑制 α 和 γ 运动神经元。

（5）顶盖脊髓束（tectospinal tract）。顶盖脊髓束起自中脑上丘，在中脑水管周围灰质区腹侧经被盖前侧交叉至对侧，在前索下行，终止于颈髓灰质。其功能是兴奋对侧颈肌，抑制同侧颈肌运动神经元，参与完成视觉、听觉反射。电刺激一侧上丘，可以使头转向刺激侧。

（6）内侧纵束（medial longitudinal fasciculus）。内侧纵束是一个复合上、下行纤维总称，由脑干多个核团发出纤维共同组成。在脑干部有上、下行纤维，进入脊髓部则主要为下行纤维，终止于脊髓灰质中间区及前角，主要是影响前角运动神经元，协调眼球的运动和头部的姿势。

（7）下行内脏通路。下行内脏通路起于下丘脑和脑干的多个核团及网状结构，在脊髓的前索及外侧索下行，终止于中间外侧核的交感神经节前神经元和骶髓2～4节段的副交感神经节前神经元，支配平滑肌、心肌和腺体。

5.脊髓固有束

在脊髓内，除了上、下行纤维束外，还有许多起、止均位于脊髓灰质的短距离纤维束，称为脊髓固有束（propriospinal tract）。脊髓固有束纤维纵行于脊髓节段内或节段间，甚至贯穿至脊髓全长，主要集中于脊髓灰质周围。这些短距离纤维束联系着不同节段的脊髓，对脊髓节段内和节段间起整合和调节功能。

复习巩固

1.简述解剖学中矢状切面、水平切面、冠状切面的含义。

2.脊髓有哪些重要的上、下行纤维束？

第二节　脑干

脑位于颅腔内，是中枢神经系统的高级结构，由胚胎时期神经管的前部分化发育而来，其形态结构和功能远较脊髓复杂。成年人的脑重量约 1400 g，一般分为延髓、脑桥、中脑、间脑、小脑、端脑 6 部分，延髓、脑桥、中脑合称为脑干。

脑干由下往上分别由延髓、脑桥和中脑 3 个部分组成（图 4-6）。延髓、脑桥由神经管的菱脑泡分化演变而来，中脑由中脑泡分化演变而来。延髓向下在枕骨大孔处与脊髓相连，延髓向上为脑桥，脑桥向上与中脑相连，中脑向上延续为间脑。脑干不仅是端脑、间脑、小脑与脊髓联系的中间通路，而且也是多种生命活动的神经中枢，如心血管中枢、呼吸中枢、吞咽中枢，以及视觉、听觉、平衡反射中枢。除此之外，脑干从上到下还与第 III～XII 对脑神经相连。

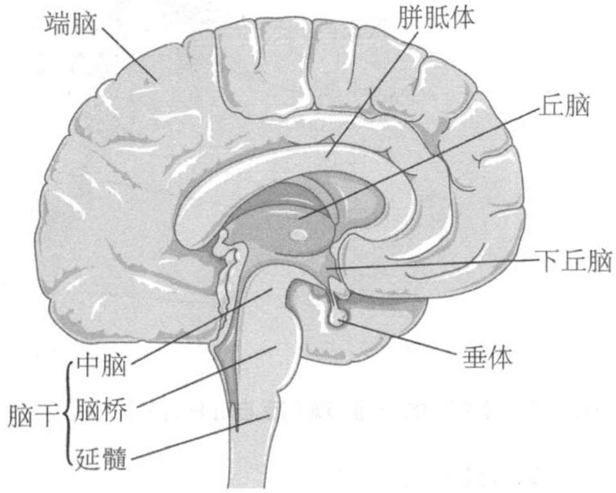

图 4-6　脑干的组成

一、脑干的外形

（一）脑干的腹侧面

1.延髓（medulla oblongate）

延髓呈倒置的圆锥形，其下端在枕骨大孔处与脊髓相连，其上端在腹侧面以延髓脑桥沟（bulbopontine sulcus）与脑桥为界。延髓下部与脊髓在外形上相似，延髓在腹侧面有与脊髓相似的前正中裂，延髓上部在前正中裂两侧有呈纵行的隆起，称为锥体，是由端脑皮质下行的皮质脊髓束纤维组成。在锥体的下端，皮质脊髓束的大部分纤维以发辫样左右交叉，形成锥体交叉（decussation of pyramid）。在椎体的背外侧，有卵圆形的隆起，称橄榄（olive），其深部为下橄榄核。椎体与橄榄之间为前外侧沟（anterolateral sulcus）（图 4-7）。

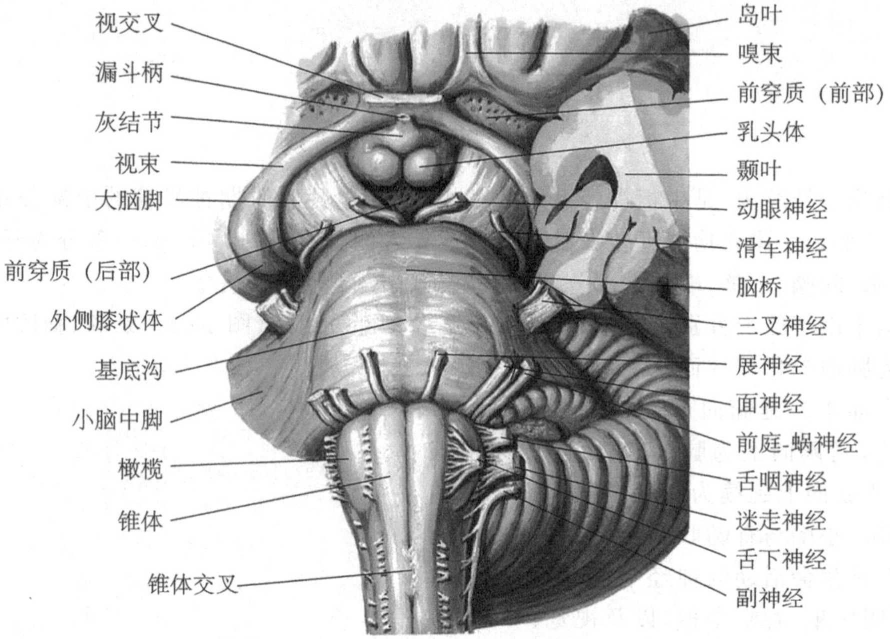

图 4-7　脑干的腹面观(摘自 David L. Felten, *Netter's Atlas of Neuroscience*, Elsevier **出版公司)**

2.脑桥

人类脑桥(pons)高度发达，在腹面呈宽大的膨隆，称脑桥基底部，其上缘与中脑大脑脚相接，下缘以延髓脑桥沟为界。脑桥基底部由大量横行纤维和部分纵行纤维构成，腹面正中线上的浅沟称为基底沟(basilar sulcus)，有基底动脉通过。脑桥左、右两端向背外侧逐渐移行缩小，形成小脑中脚(middle cerebellar peduncle)，又称脑桥臂(brachium pontis)，由进入小脑的粗大的脑桥小脑纤维束组成。

3.中脑

中脑介于间脑与脑桥之间，在腹侧面的上缘为视束，下界为脑桥上缘，中脑腹侧面为一对粗大的纵行隆起，称大脑脚(cerebral peduncle)，由大脑皮质发出的下行纤维组成。两侧大脑脚之间的凹陷称脚间窝，窝底有许多小血管出入，称为后穿质。大脑脚外侧有一纵行的沟，称中脑外侧沟。胚胎时期的神经管在中脑分化发育成中脑水管(mesencephalic aqueduct)，也叫大脑水管(cerebral aqueduct)。

(二)脑干的背侧面

1.延髓

延髓背侧面的上部分构成了菱形窝的下半部(图 4-8)；延髓背侧面的下部与脊髓类似，即后侧正中有后正中沟。后正中沟两侧各有两个纵行膨大，靠内侧的是薄束结节(gracile tubercle)，外上侧的是楔束结节(cuneate tubercle)，薄束结节和楔束结节深面分别是薄束核与楔束核，薄束和楔束分别终止于薄束核与楔束核。

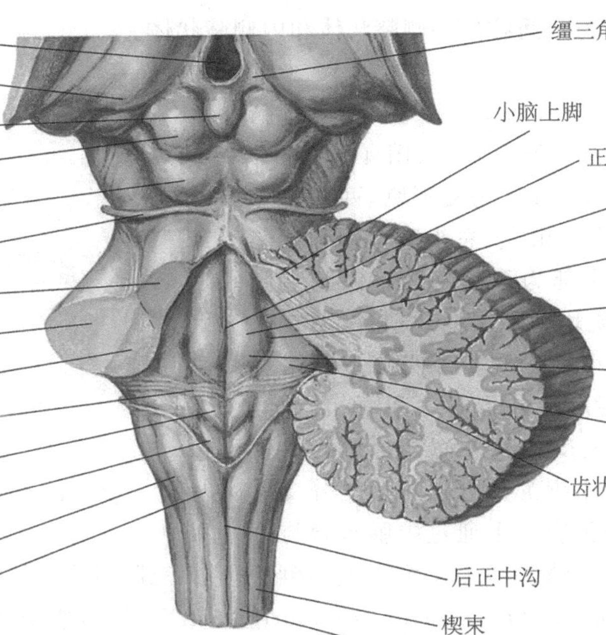

图 4-8 **脑干背面观(摘自** David L. Felten, *Netter's Atlas of Neuroscience*, Elsevier **出版公司)**

2.脑桥

脑桥在背侧面构成了菱形窝底的上半部。菱形窝由延髓上部和脑桥的背侧构成,呈菱形,菱形窝构成第四脑室的底,因此也称第四脑室底。菱形窝的外上界为小脑上脚,外下界由内下向外上依次为薄束结节和楔束结节。外上界与外下界的汇合处为菱形窝的外侧角。菱形窝的正中线上有贯穿全长的纵行正中沟(median sulcus),将菱形窝分成左、右两半,在正中沟外侧各有一条与之平行的纵行浅沟,称界沟(sulcus limitans),将每侧的半个菱形窝又分为内、外侧部。自正中沟向两外侧角各有数条浅表的横行纤维束,称髓纹(striae medullares),将菱形窝分为上、下两部,髓纹也是脑桥和延髓在背侧的分界线(图 4-8)。

正中沟外侧与界沟之间有纵行的内侧隆起(medial eminence),在髓纹上方,有一圆形的隆起,称为面神经丘,深面有面神经核和展神经核。界沟上端的外侧,在新鲜标本上有一蓝灰色的小区域,称蓝斑(locus ceruleus),内含蓝斑核,为去甲肾上腺素神经元胞体聚集的部位。菱形窝外侧是呈三角形的前庭区,深面有前庭神经核。前庭区的外侧角上有一小的隆起,称为听结节(acoustic tubercle),内藏蜗神经背侧核。

3.中脑

中脑在背侧面有上、下两对圆形的隆起,分别称为上丘(superior colliculus)、下丘(inferior colliculus),合称为四叠体(corpus quadrigemina),其深面分别含有上丘核和下丘核,是视觉和听觉的反射中枢。在上、下丘的外侧各自向外上方伸出一条长的隆起,称为上丘臂(brachium of superior colliculus)和下丘臂(brachium of inferior colliculus)，分别连于间脑的外侧膝状体和内侧膝状体。

4.第四脑室

第四脑室(fourth ventricle)位于延髓、脑桥和小脑之间，为一菱形腔隙(图 4-9)，由脊髓中央管敞开形成，其底为菱形窝，两侧为外侧隐窝，顶的上半部由左、右小脑上脚和上髓帆构成，顶的下半部为下髓帆和第四脑室脉络丛。上、下髓帆均为一层白质薄片，两者以锐角汇合，连于小脑白质。第四脑室脉络丛介于下髓帆和菱形窝外下界之间，不含神经组织，由室管膜上皮和其外面富含血管的软脑膜构成。脉络组织的部分血管反复分支形成血管丛。第四脑室向上通过中脑水管与第三脑室相连，下接脊髓中央管，第四脑室接收来自第三脑室流来的脑脊液，并借单一的第四脑室正中孔(median aperture of fourth ventricle)和成对的第四脑室外侧孔(lateral apertures of fourth ventricle)与蛛网膜下腔相通(图 4-9)。

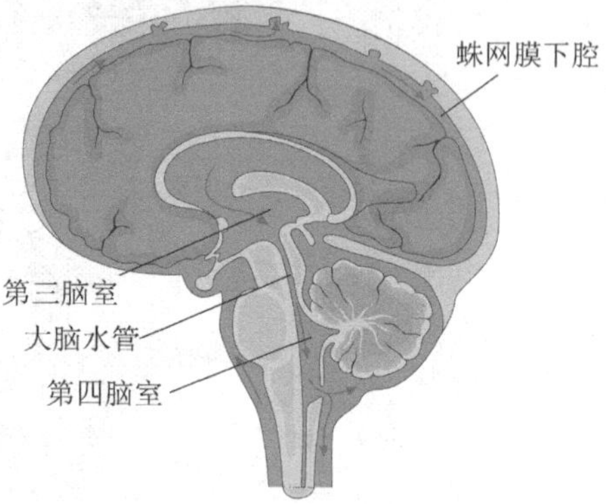

图 4-9　**第四脑室结构**

二、脑干的内部结构

(一)延髓的内部结构

1.延髓的灰质

在胚胎发生过程中，脊髓中央管敞开为第四脑室，脊髓灰质演变为第四脑室底部的核团，包括舌下神经核、副神经核、迷走神经背核、孤束核、三叉神经脊束核、薄束核、楔束核、下橄榄核等。

2.延髓的白质

延髓下部出现两个交叉，即锥体交叉和内侧丘系交叉，这两个交叉打乱了灰白质的细胞分布，转变为脑干的网状结构。

(1) 下行的传导束。经过延髓的下行传导束主要是锥体和锥体交叉。脑桥基底部下行的锥体束(主要是皮质脊髓束)纤维下降至延髓聚集成锥体。锥体下端 70%～90%的纤维交叉至对侧形成锥体交叉(图 4-10)。交叉的纤维在对侧的脊髓侧索下行，称皮质脊髓侧束。不交叉的纤维在同侧的脊髓侧索下行，称为皮质脊髓前束。两束合称皮质脊髓束，终止于脊髓灰质的前角运动神经元。

除了锥体束，延髓中还有内侧纵束、顶盖脊髓束、红核脊髓束、前庭脊髓束、网状脊髓束等。分别起自中脑、中脑顶盖、红核、前庭神经核和延髓网状结构，在脊髓下行，终止于脊髓前角运动神经元。

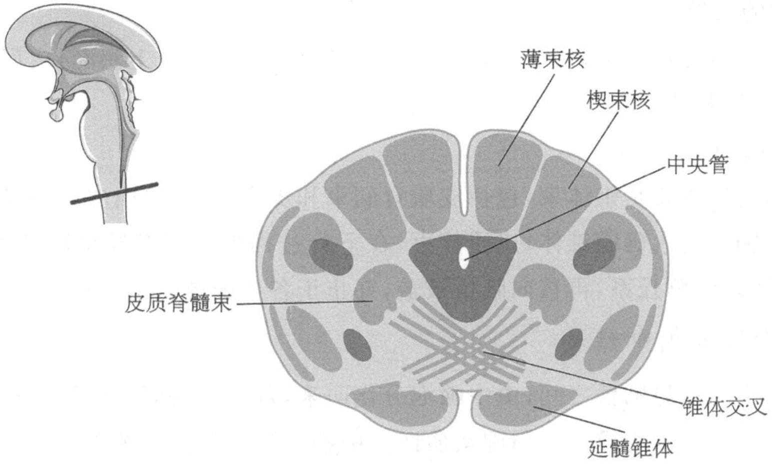

图 4-10　延髓的内部结构

(2) 上行的传导束。经过延髓的上行传导束主要是内侧丘系交叉(decussation of medial lemniscus)和内侧丘系(medial lemniscus)(图 4-11)。薄束核和楔束核发出的传导本体感觉和皮肤精细触觉的二级纤维从背侧向腹侧绕过中央管,在中央管腹侧,锥体交叉正上方,形成左右交叉,此段纤维称为内弓状纤维(internal arcuate fibers),此纤维交叉称为内侧丘系交叉,交叉后的纤维折向上行,组成内侧丘系,位于锥体束背侧,脑干中线两侧,经延髓、脑桥、中脑,最后终止于背侧丘脑腹后外侧核(图 4-11)。

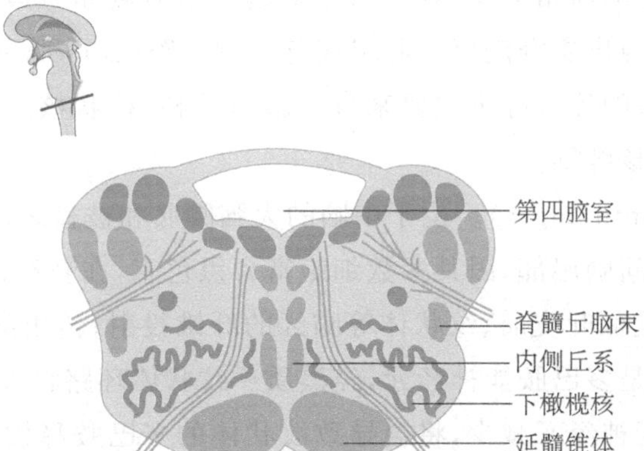

图 4-11　内侧丘系与内侧丘系交叉

(二)脑桥的内部结构

脑桥以斜方体及内侧丘系前缘为界,分为腹侧部和背侧部,腹侧部称为脑桥基底部,背侧部称为脑桥背盖部,是延髓向上的直接延续。

1.脑桥的灰质

脑桥的灰质是位于脑桥的核团，包括蜗神经核、面神经核、上泌涎核、展神经核、三叉神经核、蓝斑核等。

2.脑桥的白质

脑桥的白质主要是锥体束，包括皮质脊髓束和皮质核束（也叫皮质延髓束）。皮质脊髓束经过脑桥进入延髓锥体；皮质核束，在下行过程中不断有纤维离开锥体束而移向背侧，或掺入内侧丘系，再移向脑桥被盖，终止于各个脑神经运动核。

（三）中脑的内部结构

中脑位于间脑与脑桥之间，由中脑泡分化而来，背侧中央部有中脑水管（也称导水管），其周围的灰质称为导水管周围灰质区。中脑水管的腹侧为被盖区（tegmentum）。中脑水管背侧为顶盖区（tectum），即上丘和下丘。

1.中脑的灰质及纤维联系

（1）红核（red nucleus）。在上丘横切面可见一对圆形核团，因其富含铁色素和血管，在新鲜标本上略带红色，下丘切面没有红核（图4-12）。

红核分为由小细胞组成的小细胞部和由大型细胞组成的大细胞部。小细胞部占红核的主体，发出中央被盖束，终止于同侧下橄榄核。大细胞部发出红核脊髓束，越过中线，在被盖腹侧交叉后下行，一部分终止于脑桥延髓的网状结构，构成红核网状束，另一部分终止于脊髓的前角运动神经元，主要起兴奋对侧屈肌运动神经元，抑制伸肌运动神经元的作用，与皮质脊髓束一起组成背外侧通路（dorsolateral pathways），控制肢体远端肌群。红核的传入纤维主要来自小脑齿状核、栓状核及球状核，以及端脑运动皮质，组成皮质红核纤维。

（2）黑质（substantia nigra）。位于中脑的大脑脚底和被盖之间，红核的腹侧，贯穿中脑全长，并延伸至间脑尾部，因其多数细胞富含黑色素，在新鲜标本上呈黑色而得名（图4-12）。黑质接受额叶皮质、纹状体等脑区的纤维投射；传出纤维主要投射至纹状体，黑质神经元主要是多巴胺能神经元，经黑质一纹状体环路将多巴胺释放至纹状体，如果黑质的多巴胺能神经元减少，将会导致纹状体的多巴胺释放量减少，从而导致震颤麻痹，也就是帕金森病。

（3）腹侧被盖区（ventral tegmental area）。腹侧被盖区位于两侧黑质与红核之间，是多巴胺能神经元聚集的区域（图4-12）。腹侧被盖区广泛投射至额叶皮质、伏隔核、终纹床核等脑区，参与调节学习、记忆、情绪和奖赏等行为。腹侧被盖区至伏隔核的投射是依赖性药物成瘾的共同通路。

（4）上丘（superior colliculus）。由灰白质相互交替的7层结构组成，与视觉反射相关(图 4-12)。上丘接受视束、枕叶皮质的投射,不仅与视觉有关,而且与听觉、躯体感觉和运动系统有关。上丘参与调节防御性反射活动,即身体在接受视、听、躯体刺激时,眼、头及躯体联合转向刺激方向,此反射弧的中枢在上丘,发出的运动纤维是顶盖脊髓束。

(5)下丘(inferior colliculus)。下丘的细胞规则成团,形成下丘核。下丘是听觉上行的中继站,另外,下丘还参与听觉与躯体感觉和运动的多种信息整合,接受脊髓丘脑束和内侧丘系的躯体感觉纤维,其传出纤维加入顶盖网状束和顶盖脊髓束,参与听反射。

(6)导水管周围灰质区(periaqueductal gray)。导水管周围灰质区也称为中央灰质,位于中脑顶盖和被盖之间,围绕中脑水管(导水管)而形成(图 4-12)。导水管周围灰质区的纤维联系与功能极其复杂,涉及心血管、呼吸等生命活动的调节,并参与调节愤怒、进食、镇痛、药物依赖等多种生理心理功能。

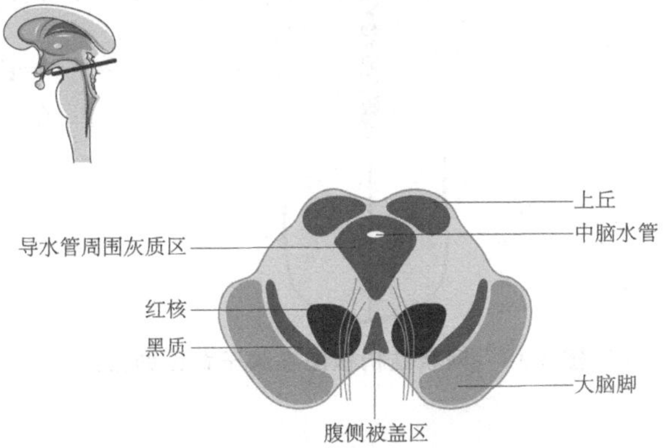

图 4-12 中脑的内部结构(上丘切面)

三、网状结构

在脑干腹侧的广大区域,除了明显的神经核、纤维束外,还有神经纤维纵横交错,其间分布有大大小小、边界不清的神经细胞团,神经纤维和细胞相互混杂成网状,故称为网状结构(reticular formation)。

(一)网状结构的核群

在脑干被盖,除了边界清楚的核团和神经纤维束,其余细胞团和神经纤维都属于网状结构。网状结构根据其细胞构筑、位置和功能,大致可分为中缝核群、内侧核群、外侧核群、向小脑投射的核群等(图 4-13)。

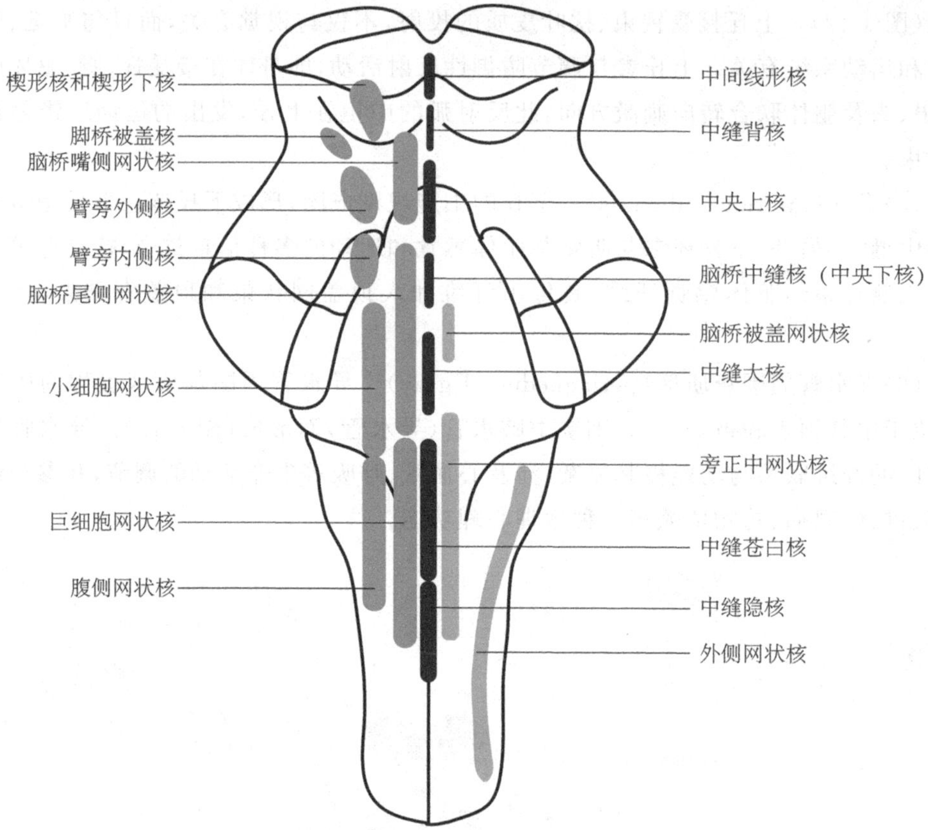

图 4-13 网状结构核团在脑干背面的投影

1. 中缝核群

中缝核群位于脑干中缝两侧，为连续的细胞窄带，从延髓至中脑由中缝隐核、中缝苍白核等多个亚核群组成。中缝核群是 5-羟色胺能神经元聚集区，其发出的纤维向上投射到端脑皮质、海马结构、纹状体、丘脑、下丘脑、导水管周围灰质区、杏仁核、小脑等脑区；向下投射到薄束核、脊髓后角等。

2. 内侧核群

内侧核群位于中缝核群的外侧，主要由巨细胞网状核、脑桥尾侧、嘴侧网状核、楔形核、楔形下核等核群构成。向下投射至薄束核和脊髓前角，向上投射至导水管周围灰质区、束旁核、中央旁核等广泛的脑区。

3. 外侧核群

外侧核群位于内侧核群外侧，约占网状结构的外 1/3，包括脑桥的腹侧网状核、背侧网状核、小细胞网状核，中脑的臂旁核、外侧核、脚桥被盖核。外侧核群是肾上腺素和去甲肾上腺素能神经元聚集区，主要接受上行感觉纤维的投射，其轴突主要投射到内侧核群。

4. 向小脑投射的核群

向小脑投射的核群包括外侧网状核、旁正中网状核、脑桥被盖网状核。这些核群整合脊髓、运动皮质、感觉皮质等脑区传入小脑的信息。

(二)网状结构的功能

1.调控循环、呼吸等生命活动

循环、呼吸等生命活动的中枢位于脑干的网状结构,如调节呼吸的吸气中枢在延髓中、上段网状结构的腹内侧核,呼气中枢位于吸气中枢的背外侧,两者相互协调,共同维持正常的呼吸活动;心血管活动初级中枢位于延髓网状结构。网状结构的损伤可严重危及生命。

2.调节睡眠、觉醒和意识

网状结构通过上行网状激动系统维持大脑皮质的觉醒,上行网状激动系统包括向网状结构传入刺激的感觉纤维,以及网状结构向间脑、大脑皮质广泛的投射,从而保持大脑皮质处于觉醒的状态。外界的特异性刺激通过脑干的网状结构中继,进而投射到间脑、大脑皮质的广泛区域。在此过程中,经过网状结构的多突触、弥散的传递,特异性的刺激信息转变为非特异性的刺激,从而使皮质维持一个适度的意识和清醒状态,使大脑皮质对信息的传入保持一个正常的接收状态。

网状结构不仅有上行激动系统,还有上行网状抑制系统,初步查明,此系统位于延髓孤束核周围和脑桥下部内侧的网状结构。上行网状激动系统和上行网状抑制系统相互协调,使大脑皮质处于正常的睡眠一觉醒的周期。

复习巩固

1.请简述延髓的上、下行纤维束。
2.请简述脑干的组成。

第三节　间脑

间脑(diencephalon)是由神经管的间脑泡分化演变而来,位于端脑与中脑之间,是感觉信息主要的中继和处理中心。间脑的每一个组成部分都具有生命活动必不可少的特殊功能,特别是与边缘系统(与记忆和情感相关)、基底核(与运动协调相关),以及感觉加工,包括听觉、视觉有密切的联系,使得间脑在功能上具有丰富的多样性。间脑主要由背侧丘脑(thalamus)、后丘脑(metathalamus)、上丘脑(epithalamus)、底丘脑(subthalamus)、下丘脑(hypothalamus)组成。

一、背侧丘脑

背侧丘脑(thalamus),简称丘脑,是间脑中最大的结构,位于第三脑室两侧,为两个椭圆形的灰质核团,左右各一,在中线两侧对称分布,位于大脑皮质和中脑之间,两侧背侧丘脑借丘脑间黏合(interthalamic adhesion)连接。两侧背侧丘脑之间为第三脑室,背侧丘脑的内侧面,即第三脑室两侧壁上有一条自室间孔走向中脑水管上端的浅沟,称为下丘脑沟(hypothalamic sulcus),是背侧丘脑与下丘脑的分界线。

背侧丘脑主要由灰质构成,其内部有一"Y"字形的白质板,称为内髓板(internal medullary lamina),内髓板将背侧丘脑分为 3 个核群,即内髓板前方的前核群(anterior nuclear group),内髓板内侧的内侧核群(medial nuclear group),以及内髓板外侧的外侧核群(lateral nuclear group),内髓板内还有若干细小的板内核,每个核群又可分为许多细小的核团(图 4-14)。背侧丘脑是皮质下感觉的最后中继站,可形成粗略的感觉,丘脑的这些核团负责多个重要复杂功能,如传递感觉和运动信号,调节意识、情绪、学习记忆、睡眠和警觉性。

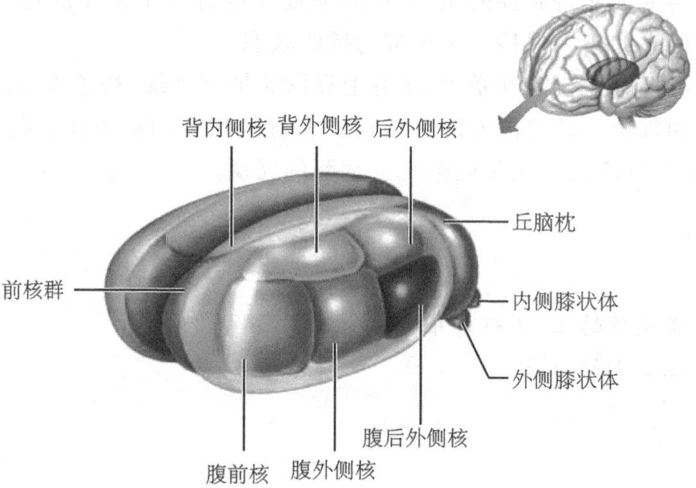

图 4-14 丘脑的核团组成[摘自 Elaine N. Marieb, *Human Anatomy & Physiology* (*Global 10th edition*), Pearson **公司]**

二、后丘脑

后丘脑(metathalamus)位于背侧丘脑的后下方,包括外侧膝状体(lateral geniculate body)和内侧膝状体(medial geniculate body),分别接受视、听觉的信息传入,是特殊感觉通路的中继站。内侧膝状体是听觉传导通路的中继站,接受下丘经下丘臂传来的听觉纤维，中继后再发出纤维形成听辐射，投射至位于颞叶的听觉皮质。外侧膝状体是视觉传导通路的中继站，接受来自视束的纤维投射，中继后发出纤维形成视辐射，投射至枕叶的视觉中枢形成视觉。

外侧膝状体细胞由腹侧向背侧形成 6 个板层样结构，视束中传导对侧视网膜鼻侧（内侧）视觉信息的交叉纤维终止于第 1、4、6 层，而来自同侧视网膜颞侧（外侧）视觉信息的不交叉纤维终止于第 2、3、5 层。即颞侧（外侧）视觉的信息沿同侧传递，而鼻侧（内侧）的分支经视交叉投射至对侧（图 4-15）。由于眼球的光学特性，左侧视野的物体会刺激右眼视网膜的颞侧和左眼视网膜的鼻侧。因此，一侧外侧膝状体的毁损将造成同侧视网膜鼻侧视野及对侧视网膜颞侧视野的丧失，即如左侧外侧膝状体毁损，将导致双眼右视野的丧失。

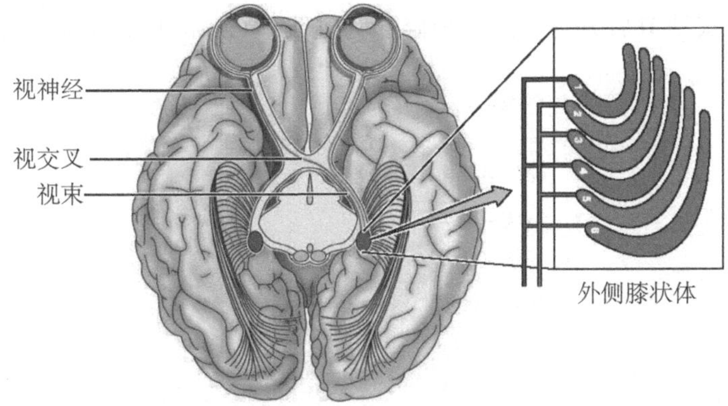

图 4-15　**视网膜到外侧膝状体的投射［摘自** Dale Purves, *Neuroscience* (5*th* *edition*), Sinauer **公司］**

三、上丘脑

上丘脑(epithalamus)位于背侧丘脑的后上方，第三脑室顶部的周围，包括松果体(pineal body)、缰核(habenular nucleus)、缰三角(trigonum habenulae)、丘脑髓纹(thalamic medullary atria)、后连合(posterior commissure)等结构。松果体主要分泌松果体素，即褪黑素。松果体素具有调节昼夜节律的作用。松果体在黑暗环境中活动更加活跃，在黑暗中几小时后再暴露于光照条件下会抑制松果体。

四、底丘脑

底丘脑(subthalamus)位于背侧丘脑的腹侧，下丘脑的背外侧及内囊的内侧。底丘脑是间脑与中脑间的移行区。

五、下丘脑

下丘脑约占全脑重量的0.3%，体积约4 cm^3，却具极其重要的生理功能。下丘脑可以调节内脏神经系统及神经内分泌系统，从而维持人体内环境的稳定。

（一）下丘脑的位置及外形

下丘脑位于背侧丘脑腹侧，两者以下丘脑沟为分界，下丘脑被第三脑室分为左右两半，即下丘脑构成第三脑室侧壁的下半部和底。下丘脑底面结构复杂，最前端为视交叉(optic chiasma)，视交叉向后移行为视束(optic chiasm)。视交叉后方的微小隆起为灰结节(tuber cinereum)，灰结节向前下方移行为漏斗(infundibulum)和垂体(hypophysis)，灰结节后方为一对圆形隆起为乳头体(mamillary body)(图4-16)。

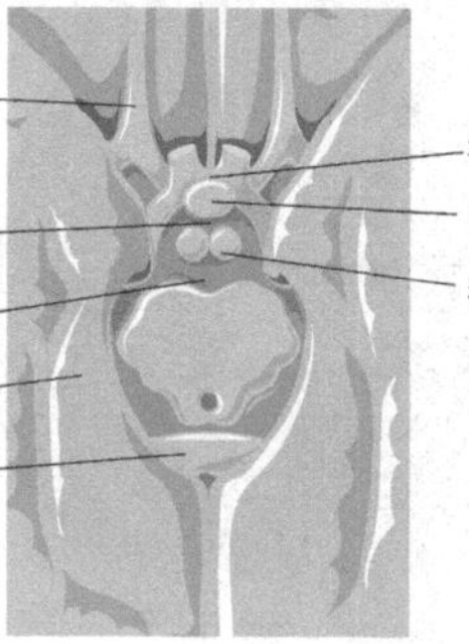

图4-16　下丘脑在脑底的结构

（二）下丘脑的分区及核团

下丘脑内部核团众多，大多数分界不清，精确描述十分困难，从前到后大致可分为4个区。

(1)视前区(preoptic region)，位于视交叉前缘到前连合之间，主要核团有视前室周核、视前内侧核、视前外侧核。

(2)视上区(supraoptic region)，位于视交叉上方，主要核团有视上核、室旁核。

(3)结节区(tuberal region)，位于灰结节上方，主要核团有漏斗核、腹内侧核、背内侧核。

(4)乳头区(mamillary region)，位于乳头体上方，主要核团有乳头体核、下丘脑后核。

（三）下丘脑的纤维联系

下丘脑是内脏活动及神经内分泌的高级中枢，功能繁多，具有复杂的纤维联系，大致可归纳为传入纤维、传出纤维及联合纤维3大类。

1.下丘脑的传入纤维

(1)内侧前脑束(medial forebrain bundle):内侧前脑束边界弥散,路径复杂,起自边缘系统的隔核、旁嗅回(paraolfactory gyrus)和前穿质,其中部分纤维终止于视前区,视前区也发出纤维加入该束;该束的部分纤维也终止于上丘脑其他核团,同样,其他核团也发出纤维加入该束;该束部分纤维下行终止于中脑被盖,中脑的上行纤维也参与该束组成。

(2)海马一下丘脑纤维(hippocampohypothalamic fibers):海马一下丘脑纤维即穹隆(fornix),是下丘脑最粗大的传入纤维,起自海马 CA1 区及下托,终止于乳头体核、下丘脑视前区、外侧区及下丘脑后核等。

(3)杏仁核一下丘脑纤维(amygdalohypothalamic fibers):杏仁核一下丘脑纤维即终纹(stria terminalis),起自杏仁核内侧,终止于下丘脑视前区内侧核、下丘脑前核和视上核。

(4)皮质一下丘脑纤维(corticohypothalamic fibers):皮质一下丘脑纤维起自额叶、顶叶、枕叶皮质,终止于下丘脑视前区及背内侧区。

(5)脑干传入纤维:有多条起自脑干传入下丘脑的纤维,分布广泛,起点及终点复杂,如起于脑干中央上核的 5-羟色胺能纤维终止于下丘脑视前区、下丘脑外侧区、室旁核、视交叉上核。中继一般内脏感觉的孤束核尾侧部发出纤维终止于下丘脑视前内侧区、室旁核及下丘脑背内侧核。

2.下丘脑的传出纤维

(1)视上垂体束(supraopticohypophysial tract)和室旁垂体束(paraventriculohypophyseal tract):视上垂体束和室旁垂体束分别起自下丘脑视上核和室旁核大细胞性神经分泌细胞(magnocellular neurosecretory cell),经漏斗柄终止于垂体后叶(神经垂体)(图 4-17)。视上核和室旁核大细胞性神经分泌细胞主要产生血管升压素和催产素,经神经元轴突运输至垂体后叶(神经垂体),再经垂体后叶的血管扩散到全身。

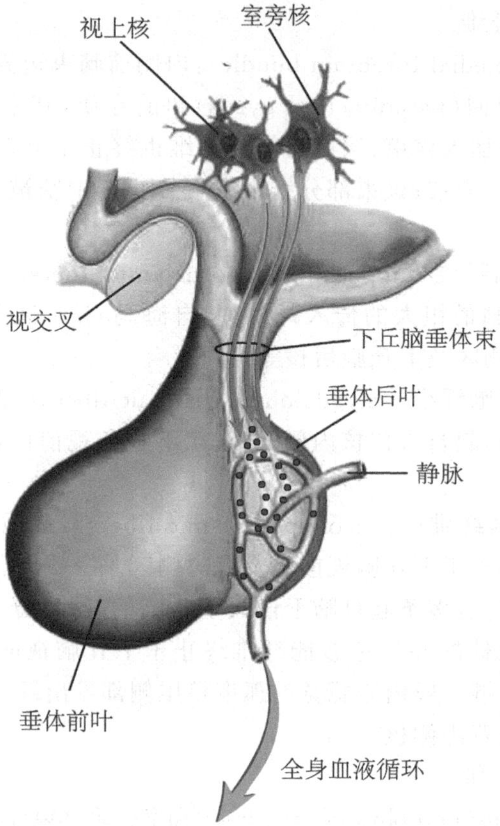

图 4-17　**下丘脑垂体束[摘自** Cinnamon VanPutte, *Seeley's essentials of anatomy & physiology* (9th *edition*), McGraw-Hill Education **公司]**

(2)结节垂体束(tuberohypophyseal tract):结节垂体束也称为结节漏斗束(tuberoinfundibular tract),起自结节区弓状核、室周核等脑区的神经内分泌细胞,这些神经元胞体较小,称为小细胞性神经分泌细胞(parvocellular neurosceretory cell),该类神经元的轴突形成结节垂体束,终止于正中隆起区垂体门脉的毛细血管(图 4-18)。弓状核细胞产生促激素释放激素或抑制激素等神经内分泌激素,释放至垂体门脉的毛细血管,运送至垂体前叶(腺垂体),从而调控垂体前叶的激素分泌。

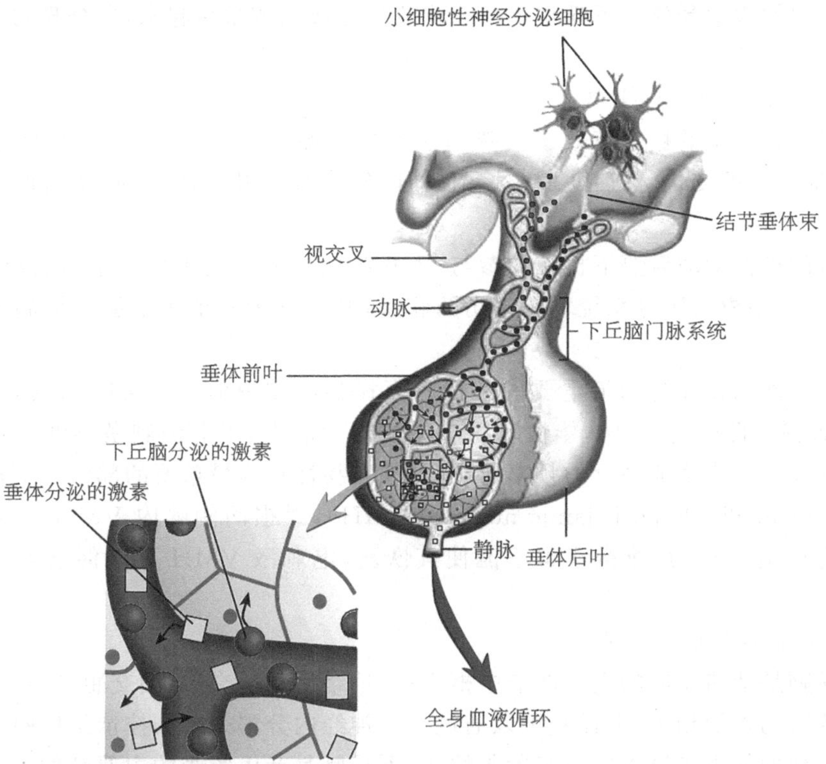

图 4-18　结节垂体束　摘自 Cinnamon VanPutte, *Seeley's essentials of anatomy & physiology* (9th *edition*), McGraw-Hill Education **公司**

(3)背侧纵束(dorsal longitudinal fasciculus):背侧纵束是联系下丘脑和脑干的一类纤维,多数起自下丘脑后核、视上核、结节核,终止于中脑被盖、中央灰质区、顶盖等脑区。

3.下丘脑的联合纤维

下丘脑的联合纤维即联系下丘脑各个核团的纤维束。将同侧下丘脑各个核团联系起来的纤维束叫内侧前脑束;将两侧下丘脑联系起来的纤维束叫视上连合。

(四)下丘脑的功能

下丘脑是维持机体内环境稳定的重要脑区,控制机体内脏神经系统及神经内分泌系统的活动,功能复杂,主要功能简介如下。

1.下丘脑是调节内脏活动的高级中枢

下丘脑是皮质下内脏功能的调节中枢,通过内脏神经,即交感神经和副交感神经调节内脏的活动,维持机体处于一个稳定的内环境。

2.下丘脑调节全身内分泌活动

下丘脑通过分泌促激素释放激素控制垂体前叶(腺垂体)分泌促激素,从而调控全身内分泌腺的激素释放。下丘脑将神经调节与体液调节联系起来，是全身内分泌系统活动的“总指挥”。

3.下丘脑调节体温、摄食、生殖等功能

恒温动物体温的稳定依赖于产热与散热的平衡，下丘脑是一个中枢性温度感受器，能感知体温的变化，然后通过调控内脏神经、内分泌及代谢活动，从而控制全身的体温。

正常的摄食活动需要下丘脑的参与，下丘脑的内侧区是饱食中枢，而外侧区是摄食中枢，两个中枢与边缘系统均有密切的联系，刺激其中一个中枢能够抑制另一个中枢的活动。

控制雄性动物性行为最重要的部位是下丘脑内侧视前区（medial preoptic area，MPA），毁损两侧脑内 MPA，雄性动物丧失性行为能力，用电极刺激雄性动物 MPA，可以引发性行为或增加性行为频率；控制雌性动物性行为最重要的部位是下丘脑腹内侧核（ventromedial hypothalamic nucleus，VMH），毁损两侧脑内 VMH 会破坏雌性动物的脊柱前弓行为，雌激素也不能使其恢复，电刺激 VMH 可以促进雌性动物性行为。

4.下丘脑参与情绪调节

下丘脑是情绪反应的重要调节中枢之一，情绪活动与交感、副交感神经，以及内分泌系统的活动密切相关，下丘脑可以通过控制神经内分泌系统调控情绪体验与情绪活动。危险性的外界刺激可以引起紧张情绪，下丘脑是产生紧张的主要结构。

5.下丘脑参与昼夜节律的调节

睡眠与觉醒是哺乳动物本能的生物节律，研究表明，视交叉上核是维持正常昼夜节律维持的关键脑区，人类视交叉上核的毁损将导致睡眠和觉醒周期的紊乱。

复习巩固

1.请简述下丘脑与垂体有哪些纤维联系。

2.请简述下丘脑的功能。

第四节　端脑

端脑（telencephalon），俗称“大脑”（cerebrum），是中枢神经系统最高级的结构，由前脑泡分化演变而来，前脑泡两侧高度发育，最终形成左、右端脑半球，两侧端脑借胼胝体连接成一个整体。人类端脑高度发达，将间脑和中脑深埋其中，并将小脑推后。端脑是心理、精神、思维、认知活动的最高级中枢，是神经心理学研究的重要器官。

一、端脑的表面结构

从端脑背侧面俯视，可以看见端脑被大脑纵裂(longitudinal cerebral fissure)分隔成左、右两个半球，端脑与小脑之间是大脑横裂。端脑表面是凹凸不平的褶皱，浅的凹陷称为沟(sulcus)，沟之间的隆起称为回(gyrus)。大脑的沟和裂通常作为大脑表面分区的标志，但左、右两侧大脑半球的沟回不可能完全一样，个体之间的沟回也千差万别。沟回在功能上有着重要的意义，可以使颅骨容纳下更多的皮质，越是高级的动物，沟回越明显。皮质的沟回使所需的空间压缩到展开时的约三分之一，皮质总面积大约为 2200～2400 cm^2，因为有沟回的存在，大约三分之二的面积都被折叠到脑的沟回之中了。

大脑半球在表面上有 3 个面，即背外侧面、内侧面、底面。背外侧面呈圆弧形隆起，内侧面相对平直，内侧面与背外侧面在大脑顶部分界；大脑底面结构复杂，与内侧面无明显分界，与背外侧面在底部分界。大脑背外侧面有外侧沟及中央沟两条较大的沟，是大脑表面用以分区的最主要依据。外侧沟(lateral sulcus)是大脑表面下方和外侧一条较深的沟，也称为外侧裂，自大脑外侧面前下方向后上方延伸，止于顶叶。中央沟(central sulcus)始于大脑表面上缘正中略偏后，额叶与顶叶之间，向下行至外侧沟。大脑表面借中央沟、外侧沟及顶枕沟分为额叶、顶叶、枕叶、颞叶及岛叶 5 个叶(图 4-19)。

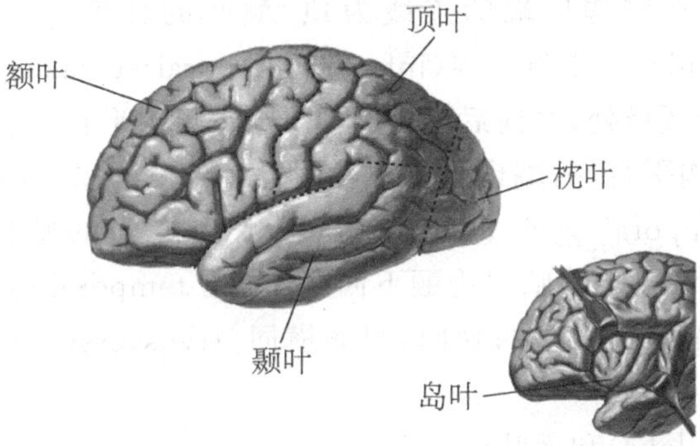

图 4-19　端脑背外侧面分区(摘自 David L.Felten，*Netter's Atlas of Neuroscience*，Elsevier **公司)**

(一)端脑的背外侧面

1.额叶(frontal lobe)

额叶是大脑发育中最高级的部分，在功能上与随意运动、语言、学习记忆以及人格的塑造有密切关系，包括第一躯体运动皮质、运动前皮质、前额叶皮质等。额叶位于中央沟之前，外侧沟之上。额叶的背外侧面有 3 条沟，包括中央前沟、额上沟、额下沟。中央前沟与中央沟平行，约起自大脑上缘，行至外侧沟；额上沟约起自中央前沟，与大脑上缘平行；额下沟与额上沟平行，位于额上沟下方。额叶的 3 条沟将额叶背外侧面大致分为4个回，即中央前沟与中央沟之间的中央前回(precentral gyrus)，自大脑上缘向下行至外侧沟，中央前回在大脑上缘向内移行为中央旁小叶。额上回(superior frontal gyrus)位于额上沟上方，越过大脑上内缘并向内延续。额中回(middle frontal gyrus)位于额上沟与额下沟之间。额下回(inferior frontal gyrus)位于额下沟与外侧沟之间(图4-20)。

2.顶叶(parietal lobe)

顶叶位于中央沟以后，外侧沟及其假想延长线以上，顶枕沟之前。顶叶有2条主要的沟，即中央后沟(postcentral sulcus)与顶内沟(intraparietal sulcus)。中央后回(postcentral gyrus)位于中央沟后方，且与中央沟平行，起自大脑上缘，约止于外侧沟上方。顶内沟约起自中央后沟中点，向后至枕横沟(transverse occipital sulcus)，与大脑上缘约平行。中央后沟与顶内沟将顶叶划分为3个主要的区。中央沟与中央后沟之间为中央后回；中央后沟以后，顶内沟以上，大脑上缘以下为顶上小叶(superior parietal lobule)，顶上小叶向前与中央后回上端相连，向后与顶枕沟外侧相连续。顶下小叶(inferior parietal lobule)位于中央后沟以后，顶内沟以下的部位；包绕外侧沟后端的结构叫缘上回(supramarginal gyrus)，围绕颞上沟末端的结构叫角回(angular gyrus)，可能与立体视觉有关(图4-20)。

3.颞叶(temporal lobe)

颞叶位于外侧沟以下，后方为枕叶。顶枕沟至枕前切迹(在枕叶后端前方约4 cm处)的连线的中点至外侧沟后端的连线为顶、颞叶的分界。颞叶外侧面借颞上沟(superior temporal sulcus)和颞下沟(inferior temporal sulcus)将颞叶分为3个平行的脑回。颞上沟起自颞极处，略向后上方延伸，与外侧沟平行，止于顶叶；颞下沟位于颞上沟下方，与颞上沟平行，后端也止于顶叶附近。外侧沟以下，颞上沟以上的脑回为颞上回(superior temporal gyri)；颞上沟与颞下沟之间的脑回为颞中回(middle temporal gyri)；颞下沟以下的脑回为颞下回(inferior temporal gyri)。在颞叶上缘，颞上回中部，外侧沟下缘有几个短的脑回，叫颞横回(transverse temporal gyri)，与听觉形成有关(图4-20)。

4.枕叶(occipital lobe)和岛叶(insula)

枕叶位于大脑的后部，在大脑内侧位于顶枕沟至枕前切迹的连线之后。岛叶深埋于外侧沟内，全叶几乎被环状沟(circular sulcus)围绕，被邻近的皮质区所覆盖，只有人为地将外侧沟拨开才能看到岛叶。覆盖岛叶的脑区也称为岛盖(operculum of the insula)(图4-20)。

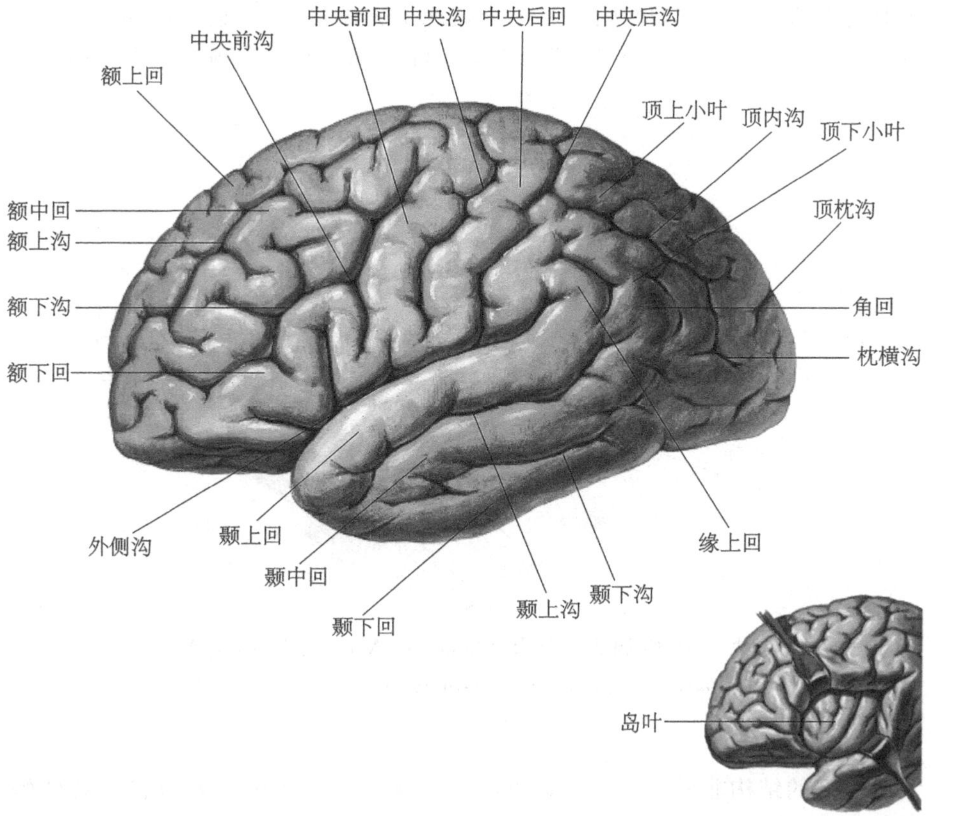

图 4-20 **大脑表面的主要沟回(摘自** David L.Felten, *Netter's Atlas of Neuroscience*, Elsevier **公司)**

（二）端脑的内侧面

沿正中线将大脑切开,在正中矢状切面上可以看到大脑的内侧面结构(图 4-21)。内侧面最明显的结构是胼胝体(corpus callosum)的切迹。胼胝体是由联系两侧半球的联合纤维聚集而成,位于大脑纵裂中区的底部,呈宽大的弓形纤维板,胼胝体正中矢状切迹呈弓形,其弓形主体结构称为干,干向后上方延伸为厚圆的后端为压部。胼胝体干向前部弯曲为膝,向下延伸为嘴。内侧面胼胝体上方为扣带回(cingulate gyrus),扣带回与胼胝体借胼胝体沟为界。扣带回起自胼胝体嘴下方,与胼胝体的弯曲一致,绕胼胝体压部向下延伸与海马旁回相连续。扣带回上方为扣带沟(cingulate sulcus),扣带沟上方的脑回前区为额内侧回,后区为中央旁小叶(paracentral lobule)。中央旁小叶是中央前回和中央后回向大脑内侧面的延续。

大脑内侧面后方有两条较明显的沟,即顶枕沟(parieto-occipital sulcus)和距状沟(calcarine sulcus),两者交汇于胼胝体压部后方。距状沟起自枕极附近,向前走向胼胝体压部,顶枕沟起于枕极前方的上内侧缘,斜向下前行至距状沟。距状沟与顶枕沟之间为楔叶(cuneus)。扣带沟末端向上行至上内侧缘,中央沟上端后方。扣带沟向后行并向上转折的末端后方，顶枕沟前方，上内缘下方的区域为楔前叶(precuneus)。楔前叶与中央沟后方的中央旁小叶，即中央旁小叶后部一起构成顶叶的内侧面。

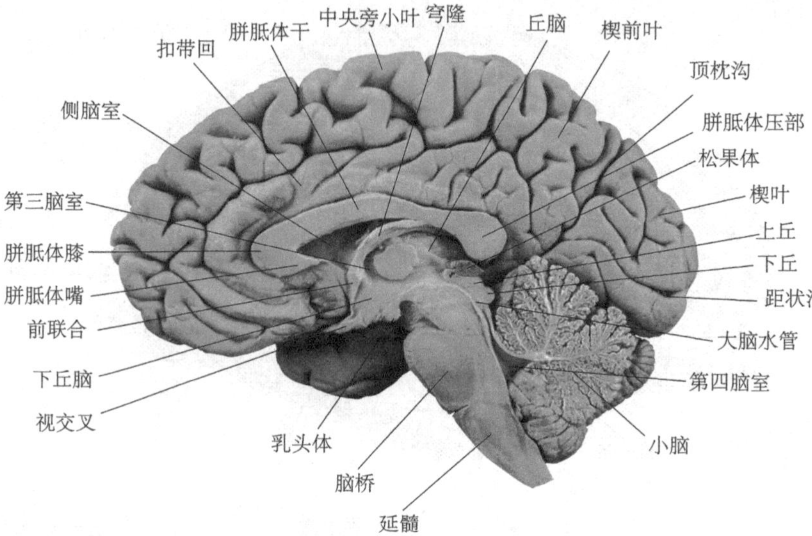

图 4-21　**大脑的内侧面[摘自** Elaine N. Marieb, *Human Anatomy & Physiology*(*Global* 10th *edition*),Pearson **公司]**

(三)大脑的底面

大脑底面的结构非常复杂(图 4-22)，涉及众多的功能区。大脑底面被外侧沟粗略地划分为较小前部和较大的后部。脑底前部额叶内有纵行的沟，称为嗅束沟(olfactory groove)，嗅束沟内侧是纵向行走的直回(straight gyri)，外侧总称眶回(orbital gyri)，眶回被"H"形的眶沟分为内侧眶回、前眶回、外侧眶回、后眶回。嗅束沟被嗅球和嗅束所掩盖，嗅球位于嗅沟的前端，嗅束向后与嗅三角相连。嗅三角与视交叉之间为前穿质，内有很多小血管进出脑实质。脑底面外侧沟之后，可以看到有颞叶内翻形成的皮质，与半球下缘平行的有枕颞沟与侧副沟，侧副沟位于枕颞沟内侧，两者之间为枕颞内侧回，枕颞沟以外为枕颞外侧回，侧副沟内侧为海马旁回(parahippocampal gyrus)(又称海马回)，其前端弯曲，称为钩(uncus)，海马旁回的内侧为海马沟。

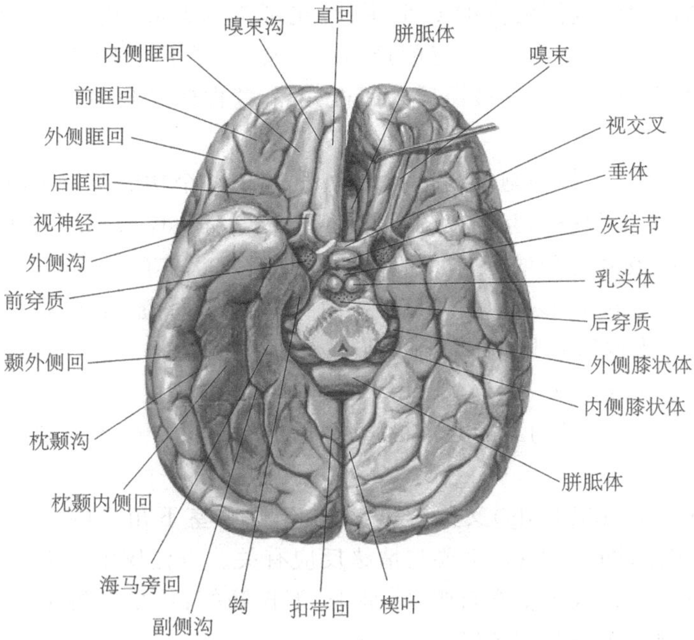

图 4-22 脑底部结构(摘自 David L. Felten, *Netter's Atlas of Neuroscience*, Elsevier 出版公司)

二、端脑的内部结构

大脑表面的灰质称为大脑皮质,是神经元胞体与树突聚集的部位;大脑皮质内部的白质称为髓质。深埋在髓质内部的灰质团块称为基底核;端脑内部除了有灰质块团外,还有充满脑脊液的腔隙,称为脑室。

(一)基底核

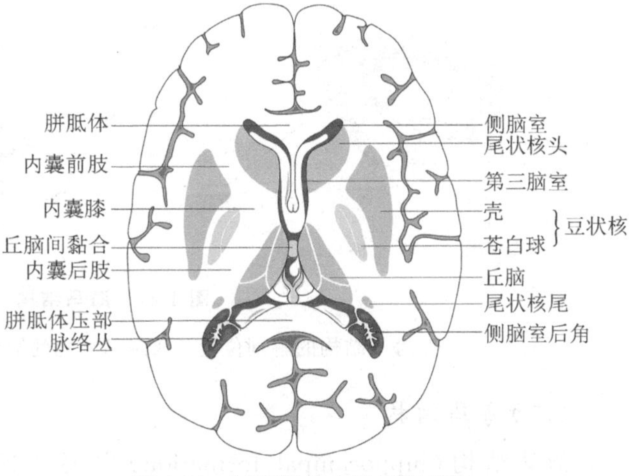

图 4-23 基底核的水平切面结构

基底核(basal nuclei)又称基底节(basal ganglia),深埋于大脑髓质之中,位置靠近颅底,包括尾状核、豆状核、屏状核和杏仁体(图 4-23)。

1.尾状核(caudate nucleus)与豆状核(lentiform nucleus)

尾状核呈逗号状,分头、体、尾 3 部,尾状核头部粗大,构成侧脑室前角的外侧壁。尽管与豆状核之间有内囊前肢隔开,但仍有神经元胞体构成的灰质桥梁将尾状核的头与豆状核的壳核相联系,在切片面上可见到横跨内囊前肢的条纹状结构。尾状核的体、尾部为头部向后围绕侧脑室的 C 形延伸，尾部深入颞叶，终止于杏仁核复合体的后方。豆状核位于岛叶的内侧面，背侧丘脑的外侧，分为位于较外侧的壳核和较内侧的苍白球。壳核和苍白球之间被白质外髓板分隔，苍白球又被内髓板分隔为苍白球外段和内段。

尾状核的头部与壳核细胞结构是相同的，同属于一个功能单位。由于这两者是通过许多呈条纹状的细胞桥相互连接的，因此得名纹状体(striatum)。根据发生学上的时间先后，纹状体被分为新纹状体和旧纹状体。新纹状体(neostriatum)也叫背侧纹状体，是指豆状核的壳核和尾状核，发源于端脑；而苍白球被称作旧纹状体(paleostriatum)，出现得较早，发源于间脑。

2.屏状核(claustrum)

屏状核是位于豆状核与岛叶之前的薄层样的核团，功能暂不清楚。

3.杏仁体

杏仁体(amygdaloid body)又称杏仁核，位于侧脑室下角尖的上端，颞叶深部，与尾状核的尾部相连(图 4-24A)，主要与情绪反应有关。杏仁体由众多大小不等的亚核团构成，杏仁体传入纤维主要来自嗅球、脑干、下丘脑等；传出纤维主要投射到大脑皮质、终纹床核、中脑、下丘脑等脑区。

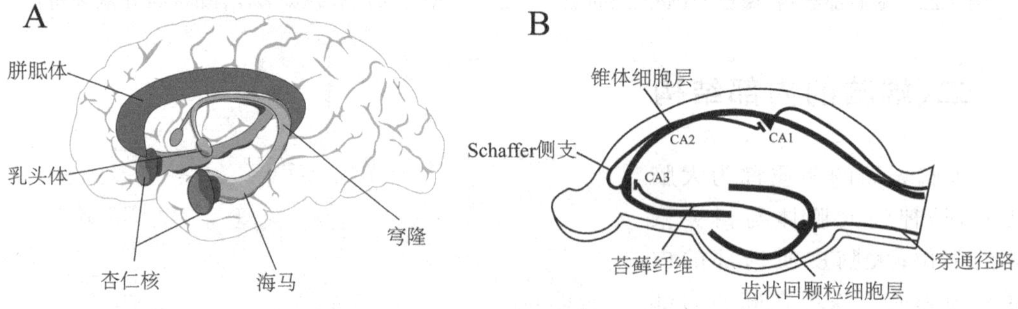

图 4-24 海马结构

A.海马结构的解剖位置 B.海马结构的冠状切面及三突触回路

(二)海马结构

海马结构(hippocampal formation)主要包括海马(hippocampus)和齿状回(dentate gyrus)。海马位于侧脑室下角及内侧壁，因为形似动物“海马”(sea horse)而得名，自胼胝体压部向下弯曲深入侧脑室下角，齿状回位于海马内侧(图 4-24A)。

海马结构的传入纤维主要来自杏仁体、内嗅皮质以及对侧海马结构；穹隆(fornix)是海马主要的传出路径，行于胼胝体腹侧，主要靶区有对侧海马、下丘脑、中脑、大脑皮质等脑区。冠状切面显示人类海马结构位于大脑底面，好似被大脑皮质“挤压”到了角落，海马由 CA1、CA2、CA3 区组成，与齿状回共同组成海马结构(图 4-24B)。

海马结构的内部神经环路主要是三突触回路(trisynaptic circuit)，三突触回路是海马结构内部环路的最明显特征，即：① 内嗅皮质的锥体神经元的轴突形成穿通径路(perforated pathway)纤维投射到齿状回，终止于颗粒细胞；② 颗粒细胞的轴突形成苔藓纤维投射到海马 CA3 区透明层，终止于锥体细胞；③ CA3 锥体细胞轴突形成的 Schaffer 侧支(Schaffer's lateral branch)投射到同侧 CA1 区。在此，三突触回路之间的神经递质都是兴奋性氨基酸，形成兴奋性突触通路(图 4-24B)。

(三)边缘系统

扣带回和海马旁回围绕胼胝体形成一个环状，加上海马和齿状回，共同构成了边缘叶(limbic)。边缘叶与隔区、杏仁核、背侧丘脑、上丘脑、下丘脑、基底前脑、中脑导水管周围灰质区、中脑被盖之间有密切的纤维联系，在功能上形成一个整体，称为边缘系统(limbic system)。边缘系统功能复杂，与多种生理心理功能密切相关，主要包括：① 调控情绪与动机行为；② 调节学习记忆的形成与巩固；③ 与成瘾行为及毒品依赖有关；④ 调节内脏活动。(边缘系统的结构与功能详见第十二章第二节)

(四)脑室

约两千年前的古希腊生理学家盖伦发现，脑内有充满液体的腔隙。这些脑内充满液体的腔隙被称为“脑室”(ventricles)，而充斥在脑室内的液体称为脑脊液(cerebrospinal fluid，CSF)。脑内有 4 个脑室，即 2 个侧脑室(lateral ventricles)、1 个第三脑室(third ventricle)、1 个第四脑室(fourth ventricle)。脑室在脑影像学中可以用作脑成像的定位标志。

1.侧脑室

每侧大脑内部有 1 个 C 形腔隙，即侧脑室，两侧侧脑室借室间孔(interventricular foramen)联系并与第三脑室相通。侧脑室除了中央部之外，还有 3 个角，即前角、后角和下角，深入大脑的各个叶中(图 4-25)。

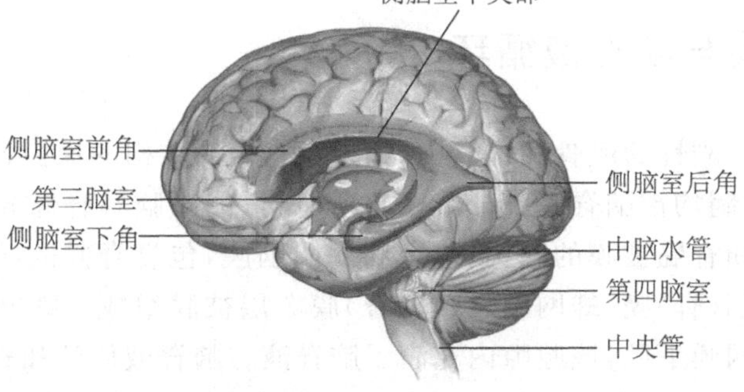

图 4-25 脑室的结构[**摘自** Cinnamon VanPutte, *Seeley's essentials of anatomy & physiology* (9th *edition*), McGraw-Hill Education **公司**]

侧脑室的中央部位于顶叶内，其内上壁由胼胝体和透明隔组成，外下壁由丘脑背侧和尾状核延伸而成。前角位于室间孔之前，向前外下方深入额叶内部。后角由中央部发出，深入枕叶内部，下角自中央部弯曲向前下方延伸，深入颞叶内部。

2.第三脑室

第三脑室位于间脑正中，其外侧壁是左、右背侧丘脑的内侧面，两侧壁间有丘脑间黏合相连，底的前方是下丘脑，后方是底丘脑(图 4-26)。在第三脑室外侧壁自室间孔到中脑水管有一条浅沟，该沟是背侧丘脑与下丘脑的分界线。第三脑室借室间孔与两侧侧脑室相连，后方借中脑水管与第四脑室相通。

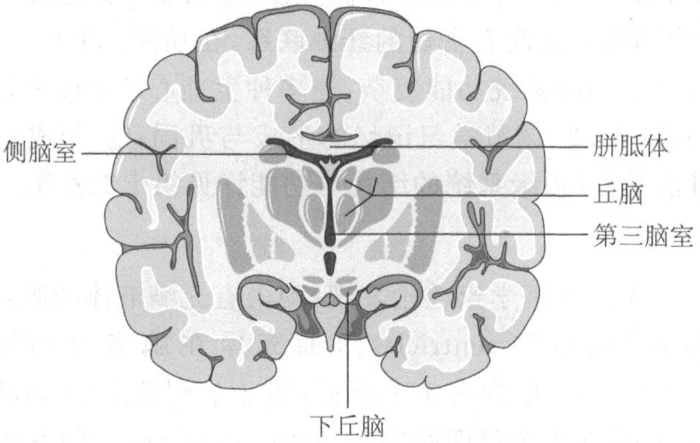

图 4-26　侧脑室、第三脑室的冠状切面

3.第四脑室

第四脑室是由延髓、脑桥与小脑构成的菱形腔体，该腔体向上经中脑水管与第三脑室相通，向下与延髓及脊髓的中央管相通。第四脑室的底由延髓和脑桥背面的菱形窝构成；顶似帐篷，前部由小脑上脚及上髓帆构成，后部由下髓帆和第四脑室脉络丛构成。

三、脑脊膜与脑脊液循环

脑与脊髓位于刚性的颅骨和椎管内，如果没有缓冲结构的保护，很容易受到损伤。幸运的是，脑和脊髓均被脑脊膜(meninges)所包衬，能对脑和脊髓起保护和支持的作用。脑脊膜是脑和脊髓被膜的总称，包裹脑的叫脑膜，包裹脊髓的叫脊膜。脑脊膜自外向内分别由硬脑(脊)膜、蛛网膜、软脑(脊)膜 3 层被膜组成。蛛网膜与软脑(脊)膜之间的腔隙称蛛网膜下腔，该腔隙内充满了脑脊液。脑脊液使脑和脊髓处于一个柔软的水垫的保护之中，可以有效地起到缓冲作用，缓和骨性结构的冲击，使脑和脊髓避免受到震动、压迫和磨损。

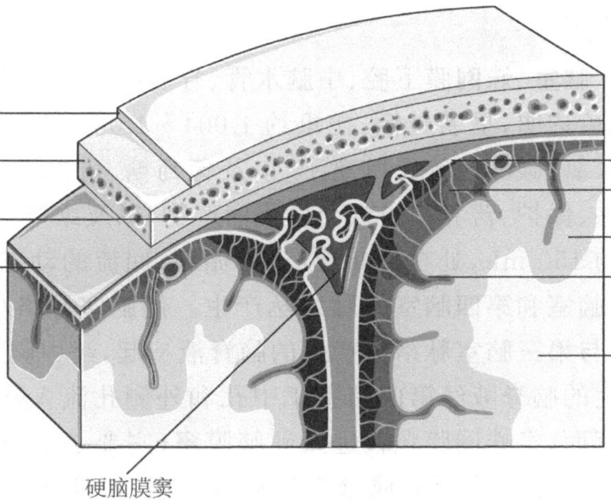

图 4-27　脑的被膜与蛛网膜下腔

(一)脑的被膜

1.硬脑膜(cerebral dura mater)

硬脑膜是一层覆盖大脑表面的、致密的、厚而坚硬的结缔组织膜。硬脑膜由两层组成,内层即脑膜层,外层即骨膜层,与颅骨黏附。硬脑膜与蛛网膜紧密接触,两者之间有一潜在的硬膜下腔,内有少许扁平细胞或液体。硬脑膜血管丰富,当硬脑膜受到外伤时,渗出的血液可能会淤积在硬膜下腔,形成硬膜下出血。硬脑膜在某些区域脑膜层与骨膜层会分离,形成硬脑膜窦,窦内含静脉血,是位于硬脑膜下腔的颅内静脉回流通道。窦内衬以内皮细胞,窦壁无平滑肌,因此不能收缩。主要的硬脑膜窦有上矢状窦、下矢状窦、直窦、横窦等(图 4-27)。

2.蛛网膜(cerebral arachnoid mater)

蛛网膜是包裹在脑表面的一层薄而透明的结缔组织膜,紧贴于硬脑膜内面,与软脑膜之间有蛛网膜下腔(subarachnoid space),该腔内有丰富的蛛网膜小梁(arachnoid trabeculae),对脑有支持和固定的作用,蛛网膜下腔内,即小梁间充满脑脊液,使得蛛网膜与软脑膜分离,从而使整个脑都处在脑脊液的保护之中。

蛛网膜在某些区域可以通过硬脑膜上的孔突入硬脑膜窦,称为蛛网膜绒毛(arachnoid villi)。在硬脑膜窦内,蛛网膜绒毛聚集成丛,形成人眼可见的膨大,称为蛛网膜颗粒(arachnoid)(图 4-27),通过蛛网膜颗粒,脑脊液"渗入"硬脑膜窦内,即回到血液循环之中。因此,蛛网膜颗粒是脑脊液回流入血液的主要途径。

3.软脑膜(cerebral pia mater)

软脑膜是紧贴脑组织表面的一层富含血管的薄膜,深入沟裂之中。软脑膜与脑组织表面有小血管及疏松结缔组织小梁相连,结合紧密。软脑膜及其小血管深入脑室,在侧脑室、第三脑和第四脑室形成脉络组织,是脑脊液产生的主要结构。

（二）脑脊液循环

脑脊液是充斥于脑室、蛛网膜下腔、中脑水管、脊髓中央管的液体。脑脊液由脑室的脉络组织产生，无色透明，呈弱碱性，比重约1.004～1.007，渗透压与血浆相似。脑脊液含钠、钾、钙、镁、氯、碳酸根等无机离子，以及葡萄糖、蛋白质、激素等物质。脑脊液对脑及脊髓有缓冲、保护、营养、支持、交换代谢产物，以及维持正常颅内压的作用。

成年人脑脊液约150 mL，处在不断地产生、循环、回流的动态平衡之中。脑脊液主要由侧脑室、第三脑室和第四脑室的脉络丛产生。侧脑室脉络丛产生脑脊液，经室间孔流至第三脑室，与第三脑室脉络丛产生的脑脊液一起，经中脑水管流入第四脑室，再汇合第四脑室产生的脑脊液经第四脑室正中孔和外侧孔流入蛛网膜下腔。再沿蛛网膜下腔流向大脑背面，经蛛网膜颗粒进入硬脑膜窦（主要是上矢状窦），从而回流入血液（图4-28）。如果因各种原因造成脑脊液回流受阻，可能导致脑积水或颅内压增高，压迫、损伤脑组织。

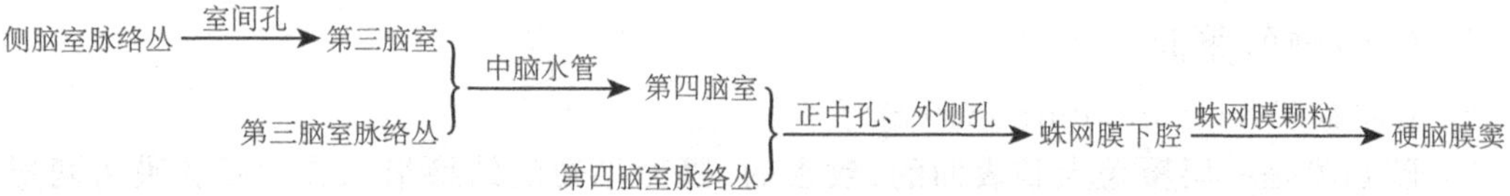

图4-28 脑脊液的产生及循环

中枢神经系统内有些神经元可以借胞体或突起直接接触脑脊液，这些神经元的胞体位于脑室腔内或脑实质中，称触液神经元。这些触液神经元胞体及其突起可以总称为“接触脑脊液的神经元系统”（cerebrospinal fluid-contacting system）。触液神经元可以感受脑脊液的物理或化学刺激，释放神经活性物质至脑脊液中，可以执行感受、分泌和调节功能。因此，脑脊液和中枢神经系统之间存在物质与信息的交流，即“脑-脑脊液神经体液回路”（brain-CSF neurohumoral circuit），该回路是抽取脑脊液进行检测，以及脑室内给药的解剖学基础。

四、大脑皮质的结构

大脑皮质是覆盖在大脑表面的灰质，由神经元胞体和树突构成。根据种系发生的次序，大脑皮质可分为新皮质（neocortex）和古老的异生皮质（allocortex），异生皮质又可分为古皮质（archipallium）和旧皮质（paleopallium）。新皮质占大脑皮质的绝大部分（96%以上），古皮质主要有海马、齿状回，旧皮质主要有初级嗅皮质。

（一）大脑皮质的神经元

大脑皮质的神经元主要由3型细胞组成：锥体细胞（pyramidal cell）、有棘星状细胞（spiny stellate cell）、无棘或少棘星状细胞（nonspiny or sparcely-spinous stellate cell）。

锥体细胞约占神经元总数的60%以上，该类细胞的胞体呈三角锥形，胞体直径10～80 μm不等，由胞体发出单一的顶树突和若干底树突。顶树突粗大，呈花枝状终止于脑皮质分子层，底树突分支众多，距离较短，所有树突表面都有丰富的棘。锥体细胞有细长的轴突，通常为投射神经元(projection neuron)。

有棘星状细胞胞体较小，直径6～10 μm不等，为多极神经元，有多个树突呈放射状延伸，且长短不一，树突上有丰富的棘分布。无棘或少棘星状细胞数量最少，均为中间神经元，轴突仅限于灰质内。无棘或少棘星状细胞在形态学上并非一种细胞，而是具有不同形式的神经元，包括枝形细胞、双束细胞、马提诺蒂细胞等。锥体细胞和有棘星状细胞主要以兴奋性氨基酸谷氨酸或天冬氨酸为神经递质，无棘或少棘星状细胞主要以抑制性的γ-氨基丁酸为神经递质。

(二)大脑皮质的分层

典型的新皮质可分为6层(图4-29)，从皮质表面到内侧分层如下。

(1)分子层(molecular lamina)。该层位于皮质最表面，约占皮质总厚度的10%，基本特征是：细胞稀少，仅含有散在的水平细胞分布于树突和轴突构成的网眼中，这些树突和轴突来自皮质外神经元的传入纤维、中间神经元的固有纤维、锥体细胞的顶树突。

(2)外颗粒层(external granular lamina)。约占皮质总厚度的9%，含有数量不一的小锥体细胞和非锥体细胞，有髓纤维较少。

(3)外锥体层(external pyramidal lamina)。约占皮质厚度的30%，含有大小不等的锥体细胞及少量散在分布的非锥体细胞。

(4)内颗粒层(internal granular lamina)。约占皮质厚度的10%，含有排列致密的非锥体细胞(主要是有棘星状细胞)和一些小锥体细胞。

(5)内锥体层(internal pyramidal lamina)。约占皮质厚度的20%，含有数量众多的大型或中型锥体细胞，以及特大型锥体细胞——贝茨细胞(Betz cell)。这些锥体细胞发出的轴突大部分进入髓质，形成投射纤维。

(6)多形层(multiform layer)。约占皮质厚度的20%，由不同类型的神经元组成，该层逐渐与深面的白质混合，界限不清。

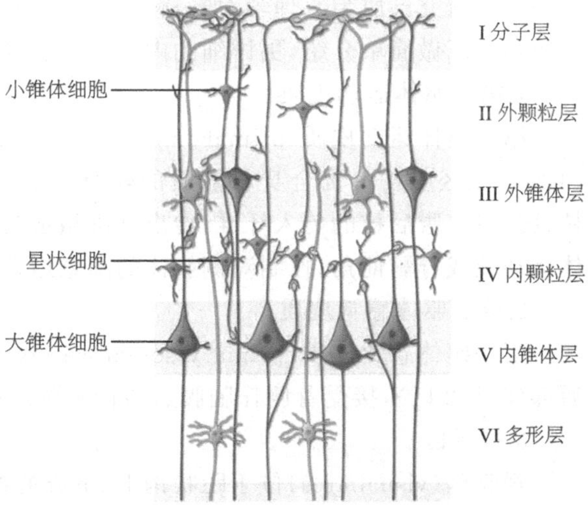

图4-29 大脑皮质的分层(摘自W. Pawlina, *Histology: A text and atlas*, Wolters Kulwer公司)

（三）大脑皮质的功能分区

大脑皮质除了按照沟回分为额叶、顶叶、颞叶、枕叶、岛叶之外，还可以按照细胞的构筑进一步细分。早在20世纪初，Korbinian Brodmann就开始将大脑皮质按细胞形态和组织差异分为52个区，称为Brodmann分区（图4-30）。在该分区中，具有相似细胞构筑的皮质分到一个区，可能会具有相似的功能。比如，“41、42区”是听觉区。但是Brodmann分区是一个较为粗略的分区，具有一定的参考价值。

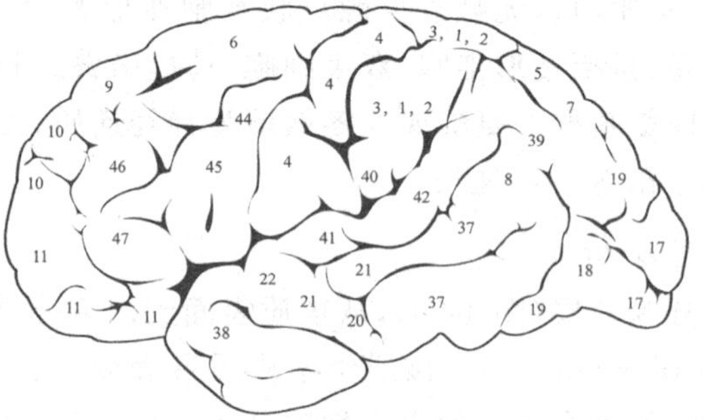

图 4-30 Brodmann **分区**

大脑皮质的不同区域在心理活动的加工过程中起着不同的作用，有可能是一个脑区发挥作用，也有可能是多个脑区协同发挥作用。目前关于脑区功能的研究非常丰富，特别是功能磁共振技术的兴起，使皮质功能的研究有了革命性的进步。光遗传、化学遗传以及各种神经纤维的示踪技术也为在动物脑中进行皮质功能以及神经环路功能的研究提供了技术支持。目前，皮质及神经环路的功能，包括多个脑区如何协同发挥作用的研究已成为心理学、神经科学、认知科学研究的热点。本章对几个最基本的皮质功能区做简单介绍，更详细的内容在以后各相关章节再做详细阐述。

1.第一躯体运动皮质

第一躯体运动皮质（primary motor cortex，MI）位于中央前回和中央旁小叶前部（4区），该区皮质负责全身骨骼肌的随意运动。该区接受中央后回及背侧丘脑腹前核、腹外核、腹后核的传入纤维，传出纤维组成皮质脊髓束和皮质核束，终止于脑干躯体运动核或脊髓前角，控制对侧躯体的随意运动。

2.第一躯体感觉皮质

第一躯体感觉皮质（primary somatosensory cortex）位于中央后回及中央旁小叶后部（3、1、2区），接受背侧丘脑腹后核传来的对侧躯体痛、温、触觉及本体位置觉。

3.视觉区

视觉区（visual area）位于距状沟上、下方的枕叶皮质，即上方的楔回和下方的舌回（17区），接受外侧膝状体传来的视觉信息。一侧视觉区接受双眼同侧半视网膜的视觉信息，即左视野的视觉信息投射到右侧大脑半球的视觉区，右视野的视觉信息投射到左侧大脑半球的视觉区，故损伤一侧视觉区将导致双眼对侧视野丧失。

4.听觉区

听觉区(auditory area)位于颞横回中段(41、42 区),接受内侧膝状体传入的听觉信息,形成听觉。每侧听觉区都接受来自两侧的听神经传入,因此,一侧听觉区的毁损不会形成全聋。

5.嗅脑

嗅脑(rhinencephalon)是大脑中接受与加工嗅觉刺激的皮质结构,位于端脑底部,主要包括嗅球、嗅束、前嗅核、嗅纹、嗅三角、梨状叶和海马旁回钩的内侧部分。

6.语言中枢

语言和思维是人类皮质所特有的功能,在人类大脑的优势半球上具有相应的语言中枢(图 4-31),可以控制人类的交谈、阅读、书写等行为。

(1)运动性语言中枢:又称说话中枢或 Broca 区,位于额下回后部(44、45 区)。如果运动性语言中枢受损,就算患者发音器官完整也不能说出有意义的语言,只能发出没有意义的声音,即运动性失语症。

(2)书写中枢:位于额中回的后部(8 区)。如果该中枢受损,即使手的运动功能完好,也不能完成写字、绘画等精细的书写动作,即失写症。

(3)听觉性语言中枢:位于颞上回后部(22 区),靠近听觉中枢,如果听觉性语言中枢受损,患者尽管能听清别人讲话,但不能理解讲话的意义。同样,自己讲的话也不能理解,因此患者不能正常地进行交流,即感觉性失语症。

(4)视觉性语言中枢:位于顶下小叶的角回(39 区),也称阅读中枢,靠近视觉中枢,如果该中枢受损,患者虽然视觉正常,但不能理解文字符号的意义,即感觉性失读症。研究表明,听觉性语言中枢和视觉性语言中枢之间没有明显的界线,可以统称为 Wernicke 区。

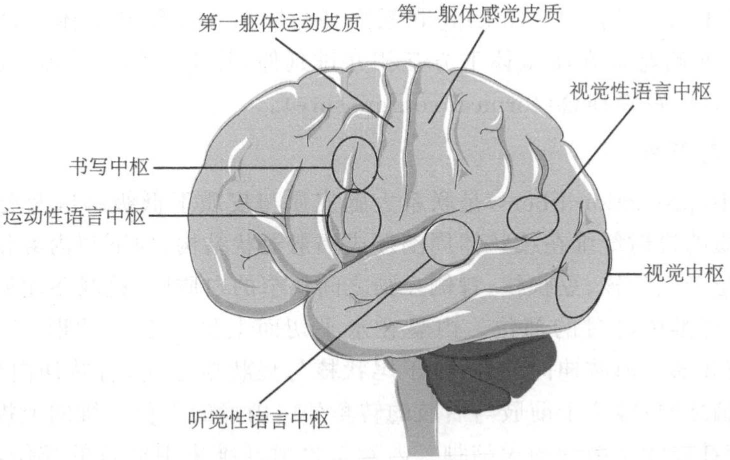

图 4-31　语言中枢

(四)大脑的优势半球

人类大脑的两个半球在解剖形态上看似对称,但实际上并非镜像关系,两侧半球的功能存在一定的差异。对于右利者而言(即天生的右手的灵活程度明显优于左手),左半球主要控制语言文字、数学推理、分析思维;右半球主要负责非语言相关的功能,如音乐、绘画、艺术、形象等。而对于左利者而言,左、右半球的功能正好相反。通常认为,语言中枢所在的半球为优势半球,大部分人的优势半球在左脑,即大部分人是右利者。

五、大脑的髓质

大脑的髓质是位于大脑深部的白质,实际上是由各类神经元的轴突组成,在大脑的切面上呈白色,充斥于大脑皮质、基底神经核、脑室之间。根据轴突的走向和功能,可以将大脑的髓质分为联络纤维、连合纤维和投射纤维。

(一)联络纤维

联络纤维(association fibers)是联系同侧半球各脑区的神经纤维,又称弓状纤维,较短的联络纤维联系相邻的脑回,较长的联络纤维联系较远的脑回,使半球各脑区形成一个整体。

(二)连合纤维

连合纤维(commissural fibers)是联系两侧半球的神经纤维。胼胝体(corpus callosum)是联系两侧半球最主要的纤维,胼胝体的上部构成大脑纵沟的底面,下部构成侧脑室的顶部。胼胝体广泛连接额叶、顶叶、枕叶和颞叶,使左、右半球成为一个整体。前连合(anterior commissure)横跨穹隆柱前方,主要连接两侧颞叶、嗅球、海马旁回等脑区(图 4-21)。穹隆(fornix)是联系海马与同侧下丘脑乳头体的弓形联络纤维束(图 4-21),两侧穹隆在胼胝体下方互相并排延伸,其中一部分纤维穿越至对方,连接对侧海马,称为穹隆连合(fornical commissure)。

(三)投射纤维

投射纤维(projection fibers)是联系大脑皮质与皮质下低级脑区及脊髓的神经纤维。大脑皮质的投射纤维在纹状体周围形成辐射冠状结构,向下与内囊相延续。

内囊是位于尾状核、豆状核、背侧丘脑之间狭窄的白质区,是联系皮质与皮质下结构的上、下行纤维束经过的部位。内囊在水平切面上呈一个“<”形(图 4-23),分前肢、膝与后肢 3 部。前肢伸向前外,位于尾状核与豆状核之间,后肢伸向后外方,位于豆状核与丘脑之间;膝位于前肢与后肢的转角处。内囊的上行纤维向上投射至大脑皮质各部,下行纤维续于中脑的大脑脚。内囊是投射纤维集中通行的部位,如果由于各种原因如局部出血、缺血或肿瘤压迫等原因损伤内囊,有可能引起对侧躯体感觉丧失、对侧偏瘫和对侧视野偏盲的“三偏”症状。

拓展阅读

裂脑人

一项新的研究表明分裂的大脑不会导致意识的分裂。心理学家 Yair Pinto 发现尽管裂脑人右脑和左脑之间的交流很少或根本没有，但分裂的大脑并不会产生两个独立的意识。

裂脑是描述胼胝体切开术的一个术语。胼胝体切开术始于 20 世纪 40 年代，该手术切断胼胝体（连接左右大脑半球的神经纤维）从而防止癫痫放电在两个大脑半球之间传播。虽然大部分手术成功缓解了癫痫症状，但这一手术实际上也消除了大脑半球之间的沟通，从而导致了“分裂的大脑”。

在 Yair Pinto 的研究中，研究人员对两名接受了完全胼胝体切除的患者进行了一系列测试。传统观念认为，裂脑病人只能用左手对左半视野的刺激做出反应，而在右手和口头上对右半视野的刺激做出反应测试。而 Yair Pinto 的研究表明，尽管裂脑患者的大脑半球几乎不能相互交流，但他们可以准确地用右手指出一个物体是否存在于左视野中，并精确定位它的位置。

Yair Pinto 的研究结果为裂脑患者具有统一的意识提供了明确的证据。关于脑分裂患者的传统观点意味着，传递大量信息的物理联系对于统一意识是必不可少的，然而，Yair Pinto 的发现显示，尽管这两个半球彼此完全隔绝，但大脑作为一个整体仍然只能产生一个意识。因此，切断大脑半球之间的皮质连接会分裂视觉感知，但并不能在一个大脑中创造出两个独立的意识。

复习巩固

1.简述脑脊液循环的过程。

2.什么是边缘系统？有什么功能？

第五节　周围神经系统

周围神经系统（peripheral nervous system）是指除中枢神经系统之外，分布于全身各处的神经结构和神经组织的总称。周围神经系统在结构上与脑和脊髓相连，其末梢遍布全身，从而实现神经系统对全身各处的感知和控制。根据与中枢神经系统的连接部位，周围神经系统可分为脊神经与脑神经，脊神经是指与脊髓相连的 31 对神经，脑神经是指与脑相连的 12 对神经。周围神经分布全身各处，有的分布在骨骼肌、骨骼、皮肤等躯体部位，有的分布在心血管、腺体、消化系统等内脏器官，因此，按照分布的不同，又可以将周围神经分为躯体神经和内脏神经。由于周围神经系统连接及分布的复杂性，使得其分类不可能尽善尽美，比如副交感神经既与脑相连，又与脊髓相连；交感神经主要分布在内脏，但也有一小部分分布在躯体（竖毛肌）。为了叙述方便，一般把周围神经系统分为脊神经、脑神经和内脏神经。

一、脊神经

在周围神经系统，神经元胞体发出的轴突聚集成束，称为神经（nerve）。脊神经（spinal nerve）即连接于脊髓的周围神经部分，共 31 对。每对脊神经连于一个脊髓节段，由前根（anterior root）和后根（posterior root）组成，分别附于脊髓的前外侧沟和后外侧沟，左右对称，前根是由运动性神经根丝组成，后根是由感觉性神经根丝组成。前根和后根在椎间孔处汇合形成脊神经（图 4-32）。因此脊神经是既含有感觉纤维又含有运动纤维的混合神经。在椎间孔附近，脊神经后根上有一椭圆形膨大，称脊神经节（spinal ganglion），也称后根神经节（posterior root ganglion）。脊神经节主要是假单极感觉神经细胞胞体聚集的部位，这种细胞只有一个突起，然后再以"T"形分为两支，其中一支较细，进入脊髓，称中枢突；另一支较粗大，分布至周围感觉器，称周围突。

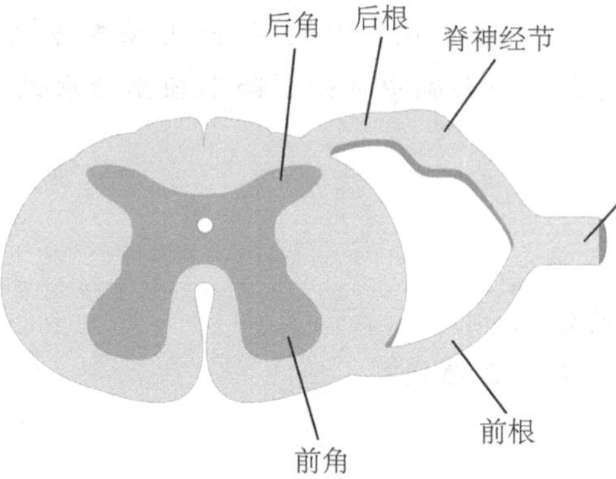

图 4-32 **脊神经的前根和后根**

根据脊神经与脊髓的连接关系，可将 31 对脊神经分为颈神经 8 对、胸神经 12 对、腰神经 5 对、骶神经 5 对、尾神经 1 对。所有脊神经都经过同序数椎体上方或下方的椎间孔穿出椎管。由于在身体的生长发育过程中，脊髓的生长缓于椎管，造成成年后脊髓的长度短于椎管。由于脊神经仍然由相对应的椎间孔穿出，因此颈神经较短，行程近水平，胸神经倾斜向下，而腰、骶、尾神经较长，在椎管内行程较长，在通过相应的椎间孔之前，在椎管内围绕终丝垂直下行一段较长距离，形成马尾（cauda equina）。

每一段脊髓所属的脊神经分布在体表的特定皮肤区域，大部分具有相对恒定的节段性分布规律，称为一个皮节(dermatome)(图 4-33)。但每一支脊神经皮节的分布并不是绝对分开，相邻皮节之间存在一定程度的重叠。因此，一条脊神经受损，其支配的皮节的感觉并不会完全丧失，而有可能仅仅是感觉迟钝而已，但是如果两条以上脊神经受损时，则受损脊神经分布区域的感觉有可能完全消失。

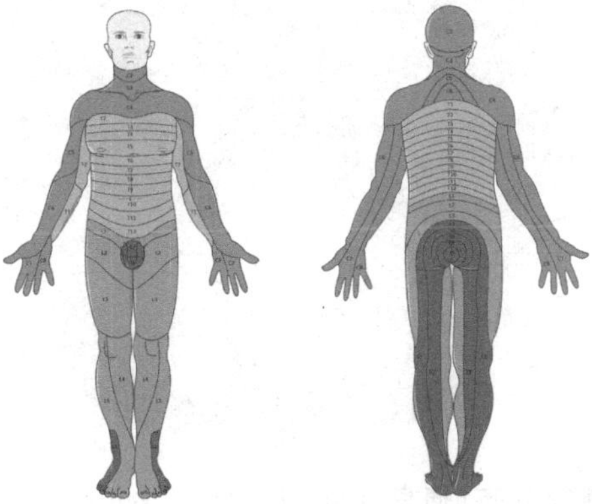

图 4-33　脊神经的节段性分布

二、脑神经

脑神经(cranial nerve)是与脑相连的周围神经，脑神经将脑与外周组织器官中的感觉器和效应器联系起来。脑神经共 12 对，自上而下与脑相连，分别用罗马数字 I～XII 表示，其顺序和名称是：I 嗅神经、II 视神经、III 动眼神经、IV 滑车神经、V 三叉神经、VI 展神经、VII 面神经、VIII 前庭-蜗神经、IX 舌咽神经、X 迷走神经、XI 副神经、XII 舌下神经(图 4-34)。

脑神经的纤维成分复杂，每 1 对脑神经可能由 1 种或多种纤维成分构成，含有多种纤维的脑神经称为混合性神经，根据脑神经纤维的分布及功能，可将构成脑神经的纤维分为 7 种，即 4 种感觉纤维和 3 种运动纤维。

一般躯体感觉纤维：分布于皮肤、肌肉、肌腱和大部分口腔、鼻腔黏膜。

特殊躯体感觉纤维：分布于视觉或平衡觉、听觉特殊器官。

一般内脏感觉纤维：分布于头、颈、胸、腹部的脏器。

特殊内脏感觉纤维：分布于味蕾与嗅器，这些器官与进食等内脏活动相关，因此也将与其相连的神经纤维称为特殊内脏感觉纤维。

一般躯体运动纤维：分布于眼外肌、舌肌。

一般内脏运动纤维：分布于内脏平滑肌、心肌和腺体。

特殊内脏运动纤维：分布于由鳃弓演化而来的横纹肌，如咀嚼肌、面肌、咽喉肌等。

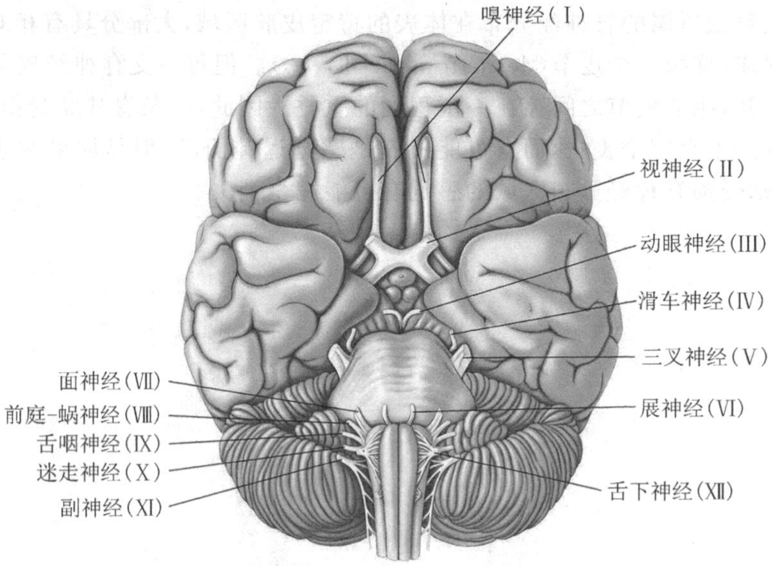

图 4-34　脑神经分布(摘自 Mark F. Bear. *Neuroscience: Exploring the Brain*, Wolters Kluwer **公司)**

(一)嗅神经

嗅神经属于特殊内脏感觉纤维,传导嗅觉,由鼻腔嗅黏膜内双极嗅细胞的中枢突组成。嗅细胞的中枢突形成无髓的嗅纤维,聚集成约 20 条神经束,称嗅丝,穿过筛孔进入颅前窝,连于嗅球,传导嗅觉。

(二)视神经

视神经属特殊躯体感觉纤维,视网膜节细胞的轴突在视神经盘处聚集,穿过巩膜筛板后形成视神经,传导视觉。视神经在眼眶内向后内行走 2.5～3 cm,穿视神经管进入颅中窝,向后内行走至垂体前外下方移行为视交叉,视交叉向后外移形成左、右两侧视束,绕过大脑脚外侧向后连于背侧丘脑后部的外侧膝状体。在视交叉处,来自两侧视网膜颞侧半视网膜节细胞的纤维不交叉,进入同侧的视束,投射到同侧的外侧膝状体,而来自两侧视网膜鼻侧半视网膜节细胞的纤维进行交叉,进入对侧视束,投射到对侧的外侧膝状体。

(三)动眼神经

动眼神经含一般躯体运动纤维和一般内脏运动纤维(副交感神经),一般躯体运动纤维起于中脑上丘平面的动眼神经核,支配除上斜肌和外直肌以外的所有眼外肌;一般内脏运动纤维起自中脑的动眼神经副核,支配眼球内的平滑肌、瞳孔括约肌和睫状肌,参与视物的调节反射和瞳孔对光反射。

(四)滑车神经

滑车神经仅含一般躯体运动纤维,是最细小的脑神经,起于中脑下丘平面的滑车神经核,支配上斜肌运动。滑车神经是唯一一对从脑干背面出脑的脑神经。

(五)三叉神经

三叉神经是最粗大的脑神经,含一般躯体感觉纤维和特殊内脏运动纤维两种纤维。三叉神经的一般躯体感觉纤维大部分起自三叉神经节的假单极神经元,传导头面部皮肤、眼、鼻、口腔黏膜处的浅感觉。三叉神经节位于颅中窝颞骨岩部尖端处的前面,由假单极神经元胞体组成,其中枢突聚集成粗大的三叉神经根,入脑后止于相关核团,其中传导痛温觉的纤维主要终止于三叉神经脊束核,传导触觉的纤维终止于三叉神经脑桥核。三叉神经节的周围突组成三叉神经的三大分支,传导痛、温、触觉等浅感觉。第 1 支眼神经,位置最上的分支,分布于眼球、眼眶、泪器、结膜、部分鼻黏膜、鼻背皮肤、额顶部等区域;第 2 支上颌神经,位置居中,主要分布于上颌牙和牙龈、口腔顶、鼻腔、上颌窦黏膜等处;第 3 支下颌神经,位置最下的分支,分布于下颌牙和牙龈、舌前 2/3、口腔底的黏膜、口裂以下皮肤等。

三叉神经特殊内脏运动纤维起于脑桥中段的三叉神经运动核,三叉神经运动核发出的纤维组成三叉神经运动根,沿三叉神经感觉根出脑,出脑后沿下颌神经分布于咀嚼肌,主要支配咀嚼肌的随意运动,如咀嚼和语言活动,也称咀嚼神经。除了运动纤维外,三叉神经运动根内也含有部分从周围至三叉神经中脑核的感觉纤维,即三叉神经中脑核的周围突,主要传导咀嚼肌和眼外肌的本体感觉。

(六)展神经

展神经由起自脑桥被盖部展神经核的一般躯体运动纤维组成,分布于外直肌,支配眼球运动。展神经功能损伤可引起同侧眼球外直肌瘫痪,造成内斜视。

(七)面神经

面神经是混合性脑神经,由特殊内脏运动纤维、一般内脏运动纤维、特殊内脏感觉纤维及一般躯体感觉纤维 4 种成分组成。面神经由两个根组成,一个是粗大的运动根,另一个由感觉纤维和特殊内脏感觉纤维(副交感神经)共同构成,因其在脑桥小脑角处居于面神经与前庭-蜗神经之间,故也称为中间神经。

特殊内脏运动纤维是面神经的主要成分,起于脑桥被盖部的面神经核,主要支配面部表情肌的运动。

一般内脏运动纤维起于上泌涎核,属副交感神经节前纤维,在下颌下神经节内换元后分布至下颌下腺及舌下腺;在翼腭神经节内换元分布于泪腺、鼻腭黏膜及血管,主要控制腺体的分泌。

特殊内脏感觉纤维即味觉纤维,其胞体位于颞骨处的膝神经节(geniculate ganglion),周围突分布于舌前 2/3 黏膜的味蕾,中枢突终止于脑干内的孤束核。

一般躯体感觉纤维的胞体也位于膝神经节内,主要传导外耳道、外耳廓周围小块皮肤的痛、温、触觉及表情肌的本体感觉。

（八）前庭-蜗神经

前庭一蜗神经又称听神经，属于特殊躯体感觉性脑纤维，由传导平衡觉的前庭神经（前庭部）和传导听觉的蜗神经（蜗部）两组传入纤维组成，两组传入纤维将刺激从内耳传入脑干，在入脑处合并成一干。前庭神经的基本功能是维持平衡和保持头部的空间位置，其感觉神经纤维为双极神经元，胞体位于前庭神经节，周围支穿过内耳道底，分布于前庭的球囊斑、椭圆囊斑和壶腹嵴中的毛细胞；中枢突组成前庭神经，与蜗神经同行，经内耳道、内耳门进入颅骨，在面神经背外侧进入延髓脑桥交界区，终止于脑干的前庭神经核群和小脑的绒球小结叶等部。蜗神经的基本功能是传导听觉，其神经元为双极神经元，胞体位于蜗神经节内，周围突分布在内耳螺旋器的毛细胞；中枢突聚集成蜗神经，与前庭神经伴行进入颅内，入颅后即与前庭神经分离，然后终止于蜗神经核，即蜗神经腹核与蜗神经背核。

（九）舌咽神经

舌咽神经是复杂的混合神经，含有 5 种纤维成分。

一般躯体感觉纤维：该纤维的神经元胞体位于颈静脉孔内的上神经元，周围突分布于耳廓、耳后皮肤；中枢突终止于脑干三叉神经脊束核。

一般内脏感觉纤维：神经元胞体位于颈静脉孔处的下神经节，该神经元周围突分布于舌后 1/3 黏膜、咽、咽鼓管、软腭，以及颈动脉窦与颈动脉体等区域，传递这些区域的一般感觉及颈动脉窦与颈动脉体的感觉冲动，参与呼吸、血压、心跳调节，中枢突终止于孤束核。

特殊内脏运动纤维：神经元胞体也位于下神经节，周围突分布于舌后 1/3 味蕾，中枢突也终止于孤束核。

一般内脏运动纤维：该纤维起于下泌涎核，神经纤维到达耳神经节后进行换元，换元后的节后纤维分布至腮腺，控制腮腺的分泌活动。

特殊内脏感觉纤维：该纤维起于疑核，支配茎突咽肌。

（十）迷走神经

迷走神经是行程最长、分布最广泛的脑神经，含有 4 种神经纤维。

一般内脏运动纤维：属于副交感神经的节前纤维，起自延髓的迷走神经背核，在器官旁或器官壁内的副交感神经节交换神经元，换元后，节后神经纤维支配颈部、胸腔、腹腔内大部分内脏器官的平滑肌、心肌的活动或腺体的分泌。

特殊内脏运动纤维：该纤维起自疑核，纤维支配软腭和咽喉肌。

一般内脏感觉纤维：该纤维的神经元胞体位于迷走神经结状节（迷走神经下神经节），周围突分布于颈部、胸腔和腹腔大部分脏器，传导内脏的一般感觉；中枢突终止于孤束核。

一般躯体感觉纤维：该纤维的神经元胞体位于迷走神经颈静脉节（迷走神经上神

经节），周围突分布于外耳道及耳廓后面的皮肤，传导一般躯体感觉；中枢突终止于三叉神经脊束核。

（十一）副神经

副神经属于特殊内脏运动性脑神经，由两种神经根组成，即脑根与脊髓根。脑根起自延髓的疑核下部，经颈静脉孔出颅，然后加入迷走神经，分布并支配咽喉部肌肉。脊髓根起自脊髓颈段的副神经核，从脊髓侧索前、后根之间出脊髓，组成脊髓根，在椎管内上行，经枕骨大孔入脑，与脑根合成一短干，一起经颈静脉孔出颅，然后又与脑根分离，最终分布并支配胸锁乳突肌、斜方肌。

（十二）舌下神经

舌下神经为一般躯体运动性脑神经，起自延髓的舌下神经核，分布并支配全部舌内肌和大部分舌外肌。

三、内脏神经系统

内脏神经系统（visceral nervous system）是神经系统调节机体状态的重要组成部分，对维持人体正常生理功能、心理精神健康起着重要作用，是身心科学研究的重要内容。内脏神经系统周围部主要分布于内脏器官、心血管系统和腺体，中枢部位于脊髓和脑内的各级中枢。中枢部接受周围部传入神经纤维传入的内脏感觉信息，经各级中枢整合加工后，通过传出神经纤维调控内脏器官、心血管系统、腺体的活动。内脏神经系统也称为自主神经系统（autonomic nervous system），因为内脏神经系统的活动有很大的自主性，在一定程度上不受意识的直接控制。另外，内脏神经系统也被称为植物神经系统（vegetative nervous system），主要是依据所谓生命可分为“植物性”生命和“动物性”生命的看法。但值得注意的是，内脏神经系统、自主神经系统或植物神经系统这 3 种提法均不完全准确，都具有一定的局限性。内脏神经系统不仅仅支配内脏，也支配躯体的运动，如交感神经可支配竖毛肌。由于内脏活动的调控并非完全自主，也在一定程度上受到意识的影响，所以自主神经系统的提法也有一定的局限性。迄今为止，尚未在植物上发现神经系统，因此，植物神经系统的说法也有很大的局限性。

内脏神经系统可分为内脏运动神经和内脏感觉神经两大部分，内脏感觉神经接受内脏的感觉信息，经脊髓传入脑内的各级中枢，整合形成各种感觉；脑和脊髓的内脏运动中枢可以调节内脏的活动，维持机体的正常生理功能和内、外环境的平衡。

（一）内脏运动神经

内脏运动神经可分为交感神经和副交感神经两部分（图 4-35）。

1.交感神经

交感神经的低位中枢位于脊髓 T_1～L_2 或 L_3 节段灰质外侧角的中间外侧核，这些神经元发出交感神经节前纤维，节前纤维进入交感神经节，并交换神经元，然后节后神经元再发出节后纤维。交感神经节、交感干以及交感神经节发出的节后纤维，共同构成交感神经的周围部。因此，交感神经由节前神经元、节前纤维、节后神经元、节后纤维组成。

交感神经节（sympathetic ganglion）由节后神经元组成，包括椎旁神经节（paravertebral ganglia）和椎前神经节（prevertebral ganglia）：

(1)椎旁神经节：椎旁神经节也称交感干神经节，交感干神经节通过节间支纵行连接成串，称为交感干（sympathetic trunk），又因呈链状，所以也称交感链（sympathetic chain）。交感神经以交感干为中心，向身体发出交感神经节后纤维，到达并支配各内脏器官。每侧交感干神经节包括颈部 3～4 个，胸部 10～12 个，腰部 4 个，骶部 2～4 个。左、右交感干向下到达尾骨前面，合并于最下端的尾神经节，因此，尾部只有 1 个神经节，也称奇神经节（ganglion impar）。

每个交感干神经节借交通支与相应脊神经相互联系，交通支可分为白交通支（white communicating branches）和灰交通支（grey communicating branches）两种。白交通支主要是存在于 T_1～L_3 各脊神经前支与相应的交感干神经节的节前纤维，由有髓神经纤维组成，因此呈白色。灰交通支是由交感干神经节发出的节后神经纤维，多无髓，灰暗色，自椎旁神经节至相应的脊神经，31 对脊神经均有灰交通支与交感干相连。

(2)椎前神经节：除了由椎旁神经节组成的交感干之外，脊柱前方，腹主动脉脏支根部还有椎前神经节。椎旁神经节和椎前神经节均含有节后神经元，椎前神经节主要有腹腔神经节（celiac ganglia），位于腹腔干根部两侧；肠系膜上神经节（superior mesenteric ganglia），位于肠系膜上动脉根部；肠系膜下神经节（inferior mesenteric ganglia），位于肠系膜下动脉根部；主动脉肾神经节（aorticorenal ganglia），位于肾动脉根部。

交感神经节后纤维的去向主要有 3 种：① 经灰交通支返回脊神经，随脊神经分布至头颈部、躯干和四肢血管、汗腺和竖毛肌等；② 攀附动脉行走，在动脉外膜形成相应的神经丛，伴随动脉分支分布至动脉支配的器官；③ 由交感神经节发出的节后纤维直接到达所支配的脏器。

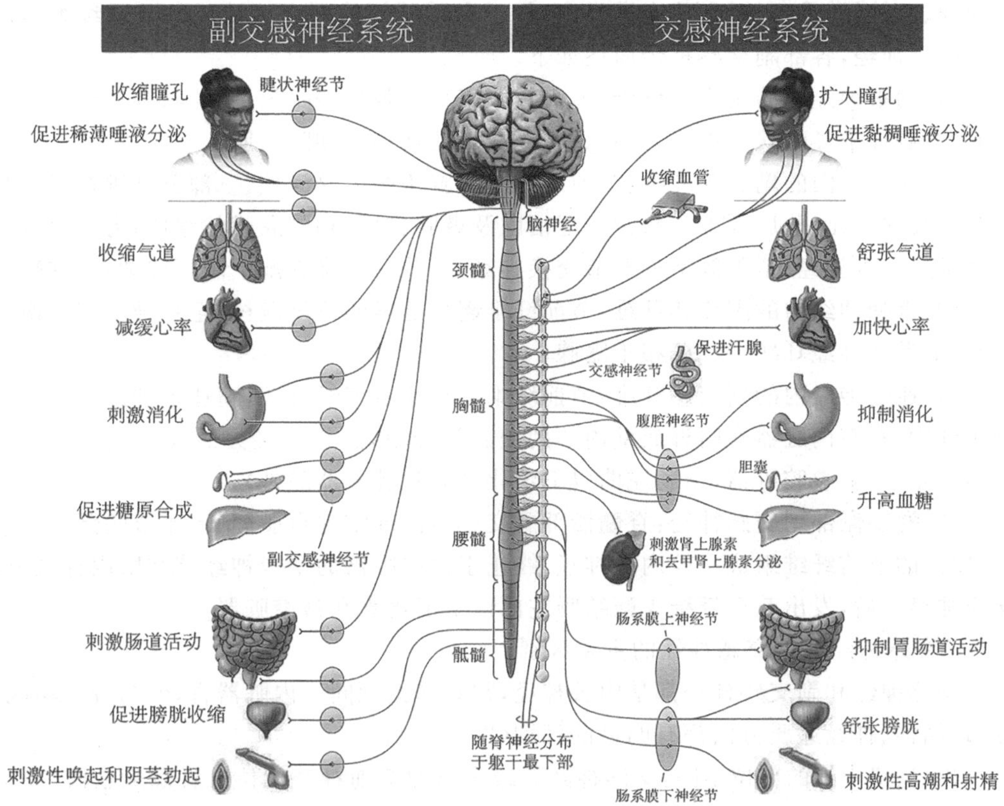

图 4-35 **交感神经与副交感神经的分布(摘自** Wojciech Pawlina, *Histology: A text and atlas*, Wolters Kluwer **公司)**

2.副交感神经

副交感神经是内脏运动神经副交感部,包括节前神经元、节前纤维、节后神经元、节后纤维。节前神经元位于中枢神经系统,为副交感神经的低位中枢,包括位于脑干的一般内脏运动核(副交感神经核)和位于脊髓骶部 2～4 节段灰质内的骶副交感核,这些核团发出节前神经纤维。脑干的一般内脏运动核包括动眼神经副核、上泌涎核、下泌涎核和迷走神经背核。

周围部的节后神经元位于副交感神经节内,脑干的一般内脏运动核(副交感神经核)发出的节前纤维终止于位于头面部的 4 个副交感神经节,即睫状神经节、翼腭神经节、下颌下神经节和耳神经节,位于所支配的器官附近;迷走神经背核和骶副交感核发出的节前纤维行走至所支配的脏器的壁内或附近的极小的终末神经节(terminal ganglia),也称壁旁或壁内神经节(paramural or intramural ganglia),节前纤维在终末神经节交换神经元,发出很短的节后纤维至所支配的器官。这种分散的终末神经节极其细小,显微镜下观察无被膜,只有一些神经元的集聚。

位于脑干的一般内脏运动核(副交感神经核)发出的副交感神经节前纤维行于动

眼神经、面神经、舌咽神经、迷走神经内；位于脊髓骶部的副交感神经的节前纤维组成盆腔内脏神经，各部副交感神经简述如下。

(1)动眼神经内的副交感纤维：节前纤维起自动眼神经副核，至睫状神经节交换神经元，节后纤维经睫状短神经入眼球壁，支配瞳孔括约肌和睫状肌。

(2)面神经内的副交感纤维：节前纤维起自脑桥的上泌涎核，一部分纤维在翼腭神经节交换神经元，节后纤维分布并支配泪腺及鼻腔、口腔和腭黏膜的腺体；另一部分节前纤维加入舌神经，至下颌下神经节交换神经元，节后纤维支配下颌下腺和舌下腺。

(3)舌咽神经内的副交感纤维：节前纤维起自延髓的下泌涎核，至耳神经节交换神经元，节后纤维经耳颞神经分布于腮腺。

(4)迷走神经内的副交感纤维：节前纤维起自迷走神经背核，随迷走神经及其分支分布到胸、腹腔内脏器官附近或壁内的副交感神经节，交换神经元后发出极短的节后纤维分布于胸、腹腔脏器(结肠左曲以下消化管和盆腔脏器除外)。

(5)脊髓骶部副交感神经：脊髓骶部副交感节前纤维起自骶髓2～4节的骶副交感核，发出的节前纤维组成盆腔内脏神经，终止于盆腔脏器的壁旁神经节和壁内神经节，交换神经元后，发出节后纤维支配结肠左曲以下消化管和盆腔脏器。

3.交感神经与副交感神经的主要区别

交感神经和副交感神经都是内脏神经，常共同支配同一内脏器官，但两者在功能、分布、结构、神经递质方面都有明显的区别(图4-35)。

(1)低级中枢的部位不同：交感神经低级中枢即节前神经元位于脊髓胸腰段(T_1～L_2或L_3)灰质的中间外侧核；副交感神经的低级中枢则位于脑干内的一般内脏运动核(即动眼神经副核、上泌涎核、下泌涎核和迷走神经背核)和骶髓2～4节段的骶副交感核。

(2)周围部神经节位置不同：交感神经节包括椎旁神经节和椎前神经节两类，椎旁神经节也称交感干神经节；副交感神经节有两类，一类神经节包括头面部的4个神经节，即睫状神经节、翼腭神经节、下颌下神经节和耳神经节，位于所支配的器官附近；另一类是位于所支配的脏器的壁内或附近的极小的终末神经节。

(3)节前和节后神经纤维的比例及长度不同：交感神经节位于脊椎附近，因此，交感神经节前纤维与节后纤维的比例为1∶10；副交感神经节位于所支配的器官附近，节后纤维相对较短，节前纤维与节后纤维的比例约为1∶2。

(4)分布范围不同：交感神经分布广泛，全身内脏器官，以及血管、腺体、竖毛肌等，都受到交感神经的支配；而副交感神经的分布较局限，全身大部分血管、汗腺、竖毛肌和肾上腺髓质只有交感神经而无副交感神经分布。

(5)功能不同：交感神经的功能是促进机体的兴奋性，增加机体的应变能力。交感神经兴奋将引起心跳呼吸频率增加、呼吸深度加深、心排血量增加、皮肤与腹腔小动脉收缩、血压增高、冠状动脉扩张、瞳孔扩大、血糖升高等一系列反应，以增强机体应对危险的反应能力和速度；副交感神经的作用是维持机体处于平和状态，促进机体的恢复与能量储存，副交感神经兴奋会引起心跳呼吸频率减缓、血压下降、消化活动增强、瞳孔缩小、能量保存、尿和粪便的排泄、性兴奋唤起等。因此，交感神经与副交感神经需要保持协调统一，才能保持机体及器官功能的正常（交感神经与副交感神经的功能区别详见第十章第二节）。

(6)神经递质不同：交感神经和副交感神经的节前神经元释放的神经递质都是乙酰胆碱；大部分交感神经的节后神经元释放的神经递质是去甲肾上腺素，有小部分节后神经元释放的是乙酰胆碱，如汗腺及骨骼肌内舒血管的交感神经节后神经元；副交感神经的节后神经元释放的神经递质都是乙酰胆碱。

（二）内脏感觉神经

内脏神经不仅含有运动神经纤维，还含有感觉神经纤维，可以将内脏感觉传导到中枢。内脏感觉神经纤维可以分为两类，一类内脏感觉纤维主要参与内脏反射、内脏感觉和内脏痛觉的传导，这些纤维传导来自胸、腹、盆腔脏器的感觉纤维，传导一般内脏感觉，称为一般内脏感觉纤维；另有一类内脏感觉纤维传导来自鼻腔的嗅觉和来自味蕾的味觉，称为特殊内脏感觉纤维。

复习巩固

1.请简述脑神经的纤维成分。

2.请比较交感神经与副交感神经的结构特征与功能的区别。

本章要点小结

1.神经系统是心理、精神及行为活动的主要调节系统，主要由神经组织组成，分为中枢神经系统和周围神经系统两大部分。

2.脊髓表面分布有多条纵行的沟和裂，位于脊髓前面最深的是前正中裂，后正中沟较浅，位于脊髓后侧正中。

3.脊髓内部由围绕中央管的灰质和位于外周的白质构成。中央管细小狭长，是由胚胎发育时的神经管内腔演变而成。

4.围绕中央管的是呈蝴蝶样的灰质，灰质的外周是白质。脊髓白质的神经纤维可分为传入纤维、传出纤维、上行纤维、下行纤维及脊髓固有纤维。

5.脑位于颅腔内，是中枢神经系统的高级结构，一般分为延髓、脑桥、中脑、间脑、小脑、端脑6部分，延髓、脑桥、中脑合称为脑干。

6.在脑干腹侧的广大区域，除了明显的神经核、纤维束外，还有神经纤维纵横交错，其间分布有大大小小、边界不清的神经细胞团，神经纤维和细胞相互混杂成网状，故称为网状结构。

7.根据网状结构的细胞构筑、位置和功能，大致可将其分为中缝核群、内侧核群、外侧核群和向小脑投射的核群等。

8.间脑是由神经管的间脑泡分化演变而来，位于端脑与中脑之间，是感觉信息主要的中继和处理中心，主要由背侧丘脑、底丘脑、上丘脑、后丘脑、下丘脑组成。

9.间脑的每一个组成部分都具有与生命活动必不可少的特殊功能，特别是与边缘系统（记忆和情感的所在地）、基底核（运动协调），以及初级感觉区域，包括听觉、视觉有密切的联系，使得间脑在功能上具有丰富的多样性。

10.端脑是中枢神经系统最高级的结构，由前脑泡分化演变而来，前脑泡两侧高度发育，最终形成左、右端脑半球，两侧端脑借胼胝体连接成一个整体。

11.人类端脑高度发达，将间脑和中脑深埋其中，并将小脑推后。端脑是心理、精神、思维、认知活动的最高级中枢，是神经心理学研究的重要器官。

12.大脑表面分为额叶、顶叶、枕叶、颞叶及岛叶5个叶。

13.深埋在髓质内部的灰质团块称为基底核；端脑内部除了有灰质块团外，还有充满脑脊液的腔隙，称为脑室。

14.周围神经系统是指除中枢神经系统之外，分布于全身各处的神经结构和神经组织的总称。周围神经系统在结构上与脑和脊髓相连，其末梢遍布全身，从而实现神经系统对全身各处的感知和控制。

15.按照分布的不同，又可以将周围神经分为躯体神经和内脏神经。为了叙述方便，一般把周围神经分为脊神经、脑神经和内脏神经。

关键术语表

灰质	gray matter
白质	white matter
脑	brain
脊髓	spinal cord
延髓	oblongata
脑桥	pons
中脑	midbrain
间脑	diencephalon
小脑	cerebellum
端脑	telencephalon
脑干	brain stem

额叶　　　frontal lobe
顶叶　　　parietal lobe
颞叶　　　temporal lobe
枕叶　　　occipital lobe
岛叶　　　insular lobe

复习思考题

单项选择题

1.以下哪个结构不属于脑干？（　　）

A. 延髓　　B. 脑桥　　C. 中脑　　D. 丘脑

2.以下哪个结构是脑桥和延髓在背侧的分界线？（　　）

A. 髓纹　　B. 延髓脑桥沟　　C. 界沟　　D. 正中沟

3.以下哪个结构不属于基底核？（　　）

A. 尾状核　　B. 豆状核　　C. 杏仁核　　D. 橄榄核

4.脑脊液经以下哪个结构回流入静脉？（　　）

A. 蛛网膜颗粒　　B. 上矢状窦　　C. 下矢状窦　　D. 直窦

5.皮质锥体细胞主要位于（　　）。

A. 分子层　　B. 外颗粒层　　C. 多形层　　D. 内锥体层

6.下列哪一个结构不属于联合纤维？（　　）

A. 胼胝体　　B. 穹隆　　C. 前联合　　D. 内囊

7.下列哪一个神经不属于脑神经？（　　）

A. 嗅神经　　B. 动眼神经　　C. 三叉神经　　D. 交感神经

8.脊髓运动神经元的胞体位于（　　）。

A.前角　　B. 后角　　C. 外侧角　　D. 前索

第五章　静息膜电位与动作电位

人和动物在生存过程中，需要时刻觉察周围环境的变化，收集信息，并通过神经系统将这些感知觉信息进行整合加工和处理，最终产生各种各样的行为来适应环境。这个信息收集和传导的过程依赖于神经系统电信号的传播。电信号在信息传导的过程中至关重要，生物电是生命活动的基本特征之一，通过测量脑电波的波动节律能够观测到大脑神经元的活动，从而对大脑的电活动有一个整体的认知。作为一种有效地对神经活动进行间接测量的工具，脑电图（electroencephalogram，EEG）及与其相关联的事件相关电位（event-related potentials，ERP）广泛应用于神经科学、认知科学、认知心理学和生理心理学等学科的研究中。而神经系统中的单个神经元的电活动在信息传导过程中发挥了重要作用，神经元自身固有的结构决定了其在神经系统中扮演的角色。电信号依赖于神经元的轴突进行长距离的信息传导，轴突如同电线一样将电信号沿着特定的方向进行传导。本章主要介绍神经电生理的基本知识，包括静息膜电位与动作电位。

第一节　膜电位产生的基础

带有净电荷的原子或分子称为离子(ion)。离子分为两种,带正电荷的离子称为阳离子(cation),带负电荷的离子称为阴离子(anion)。细胞内部的液体(细胞内液)和细胞外部的液体(细胞外液)含有很多重要的离子,其中一些离子的细胞膜内外浓度差对于维持细胞静息膜电位和产生动作电位起着重要的作用,如钾离子(K^+)、钠离子(Na^+)、钙离子(Ca^{2+})、氯离子(Cl^-)等。

一、膜电位产生的结构基础

(一)细胞膜

神经元细胞膜由磷脂双分子层构成,形成了一个疏水性的碳氢长链向内、亲水性的磷酸基团向外的稳定排列结构。由于脂质成分的存在,神经元膜不溶解于细胞内外的水环境,同时水溶性物质由于不能溶于细胞膜上的脂质成分,因此不能自由地出入细胞膜。细胞膜有效地将细胞外液与细胞质隔离开来。这就是细胞膜能够保持相对完整的结构并控制水溶性物质通透性的原因。

(二)离子通道

神经元的细胞膜不仅由脂质构成,膜上还分布着许多跨膜的蛋白质。它们在膜上形成了各种特异性的结构,如受体蛋白、离子通道、主动转运体等结构。这些特殊的蛋白质在细胞膜电位的形成中发挥了重要作用。离子通道(ion channel)由跨膜蛋白质所构成,一个典型的离子通道需要4～6个相似的蛋白质分子聚合而成,在中央形成1个孔道,可供离子通过(图5-1)。离子通道的主要特征如下。

1.离子选择性

离子选择性即离子通道只允许特定的离子通过,这个选择性由孔道的直径及孔道内部的基团决定。

2.离子通道的门控性

离子通道分为被动型离子通道和主动型离子通道,被动型离子通道永远保持一个状态,即一直对某些离子开放。主动型离子通道的开放则需要一些特殊的条件,即在电、化学或者物理刺激下开放。主动型离子通道主要有电压门控型离子通道和配体门控型离子通道。

(1)电压门控型离子通道

离子通道的开放或关闭受到细胞膜两侧电压调节的离子通道称为电压门控型离

子通道(voltage-gated ion channel)。这类离子通道通常具有很高的离子选择性。参与动作电位产生的离子通道多属于电压门控型离子通道,如电压门控 K^+ 通道、电压门控 Na^+ 通道、电压门控 Ca^{2+} 通道等。Na^+ 通道和 K^+ 通道主要参与动作电位的形成,Ca^{2+} 通道主要参与突触前膜神经递质通过囊泡释放的过程,而 Cl^- 通道则主要参与维持细胞膜电位的平衡过程。

(2)配体门控型离子通道

除了电压门控型离子通道,细胞膜上还存在另一大类离子通道,即配体门控型离子通道。配体门控型离子通道通常也作为神经递质受体存在于突触后膜,可以通过与神经递质的结合,改变离子通道的结构,从而控制离子通道的开放和关闭。相比于电压门控型离子通道,配体门控型离子通道对于离子的选择性并不强,如乙酰胆碱受体可同时通透 Na^+ 和 K^+。

3.离子顺浓度梯度透过离子通道

离子通道允许离子进出细胞膜的过程被称为渗透性(permeability)。特定的离子可以在不耗能的情况下,顺浓度梯度透过离子通道,如动作电位产生时,Na^+ 可以通过 Na^+ 通道从细胞外进入细胞内(胞外 Na^+ 浓度远高于细胞内)。

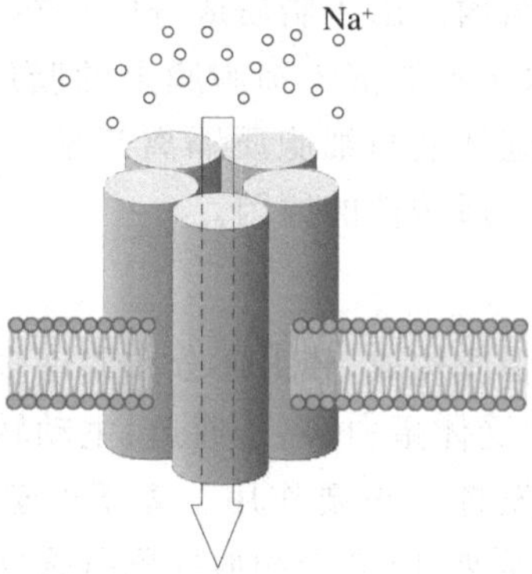

图 5-1 离子通道的示意图

(三)离子泵

除了离子通道,离子泵也参与了细胞膜电位的维持。离子泵能够对离子进行逆浓度的跨膜转运(图 5-2)。离子泵实际上是位于神经元细胞膜上的 ATP 酶,能够水解 ATP 提供能量,对离子进行逆浓度的跨膜转运。以 Na^+-K^+ 泵(也称 Na^+-K^+ ATP 酶)为例,每个 ATP 分子水解提供的能量可以将 3 个 Na^+ 转运到细胞外,同时将 2 个 K^+ 转运到细胞内。因此,离子泵对离子的转运需要消耗能量。Na^+-K^+ 泵的持续工作会改变细胞膜内和细胞膜外的 Na^+ 浓度和 K^+ 浓度,从而产生离子浓度梯度。细胞膜的不可渗透性使得离子不能顺着浓度梯度自由流动,最终造成的结果就是细胞膜外的细胞外液 Na^+ 浓度较高,细胞膜内的细胞内液 K^+ 浓度较高。

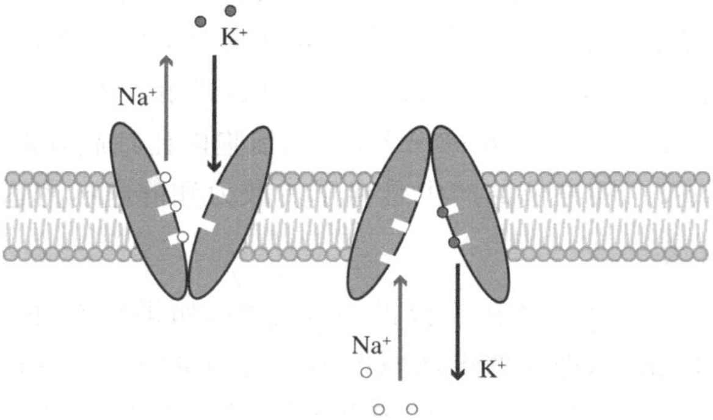

图 5-2　细胞膜上的 Na^+-K^+ 泵

二、细胞膜内外的离子分布

由于细胞膜本身的结构特性和膜上镶嵌的离子通道及离子泵存在不同的功能，使得离子不能自由地通透细胞膜，细胞内液和细胞外液的离子分布不同。这些不同的离子分布产生的扩散力和静电压力导致了膜电位的产生。那么，离子在膜内外的具体分布情况究竟如何呢？

在正常情况下，如果遵循浓度梯度扩散的自然法则，K^+ 和 Na^+ 都将从高浓度区域流向低浓度区域，但是细胞膜的相对不可渗透性可以阻止这些离子自由地跨膜流动。而且，由于 K^+ 和 Na^+ 等阳离子带正电荷，在向低浓度的区域移动的时候会造成高浓度区域正电荷的减少，从而对离子产生静电引力。最终造成的结果就是细胞膜外 Na^+ 浓度较高，细胞膜内 K^+ 浓度较高。例如，哺乳动物骨骼肌细胞外的 Na^+ 浓度是细胞内的 10 多倍，而细胞内的 K^+ 浓度是细胞外的 30 多倍。

除了 Na^+ 和 K^+，细胞内外的液体中还有其他的一些离子，比较重要的还有：钙离子（Ca^{2+}）、氯离子（Cl^-）、有机阴离子（A^-）等。有机阴离子是带负电的蛋白质分子或者细胞代谢的中间产物，只存在于细胞内液中，而 Cl^- 则主要存在于细胞外液中。

除了 Na^+-K^+ 泵之外，细胞膜上还有一个比较重要的转运体，就是 Ca^{2+} 泵。Ca^{2+} 泵同样是一种酶，能够将胞内的 Ca^{2+} 转运到细胞外，使细胞内的 Ca^{2+} 浓度降到一个很低的水平，从而维持细胞内外 Ca^{2+} 的浓度差。

细胞膜内外离子的不同分布造成了细胞内外正电荷和负电荷的分布不同，最终形成了细胞膜电位。因而，了解离子在膜内外的不同分布对于理解膜电位的维持与改变至关重要。

三、膜电位的产生：离子驱动力的平衡

要理解动作电位的产生和信息的传导，首先要清楚膜电位的产生过程。膜电位

(membrane potential)在物理学上是指以膜相隔的两溶液之间产生的电位差;在生物学上,是指存在于细胞膜两侧的电位差。为了表述方便,生物学上一般把细胞外的电位规定为0,即膜电位是细胞内电位减去细胞外电位的相对值,如当细胞内比细胞外的电位高90 mV时,则称膜电位为90 mV,如果细胞内比细胞外的电位低90 mV时,则称膜电位为−90 mV。膜电位的产生是离子扩散力和静电压力达到平衡的结果。

(一)离子扩散力

溶解在水中的分子和离子处在不停的运动之中,如果没有外力进行干涉或者阻碍,溶液的浓度会趋向稳定,即高浓度区域的离子会向低浓度区域移动,这种现象叫作扩散(diffusion)。在细胞膜内外,离子的浓度不同,存在浓度梯度,因此离子会趋向于从高浓度区域移动至低浓度区域,即顺浓度梯度移动,而由于离子不能直接通过细胞膜,只能通过细胞膜上的离子通道进出,那么最终细胞膜内外离子浓度的差异就依赖于离子通道的通透性。总之,离子跨膜运动需要两个条件:① 存在跨膜的离子浓度梯度;② 膜上存在对离子通透的通道。

(二)静电压力

除了离子顺浓度梯度移动之外,离子还可在静电压力的驱动下移动。离子是带有电荷的分子或原子,带有相同电荷的离子会互相排斥,带有不同电荷的离子会相互吸引。由于这种相互排斥或吸引产生的驱动力叫作静电压力。

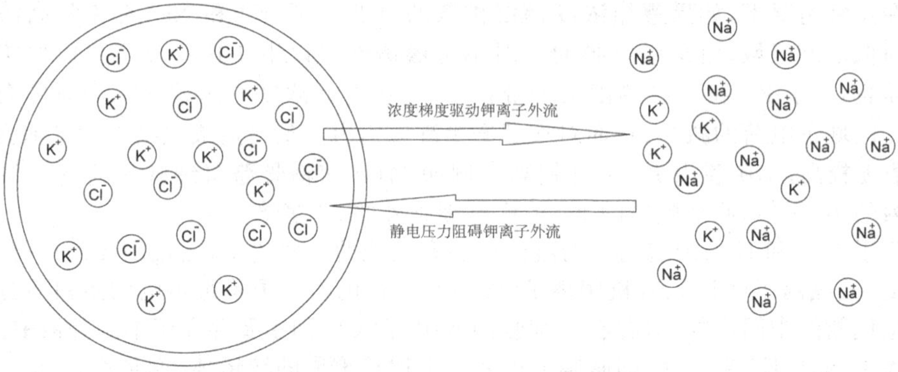

图 5-3　两种驱动力的平衡

对于某个特定的离子来说,在膜内外的浓度不同,离子会顺浓度梯度进行跨膜扩散,离子跨膜扩散的同时,由于离子本身带有电荷,膜两侧的电位差会逐渐增大。这种电位差增大造成的静电压力会阻止离子进一步地跨膜扩散。因此,离子的跨膜转运会同时受到扩散力和静电压力两个力的影响,最终两种力会逐渐达到平衡(图 5-3)。此时细胞膜的电位就是该离子的平衡电位(equilibrium potential),该离子净流量为零。

复习巩固

1.请简述膜电位产生的原理。

2.请简述离子通道及离子泵的特征。

第二节 静息膜电位的产生与维持

人类和脊椎动物在安静状态下,即使不受到任何刺激,在大脑皮质上也能记录到持续节律性的电位变化,这种电位变化被称为脑的自发电活动。神经细胞通过电活动进行信息的传导,信息的产生与传导实质上是通过带电离子流动引发的细胞膜电位的改变来实现。细胞膜电位大体上有两种表现形式,即静息膜电位与动作电位。几乎所有的细胞都有静息膜电位的存在,而神经细胞、腺细胞、肌细胞可以产生动作电位。除了这些以外,某些特殊的细胞如感受器细胞还能产生性质介于静息膜电位和动作电位之间的局部电位。想要理解动作电位的产生,首先我们要了解静息膜电位的产生与维持。

一、静息膜电位的概述

当神经元或其他可兴奋细胞未受到刺激时,细胞膜两侧存在一个稳定的电位差,这个电位差的数值称为静息膜电位(resting membrane potential)。对于绝大多数细胞来说,细胞膜内的电位往往低于细胞膜外的电位,即胞内为负电位,胞外为正电位。因此,静息膜电位的数值一般为负值,范围为－100～－10 mV,如神经细胞的静息膜电位约为－70 mV,平滑肌细胞约为－55 mV。

由于静息膜电位产生的基础是单一细胞膜内外的离子不均衡分布及离子的选择性跨膜转运,因此,对于静息膜电位的具体数值和产生机制的记录必须在单个神经细胞上进行。最初的静息膜电位记录是在枪乌贼特有的巨大神经轴突上进行,枪乌贼的巨大神经轴突最大直径可达 100 μm,这种具有巨大体积的神经细胞便于分离出来进行电位实验的单独观察记录。实验中利用两个测量电极,连到一个测量仪器如示波器,将一个电极置于细胞外部作为零点电极,另一个电极逐渐插入轴突内部,随着电极的逐渐深入,记录到的电位差会逐渐增大,等到电极插入一定的深度时,电位差固定在某一数值,该数值即为记录到的静息膜电位值(图 5-4)。该方法还可用来测定动作电位,利用刺激电极给巨轴突一个足以产生动作电位的电刺激,记录电极便可在轴突的不同位置记录到产生的动作电位。

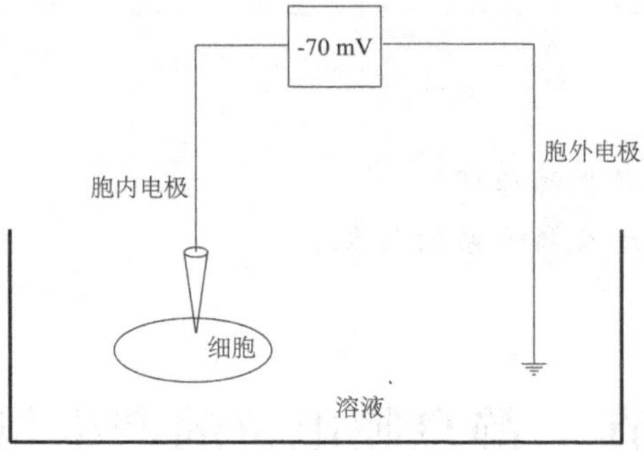

图 5-4　静息膜电位的测量

注：用电压表测量插入细胞内的电极与细胞外电极的电位差

二、静息膜电位的产生与维持

从前面的学习我们可以知道，正常的细胞膜内外存在着各种浓度不同的带电离子，包括 K^+、Na^+、Cl^- 等，这些离子都参与了静息膜电位的形成。其中 Na^+、K^+ 的跨膜流动性对静息膜电位的形成至关重要。神经元细胞膜两侧的离子浓度是由离子泵的主动转运所维持，最主要的转运蛋白是 Na^+-K^+ 泵。Na^+-K^+ 泵逆浓度梯度转运离子，即将 Na^+ 泵出细胞，将 K^+ 泵入细胞，致使细胞外存在高浓度的 Na^+，细胞内存在高浓度的 K^+。

（一）静息膜电位形成的理论机制

神经元未受到刺激时，细胞膜电位即静息膜电位约为 −70 mV。当神经元处于静息状态时，电压门控型 Na^+ 通道关闭，细胞膜对离子的通透性主要是通过膜上的非门控漏通道（leak channel），该通道持续开放，且对 K^+ 的通透性明显大于 Na^+。假设细胞膜只对于 K^+ 具有通透性，那么在静息状态下，细胞膜内高浓度的 K^+ 将会因为浓度梯度的原因从细胞膜内往细胞膜外流动，而由于 K^+ 本身带有正电荷，K^+ 的外流会造成膜外正电荷积累，膜内负电荷积累，即膜外逐渐增加的正电荷又会阻止阳离子（即 K^+）进一步外流。随着 K^+ 的跨膜流动，促进 K^+ 外流的扩散的力和阻止 K^+ 扩散的静电压力相等，这时 K^+ 净移动停止，净流量为零，细胞膜两侧的电位差稳定在某一数值，此时的膜电位即为 K^+ 的平衡电位。这种平衡电位可以形成膜两侧稳定的电位差，即静息膜电位形成的基础（图 5-3）。

如果已知离子在膜两侧的浓度，可以采用 Nernst 方程来计算出该离子的确切平衡电位值。Nernst 方程为：

$$E_X = -\frac{RT}{ZF}\ln\frac{[X]i}{[X]o}$$

在这个公式中，E_X代表 X 离子的平衡电位；R 为气体常数；Z 为离子电荷数；F 为法拉第常数，$[X]_i$和$[X]_o$分别为 X 离子在细胞内液和细胞外液中的浓度。从这个公式可以看出，离子的平衡电位的数值依赖于离子在细胞膜内外的浓度差。设室温为 27℃，离子电荷数为 1，如果细胞膜内 K^+ 浓度为细胞膜外 K^+ 浓度的 10 倍，计算得出的 K^+ 平衡电位约为－60 mV。即 10 倍的 K^+ 浓度差需要大约 60 mV 的电位差来进行平衡。将不同细胞膜内外的离子实际浓度差代入公式，可计算得到不同离子的平衡电位。例如哺乳动物大多数细胞的 K^+ 平衡电位为－100～－90 mV，钠离子的平衡电位为＋50～＋70 mV。表 5-1 说明了离子膜内外的离子浓度和平衡电位。

表 5-1　神经元膜两侧离子浓度及平衡电位

离子	细胞外浓度(mmol/L)	细胞内浓度(mmol/L)	浓度比	平衡电位
K^+	5	100	1∶20	－80 mV
Na^+	150	15	10∶1	62 mV
Ca^{2+}	2	0.0002	10000∶1	123 mV
Cl^-	150	13	11.5∶1	－65 mV

（二）静息膜电位形成的实际机制

若细胞膜只对 K^+ 具有通透性，那么细胞的静息膜电位即为 K^+ 的平衡电位，但根据实际实验测得的细胞静息膜电位可知，静息膜电位并不完全等于 K^+ 的平衡电位，而是略小于 K^+ 的平衡电位。这说明静息膜电位的产生与维持除了 K^+ 的贡献之外，Na^+ 也在其中发挥了作用。相对于细胞膜对 K^+ 的通透性，非门控漏通道对于 Na^+ 的通透性较低，因此只有少量 Na^+ 内流，造成了最终细胞的静息膜电位在 K^+ 的平衡电位基础上向 Na^+ 的平衡电位方向有一些偏转。细胞的静息膜电位不仅仅和细胞膜内外不同的离子浓度有关，还和膜对于不同离子的通透性有关。由于不同细胞的非门控漏通道对 Na^+ 和 K^+ 的通透性比值不同，因此静息膜电位差异也很大。如心肌细胞对 K^+ 和 Na^+ 通透性的比值较大（约 20～100 倍），因此静息膜电位更接近 K^+ 平衡电位；平滑肌细胞 K^+ 和 Na^+ 通透性的比值较小（约 7～10 倍），因此静息膜电位只有－55 mV 左右；而视网膜上的视杆细胞在静息时膜上已有相当数量的 Na^+ 通道开放，因此静息膜电位更小，只有－40～－30 mV。

除了 K^+ 和 Na^+ 之外，细胞外液中还存在着两种比较重要的离子：Ca^{2+} 和 Cl^-，细胞内液中还存在有机阴离子。但是由于细胞在安静状态下对这些离子的通透性很低或几乎没有通透性，这些离子对于静息膜电位的形成并无明显影响，几乎可以被忽略。

三、膜电位的极化与去极化

由于机体处在不断的运动当中，机体细胞不断受到刺激，这种刺激信息经感觉系统传导至神经系统，因此，神经细胞上的膜电位在受到刺激时会产生电位的变化。就细胞本身的状态而言，细胞在静息时所处的内负外正的状态称为极化(polarization)，而如果细胞受到刺激，状态发生改变，引起膜两侧的电位差变小(例如细胞的膜电位由－70 mV 变为－40 mV)，表示细胞膜的极化状态减弱，因此称为去极化(depolarization)。而如果膜两侧的电位差增大(例如细胞的膜电位由－70 mV 变为－90 mV)，表示细胞膜的极化状态增强，称为超极化(hyperpolarization)。

复习巩固

1.请简述静息膜电位产生的理论机制。
2.请简述 Nernst 方程的原理。

第三节　电紧张电位与局部电位

在了解动作电位之前，我们需要知道，在细胞受到刺激之后，并不是总能产生动作电位。细胞膜上的电活动包括主动的细胞膜电活动和被动电流的产生，主动的细胞膜电活动包括动作电位、突触电位以及感受器电位的产生，其中涉及离子通道开放的过程，而被动电流则和神经元的被动电特性有关。神经元信号传播的距离以及动作电位的产生依赖于被动电流的传导。因此，我们需要先了解一下可兴奋细胞被动电流的产生。

一、神经元的被动电学特性

(一)细胞膜的电容特征

在之前的章节，我们对神经元的结构已经有了一定程度的了解。神经元细胞膜所具有的脂质双分子层结构类似于一个电绝缘体，将能够导电的细胞内液和细胞外液隔绝开来，由于细胞膜两侧离子浓度的差异导致的电荷不同，细胞膜具有短暂的储存电荷的能力，也就是说，细胞膜具有电容特性。膜电容的大小与细胞膜的表面积有关，细胞膜表面积越大，膜电容越大。当带电离子发生跨膜流动的时候，细胞膜两侧积聚不同的电荷，从而产生膜两侧的电位差，即膜电位。

(二)细胞膜的电阻特征

细胞膜具有电阻特性，由于细胞膜上存在着许多离子通道、转运体等结构，其电阻值相对于单纯的双层脂质结构要小得多。细胞膜的电阻值并非一成不变，随着离子通道和转运体的不断开放，细胞膜电阻会逐渐变小。通常我们用膜电阻的倒数来表征细胞膜的通透性，称为膜电导，细胞膜上离子通道开放的程度越高，膜电阻越小，膜电导越大，即细胞膜的通透性越高。在静息状态下，K^+ 的膜电导较大，K^+ 的外流使细胞膜保持内负外正的状态，而在细胞接收到刺激之后，K^+ 和 Na^+ 的膜电导发生改变，从而改变了离子内外状态。

而神经元的轴突延伸的距离较长，直径较小，在轴突内部的细胞内液形成的轴向电阻也能够影响神经元电活动的产生和传导。轴突的直径越大，延伸的距离越短，轴向电阻就会越小，反之，轴向电阻就会越大。

二、电紧张电位

不同于细胞膜主动电活动产生的主动电流，被动电流是指电流的产生不依赖于离子通道的开放，而是通过细胞膜的电学特性和电路的属性进行传导，这种由细胞膜的被动电特性决定，并且具有一定时间和空间分布特征的膜电位，称为电紧张电位(electrotonic potential)。那么，不依赖于离子通道的开放，被动电流在沿着树突、轴突或胞体传导时，传导的距离究竟会有多远？影响被动电流传导距离的因素有很多，但是主要的影响因素是细胞的被动电学特性，包括起始电流的幅度、细胞内液和细胞外液的导电性以及神经元细胞膜的电阻和电容等。

假设将一个直径很小的刺激电极刺入神经元，向神经元内注入电流，由于细胞本身具有的电学特性，流经细胞膜的电流将会在细胞膜上形成一个完整的电路，在距离该刺激电极刺入点不同距离处，分别放置记录电极进行记录，将记录到不同大小的膜电位。在该实验中，注入的电流不足以引起细胞产生动作电位，由于细胞膜电阻的存在，随着与刺激电极距离的增大，电流会逐渐减小(图 5-5)。假设细胞膜电阻恒定，在刺激电极附近的电流强度最强，膜电位也最大，被动电流以递减方式向周围传导，膜电位也会随之衰减。同时，由于细胞膜具有电容特性，充电和放电都需要一定的时间，所以膜电位不会立刻达到一个比较稳定的状态，而是作为时间的指数函数达到稳态。这种电流传导的衰减被称为电紧张传导。

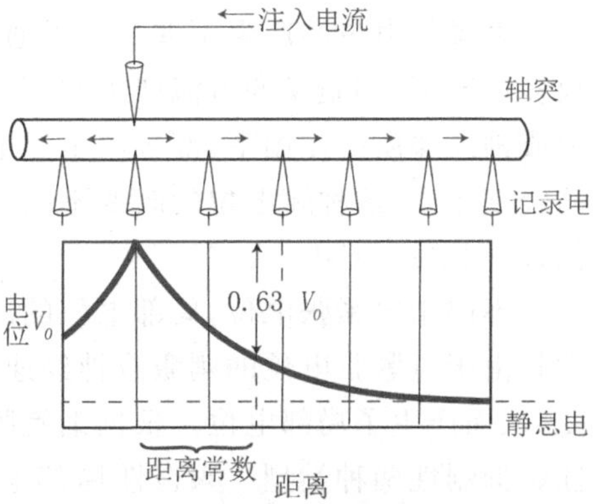

图 5-5　电紧张电位的衰减

注：在轴突的一段注入电流，将记录电极分别置于距离该刺激电极刺入点不同距离处进行记录。随着记录电极距离的增加，去极化振幅逐渐减小。

事实上，由于细胞膜主动电活动产生的动作电位或局部电位，在沿着细胞膜向周围传播时，正是以局部电流的形式流过细胞膜，并首先产生电紧张电位。

神经元的信号传播依赖于电信号的传导，那么电紧张传导是否能够实现信息传导呢？这个要视情况而定。由于电流的传导随着距离的增加而衰减，所以电紧张传导只适用于短距离的信息传导，而不适用于长距离的信息传导。电紧张传导的距离与电流强度有关，在实验中，注入的电流强度越大，电紧张电位初始值就越大，传播距离就越远。因此，在体内真实的情况下，电紧张传导的距离就和刺激的强度有关。

电紧张电位不同的极性和幅度能够对细胞的主动电活动产生不同的影响，在静息膜电位的基础上，去极化的电紧张电位如果程度足够大的话，能够引起离子通道的开放，甚至产生动作电位，而超极化的电紧张电位，可以使细胞内部达到超极化的状态，细胞更加不容易兴奋。

电紧张电位的特征包括以下几点。

(1)不依赖于离子通道的开放。电紧张电位不依赖于离子通道的开放，而是通过细胞膜的电学特性和电路的属性进行传导，由细胞膜的被动电学特性决定。

(2)幅度大小呈等级性，刺激强度(注入的电流)越大，电紧张电位的幅度越大。

(3)电流的传导逐渐衰减，不能长距离传播。

(4)有总和效应，多个连续或同时发生的电紧张电位可以叠加在一起，使反应幅度增大。

三、局部电位

电紧张电位的产生不涉及离子通道的开放，完全由膜的被动电学特性决定。而在很多情况下，细胞膜的电流产生并不是完全没有离子通道的参与，在电紧张电位的刺激或神经递质的作用下，部分离子通道的开放可使得少量离子流动，从而引起膜电位的轻度改变，这种膜电位的改变不同于动作电位离子通道的大量开放，被称为局部电位(local potential)。

不同于电紧张电位，局部电位的产生需要离子通道的参与，而离子通道的开放通常是由于电紧张电位的刺激或神经递质与递质门控型离子通道结合引起膜电导的改变，从而产生了局部电位。根据细胞膜产生去极化或超极化，局部电位可被分为兴奋性和抑制性两种类型。兴奋性局部电位，通常是少量的阳离子通道(如 Na^+ 通道)开放，使得少量的 Na^+ 内流，使细胞膜产生了去极化，也称为局部兴奋(local excitation)。随着刺激强度的增大，去极化刺激引起的膜电位改变可达到阈电位水平，使大量 Na^+ 通道开放，从而爆发动作电位。而抑制性局部电位则使细胞膜发生超极化，比如由神经递质引起突触后神经元阴离子通道(如 Cl^-)开放引起。

局部电位的特征包括以下几点。

(1)幅度大小呈等级性。与电紧张电位相似，局部电位的幅度也会随着刺激强度的增加而增加。

(2)衰减式传导。局部电位的传导随着传导距离的增大而衰减,不能进行长距离的传导。

(3)可在多种细胞上产生。和动作电位不同的是,局部电位不仅能够在可兴奋细胞上发生,还可产生于其他细胞。

(4)有总和效应。由于局部电位没有不应期,体内的某些细胞可以产生多个局部电位,这些局部电位的总和效应可以使膜电位接近或远离阈电位水平,从而改变细胞膜的兴奋性。由多个相距较近的局部电位同时产生叠加,称为空间总和;由连续刺激先后产生多个局部电位的叠加,称为时间总和。

复习巩固

1.请简述电紧张电位的特征。
2.请简述局部电位的特征。

第四节　动作电位

一、动作电位的概述

我们知道,细胞在安静、未受到刺激的情况下膜电位会处于一个比较稳定的状态,此时的电位即细胞膜的静息膜电位。然而,当机体受到刺激时,细胞膜在静息膜电位的基础上会产生一次短暂、快速并可向远距离传播的电位波动,称为动作电位(action potential)。

可兴奋细胞如腺细胞、肌细胞和神经细胞都能产生动作电位,动作电位是可兴奋细胞的标志,不同细胞的动作电位的形态和持续时间有所不同,例如,骨骼肌细胞和神经细胞的动作电位都呈尖峰状,但神经细胞动作电位的时程很短,大概只有 1 ms 左右,而骨骼肌细胞的时程较长,可以达到数毫秒,心肌细胞的时程更长,可达到数百毫秒。因为动作电位能够实现长距离的快速传播,因此动作电位是体内信息传导最快的方式。

通过观察示波器可以看到,由静息膜电位向动作电位的转变需要经过几个过程(图 5-6),细胞受到刺激之后,细胞膜电位开始发生缓慢的去极化,从静息膜电位逐渐增加,在达到某个电位时,将产生动作电位。这个可以产生动作电位的细胞膜电位称为阈电位,或阈值(threshold)。可以让神经元产生动作电位的刺激称为阈上刺激

(suprathreshold stimulus)，而不能让神经元产生动作电位的刺激叫阈下刺激(subthreshold stimulus)。当细胞膜去极化达到阈值时，去极化程度加快，细胞膜电位从负值迅速转变为正值，这个阶段为上升相，表现为细胞膜的快速去极化，直到膜电位达到+40 mV左右为止形成动作电位的升支，此时膜电位超过0 mV的部分称为超射(overshoot)。达到峰值后开始下降，下降的过程中伴随着快速的复极化，这个阶段为下降相，细胞膜电位会回到比静息膜电位更负的位置，膜电位低于静息膜电位的部分称为回射(undershoot)。最终细胞膜电位回归到静息膜电位(图5-6)。上升相和下降相两者共同形成一个尖峰状的电位变化，称为锋电位(spike potential)。锋电位是动作电位的主要部分，被视为动作电位的标志。我们都知道，细胞膜静息膜电位的维持依赖于膜两侧的离子浓度差和膜对离子的通透性。那么，在动作电位的产生过程中，离子浓度差和膜对离子的通透性究竟发生了怎样的改变?

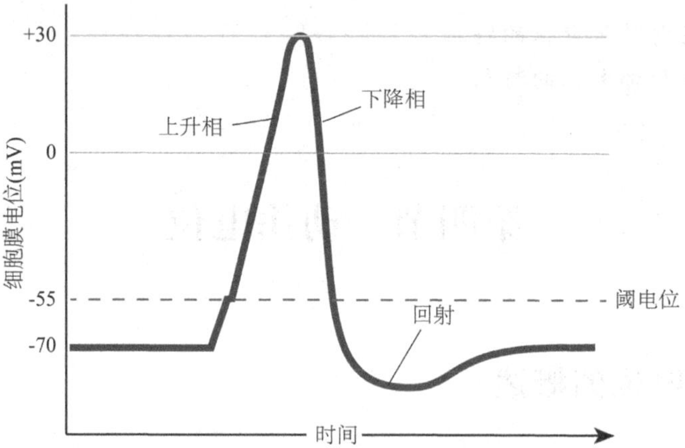

图5-6 动作电位产生的全过程

二、动作电位的离子机制

(一)电压门控型Na^+通道

要想深入理解动作电位的离子机制，就要先学习电压门控型Na^+通道的基本特征。电压门控型Na^+通道是存在于神经元细胞膜上的一类对Na^+有高度选择性的离子通道，其开放和关闭受膜电位的调控。在静息膜电位状态下，该通道关闭，当膜电位去极化达到阈值时，通道开放，Na^+内流进入细胞。

20世纪70到80年代，德国马普研究所采用膜片钳技术研究发现，当膜电位从−80 mV去极化到−65 mV时，电压门控型Na^+通道的开放几乎不受影响，而当膜电位去极化到−40 mV时，通道开放，Na^+内流。但是Na^+通道开放的时间极其短暂，只有1 ms左右，然后迅速失活，只有当膜电位复极化至阈值附近时，通道才能再次被去极化打开。Na^+ 通道的开放动力学研究表明，电压门控型 Na^+ 通道具有静息态、开放态和失活态 3 种状态，当膜电位处于 −65 mV 以下时，Na^+ 通道处于静息态，即通道关闭但处于随时可以开放的状态；当膜电位去极化到 −40 mV（阈值）时，Na^+ 通道开放，Na^+ 内流，但开放态极其短暂，只有 1 ms 左右；然后 Na^+ 通道自动进入失活态，即通道关闭，且去极化不能使通道开放，只有当膜电位复极化到静息膜电位附近（−65 mV），Na^+ 通道恢复到静息态，通道才能再次被去极化打开。所以 Na^+ 通道实际就是处在静息态、开放态和失活态 3 种状态不断地循环过程中，从而维持正常的生理功能。

（二）动作电位各阶段的离子机制

1.上升相

当可兴奋细胞受到刺激时，会引起阳离子的内流，从而引起细胞膜的去极化，如果刺激具有足够的强度或持续足够的时间进而产生强度逐渐上升的电流，在达到阈值时就能够在细胞中激发一个动作电位，产生快速去极化。在阈值之下的膜电位变化将不会引发动作电位，只能产生局部电位；而达到阈值的膜电位就能够引起细胞膜上大量 Na^+ 通道开放，造成大量 Na^+ 内流，从而引发动作电位上升相的产生。通常来说，阈电位的数值要比静息膜电位高 10～20 mV，如果膜电位的变化没有达到阈电位，即使能够引起少量 Na^+ 通道开放，也会被增加的 K^+ 外流所抵消，出现复极化的情况。而当细胞的膜电位达到阈电位的水平，细胞膜上大量开放的 Na^+ 通道引起的 Na^+ 内流就足以抵消 K^+ 外流的影响，并形成一个正反馈，使得越来越多的 Na^+ 内流，从而在短时间内使膜电位去极化，达到接近 Na^+ 平衡电位的水平。

阈电位的水平与膜上电压门控型 Na^+ 通道的密度和细胞外 Ca^{2+} 浓度有关，当细胞膜上 Na^+ 通道密度较高时，较小的去极化电流就能引起较多的 Na^+ 内流，阈电位较低，更接近于静息膜电位。例如，神经元轴突初始段通常是 Na^+ 通道密度最高的区域，因此，这一区域的阈电位水平较其他区域低得多。而细胞外 Ca^{2+} 浓度与阈电位的高低也有关，细胞外 Ca^{2+} 浓度增高会引起 Na^+ 通道的电压激活范围上移，即阈电位升高，更不容易被激活，细胞的兴奋性下降，相反的，Ca^{2+} 浓度下降则会导致细胞的兴奋性上升，电压激活范围下移即阈电位下降，细胞更容易被激活。

2.下降相

动作电位经过快速的去极化后，细胞膜的电位最终接近 Na^+ 的平衡电位。Na^+ 通道快速失活之后，除了漏通道的 K^+ 持续外流，电压门控型 K^+ 通道也开始进入开放状态，K^+ 开始从细胞内向细胞外流动，细胞膜开始复极化，膜电位开始变负，即从去极化状态向静息膜电位转变。

3.回射

当膜电位回到静息膜电位附近时，漏通道和电压门控型 K^+ 通道的持续开放，促进细胞膜转向一个超极化的状态，直到电压门控型 K^+ 通道再次关闭。而 Na^+-K^+ 泵的持续工作，将胞内的 Na^+ 泵出胞外，将胞外的 K^+ 泵入胞内。

在静息膜电位的产生和维持中，K^+和Na^+发挥了非常重要的作用，由于细胞膜对于K^+的通透性远远大于Na^+，以及细胞膜上Na^+-K^+泵的作用，使得细胞膜处于一个稳定的内负外正的静息状态。而当细胞接收到兴奋性刺激，产生的被动电流流经细胞膜时，引起细胞的去极化，此时电压门控型Na^+通道因为膜电位的改变部分开启，允许Na^+进入神经元内部，使得神经元进一步去极化，神经元的进一步去极化又会导致更多的Na^+通道开启，细胞膜对Na^+的通透性大大上升，Na^+大量内流。这一过程被称为Hodgkin-Huxley循环（图5-7）。

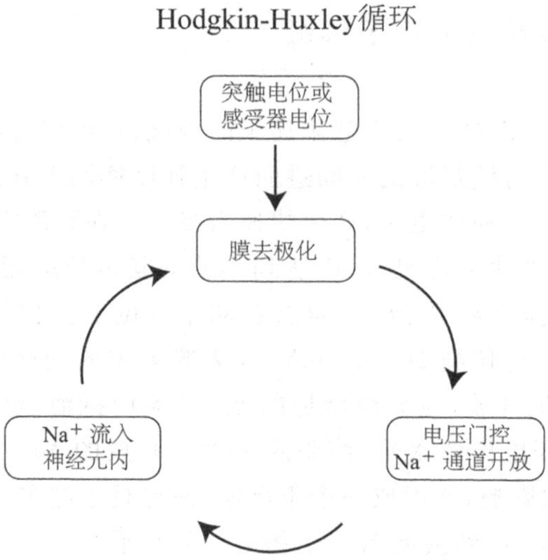

图5-7　Hodgkin-Huxley **循环**

三、动作电位的特征

通过对动作电位产生过程的了解，我们可以知道，动作电位不同于电紧张传导和局部电位，本身具有一些特征，而这些特征也正是动作电位能够进行长距离信息传导的基础。

（一）动作电位产生的"全或无"现象

我们知道，动作电位的产生需要一个去极化电流，这个去极化电流的强度能够使细胞膜电位达到阈电位，这个强度被称为阈强度。如果刺激的强度达不到阈强度，动作电位就不能产生，只能产生局部电位，而如果刺激的强度能够达到阈电位，就会产生动作电位，即膜电位达到阈电位是产生动作电位的充分必要条件。而动作电位一旦产生，幅度就和刺激的强度无关。即无论引发动作电位的刺激强度有多大，动作电位的幅度始终不变，而刺激的强度继续增大也不会引起动作电位的幅度改变，动作电位的这个特性，被称为"全或无"特性。信息编码显然不能通过动作电位的幅度来编码，只能通过改变动作电位的频率来进行。

(二)动作电位的不衰减传播

与电紧张传导不同,动作电位产生之后,可以迅速向周围传播,不局限于受刺激的局部区域,而且在同一细胞上动作电位的幅度不会因传播距离的增加而衰减。这个特性被称为动作电位的可传播性,或不衰减传播。

(三)绝对不应期和相对不应期

在一个动作电位的产生过程中,细胞膜经过快速的去极化和复极化之后,会进入不能再产生下一个动作电位的状态。这个阶段被称为不应期,不应期可分为绝对不应期和相对不应期(图 5-8)。

绝对不应期是指细胞在产生动作电位时以及之后的一段时间内,细胞的兴奋性为零,即无论给予多大的刺激,细胞都不会再产生新的动作电位。因为在动作电位复极化阶段开始,电压门控型 Na^+ 通道处于失活状态,不能够再次被激活。正是因为绝对不应期的存在,组织产生和传导的动作电位的最高频率受到限制。

相对不应期是指经过绝对不应期之后的一个阶段,在这个阶段,细胞的兴奋性比正常情况下要低,达到正常阈电位并不能引起兴奋,只有高于正常强度的去极化电流才能引起神经元产生动作电位。细胞兴奋性较低的原因是经过绝对不应期,仅部分 Na^+ 通道恢复了活性,而其他 Na^+ 通道尚处于失活状态,因此需要给予更强的刺激才能引发动作电位。

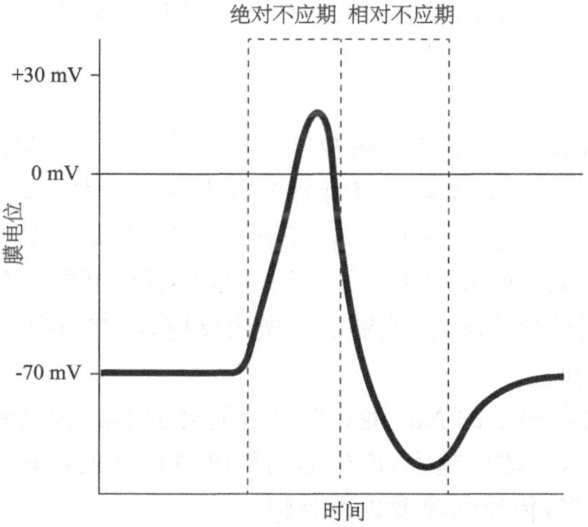

图 5-8 由于离子通道的开放情况不同产生的绝对不应期与相对不应期

(四)连续产生的动作电位不会融合

由于绝对不应期的存在,细胞在产生一个动作电位之后,Na^+ 通道处于失活状态,在这个阶段,无论细胞受到什么刺激,都不会再产生下一个动作电位,依赖于这个特性，动作电位总是一个一个地分离产生，给予可兴奋细胞一连串的刺激，可以使细胞产生一系列的动作电位，但是不管刺激的强度有多强，频率有多高，动作电位的产生总是会有一定的间隔，不会叠加在一起。

四、动作电位的传导

（一）动作电位传导的离子机制

不同于局部电位和电紧张电位，动作电位能够在可兴奋细胞上进行不衰减的传导。也就是说，动作电位一旦产生，就会在短时间内迅速传遍整个细胞。当细胞受到阈上刺激时，神经元细胞膜的局部（通常是在轴丘）产生动作电位，兴奋部位大量的 Na^+ 内流，兴奋部位的胞内 Na^+ 浓度超过相邻的未兴奋部位的 Na^+ 浓度，因此，兴奋部位的胞内 Na^+ 向周围扩散，引起周围部位细胞膜的去极化，当去极化达到阈值时，就可以在周围区域产生新的动作电位。这个过程类似于多米诺骨牌，随着一个个动作电位的产生，动作电位就能实现在膜上不衰减地长距离传导。

（二）动作电位传导的速度

神经元轴突的动作电位的传导速度各不相同，比较常见的速度是 10 mm/s。在动物接触到危险情况时，需要快速做出反应才能有更高的生存率，这就要求神经元的信息传导速度必须要足够快。而动作电位作为神经元信号传导的主要方式，必须在能够实现远距离传导的前提下达到尽可能快的传导速度。动作电位的传导主要受以下因素的影响。

1.轴突的直径

我们知道，膜的物理特性能够影响神经元信息的传导。如果想增加电流传导的速度，可以通过降低轴突电阻来实现。降低轴突电阻的一个方法是增加其直径。直径较大的轴突传导动作电位的速度会更快，离子机制可能是 Na^+ 在直径较大的轴突上更容易在胞内向周围扩散。研究动作电位常用的枪乌贼巨型轴突便是如此。大直径的轴突使枪乌贼在遇到危险情况时，能够迅速做出反应，收缩肌肉，逃离危险。

2.动作电位的幅度

动作电位的幅度与膜上的 Na^+ 通道密度及胞外的 Na^+ 浓度相关。膜上的 Na^+ 通道密度越高，胞外的 Na^+ 浓度越大，产生的动作电位幅度也就越大。而动作电位幅度越大，内流的 Na^+ 越多，传导的速度也就越快。

3.髓鞘与动作电位的跳跃性传导

在哺乳动物中，身体的结构决定了它们不能通过增加轴突直径的方式来提高动作电位的传导速度。髓鞘的出现解决了这个难题，髓鞘是由神经胶质细胞包裹在神经元轴突周围形成的一层绝缘结构，在髓鞘包裹的部位，胶质细胞的细胞质被挤出，只剩下多层的细胞膜，多层的脂质细胞膜具有很高的电阻，髓鞘的形成使得膜电阻增大，不能产生跨膜电流。髓鞘与髓鞘之间有一段裸露的郎飞氏结，在这一区域没有髓鞘包裹，且 Na^+ 通道密度很高，因此能够产生较大的跨膜电流，比较容易达到阈电位。因此，跨膜电流会沿着轴突向下传导，在髓鞘之间的郎飞氏结产生动作电位，降低了动作电位再生的频率。而髓鞘与郎飞氏结的存在使得动作电位的产生似乎是跳跃式的，即从一个郎飞氏结，直接传导到下一个郎飞氏结，这种传导方式被称为“跳跃式传导”。跳跃式传导的存在使神经元的信息能够以相当快的速度传导，实现了信息的快速传导（图 5-9）。

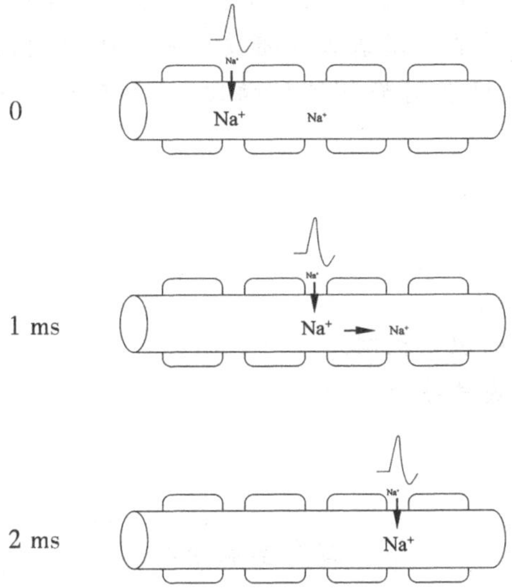

图 5-9　有髓纤维中动作电位的跳跃式传导

拓展阅读

生物电的发现

1791 年，意大利医学兼物理学家 Luigi Galvani 在解剖青蛙时，第一次记录到了生物电现象，他的助手当时在青蛙腿部的神经上使用手术刀，当附近的一台发电机产生火花时，青蛙的腿抽动了一下。后来，Galvani 观察到在没有静电电源的情况下用不同的金属触碰青蛙的神经，也引起了肌肉收缩。在对自然电（即闪电）和人工电（即摩擦电）进行了进一步的实验之后，他得出结论，动物组织包含自身固有的生命力，Galvani 发明了“动物电（animal electricity）”一词来描述这一现象。他认为“动物电”是电的第三种形式，这种观点在 18 世纪并不罕见。Galvani 和他的同事认为肌肉的激活是由神经中的一种电液体或物质引起。

后来，拿破仑的军队占领了意大利北部，1797 年，Galvani 拒绝宣誓效忠共和国并被迫离开他的教职。由于没有收入，Galvani 搬回了童年的家，于 1798 年 12 月 4 日去世。

1952 年，Hodgkin 和 Huxley 开始了生物电的研究工作，他们通过用电极测量枪乌贼巨大轴突膜电位来发展了神经细胞的基本知识。1974 年，德国哥廷根马普生物物理研究所的物理学家 Erwin Neher 和细胞生理学家 Bert Sakmann 发明了"膜片钳"，这是第一个用于测量电流通过离子通道的装置。该装置的研究证实了离子通道的存在。随着膜片钳技术的发展，Neher 和 Sakmann 利用细胞膜和电极之间的无缝密封降低了信噪比，为细胞膜离子通道的研究奠定了基础。

复习巩固

1.动作电位产生的理论机制。

2.动作电位在轴突传导的机制。

本章要点小结

1.离子通道是对特定离子具有通透性的蛋白质，即离子通道只允许特定离子进出细胞，即离子的选择性通透。

2.细胞膜上的离子通道，多数具有门控特性，主要包括电压门控型离子通道和配体门控型离子通道。

3.当神经元或其他可兴奋细胞未受到刺激时，此时细胞膜两侧存在一个稳定的电位差，这个电位差的数值称为静息膜电位。

4.对于绝大多数细胞来说，细胞膜内的电位往往低于细胞膜外的电位。

5.当机体受到刺激，细胞膜在静息膜电位的基础上产生了短暂、迅速的，并可向远距离传播的电位波动，称为动作电位。

6.绝对不应期是指细胞在产生动作电位的时候和之后的一段时间，细胞的兴奋性为零，无论给予多大的刺激，细胞都不会再产生动作电位。

7.相对不应期是指在经过绝对不应期之后的一个阶段，细胞的兴奋性比正常情况下要低，达到正常的阈电位并不能引起兴奋，只有高于正常强度的去极化电流才能引起神经元产生动作电位。

关键术语表

离子通道	ion channel
离子泵	ion pump
膜电位	membrane potential
静息膜电位	resting membrane potential
去极化	depolarization
超极化	hyperpolarization
局部电位	local potential
动作电位	action potential

复习思考题

单项选择题

1.下列哪项不是离子通道的特征？(　　)

A.离子选择性　　B.不耗能　　C.逆浓度梯度　　D.具有门控性

2.正常状态下，细胞内浓度高于细胞外浓度的离子是(　　)。

A.Na^{+}　　B.Ca^{2+}　　C.K^{+}　　D.Cl^{-}

3.局部电位的特征不包括(　　)。

A.幅度也会随着刺激强度的增加而增加

B.可进行长距离传播

C.无不应期

D.有总和效应

4.动作电位的特征不包括(　　)。

A.全或无　　B.有不应期

C.可长距离传播　　D.幅度会随着刺激强度的增加而增加

5.可兴奋细胞不包括(　　)。

A.肌细胞　　B.神经元　　C.腺体细胞　　D.表皮细胞

6.影响动作电位传导速度的因素不包括(　　)。

A.轴突的直径　　B.动作电位的幅度　　C.髓鞘　　D.刺激的大小

第六章　突触与突触传递

在同一神经元上进行的电信号传播叫传导(conduct),而在两个以上细胞间进行的信息传播则称为传递(transmit)。神经元之间的信息传递需要通过一个特殊的结构——突触(synapse)来实现。1921 年,奥托·勒维(Otto loewi)利用蛙心实验证明了突触之间可以通过化学物质来进行信息传递。但另一种假说认为神经元之间信息的传递是通过电信号来实现,1959 年,哈佛大学的两位生理学家埃德温·弗什潘(Edwin Furshpan)和大卫·波特(David Potter)证明了神经元电突触的存在,即神经元之间也可以通过电信号来直接传递信息。本章主要介绍突触的基本结构及突触传递的过程。

第一节　突触的概述

突触(synapse)这个名词来源于希腊语，由查尔斯·谢灵顿(Charles Sherrington)在 1897 年提出，用来描述神经元之间形成功能性联系的部位。突触是指一个神经元与另一个神经元、肌细胞、腺细胞及其他效应器细胞或感受器细胞等紧密接触并形成特殊结构的功能部位，突触是神经元之间进行信息传递的重要结构，是神经系统执行复杂功能的基础。在突触部位进行的信息传递称为突触传递(synaptic transmission)。突触根据其传递信息的方式可分为电突触和化学突触。在哺乳动物的大脑中，电突触只占很少一部分，在大多数情况下，神经系统通过化学突触来传递信息，因此通常所说的突触指化学突触。一个突触前神经元能够通过神经递质的释放将信息传递给突触后神经元或效应器官。一个神经元能够和数千个神经元形成突触联系。这种神经元之间的复杂联系使得神经系统拥有了非常复杂的功能。因此，对突触的研究是理解神经系统复杂功能的基础。

一、电突触

电突触是指在神经元之间通过缝隙连接(gap junction)的方式来进行信息传递的结构，是神经细胞间传递信息最简单的方式。缝隙连接是一种特殊的通道结构，由两个相邻的神经元细胞膜上的两个连接小体构成。每个连接小体由六个被称为连接蛋白(connexin)的蛋白质亚单位组合而成，排列成六角形，中央有一个直径约为 1.5 nm 的孔，形成了连接两侧细胞的亲水性孔道(图 6-1)。两个连接小体形成的缝隙连接通道跨越突触前后神经元的两层细胞膜，形成了一个跨越双分子层细胞膜的密封的细胞间通道。这个通道连接两个细胞的胞质，允许带电离子、小分子及代谢产物自由地在两个细胞间流动。因此，电突触的信息传递是双向的，伴随着神经元局部电位和动作电位产生的离子流动可经缝隙连接以电紧张传导的方式传递到下一个细胞。这种神经元之间以电突触相连接的关系称为电紧张耦联(electronically coupling)。

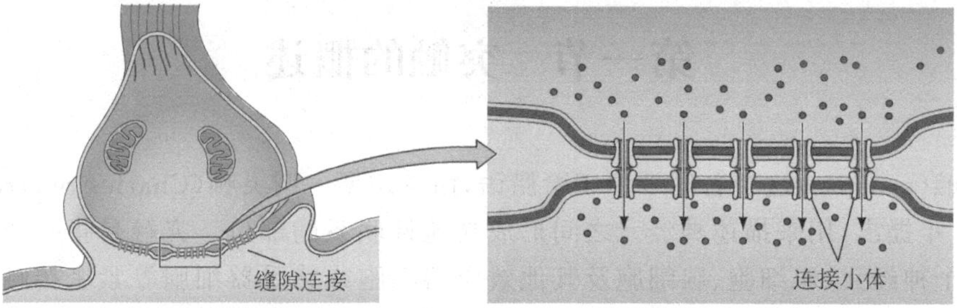

图 6-1　缝隙连接示意图[**摘自** Dale Purves, *Neuroscience* (5th *edition*), Sinauer Associates **出版公司**]

在电突触中，突触前神经元和突触后神经元通过缝隙连接相连，能够允许离子和小分子物质自由通过。当突触前神经元接收到刺激，引起 Na^+ 内流，产生动作电位之后，离子能够通过缝隙连接的通道进入突触后神经元，引起突触后神经元的去极化。由于电突触两层膜的间隙很小，且膜两侧的胞质内不存在突触小泡，因此电突触传递信息不需要神经递质的参与，而是通过电流来传递信息(图 6-1)。神经冲动能够以动作电位的形式直接从一个神经元传给下一个神经元，从而进行快速的双向信息传递，不易受外界环境的影响。

电突触是细胞间重要的通信手段，具有双向性、低电阻性和快速性等特点，在体内的分布也与化学突触不同。缝隙连接在体内的分布比较广泛，但在个体的不同发育阶段以及在不同的组织中，形成缝隙连接的连接蛋白的表达均有差异。在脑的发育过程中，相邻神经元可通过缝隙连接共享电信号和化学信号，有助于协调神经元的生长和成熟，因此，发育期的连接蛋白的数量要远远超过成熟期。而在各个组织中，缝隙连接多存在于心脏和神经系统的胶质细胞，有利于胶质细胞之间进行信息交换，以此维持离子稳态与代谢的调节。缝隙连接提供了细胞间直接进行物质和信息交流的通道，其通透性主要取决于连接蛋白的类型。事实上，缝隙连接通道除了允许一些重要的离子 Na^+、K^+、Ca^{2+} 通过之外，还允许一些小分子物质如环磷酸腺苷(cyclic adenosine monophosphate, cAMP)、环磷酸鸟苷(cyclic guanosine monophosphate, cGMP)等通过。这些离子和小分子物质通过细胞间的流动进行信息的传递或功能的调节。

对于电突触来说，由于通过电突触传递的神经信号速度很快且潜伏期很短，可以使一组神经元对刺激信号产生几乎同步的反应，这种特性决定了电突触会存在于一些需要进行快速信息传递的系统中。例如，电突触在无脊椎动物的神经系统中普遍存在，参与逃避反射的过程，介导感觉神经元与运动神经元之间的信号传递。而在成年哺乳动物的中枢神经系统中，一些需要神经元同步性活动的部位也有电突触的存在。电突触的信息传递在神经系统中至关重要，属于不可或缺的突触传递。

二、化学突触

突触包括电突触和化学突触，电突触通过电信号来进行神经元之间的信号传递，速度较快，但是传递的过程较为单一，对信息传递的调节能力较弱，因此在神经系统中存在较少。而化学突触作为神经系统中神经元之间信息传递的主要方式，则广泛存在于神经系统的各个部位。

典型的化学突触是在两个神经元之间形成的单向信息传递系统。大多数突触在显微镜下呈相似形态，由轴突末端处的突触前膜、胞体或树突处的突触后膜以及它们之间的突触间隙构成(图 6-2)。在一般情况下，如无特殊说明，突触均指化学性突触。

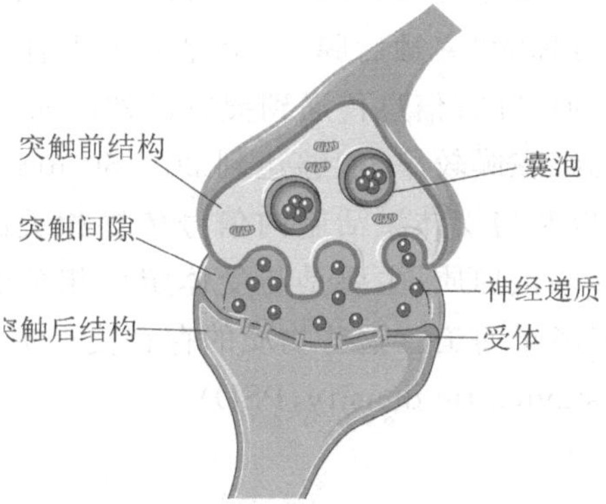

图 6-2　突触的模式图

注：突触前结构存在大量的线粒体和囊泡，线粒体为突触传递提供能量。而囊泡中储存大量的神经递质，可释放至突触间隙，作用于突触后膜

(一)突触前结构

突触前结构通常是突触前神经元的轴突末端，呈球状或环状膨大，与下一个神经元的胞体或树突接触，此处的细胞膜比平常的细胞膜稍厚，也称为“突触前膜”，约 7.5 nm 左右。在突触前膜内部的轴浆中，存在着较多的线粒体、突触囊泡、酶和其他物质。在突触前膜内侧有致密突起，致密突起能和网格形成囊泡栅栏，其空隙处可容纳突触囊泡。突触囊泡是直径为 20～80 nm 的小泡，其中含有高浓度的神经递质。突触囊泡是突触前结构的显著特征，也是突触前神经元能够释放神经递质调节突触后神经元的关键结构。根据囊泡内所含神经递质的类型和囊泡的形态，可将突触囊泡分为以下 3 种类型。

(1)囊泡直径小于 60 nm，清亮透明，内含可以快速作用的神经递质，如乙酰胆碱或氨基酸类递质。其中圆形囊泡含兴奋性神经递质(如谷氨酸)，而椭圆形囊泡通常含抑制性神经递质(如 γ-氨基丁酸)。

(2)囊泡直径为 40～60 nm，中心致密，内含儿茶酚胺类神经递质(如肾上腺素、去甲肾上腺素等)。

(3)囊泡直径为120～200 nm,也被称为分泌颗粒,该类囊泡中心致密,内含肽类递质。

囊泡主要分布于靠近突触前膜一个称为活性区(active zone)的部位,活性区是突触前结构大量突触囊泡聚集的位置,与突触后致密带相对,是神经递质释放的部位。在活性区部位,囊泡能够在突触前膜去极化的情况下迅速与突触前膜融合,并将储存于其中的神经递质释放至突触间隙。突触前结构可以储存多种类型的囊泡,而多种类型囊泡的存在也正是突触前结构多种神经递质共存的基础。

(二)突触后结构

突触后结构与突触前结构相对应,多指与突触前结构联结的突触后神经元的胞体或树突,该部位的细胞膜也称为"突触后膜"。突触后膜上存在大量的受体,可接受突触前神经元释放的神经递质,并将信息传递到突触后神经元完成信息的整合。突触后膜与突触前膜对应部分的细胞膜较厚,能够达到20～50 nm,膜上存在着大量能够接受神经递质作用的受体,以及与受体激活胞内信号传导相关的信号传导蛋白。而且,突触后膜上还有多种特异的蛋白质,主要是与受体定位相关的细胞骨架成分,以及调节受体活性的酶以及一些离子通道。这些物质的存在使得突触后膜增厚,形成了着色极深的突触后致密带(postsynaptic density,PSD)。

(三)突触间隙

突触间隙是突触前膜与突触后膜之间狭窄的空隙,根据突触类型的不同,突触间隙的宽度也不一致。神经元之间的间隙宽度大概在20 nm左右。在电镜下可以观察到突触间隙中存在着大量的致密物质,主要包括细胞骨架蛋白、细胞外基质成分、突触前膜释放的神经递质以及参与信号传导的蛋白分子,这些致密物质参与了突触前膜释放神经递质作用于突触后膜的过程,突触前膜和突触后膜都能从突触间隙中获取某些物质。与此同时,突触间隙中还存在大量的细胞黏附分子,这些细胞黏附分子附着在突触前膜和突触后膜上,参与突触的联结,将突触前膜与突触后膜联结在一起,维持突触的稳定性。在不同的突触中,突触间隙的物质也不完全相同,但是共同在突触的信号传导中发挥重要作用。

拓展阅读

神经递质的发现

1921年以前,学术界普遍认为,神经末梢通过神经冲动直接支配其所分布的器官。1921年3月,著名药理学家奥托·勒维(Otto Loewi)做了一个梦,在梦里他做了一个极为巧妙的实验,即迷走神经末梢释放一种化学物质可抑制心脏的活动。勒维在自传中描述:“1921 年复活节前夜,我从梦中醒来,在一片小纸上匆匆记录下梦中所想到的。第二天早晨起床后,想起夜间曾写下一些很重要的东西,但由于太潦草,无法辨认,使我感到十分沮丧。但是,第二个夜间 3 点钟,这个想法又出现在梦中。这是一个实验设计!醒后,我立即起床,直奔实验室,按照梦中的设计用蛙心完成了这个简单的实验。”

在该实验中,勒维将两个蛙心分离出来,一个带有神经,另一个不带神经。两个蛙心都灌流任氏液,当刺激第一个心脏的迷走神经几分钟后心跳减慢;然后将灌流该心脏的任氏液用来灌流第二个未被刺激的心脏,结果导致未被刺激的心脏的跳动也慢了下来,正如刺激了它的迷走神经一样。这些实验结果充分地证明了神经是通过其末梢释放出的特殊化学物质调控心脏的活动。此后勒维和同事亨利·戴尔(Henry Dale)经过不懈的努力,终于揭示了这种迷走神经释放的物质实际上是乙酰胆碱。由于这一开创性的工作,勒维和戴尔于 1936 年获得了诺贝尔生理学或医学奖。

复习巩固

1.请简述化学突触的结构特征。

2.请简述电突触的结构特征。

第二节　突触的传递

在机体中,神经系统由大量的神经元组成,而这些神经元之间形成的突触是信息传递的结构基础。突触是神经系统的基本功能单位,单个突触的形成可在相邻神经元之间传递信息。当机体接收到外界的刺激信息时,单个神经元通常将这种刺激信息以电信号的形式进行编码。而在神经元之间,信息的传递方式主要是通过突触完成。

突触在神经系统中大量分布,是神经系统传递信息的主要方式。突触的信息传递依赖于它的特殊结构,即突触前结构存在的囊泡能够储存神经递质,并将神经递质释放到突触间隙,而突触后的致密带存在着大量神经递质的受体,能够接受神经递质传递的信息,从而将信息以电信号—化学信号—电信号的方式进行传递。

从突触传递的过程来看,突触前神经元接收到刺激,产生动作电位,动作电位经轴突传导至轴突末端,轴突末端细胞膜上的 Ca^{2+} 通道打开,细胞外的 Ca^{2+} 内流进入胞内,内流的 Ca^{2+} 使突触前结构胞质内的囊泡向突触前膜移动并与膜融合,以胞吐的形式将囊泡内的神经递质释放至突触间隙。神经递质可与突触后膜上的神经递质受体结合，从而实现信号在神经元之间的传递。当神经递质作用于突触后膜上的受体，会伴随受体耦联的离子通道的打开或第二信使系统的激活，从而将信息向突触后神经元传递。突触后神经元整合来自不同神经元的信号之后，会产生一个独立的电信号，通过轴突传递下去。神经递质在完成信息传递任务后会以多种方式被清除掉。通过神经元之间突触传递的反复进行，完成信息传递的整个过程（图 6-3）。

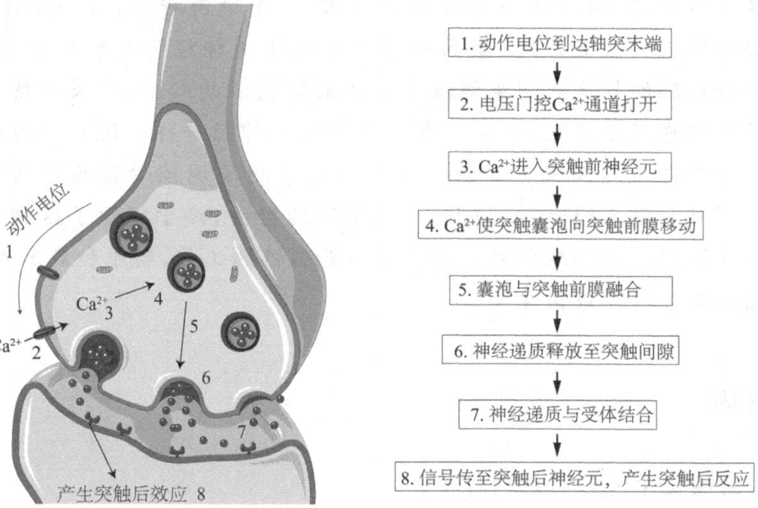

图 6-3　突触传递的过程

突触的传递过程看似简单，其实包括两次信号形式的转换以及一系列复杂的生化反应。首先，突触前神经元在突触末端合成神经递质并将其储存在囊泡中，当突触前神经元接受到来自其他神经元的电信号之后，以神经递质释放的方式将信息传递到突触后神经元，而突触后神经元的受体接收到神经递质之后，又将神经递质传递的信息以电信号的方式向下传递。在分子水平上而言，突触传递则是一系列信号的转换和传递，需要突触前和突触后的许多蛋白和信号分子共同作用完成。

一、神经递质的合成与储存

突触传递的介质是神经递质，通过神经递质，突触得以将电信号转换为化学信号，实现神经元之间的信息传递。在神经系统中，神经递质可以分为 3 类：氨基酸类、单胺类与多肽类。其中氨基酸类和单胺类神经递质是包含一个氮原子的有机分子，储存在一些比较小的突触囊泡中，而多肽类神经递质分子量比较大，通常储存于较大的囊泡中。不同的神经元可释放不同的神经递质，在神经系统中，大多数的突触快速传递由谷氨酸、γ-氨基丁酸（GABA）与甘氨酸介导，其中谷氨酸介导兴奋性突触传递，γ-氨基丁酸（GABA）与甘氨酸介导抑制性突触传递。

作为信息传递分子，突触前囊泡内的神经递质需要先合成，才能储存在囊泡中，在需要的时候进行释放。不同的神经递质有不同的合成途径，如氨基酸类与单胺类神经递质是在轴突末端的胞质中合成之后，被囊泡上的转运体摄取并将其储存在囊泡中。

而多肽类神经递质的合成则是在胞体，胞体内的粗面内质网参与了这个合成的过程，粗面内质网的核糖体能够将多个氨基酸连接起来形成多肽。在胞体内合成的多肽需要经过轴突进行长距离的快速轴浆转运才能到达轴突末端。在胞体内合成的多肽类神经递质也储存在突触前结构的大囊泡内。这种大囊泡中心致密，直径较大。通过不同的合成和储存过程，突触前神经元的轴突末端能够同时存在各种不同的囊泡，释放多种神经递质共同发挥作用。

二、突触前膜电位与突触释放

突触传递的第一个阶段是突触前电信号向化学信号的转换，神经系统对复杂信息的解读与传递是通过电信号来进行的。当感觉器官接收到外界刺激之后，感受器的特化蛋白感知到刺激，膜上的离子通道打开，产生跨膜电流。如视网膜上的感光细胞可以将接收到的视觉信息转换为电信号，并经过神经元之间的突触传递将视觉信号传递至视觉皮质形成视觉。

在刺激强度足够的情况下，神经元能够产生动作电位，动作电位可经轴突传导到轴突末端，轴突末端在产生动作电位之后，引起突触前膜上的电压门控 Ca^{2+} 通道打开，Ca^{2+} 内流，胞内 Ca^{2+} 浓度升高。此时，胞质内的 Ca^{2+} 可以与钙调蛋白(calmodulin，CaM)形成 Ca^{2+}-CaM 复合物。之后，Ca^{2+}-CaM 复合物依赖的蛋白激酶 II 被激活，使突触蛋白发生磷酸化。在正常情况下，突触蛋白可将突触囊泡锚定在细胞骨架上，使突触囊泡不能够自由地进行移动。而在突触蛋白发生磷酸化之后，突触囊泡与细胞骨架的结合力减弱，突触囊泡便可以游离出来。之后在一系列蛋白分子的帮助下，突触囊泡与突触前膜进行融合，以胞吐的形式将储存的神经递质释放到突触间隙。释放到突触间隙的神经递质与突触后神经元膜上的递质受体结合，将突触前神经元的信息传递到突触后神经元。

不同的神经递质释放的速度也不同。小分子神经递质介导的突触传递较快，而下丘脑的神经内分泌细胞分泌的大分子神经递质则需要连续几秒的动作电位刺激，因此，大分子神经递质介导的突触传递比较慢。造成这种差异的原因主要是不同类型的突触囊泡在突触前活性区的位置不同，造成了接受 Ca^{2+} 信号的差异。储存小分子神经递质的突触囊泡所处的位置接近突触前膜，因此能够优先接收到 Ca^{2+} 内流的信号，进行递质的释放。而储存大分子神经递质的分泌颗粒则远离突触前膜，难以接收到 Ca^{2+} 内流的信号。这种位置上的差异造成了不同神经递质释放速度的差异，也使得不同的神经递质能够介导不同的突触传递。

三、递质的清除

在神经递质释放到突触间隙，作用于突触后膜上的受体引起突触后效应之后，神经递质的使命就结束了，从信息传递的角度看，已完成突触传递使命的神经递质不宜继续留在突触间隙，以免引起突触后的持续作用，因此需要有一定的机制将突触间隙内的递质清除，才能够避免过强的突触传递所引起的精神行为障碍。对于不同神经递质而言，其发生降解的机制也不一样。事实上，在突触间隙可存在多种机制，共同将突触间隙内的递质清除。

（一）简单扩散

最简单的清除方式是简单扩散，递质可从突触间隙扩散至细胞外液，从而使突触间隙内的神经递质浓度降低，但是这种非特异性的清除方式效率较低，因此并不是清除递质的主要途径。

（二）重摄取

突触前膜上的转运体将小分子神经递质及代谢产物逆浓度转运至突触前膜内进行再利用，这个过程称为递质的重摄取。重摄取的神经递质可以被摄入囊泡储存并再次加以利用。这个过程也是许多药物作用的靶点，许多药物通过干涉递质的重摄取过程发挥对突触传递的调节。

（三）被特异性的酶降解

突触间隙内还存在一些特异性的酶，可以将神经递质迅速降解。例如乙酰胆碱可以被胆碱酯酶水解成胆碱和乙酸从而失去活性。

四、突触后反应的整合

突触前膜释放的神经递质经胞吐的方式释放到突触间隙，作用于突触后神经元相应的受体发挥作用，引起突触后神经元产生反应。而突触后神经元的膜电位变化并不完全取决于突触前神经元释放的神经递质，还与突触后受体的种类有关。根据突触后效应的差异，可以将突触传递分为 2 类：① 快突触传递，是指突触前的神经递质与离子型受体结合，引起受体分子构型的改变，从而在很短的时间内引起突触后膜电位的变化；② 慢突触传递，是指神经递质与代谢型受体结合，没有立即引起膜电位的变化，而是通过第二信使和一系列的磷酸化反应，间接地调节突触后神经元的活动，这种反应较为缓慢和持久（详见本章第四节）。

在突触后，单个神经元可与多个神经元产生突触联系，也就是说，突触后神经元通常同时接受多个神经元的信号输入，而这些输入信号的性质又各不相同。突触后神经元的各个部位通常时刻都在接受不同性质和不同强度的突触传递，在突触后神经元上产生各种幅度和持续时间不同的兴奋性突触后电位（excitatory postsynaptic potential，EPSP）和抑制性突触后电位（inhibitory postsynaptic potential，IPSP）。兴奋性突触后电位是指在突触前兴奋性神经递质的作用下，突触后细胞阳离子内流或阴离子外流，使突触后细胞产生局部去极化电位。而抑制性突触后电位则是指在突触前抑制性神经递质的作用下，突触后细胞阴离子内流或阳离子外流，产生局部超极化电位。

单个神经元通常会接收到不同类型的突触传入，在接收到不同的突触传入之后，突触后神经元可将这些突触传入进行整合，最终形成一个输出电位，这个过程称为突触整合（synaptic integration）。突触整合并不是简单地将电位进行代数计算，而是根据突触后膜接收到神经递质的作用之后产生的离子流进行整合。多个兴奋性突触后电位的总和有可能使突触后神经元膜电位达到阈值，产生动作电位。而多个抑制性突触后电位则可以使膜电位远离阈值，更不容易产生动作电位。而兴奋性突触后电位和抑制性突触后电位产生的离子流最终将趋向平衡，形成最终电位，而这个最终电位也将决定突触后神经元最终的状态。

突触整合通常在接受突触传递的部位进行，即树突和胞体。由于受体分布的差异，神经元接受兴奋性输入的部位通常在树突棘或树突干上，而接受抑制性输入的位置通常在胞体。从接受不同性质神经输入的部位来看，单个兴奋性膜电位在向轴丘扩散的过程中通常会受到抑制性突触的干扰。因此要想使神经元电位达到阈值，产生动作电位，神经元必须接受若干个兴奋性输入，并几乎同时到达轴丘才可能实现。

五、突触传递的特点

突触传递属于一种特殊的信息传递方式，需要通过神经递质的中介作用才能实现，因此与单个神经元上进行的传导不同，传播特点比较独特。

（一）单向传递

从突触传递的过程来看，神经递质只能由突触前膜进行释放，作用于突触后膜的受体才能发挥作用。因此突触传递只能单向进行，从突触前神经元传递到突触后神经元，不能逆向进行。突触传递的这种特点，保证了神经系统的信息传递能够有条不紊地进行。

（二）传递的延时性

不同于神经元纤维的快速传导，由于突触传递需要经过神经递质的释放、扩散及作用于突触后膜的受体等过程，因此，传递过程需要的时间比较长。

（三）突触整合

突触后神经元的状态并不由突触前单个神经元决定，而是要将接收到的多个神经元的突触传入进行整合，最终将整合后的信息以电信号的方式向下传递。

六、影响突触传递的因素

突触传递由神经递质介导，神经递质承担着体内大部分的信息传递工作，因此，神经递质在神经系统中发挥着至关重要的调节作用。同时，神经递质及其受体的功能异常也是许多精神、心理疾病的发病原因，许多心理、精神类药物的作用靶点就在突触。因此，研究影响突触传递的因素，能够更好地理解精神、心理疾病的发病机制。突触传递的影响因素主要有以下几点。

（一）对突触前神经递质释放的影响

突触的释放主要由轴突末端进入胞质内的 Ca^{2+} 数量决定，因此，能够影响突触前 Ca^{2+} 内流的因素都能使突触前神经递质释放的量发生改变。主要有以下几个因素：① 细胞外 Ca^{2+} 浓度升高和 Mg^{2+} 浓度降低都能使内流的 Ca^{2+} 增多，从而使神经递质的释放增加；② 到达突触前神经末端的动作电位的频率或幅度增加，也能够使内流的 Ca^{2+} 量增加；③ 突触前膜也存在突触前受体，突触前受体在某种递质或调质的作用下，也会影响神经递质的释放。

（二）对突触间隙递质清除的影响

神经递质释放到突触间隙，发挥作用之后会被突触前膜重新摄取，或被酶解掉。因此，能够影响递质重摄取或酶解作用的因素也能影响突触传递。这也是很多药物的作用机制，通过影响神经递质的重摄取过程来调节神经递质的量。例如，帕罗西汀（5-羟色胺再摄取抑制剂）可以抑制突触前膜对突触间隙 5-羟色胺的重摄取，使 5-羟色胺能够滞留在突触间隙，持续发挥作用。

（三）对突触后受体的影响

由于突触间隙与细胞外液相连，细胞外液中的分子物质能够进入突触间隙，对突触前受体和突触后受体发挥调节作用。例如，肌肉松弛剂筒箭毒碱，能够阻断骨骼肌终板膜上的乙酰胆碱受体，从而使神经-肌肉接头的传递受阻，达到肌肉松弛的作用。

复习巩固

1.请简述突触传递的过程。
2.请简述神经递质清除的主要方式。
3.请简述突触传递的特点。

第三节　神经递质

在神经系统中，大多数神经元依靠突触联系进行细胞间信息的传递和整合。当神经冲动到达突触前膜，突触前膜会释放多种化学物质，这种化学物质被称为神经递质(neurotransmitter)，神经递质在突触前神经元合成，储存在突触囊泡中，作用于突触后膜上的受体，引起一系列的反应，完成神经冲动的传递过程并在之后被快速清除。目前所知的神经递质超过了100种，根据分子量的大小可分为两大类：小分子神经递质和大分子神经递质。小分子神经递质一般介导快速突触传递，而大分子神经递质如多肽类更倾向于缓慢而持久地调节神经元的电生理特性。神经递质是突触化学传递的重要物质基础，神经递质的释放过多或过少，都会引起突触传递的异常，进而导致大脑功能的异常。因此，了解神经递质的代谢循环对神经系统疾病的治疗至关重要。

一、神经递质的概述

关于细胞间进行信息传递的形式，在很多年前就是神经生物学家争论的焦点。由于突触传递的速度很快，而且在突触前神经元和突触后神经元都能观察到膜电位的变化，因此种种证据都指向了神经元之间的传递是通过电信号的方式进行的。乙酰胆碱是第一个被发现的神经递质。而随着对突触传递研究的不断深入，越来越多的神经递质被发现，神经递质在突触传递中起的作用也越来越清楚。

神经递质通常存在于突触前的囊泡内，被释放到突触间隙之后可以与突触后膜上的特异性受体结合进而发挥作用。因此，从广义上看，神经递质就是将突触前神经元的信息经过突触间隙传递到突触后神经元的化学物质，但并非在突触间隙发现的化学物质都能称为神经递质，一个化学物质能否被认为是神经递质，需要同时具备以下几个特征。

(1)突触前神经元内含有合成该物质的前体物质和酶类，并能够在突触前神经元合成该物质。

(2)神经递质在合成之后必须储存于突触前结构的囊泡内。

(3)突触前膜受到刺激之后可以引起该物质的释放。

(4)突触前释放的递质可以与突触后膜上的特异性受体结合，发挥兴奋性或抑制性效应。而直接施加该神经递质于突触后神经元也能产生相同的效果。

(5)递质在完成信息传递的任务之后能被快速地灭活。

(6)可采用特异性的激动剂和拮抗剂激动或拮抗该递质的突触传递效应。

此外，还有一些脂溶性的气体分子，如一氧化氮(NO)、一氧化碳(CO)等也能够自由地穿过细胞膜，无须与细胞膜上的受体结合就可在神经元之间进行信息的传递。虽然不符合上述所有特征，但是这些气体分子与神经递质所起的作用相同，故现在也将它们视为一类特殊的神经递质。不同的神经递质在神经系统发挥不同的功能，也与多种神经系统疾病的发生有关，药物可以通过影响神经递质的合成、释放、代谢等环节或直接与突触后受体结合发挥作用(表6-1)。

表6-1　神经递质在神经系统中发挥的功能以及与其相关的神经系统疾病

神经递质	功能	相关疾病与临床表现
乙酰胆碱	兴奋骨骼肌、抑制心脏活动、记忆	阿尔茨海默病
多巴胺	运动、学习、注意、动机、奖赏	帕金森病、精神分裂症、药物滥用
5-羟色胺	睡眠、觉醒、情绪、饮食	抑郁、强迫、进食障碍
去甲肾上腺素	睡眠、觉醒、情绪	抑郁
γ-氨基丁酸	主要的抑制性神经递质	焦虑、癫痫、睡眠
谷氨酸	主要的兴奋性神经递质	兴奋性神经元损伤
内啡肽	抑制疼痛	—

二、神经递质的分类

神经递质根据分子量可以分为小分子神经递质和大分子神经递质。根据神经递质的化学结构，小分子神经递质又包括氨基酸类神经递质和生物活性胺类神经递质(表6-2)。生物活性胺类递质主要有儿茶酚胺类神经递质(多巴胺、去甲肾上腺素和肾上腺素)和5-羟色胺。而氨基酸类神经递质主要是单个氨基酸分子，如谷氨酸、甘氨酸、γ-氨基丁酸(GABA)等。前两者作为组成蛋白质的基本单位，广泛存在于所有细胞，其中谷氨酸为兴奋性神经递质，介导兴奋性突触传递，而甘氨酸作为抑制性神经递质，介导抑制性突触传递。γ-氨基丁酸是最常见的抑制性神经递质，只存在于特定的神经元。神经元也通常根据它所释放的神经递质来进行命名，如谷氨酸能神经元就是能够释放谷氨酸这种神经递质的神经元。此外还有GABA能神经元、胆碱能神经元等。

除了小分子神经递质，神经元中还存在大量的大分子神经递质。与小分子神经递质不同，大分子神经递质大多是由3～36个氨基酸组成的多肽，包括速激肽、阿片肽、催产素、血管升压素等。可以看出，许多多肽类神经递质并非在神经系统发现，一些经典的激素类物质也可在局部发挥神经递质的作用。一般认为，激素与神经递质的区别在于发挥作用的距离，激素可通过血液循环作用于靶细胞，因此，分泌激素的细胞通常与靶细胞距离较远。而神经递质从突触前释放到作用于突触后细胞只需要经过突触间隙，作用距离很短。事实上，随着对神经系统和内分泌系统研究的深入，神经激素和神经递质之间的交叉也越来越多。

表 6-2　常见神经递质的分类

分类	主要成员
单胺类	多巴胺、去甲肾上腺素、肾上腺素、5-羟色胺
氨基酸类	γ-氨基丁酸、甘氨酸、谷氨酸、组胺
肽类	内源性阿片肽、P 物质、胆囊收缩素、生长抑素、血管升压素和缩宫素、神经肽 Y 等
胆碱类	乙酰胆碱
其他	一氧化氮、腺苷、ATP 等

三、神经调质

神经递质可由突触前神经元释放，通过与突触后膜上的受体结合直接发挥作用。而神经元中还能够合成和释放另一种化学物质，被称为神经调质（neuromodulator）。不同于神经递质能够直接发挥信息传递的作用，神经调质是通过增强或削弱突触的传递效率对神经递质介导的信息传递过程起调节作用。这种神经调质对突触的调节作用称为调制作用。神经调质可由神经细胞、胶质细胞或其他分泌细胞分泌，本身并不直接负责突触信息的传递，而是对神经递质起调制作用，能够间接调节神经递质的活动水平以及神经递质在突触前神经末端的释放。有的观点认为，只有作用于突触后膜上的受体引起突触后离子通道开放，直接产生兴奋或抑制作用的化学物质才能称为神经递质，而通过第二信使系统间接引起膜兴奋性改变的物质称为神经调质。实际上，递质和调质的界限并不清晰，有些化学物质在一些突触中作为神经递质存在，而在另一些突触中可能作为调质存在。如乙酰胆碱在神经-肌肉接头作为神经递质发挥信息传递作用，而在中枢的某些突触，乙酰胆碱又会作为神经调质促进多巴胺或氨基酸的释放。因此，没有必要对神经递质和调质进行严格区分，在本书中，如无特殊说明，一律称为神经递质。

四、递质共存现象

在很长一段时间内人们都认为，一个神经元内只能合成一种神经递质，这一原则被称为戴尔原则。但是随着对神经递质研究的深入，发现许多突触前结构内存在 2 种甚至 2 种以上的神经递质。这一现象被称为递质共存现象。如前所述，小分子神经递质和大分子多肽存在于不同的囊泡中，而这些小囊泡和分泌颗粒可以同时存在于同一神经元末端中。根据刺激频率的不同，不同类型的囊泡可与细胞前膜融合，分别释放出小分子神经递质和多肽。这些递质的共同释放可以在突触信息的传递过程中发挥拮抗或协同作用，共同调节细胞或器官的功能，还可以通过突触前的相互作用，调节递质的释放量，以加强或减弱突触的强度。递质共存现象的存在使得突触的信息传递作用能够更好地进行，有利于对神经系统的信息传递过程进行更好的调节，使神经递质的传递和调节形式更加精细和多样化。

五、典型的神经递质

在目前已发现的100多种神经递质中，一些神经递质由于广泛存在于神经系统中，参与神经系统的各类信息传递，被广为研究。这些不同的神经递质在合成、储存、释放等方面的特点各不相同。通过这些典型神经递质的研究，也能够对神经递质的具体作用有一些了解。

（一）乙酰胆碱

乙酰胆碱作为第一个被确定为神经递质的化学物质，对它的研究也最深入。能够合成、储存和释放乙酰胆碱的神经元广泛分布于中枢神经系统和周围神经系统，被称为胆碱能神经元。胆碱能神经元胞质中的胆碱和乙酰辅酶A能够在胆碱乙酰转移酶的作用下催化合成乙酰胆碱。在胞质内合成的乙酰胆碱能够通过轴突运输到轴突末端，储存到小囊泡中，释放到突触间隙的乙酰胆碱能够在胆碱酯酶的作用下迅速水解成胆碱和乙酸从而结束效应，胆碱可以被重摄取回突触前结构，用于再次合成乙酰胆碱。

在中枢神经系统中，胆碱能神经元分布极为广泛，在大脑皮质、纹状体、边缘系统、运动神经及脑干网状结构上行激动系统中均有分布，参与机体心血管活动、摄食、饮水、睡眠、觉醒和运动等功能的调节。同时，胆碱能神经元的功能损伤会造成一些神经系统障碍。如基底前脑复合体胆碱能神经元的缺失是造成阿兹海默症的病因之一。而在周围神经系统，乙酰胆碱存在于交感神经和副交感神经，以及神经-肌肉接头，参与内脏知觉与运动的调节，是连接神经系统与躯体的重要递质。在中枢神经系统和周围神经系统，乙酰胆碱能够和两类乙酰胆碱受体结合，这两类受体因能分别与天然毒蕈碱和烟碱结合产生毒蕈碱作用和烟碱作用，因此分别被称为毒蕈碱受体和烟碱受体。乙酰胆碱能够和这两种不同的受体结合，灵活地发挥不同的作用。

（二）兴奋性氨基酸

在神经系统中，神经递质介导的作用可以大体上分为两类，一类是由兴奋性神经递质介导的兴奋性突触传递，能够使突触后神经元产生去极化。一类是由抑制性神经递质介导的抑制性突触传递，能够引起突触后神经元的超极化，使神经元膜电位远离阈电位。而谷氨酸作为一种重要的氨基酸类神经递质，介导了神经系统中大部分的兴奋性传递，能够使大脑皮质细胞产生普遍而强烈的兴奋作用。但如果大脑功能受到损害造成大量的谷氨酸释放，反而会对神经元产生毒性作用，这被称为谷氨酸的兴奋性神经毒性。谷氨酸是介导学习与记忆最主要的神经递质。

在中枢神经系统中，谷氨酸广泛存在于所有神经元，在一些脑区诸如大脑皮质、纹状体和小脑内，谷氨酸含量很高，而在脑干和丘脑含量则较低。谷氨酸在谷氨酸能神经元轴突末端的浓度是非谷氨酸能神经元的 2～3 倍。因此，谷氨酸合成酶不能作为谷氨酸能神经元的特异性蛋白，而更重要的是谷氨酸转运蛋白（glutamate transporter），它可以将生成的谷氨酸转运至囊泡储存，因此谷氨酸特异性转运蛋白通常可作为谷氨酸能神经元的特异性标志蛋白。由于谷氨酸不能通过血脑屏障，因此脑内的谷氨酸只能在神经元内自行合成，不能从外界获得。谷氨酸的合成主要经过两种途径，第一，由胶质细胞分泌的谷氨酰胺可作为谷氨酸的前体物质，谷氨酰胺被转运到神经末梢之后，在谷氨酰胺酶的催化作用下生成谷氨酸；第二，谷氨酸可经神经元内部的葡萄糖代谢过程——三羧酸循环产生，α-酮戊二酸可经转氨酶的转氨基作用生成谷氨酸。

当谷氨酸经突触前膜释放之后，突触前膜和胶质细胞膜上的谷氨酸转运体可以将突触间隙内的谷氨酸运输到突触前神经元和胶质细胞内。在胶质细胞内，回收的谷氨酸又可在谷氨酰胺合成酶的作用下生成谷氨酰胺，而生成的谷氨酰胺又可转移到神经元中重新作为谷氨酸的前体物质。这个过程被称为“谷氨酸-谷氨酰胺循环”。通过这个过程，胶质细胞和神经元发挥协同作用，共同调节神经元中谷氨酸的量，从而对突触传递发挥间接调节作用。

（三）抑制性氨基酸

在神经系统中，介导抑制性突触传递的神经递质主要有两类，即 γ-氨基丁酸（GABA）和甘氨酸。不同于甘氨酸，GABA 并不属于合成蛋白质的 20 种基本氨基酸之一，而是神经元特有的氨基酸，在中枢神经系统中，大概有三分之一的突触可以释放 GABA。GABA 作为脑内主要的抑制性神经递质，多分布于抑制性中间神经元和小脑的浦肯野细胞的投射纤维。GABA 参与了神经系统诸多功能的调节，包括神经内分泌、摄食和动机行为。GABA 系统的功能损害也与一系列的神经系统疾病有关。因此，GABA 能系统也是许多药物的作用位点，例如，巴比妥类药物和苯二氮䓬类药物可通过增强 GABA 能系统功能，对机体产生镇静和抗焦虑的作用。

前面提到，谷氨酸可经三羧酸循环过程由葡萄糖生成，而生成的谷氨酸又可经谷氨酸脱羧酶（glutamate decarboxylase，GAD）的作用生成 GABA。GAD 作为特异性合成酶，只在 GABA 的合成过程中发挥催化作用，因此 GAD 可作为 GABA 能神经元的特异性标志物。同时，在 GAD 发挥催化作用进行合成 GABA 的同时，还需要辅酶磷酸吡哆醛（维生素 B_6）的参与。在婴儿的发育过程中，如果食物中缺少维生素 B_6，就会导致脑内 GABA 能神经元发育不良，不能够很好地对突触传递过程发挥抑制作用，从而导致局部神经元过度放电，产生癫痫症状。

在特异性的 GABA 转运体作用下，合成的 GABA 可通过囊泡与突触前膜融合释放至突触间隙，与突触后膜 GABA 受体结合发挥作用。同时，突触间隙内 GABA 的清除也需要 GABA 转运体蛋白的参与，突触前和神经胶质细胞可将突触间隙内游离的 GABA 重新摄取到胶质细胞中。大多数 GABA 可在 GABA 转氨酶和琥珀酸半醛脱氢酶的作用下转化为琥珀酸，琥珀酸是三羧酸循环的中间产物。通过这个过程，突触终止了 GABA 的抑制作用，使 GABA 重新参与葡萄糖的代谢过程，为 GABA 的再次合成做好准备。

而甘氨酸作为神经系统中另一种重要的抑制性神经递质，分布区域较 GABA 少，主要存在于脊髓灰质前角的抑制性神经元中。作为合成蛋白质的基本氨基酸，甘氨酸主要是由线粒体内的丝氨酸羧甲基转氨酶催化前体丝氨酸而来，主要作为合成蛋白质的原料存在，只有少量作为神经递质储存于囊泡中。甘氨酸作用完成之后，可直接通过甘氨酸裂解酶系统进行降解，也可通过突触前和胶质细胞中的甘氨酸转运体被重新摄取到突触前神经元内。

（四）儿茶酚胺

含有儿茶酚（catechol）结构的生物活性胺类神经递质称为儿茶酚胺（catecholamines），主要包括来源于酪氨酸的 3 种胺，即多巴胺、去甲肾上腺素和肾上腺素（图 6-4）。儿茶酚胺类神经递质在中枢神经系统中作用范围很广，从体内物质代谢的平衡到机体的认知过程，包括个体心境状态与情绪反应的调节，都有儿茶酚胺类神经递质的参与。有一种假说认为，抑郁症的病因是由于中枢神经系统胺类神经递质（包括儿茶酚胺类神经递质）突触活性异常下降所致。与之相反，胺类神经递质突触活性异常增高则会使个体产生躁狂症状或精神分裂症。因此，精神类药物可以通过调节胺类神经递质突触传递过程发挥治疗作用。而苯丙胺和可卡因等毒品也是通过抑制神经递质的再摄取发挥兴奋作用。

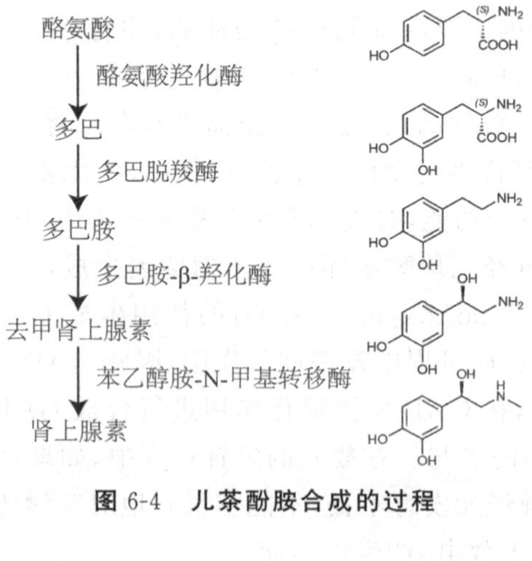

图 6-4　儿茶酚胺合成的过程

1.多巴胺

能够释放多巴胺作为神经递质的神经元称为多巴胺能神经元，多巴胺能神经元的分布较为集中，主要存在于大脑的腹侧被盖区和黑质区域。多巴胺对其他脑区的支配调节作用主要是通过黑质—纹状体通路和腹侧被盖区—伏隔核通路来实现。黑质—纹状体通路指的是位于黑质区域的多巴胺能神经元投射到纹状体，主要负责运动功能的调节；腹侧被盖区—伏隔核通路则指的是位于腹侧被盖区的多巴胺能神经元投射到边缘系统的伏隔核，主要调节奖赏行为和成瘾行为（图 6-5）。多巴胺能神经元对机体多种活动起着重要的调节作用，多巴胺能神经元在大脑正常功能的维持中至关重要。精神分裂症的多巴胺假说认为，精神分裂症的发生与脑内某些部位多巴胺能活动过度有关。因此，临床上常采用多巴胺受体拮抗剂来治疗精神分裂症。

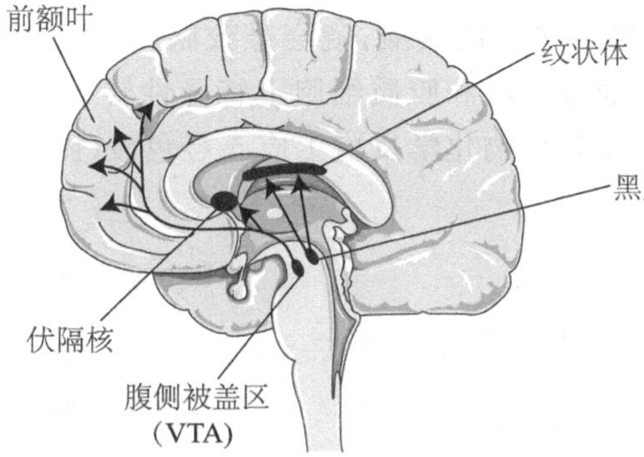

图 6-5　多巴胺系统的黑质—纹状体通路和腹侧被盖区—伏隔核通路

多巴胺的合成主要是通过前体物质多巴经多巴脱羧酶催化合成。由于多巴脱羧酶在神经元中含量较为丰富，因此多巴胺在体内的含量主要取决于前体物质多巴的量。虽然多巴胺不能通过血脑屏障，但是其前体物质左旋多巴却可以透过血脑屏障进入大脑区域。在共济性失调疾病帕金森病患者的脑内，由于黑质多巴胺能神经元功能受到损伤，对运动的调节异常，造成患者出现运动协调异常的症状。对于这类患者，临床上多采用左旋多巴和多巴脱羧酶抑制剂（防止左旋多巴提前合成多巴胺）以及单胺氧化酶（降解多巴胺）抑制剂共用来治疗帕金森病。

2.去甲肾上腺素

去甲肾上腺素与肾上腺素功能接近。去甲肾上腺素在中枢神经系统分布广泛，肾上腺素分布较少，我们主要介绍去甲肾上腺素。释放去甲肾上腺素的神经元称为去甲肾上腺素能神经元，中枢去甲肾上腺素能神经元的胞体主要聚集在中脑的蓝斑。去甲腺上肾素与多种生理心理功能的调节有关，主要调控心血管活动、体温、情绪活动，也参与维持大脑皮质的觉醒状态。

去甲肾上腺素释放进入突触间隙发挥完生理功能之后，通过多种途径被清除掉：① 大部分由突触前膜再摄取，重新进入囊泡储存，等待下一次释放；② 被突触后膜或其他细胞非特异性摄取，在这些细胞内被儿茶酚胺氧位甲基转移酶和单胺氧化酶催化分解掉；③ 还有小部分在突触间隙被酶解，或进入血液循环，最后在肝、肾组织中被灭活。

（五）5-羟色胺

除了多巴胺之外，5-羟色胺也是一种重要的胺类神经递质。5-羟色胺又称血清素(serotonin)，最早在血清中发现，后来发现其广泛存在于中枢神经系统，发挥神经递质作用。由于5-羟色胺不能通过血脑屏障，所以中枢神经系统中的5-羟色胺并不来源于血清，而是在脑内合成。5-羟色胺能神经元在神经系统中的分布较为集中，主要分布于脑干的中缝核区域，广泛投射到大脑和脊髓的其他区域，发挥对个体情绪、睡眠及觉醒状态的调节作用。

5-羟色胺的合成原料是色氨酸，色氨酸属于必需氨基酸，不能自身合成，只能从外界食物中摄取。如果食物中缺乏色氨酸，就会导致脑内5-羟色胺合成量不足。色氨酸可通过肝脏分解得到，通过突触和胶质细胞上特异性转运体的转运作用，色氨酸可进入脑内的神经元，经一系列生物化学反应生成5-羟色胺(图6-6)。

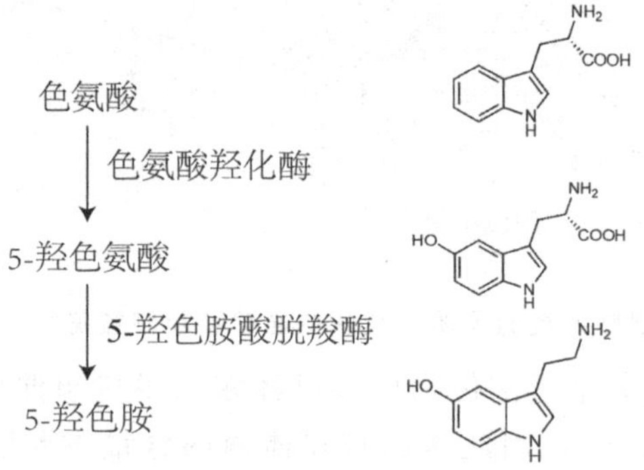

图 6-6　5-羟色胺的合成

与其他神经递质相似，5-羟色胺在突触间隙内主要通过酶解和再摄取两种途径被清除掉。由突触前膜释放至突触间隙的5-羟色胺，大部分被突触前膜的5-羟色胺转运体重摄取，部分被重新储存到囊泡中，部分则通过单胺氧化酶的氧化作用产生无生物活性的5-羟吲哚乙酸。因此，抗抑郁药物可通过抑制5-羟色胺转运体的重摄取，使5-羟色胺在突触间隙持续发挥作用，从而产生抗抑郁作用。

生活中的心理学

神奇的咖啡

咖啡为什么那么令人着迷？因为咖啡的主要成分是咖啡因。咖啡因能提高警觉、增强兴奋性、产生愉悦感，这就是为什么许多人每天都要喝咖啡的原因。咖啡因通过影响腺苷、肾上腺素和多巴胺等神经递质的突触传递来操控大脑的功能。

咖啡因通过阻断腺苷提高警觉性。腺苷是一种神经递质，它可使我们感到疲倦。腺苷通过阻断其他兴奋性神经递质来抑制大脑。咖啡因的结构类似于腺苷，它与腺苷受体结合，从而阻止腺苷的功能，使我们保持清醒和警觉。咖啡因还可以通过阻断腺苷导致神经元放电增加，最终结果是升高肾上腺素，肾上腺素的增加可以使大脑处于兴奋状态。除了增加大脑的兴奋性外，咖啡因还通过延缓多巴胺的再摄取从而改善情绪。多巴胺是一种让我们感觉愉悦的神经递质，多巴胺的升高会改善我们的情绪。

咖啡因通过阻止多巴胺的再摄取，从而间接增加突触间隙中多巴胺的含量，但它并不会增加脑内产生的多巴胺的绝对数量。因此，咖啡因使我们感觉良好，这也是咖啡因上瘾的原因。当你享受咖啡带来的愉悦的时候，你可能不会想到咖啡因对神经递质的影响，但是你所享受的每一种效果都植根于神经科学。要想感到快乐，你只需要再来一杯咖啡！

复习巩固

1.请列举神经递质的认定标准。
2.请简述神经递质的分类。

第四节　中枢神经递质受体

神经递质发挥作用需要突触后膜上受体的参与，神经递质经突触前释放到突触间隙，与突触后膜上的受体结合发挥效应。受体(receptor)指的是位于细胞膜上或细胞内能够与某种化学物质特异性结合，并发挥生物学效应的蛋白质大分子。能够与受体特异性结合的化学物质称为配体(ligand)，神经递质是最常见的一类配体。如同钥匙和锁的关系一样，突触前膜释放的神经递质与突触后膜上的特异性受体相对应。除了神经递质之外，还有其他的一些物质能够与受体结合，并且调节配体与受体的结合。在临床和研究中，根据配体对受体的作用可将配体分为几种类型。能够与受体结合，并增强受体效应的配体称为激动剂(agonist)，与受体结合而不改变受体的生物活性，但阻碍激动剂与受体结合的配体称为拮抗剂(antagonist)。

一般来说，受体与配体通过范德华力、离子键、氢键等化学方式进行结合，因此这个过程是可逆的，已经与受体结合的配体能够被具有更高浓度或亲和力的配体替换。但是，受体与配体的结合是特异性的，受体只能和特异性的配体结合发挥特定效应，这种特异性是由受体与配体构型上具有的空间互补性决定的。由于细胞膜上受体数量有限，只能结合特定数量的配体，如果受体与配体结合达到饱和，即使增加配体的浓度，发挥的效应值也不会发生改变。

根据受体与神经递质结合产生的效应不同，可将受体分为两大类，即离子通道型受体与代谢型受体。离子通道型受体与神经递质结合后，可使突触后膜上的离子通道打开，使膜对离子的通透性增强，特定的离子可以自由出入细胞膜，引起突触后膜膜电位的变化，即快突触传递。而代谢型受体与神经递质结合后不能直接使膜上的离子通道打开，而是通过第二信使的参与诱发膜内一系列化学反应，从而发挥对神经元整体电生理特性的调节，即慢突触传递。

一、离子通道型受体

离子通道型受体(ionotropic receptors)也被称为配体门控型离子通道，是一类自身即为离子通道的受体。这类受体能够与神经递质结合并引起通道蛋白构象改变，直接引起离子通道的打开，使细胞膜对特定离子的通透性改变，改变细胞膜电位使突触前传递的化学信号转换为电信号，改变突触后神经元的兴奋性。

离子通道型受体的通道蛋白通常由4～5个蛋白质亚基组成，多个蛋白质亚基围成一个亲水性孔道。在受体没有和神经递质结合时，通道处于关闭状态，而当神经递质作用于离子通道型受体，就会引起通道蛋白的空间构象发生改变，从而打开通道，允许特定的离子自由通过，突触后神经元的膜电位也会因此发生变化。

根据离子所带电荷极性的不同，可将离子通道分为阳离子通道和阴离子通道。一般来说，离子通道型受体没有严格的离子选择性，可同时允许2～3种离子同时通过，如乙酰胆碱受体通道打开之后可允许 Na^+ 和 K^+ 同时通过。当离子通道受体与兴奋性神经递质结合后通道开放，阳离子顺着浓度梯度从细胞外流向细胞内，引起细胞膜电位升高，使细胞膜电位接近阈电位，产生兴奋性突触后电位。与兴奋性神经递质的作用相反，当抑制性神经递质作用于离子通道受体，引起阴离子通道打开，阴离子顺浓度梯度进入细胞内，使细胞电位远离阈电位，产生抑制性突触后电位。

离子通道型受体介导信号传递的过程简单，且具有可逆性。离子通道的开放依赖于受体与神经递质的持续结合，当神经递质不再与受体结合，离子通道即恢复关闭状态，不再允许离子通过。因而，离子通道型受体介导突触传递能快速启动和快速中止。

（一）乙酰胆碱受体

乙酰胆碱受体有两种类型：毒蕈碱型受体（M 受体）和烟碱型受体（N 受体）。毒蕈碱型受体属于 G 蛋白耦联的代谢型受体；而烟碱型受体则属于离子通道型受体，主要包括 N_1、N_2 两种亚型。N_1 亚型受体位于自主神经节突触后膜，可引起节后神经元兴奋；N_2 亚型受体位于骨骼肌终板膜，可引起运动终板电位，导致骨骼肌兴奋。六烃季胺选择性阻断 N_1 受体功能，十烃季铵选择性阻断 N_2 受体功能，筒箭毒碱可同时阻断 N_1、N_2 受体功能。

烟碱型受体是由 5 个蛋白亚基组成的通道，该受体的亚基是不同类型的多肽，即 α、β、γ 和 δ 亚基。一个通道由 2 个 α 亚基、一个 β、γ 和 δ 亚基组成，每个 α 亚基都有一个乙酰胆碱结合位点，乙酰胆碱必须同时与两个 α 亚基位点结合才可以打开通道，引起 Na^+、Ca^{2+} 内流，K^+ 外流。在生理状态下，因为 Na^+ 内流量远大于 K^+ 外流量，最终产生兴奋性突触后电位，使突触后神经元细胞膜去极化。

（二）谷氨酸受体

谷氨酸受体分为离子型受体和代谢型受体两种类型。离子型受体即谷氨酸门控型离子通道，有 3 个亚型，分别以它们的选择性激动剂命名：α-氨基-3 羟基-5 甲基-4 异恶唑丙酸（AMPA）受体、N-甲基-D-天冬氨酸（NMDA）受体和海人藻酸（kainate）受体。AMPA 受体和 NMDA 受体介导了脑内大多数快速兴奋性突触传递。海人藻酸受体在脑内广泛存在，但是功能不清。

1.AMPA 受体

AMPA 受体是由 $GluR_{1-4}$（$GluR_{A-D}$）4 个亚基交互排列围绕组成的四异聚体离子通道，其主要功能是介导 Na^+ 内流和 K^+ 外流，大多数对 Ca^{2+} 不通透。在静息状态下，当 AMPA 受体与谷氨酸结合时，通道开放，Na^+ 内流、K^+ 外流，因为 Na^+ 内流量远大于 K^+ 外流量，最终结果是产生快速的去极化。

2.NMDA 受体

NMDA 受体与 AMPA 受体在大多数突触后膜上共存，因此大多数谷氨酸介导的兴奋性突触后电位是由 NMDA 受体与 AMPA 受体共同完成。NMDA 受体已克隆出 5 个亚基，即 $NMDAR_1$（NR_1）、$NMDAR_{2A-D}$（NR_{2A-D}）。有功能的受体是由 NR_1 亚基和多个 NR_2 亚基共同形成的四聚体（或五聚体）。NR_1 亚基可单独形成功能性纯寡聚体 NMDA 受体，但 NR_2 亚基却不能单独组成有功能的受体。

NMDA 受体具有两个特点：① 对 Na^+、Ca^{2+} 具有非选择的通透性；② NMDA 受体不仅受谷氨酸门控，也受膜电位影响，即 NMDA 受体是电压及配体门控型离子通道。当谷氨酸与 NMDA 受体结合时，通道打开，但在静息电位时，NMDA 受体的孔道被 Mg^{2+} 堵塞，Na^+、Ca^{2+} 不能内流。只有当邻近的 AMPA 受体激活引起细胞膜去极化时，Mg^{2+}才可以被移除，这时Na^{+}、Ca^{2+}才能内流（外流的K^{+}极小）。因此，通道的开放需要谷氨酸和去极化的协同作用，即NMDA受体既是配体门控型离子通道，又是电压门控型离子通道。

（三）γ-氨基丁酸受体

γ-氨基丁酸（γ-aminobutyric acid，GABA）受体介导了脑内绝大多数的抑制性突触传递，GABA受体分为$GABA_A$受体亚型和$GABA_B$受体亚型，$GABA_A$受体亚型是对Cl^-通透的离子通道，$GABA_B$受体亚型是代谢型受体。当$GABA_A$受体与GABA结合时，Cl^-通道开放，Cl^-内流，细胞产生超极化。

脑内的GABA突触传递必须受到精确的调控，GABA突触传递功能亢进会导致意识模糊甚至昏迷，抑制不足可能产生失眠、焦虑甚至癫痫。$GABA_A$受体除了有GABA结合位点外，还存在其他的化合物结合位点，这些化合物可以对$GABA_A$受体的功能起到调控作用：① 镇静催眠药。苯二氮䓬（benzodiazepine）及巴比妥（barbiturate）类药物可与$GABA_A$受体相应位点结合。该类药物本身对通道开放没有影响，但在有GABA存在的条件下，苯二氮䓬类药物可提高通道对Cl^-的开放频率，而巴比妥类药物可提高通道开放的时间；② 乙醇。乙醇通过与$GABA_A$受体结合可促进通道开放；③ 神经甾体类激素。在脑内，该类激素通常由胶质细胞合成，与$GABA_A$受体存在结合位点，但目前功能不清。

二、代谢型受体

除了离子通道型受体，在神经系统中还存在另一种受体——代谢型受体（metabotropic receptor）。一般来说，当神经递质与离子通道型受体结合之后，由于离子通道直接开放，产生快速的膜电位改变，因此离子通道型受体通常介导快突触传递。与离子通道型受体不同，代谢型受体自身并没有离子通道结构，与神经递质的结合并不能直接使离子通道开放，需要通过细胞内一系列生化反应来调节膜上离子通道的开放状态，或通过调节基因的表达过程，持久调节神经元之间的慢突触传递过程。通过这一系列的过程，代谢型受体能够对细胞膜电位进行间接的调节。

代谢型受体介导的突触传递类型复杂，例如，可以通过激活相应的鸟苷酸结合蛋白（G蛋白）发挥作用，即G蛋白耦联受体（G-protein-coupled receptor，GPCR）。G蛋白耦联受体与配体结合之后，能激活G蛋白，G蛋白被激活之后，能够调节下游的效应物，进而对突触后神经元的兴奋性进行调节。G蛋白下游的效应分子可分为两类，一种是G蛋白门控的离子通道，激活的G蛋白能够直接调节离子通道的开放状态，产生效应较快。而另一类效应分子是G蛋白激活的酶类，能够在下游催化合成一系列的效应物，这种效应物被称为第二信使，第二信使可通过一系列的化学代谢作用调控离子通道的活性。

G 蛋白由三个亚基组成，分别为 G_{α}、G_{β} 和 G_{γ}。在 G 蛋白未被激活的时候，G 蛋白的三个亚基聚集在一起，其中 G_{α} 亚基通过核苷酸结合位点与二磷酸鸟嘌呤(GDP)结合。而当神经递质与 G 蛋白耦联受体结合之后，可以激活 G 蛋白，使结合在 G_{α} 亚基的 GDP 被三磷酸鸟嘌呤(GTP)替代。结合了 GTP 的 G_{α} 亚基能够和 $G_{\beta\gamma}$ 亚基复合物分离，这两个部分能够分别激活下游效应物发挥效应。而 G_{α} 亚基除了能够参与启动细胞内信号传导的过程之外，自身也具有 GTP 酶活性，能够将自身结合的 GTP 水解为 GDP 和小分子磷酸，这个过程也是 G 蛋白信号传导的终结过程。通过水解 GTP，G_{α} 亚基能够重新结合 GDP，与 $G_{\beta\gamma}$ 亚基组成新的 G 蛋白(图 6-7)。依赖于 GTP 与 GDP 结合态的来回转换，胞内信号能够进行反复传导。

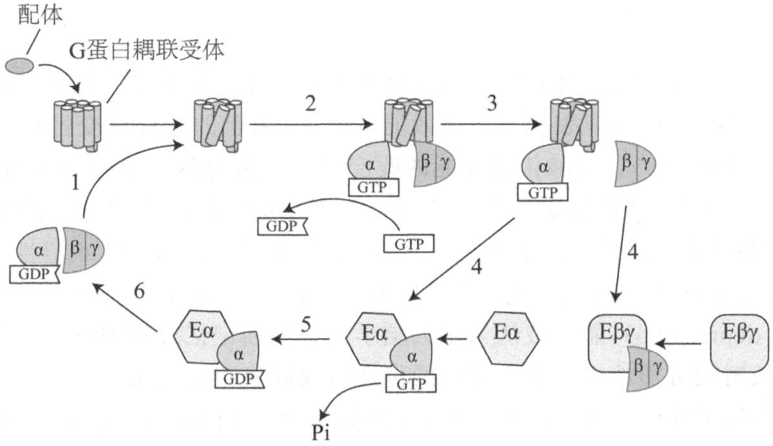

图 6-7　G 蛋白作用的模式

注：通过 GDP 和 GTP 的转换，使信号能够进行反复传导。(1)配体与受体分离，G 蛋白呈三联体的状态，无活性；(2)配体与受体结合后，G 蛋白与受体耦联；(3)耦联后 G_{α} 亚基上的 GDP 被 GTP 替换；(4)替换后 G_{α} 和 $G_{\beta\gamma}$ 亚基分离，各自和效应蛋白结合发挥作用；(5)因为 G_{α} 亚基本身具有 GTP 酶活性，水解 GTP 成 GDP，导致 G_{α} 和 $G_{\beta\gamma}$ 亚基重新形成三联体，失去活性，等待下一次激活。

神经递质通常具有多种受体，这些不同的受体就算结合相同的神经递质也会产生不同的效应。以乙酰胆碱为例，根据效应物的不同，乙酰胆碱受体可分为烟碱类受体和毒蕈碱类受体，烟碱类受体多分布于神经-肌肉接头，是 Na^{+} 通道型受体，与乙酰胆碱结合能够引起 Na^{+} 内流，产生 EPSP，发挥兴奋性作用。而毒蕈碱类受体则是代谢型受体，在心肌处的毒蕈碱类受体与乙酰胆碱结合之后能够激活 G 蛋白，开启 K^{+} 通道，使 K^{+} 外流，产生抑制性作用。

复习巩固

1.简述为什么 NMDA 受体既是配体门控型离子通道又是电压门控型离子通道。

2.请比较离子通道型受体与代谢型受体的特征。

第五节 突触可塑性

作为神经系统传递信息的重要结构，突触传递的过程并不是一成不变的。依赖于多种分子的作用，突触可以表现出传递效能的改变，突触的这种可变性称为突触可塑性(synaptic plasticity)。突触传递效能的改变可以在数毫秒或数分钟内出现，称为短时程可塑性。如视觉暗适应这种感觉输入的短期适应就伴随着突触效能的短时程改变。而突触强度的变化可能延续至数天甚至更长，称为长时程可塑性(long-term plasticity)。长时程可塑性包括长时程增强(long-term potentiation)和长时程抑制(long-term depression)，通常被认为是大脑学习与长期记忆过程细胞水平的生物学基础。此外，长时程可塑性还表现在突触的传递效能随发育而变化。引起突触效能改变的因素有很多，可能由突触前的变化引起，包括突触前膜内活性区的个数，囊泡内神经递质的含量，以及神经递质释放的概率的变化等。而突触后的活动也会引起突触传递效能的改变，如突触后膜上受体数量的增减，信号分子的活动变化等。研究表明，短时程可塑性的表达多由突触前的变化引起，而突触后可塑性则是突触强度长时程变化的重要因素。

一、短时程突触可塑性

短时程突触可塑性指的是突触前神经末端受到一连串重复刺激之后，引起的突触强度的短时性改变，在数十毫秒到数分钟的时间内，突触后反应发生增强或减弱。短时程突触可塑性可分为不同的表现类型，包括突触易化、强直后增强和突触抑制。

(一)突触易化

突触易化(synaptic facilitation)是指突触前神经元受到重复性刺激，多个动作电位引起突触前膜 Ca^{2+} 内流增加，导致神经递质的释放和突触后电位的幅度逐渐增强。在刺激停止后，增强的突触反应可持续数十至数百毫秒。

（二）强直后增强

如果突触前神经元接收到一连串的高频刺激（也称强直刺激）之后，会产生强直后增强（post tetanic potentiation）的现象，这种现象与突触易化相似，都会导致神经递质的释放增加和突触后反应增强。但是，强直后增强的发生比较缓慢，在刺激停止后数秒才会产生最大反应，且持续的时间也比较长，最长可持续 1 h 或更长。强直刺激可引起大量的 Ca^{2+} 内流，进入突触前结构内，胞浆内 Ca^{2+} 浓度增加可引起对 Ca^{2+} 敏感的酶，如 Ca^{2+}-CaM 依赖的蛋白激酶 II 激活，从而动员突触囊泡，使得突触囊泡与突触前膜大量融合，引起神经递质的释放持续增加，突触传递的强度持续增强。

（三）突触抑制

突触抑制（synaptic depression）与突触易化的过程相反，指的是在连续的动作电位刺激过程中，突触前膜神经递质释放减少，突触后反应减弱的现象。突触后抑制的现象可能是因为动作电位引起膜上部分电压门控 Ca^{2+} 通道关闭，引起突触前 Ca^{2+} 内流下降，突触前神经递质的释放减少，也可能是因为 Ca^{2+} 下游调节机制的调节引起突触后受体对神经递质的敏感性下降。

二、长时程突触可塑性

长时程突触可塑性是指持续时间较长，可持续数小时乃至数周的突触活动的增强与抑制现象，可分为长时程增强和长时程抑制。长时程突触可塑性通常被认为是学习记忆的生理机制。

（一）长时程增强

在突触前神经元受到强直刺激之后，突触后神经元会出现一种突触后电位持续性增强的现象，被称为长时程增强（long-term potentiation，LTP）。LTP 广泛存在于中枢神经系统的各个脑区，包括大脑皮质、视皮质、内嗅皮质、外侧杏仁核、海马、小脑和脊髓等部位，在大脑的不同部位，LTP 的产生机制不同。与短时程突触可塑性不同的是，LTP 的发生通常不是由于突触前神经元 Ca^{2+} 增加所致，而是和突触后受体有关。

一般认为海马结构与学习记忆密切相关，因此，海马结构也是 LTP 集中研究的脑区。在海马结构利用电生理的方式可以记录到 LTP 的现象，当给予突触前神经元一个低频的刺激之后，可以在突触后神经元记录到一定幅度的兴奋性突触后电位，而如果在同样强度的低频刺激之前给予一连串高频电刺激，就会观察到明显增强的兴奋性突触后电位，即产生了 LTP（图 6-8）。

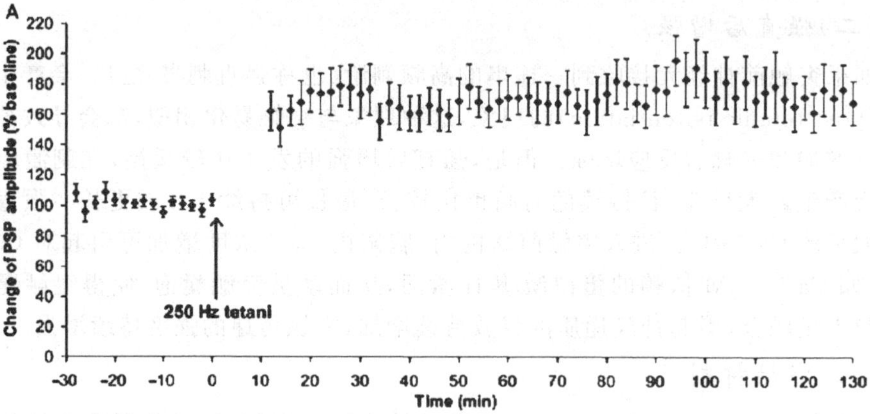

图 6-8　用电生理的方法记录的 LTP［**摘自** Kevin Blot, Cerebral Cortex, 2015, 25(5): 1348—1361］

在大脑的海马结构，LTP 的产生依赖于兴奋性神经递质谷氨酸的两种主要受体，AMPA 受体和 NMDA 受体。当给予突触前神经元高频刺激时，突触前膜会释放大量谷氨酸，产生幅度较大的兴奋性突触后电位，可以使得 NMDA 受体通道中的镁离子被移除，进而开放 NMDA 受体通道，Ca^{2+} 和 Na^{+} 得以大量内流。大量内流的 Ca^{2+} 可以激活 Ca^{2+}-CaM 依赖的蛋白激酶 II，激活的蛋白激酶 II 可以使 AMPA 受体磷酸化而增加其与神经递质的亲和力，同时也可以使储存在胞质中的 AMPA 受体转移到突触后膜上增加受体密度。通过这一系列的过程，突触后反应得以增强(图 6-9)。此外，还有一些特殊的信号分子，如一氧化氮，可以自由地通透细胞膜，从突触后神经元产生逆向作用于突触前神经元，引起神经递质的大量释放。

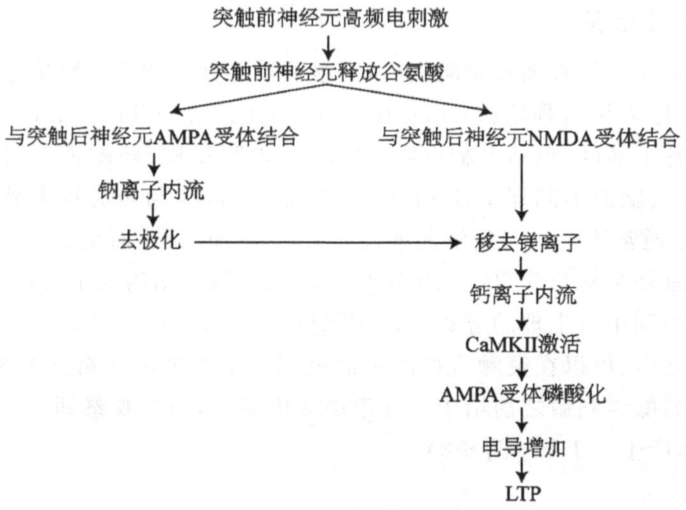

图 6-9　长时程增强现象的示意图

（二）长时程抑制

除了长时程增强之外，中枢神经系统的海马、小脑皮质和大脑皮质还会出现突触强度的长时程减弱，称为长时程抑制（long-term depression，LTD）。LTD有很多种形式，不同部位不同形式的LTD的产生机制也各不相同。在海马区，同一突触上既可以产生LTP，又可能产生LTD，这取决于刺激的频率。以较高的频率进行刺激可引起突触后胞内Ca^{2+}浓度显著升高，进而激活Ca^{2+}-CaM依赖的蛋白激酶II，使AMPA受体磷酸化。而以一个比较低的频率进行刺激，突触后胞内的Ca^{2+}浓度可产生轻度升高，浓度轻度升高的Ca^{2+}不会激活蛋白激酶II，反而会激活蛋白磷酸酶，使得AMPA受体去磷酸化，从而降低与神经递质的亲和力，而突触后膜上的AMPA受体密度也会降低，从而产生LTD。

复习巩固

1.请简述短时程突触可塑性的类型。
2.请简述长时程增强的原理。

本章要点小结

1.突触是神经元之间进行信息传递的重要结构，是神经系统执行复杂功能的基础。突触根据其传递信息的方式可分为电突触和化学突触。

2.典型的突触结构包括轴突末端构成的突触前结构、胞体或树突处的突触后结构，以及它们之间的突触间隙。

3.突触传递的基本过程表明，突触前神经元接收到刺激，产生动作电位，动作电位经轴突传导至轴突末端，轴突末端细胞膜上的Ca^{2+}通道打开，细胞外的Ca^{2+}内流进入胞内，内流的Ca^{2+}使突触前结构存在的囊泡向突触前膜移动并与膜融合，以胞吐的形式将囊泡内的神经递质释放至突触间隙。

4.神经递质可与突触后膜上的神经递质受体接合，从而实现信号在神经元之间的传递。当神经递质作用于突触后膜上的受体，会伴随受体耦联的离子通道打开或第二信使系统的激活，从而将信息向下游传递。

5.突触后神经元整合来自不同神经元的信号之后，会产生一个独立的电信号，通过轴突传递下去。通过神经元之间突触传递的反复进行，完成信息传递的整个过程。

6.在神经系统中，大多数神经元依靠突触联系进行细胞间信息的传递和整合。当神经冲动到达突触前膜，突触前膜会释放多种化学物质，这种化学物质被称为神经递质。

7.受体是位于细胞膜上或细胞内能够与某种化学物质特异性结合而发挥生物学效应的蛋白质大分子。能够与受体特异性结合的化学物质称为配体,神经递质是最常见的一类配体。

8.根据受体与神经递质结合产生的效应不同,可将受体分为两大类,即离子通道型受体与代谢型受体。

9.突触传递的过程并不是一成不变的,依赖于多种分子的作用,突触会表现出传递效能的改变,突触的这种特性被称为突触可塑性。

关键术语表

突触	synapse
突触传递	synaptic transmission
突触可塑性	synaptic plasticity
神经递质	neural transmitter
受体	receptor
配体	ligand

复习思考题

单项选择题

1.突触囊泡位于(　　)。

A.突触前结构　　B.突触后结构　　C.突触间隙　　D.轴丘

2.神经递质的释放依赖于(　　)的内流。

A.Ca^{2+}　　B.K^+　　C.Na^+　　D.Cl^-

3.关于神经递质的特征,以下哪项说法是正确的?(　　)

A.神经递质能在突触前和突触后神经元合成

B.神经递质在合成之后就立即释放

C.突触前释放的递质可以与突触后膜上的特异性受体结合

D.递质释放之后能在突触间隙长期存在

4.以下哪项属于胺类神经递质?(　　)

A.谷氨酸　　B.多巴胺　　C.乙酰胆碱　　D.GABA

5.以下哪个受体既是电压门型离子通道又是配体门控型离子通道?(　　)

A.AMPA 受体　　B.NMDA 受体

C.烟碱型乙酰胆碱受体　　D.毒蕈碱型乙酰胆碱受体

6.以下哪个受体激活后产生超极化突触后电位？（　　）

A.GABA 受体　　B.NMDA 受体

C.烟碱型乙酰胆碱受体　　D.AMPA 受体

7.以下哪个神经递质直接介导长时程增强？（　　）

A.谷氨酸　　B.多巴胺　　C.乙酰胆碱　　D.GABA

8.以下哪个神经递质不属于儿茶酚胺类神经递质？（　　）

A.多巴胺　　B.去甲肾上腺素　　C.肾上腺素　　D.5-羟色胺

第七章　感觉的生物基础

神经系统的主要功能之一，就是让人或动物能够感知周围环境的刺激并及时对外界做出相应反应，因而感觉系统的存在对于人类和动物的适应生存都具有重要意义。感觉系统主要包括视觉、听觉、味觉、嗅觉、躯体感觉等。

感觉是指个体对刺激作用于某种感受器(如眼、耳等器官中的结构)所产生的初级经验。感觉是所有认识形式中最简单的方式，人对客观事物的认识就是从感觉开始。感觉还可以帮助我们感知自身身体各部分的位置及运动状态。

感觉虽然是一种最简单的心理过程，是最简单的认识事物的形式，但是在我们的生活实践等方方面面都具有重要的作用。除此之外，感觉是知觉、思维、学习、语言等各种复杂心理过程的基础。本章主要介绍最基本的感觉形式及神经机制。

第一节　化学感觉

化学感觉器官是最古老也是最普通的感觉器官。人类最重要的两种化学感觉器官分别是味觉器官和嗅觉器官。这两种感觉器官都会对环境中的化学物质进行检测。味觉和嗅觉与我们的一些基本需求如渴、饥饿等有直接关系。

一、味觉

味觉能让人们感受到糖的甜味、食盐的咸味、柠檬的酸味，是辨别食物味道的重要感觉器官。并且味觉还对动物生存具有重要的意义。

（一）基本味觉

自然环境中很多化学物质均具有不同的味道，但是我们只能鉴别出几种基本的味道。大多数神经科学家认为基本味觉仅限于四种或者五种。四种基本味觉主要包括酸、甜、苦和咸。一些证据表明了四种基本味觉的存在，当被试者对大量化学物质进行品尝，并对其做出比较时，他们把味道归结为四个大类，即酸、甜、苦和咸。有人认为，"鲜味"为谷氨酸所产生的味觉，是第五种基本味觉。

那么，我们如何对诸如巧克力、火锅、烧烤、果酱等无数种食物的滋味进行辨识呢？首先，每种食物会激活不同的基本味觉组合，并使这种组合成为唯一；其次，多数食物同时产生的味觉和嗅觉组合构成了独特的口味；最后，其他感觉也可能有助于独一无二的食品品尝经验的建立。

（二）味觉器官及感受器

我们不仅通过舌头，也会通过口腔里的其他区域，如位于腭、咽、会厌部和食道上部等器官的味觉感觉器感知味觉。此外，食物的气味也会通过咽部进入鼻腔从而被嗅觉感受器所识别。舌尖对甜味敏感，舌根对苦味敏感，舌头两侧对酸味和咸味较为敏感（图 7-1）。然而，这并不是说舌尖只能感受甜味而不能感受其他味觉，舌头的大部分对所有味觉都敏感，舌的味觉受体分布图只说明舌的某个部位比其他区域对某种味觉感受更加敏感。

味觉感受器细胞分布在舌和口腔表面的味蕾，人的口腔大约有 4000～10000 个味蕾，每个味蕾大约有 50～150 个味觉感受器细胞。味觉感受器细胞为上皮细胞，它具有许多神经元样的特征，根据组织学标准，味觉感受器细胞并不是神经元，但是它们和位于味蕾底部附近的味觉传入神经纤维的终端形成突触。

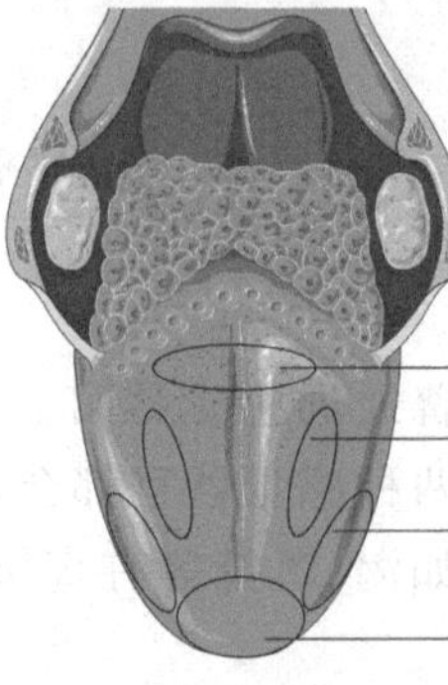

图 7-1　舌的味觉受体分布

(三)味觉传导通路

环境刺激诱导味觉感受器细胞产生一系列电生理反应的过程称为味觉传导过程。味觉传导涉及多种过程,每个基本味觉都可以通过一种或多种机制感知味觉刺激,比如:① 直接通过离子通道(盐和酸);② 结合并阻断离子通道(酸和苦);③ 结合并诱导离子通道开放(谷氨酸);④ 结合细胞膜受体并激活第二信号系统,打开或关闭与之耦联的离子通道。

咸味主要是由 Na^+ 所引起,对咸味敏感的味觉细胞具有一个和其他上皮细胞相同的 Na^+ 通道,它可以被氨氯吡咪所阻断,而咸味的产生是因为 Na^+ 可以通过该 Na^+ 通道进入细胞内,使味觉细胞产生去极化。

食物呈酸味主要是由于它们 H^+ 浓度较高。酸味的感觉传导机制包括两种:① H^+ 能穿过氨氯吡咪敏感的 Na^+ 通道,这和介导咸味的通道相同,并会导致 H^+ 内流并使细胞产生去极化;② H^+ 可以抑制电压依赖型 K^+ 通道,即 H^+ 可以与 K^+ 通道结合并将其阻断,当膜上 K^+ 通透性降低时,膜发生去极化。但是这并不能完全解释酸味的产生,因为 pH 的变化会对细胞的所有过程产生影响。

糖类或氨基酸、蛋白质等所产生的甜味主要与 G 蛋白耦联受体及第二信使的相互作用相关。糖分子可以和 G 蛋白耦联受体相结合,激活腺苷酸环化酶(AC),使细胞内 cAMP(环磷酸腺苷)水平升高而抑制 K^+ 通道,从而使细胞产生去极化。除此之外,有些甜味刺激可以激活与 IP_3(三磷酸肌醇)相关的第二信使通路,从而产生甜味。

苦味通常是有毒食物的警戒信号。苦味的传导机制包括很多种:① 某些苦味化合物(如奎宁),可以直接与 K^+ 选择性通道结合并将其阻断;② 细胞上存在苦味受体,激活后可导致细胞内 IP_3 产物的增加,通过第二信使的作用使细胞去极化。

(四)味觉通路

味觉信息的初级传入纤维主要由 3 对分布在口腔内的脑神经构成,分别是面神经、舌咽神经、迷走神经:① 面神经主要分布在舌头和腭部的前 2/3 处,对咸味和甜味较为敏感;② 舌咽神经主要分布在舌头的后部,对苦味和酸味较为敏感;③ 迷走神经主要分布于喉部周围，包括声门、会厌、咽部，对酸味较为敏感。除此之外，口腔内还分布着广泛的三叉神经末梢，对痛觉和温觉较为敏感，辛辣食物可以引起三叉神经兴奋，进而引起痛觉。

味觉传入通路由 3 级神经元组成：第 1 级传入纤维由 3 对脑神经的轴突构成，三对脑神经的轴突进入脑干，汇聚在一起，和味觉核（延髓的孤束核）形成突触，即味觉核（孤束核）是这三对脑神经的初级中枢；第 2 级纤维由孤束核的神经元发出，与丘脑中的腹后内侧核（VPM 核）形成突触连接，在此处对信息进行初步分析和处理；第 3 级传入纤维由 VPM 味觉神经元发出的轴突组成，终止于位于脑岛的初级味觉皮质（primary gustatory cortex）。初级味觉皮质与眶叶皮质的次级加工区域相连，每个味觉细胞只对一种味道反应，而我们体验到的复杂味觉，是由味觉细胞传递的信息经眶叶皮质加工整合后得到。

二、嗅觉

嗅觉携带的信息多种多样，既有令人感到愉悦的气味，也有令人感到不适的气味。我们可以通过嗅觉辨别食物，享受食物的香味，也可以通过嗅觉辨别环境是否安全，警觉烟火或是有毒物质等。我们可以闻出大量物质的气味，但其中只有约 20%令人感到愉快。并且，嗅觉可以通过实践训练而更加灵敏，专业的香水鉴别师可以辨别出的气味多达 100000 种。

（一）嗅觉器官及感受器

气味分子，即能触发嗅觉的分子，也称嗅质，在空气中扩散，进入鼻腔，穿过黏膜层，最终与纤毛上的感受器受体结合。我们主要是通过鼻腔顶端的嗅黏膜，也称为嗅上皮来感知嗅觉信息（图 7-2）。嗅上皮由双极的嗅细胞（olfactory cell）、基细胞和其支持细胞所组成。

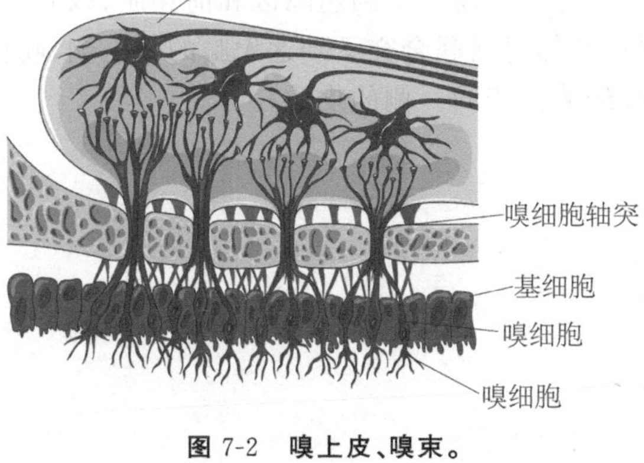

图 7-2 嗅上皮、嗅束。

和味觉神经元不同，嗅细胞是真正的神经元，它们的轴突直接进入中枢神经系统，嗅细胞轴突聚集在一起形成嗅神经（第Ⅰ对脑神经）。每个嗅细胞的树突直接伸入黏液层形成纤毛，感受嗅觉的嗅受体镶嵌于纤毛上，嗅质必须溶于嗅黏膜表面的黏液，才能与纤毛上的嗅受体结合。

（二）嗅觉传导机制

嗅觉的传导机制不同于味觉的传导机制，嗅觉的传导机制只有一种，即嗅质与纤毛膜上的嗅受体结合，该受体是G蛋白耦联受体，G蛋白激活腺苷酸环化酶（AC），以此提高细胞内的环磷酸腺苷（cAMP）水平，cAMP再激活非特异性的阳离子通道，即环磷酸腺苷门控通道（cAMP-gate channel），导致 Na^{+} 和 Ca^{2+} 的内流，因此产生去极化。美国科学家Axel和Buck对哺乳动物的嗅受体基因进行研究，发现人类大约有1000个基因（约占人体类基因总数的3%）编码嗅受体，并且每个嗅受体的基因在结构上与其他基因各不相同，因此这些基因所编码的嗅受体与嗅质的结合能力也有所不同。

嗅觉反应的终止原因可能有以下几种：① 嗅质会扩散，黏液层的腐化酶也会使之降解；② 由于嗅觉存在适应性，如果先前或长期接触一种气味，那么再次接触时嗅觉反应会减弱，这种现象叫嗅觉适应。

（三）嗅觉传导通路

嗅觉通路的第1级神经元为嗅细胞，第2级神经元为嗅球内的神经元。嗅细胞的轴突构成嗅神经，与嗅球内的僧帽细胞或小球周细胞形成兴奋性突触，而小球周细胞与颗粒细胞为嗅球内的抑制性中间神经元（图7-3）。嗅球为一扁平卵圆形实体，位于筛板上方，框额叶面的下方，是嗅神经的终核。嗅球和端脑是嗅觉中枢，嗅觉是唯一不经过间脑而直接到达感觉皮质的感觉。由嗅球内神经元发出的纤维形成嗅束，沿框额叶面的嗅沟向后延伸，靠近前穿质处变扁平，展开成为嗅三角，在此纤维分束形成外侧嗅纹和内侧嗅纹，经前者传导的冲动主要到达梨状皮质和杏仁体，再传至海马和齿状回，产生嗅觉。经后者传导的冲动主要到达隔区和前穿质，以后与边缘系统联系，完成嗅觉反射。尽管一些纤维通过前联合交叉到达大脑的另一侧，嗅神经束的大多数纤维连接到同侧皮质（与神经束位于同一侧的皮质）。

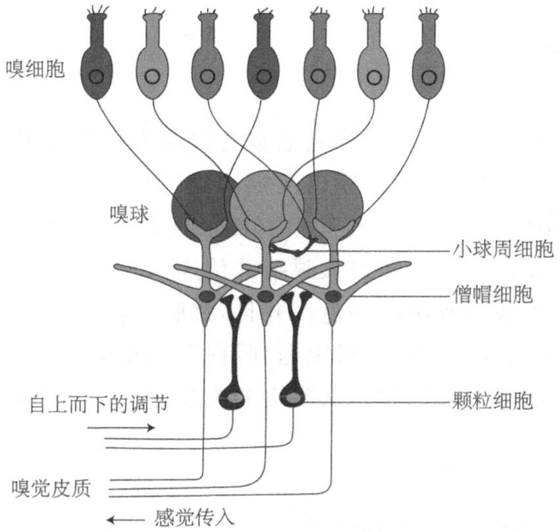

图 7-3　嗅球的神经环路

嗅觉的信息处理受到多种因素的调节。脑干内的去甲肾上腺素和5-羟色胺能神经元可以调控嗅球，而多巴胺能神经元可以对前穿质进行支配。此外，嗅球还受到前脑胆碱能神经元的调控。这些不同神经系统对嗅球、前穿质等的调节对于动物的嗅觉适应、嗅觉学习以及改变都有较大影响，特别是在动物的进食和性行为方面。例如在大鼠模型中，根据动物是否饥饿，其僧帽细胞对食物气味的反应是不同的。

复习巩固

1.请简述味觉信息的传导通路。
2.请简述嗅觉信息的传导通路。

第二节　视觉

视觉是人们从外界获取信息的主要来源，外界70%以上的信息由视觉系统进行感知、接受和加工。眼是引起视觉的感觉器官。

一、光的特性

光是眼睛所能看见的电磁波，波长为380～760 nm的电磁波是人眼适宜的感觉刺激，即可见光。

二、眼的结构

眼是视觉的感觉器官，包括含有感光细胞的视网膜和作为附属结构的折光系统等部分。眼的结构主要包括巩膜、脉络膜以及视网膜三层结构(图 7-4)。眼的最外层被透明的角膜所覆盖，角膜没有血管，其营养主要来自其背后的液体——房水。角膜后面是瞳孔和虹膜。瞳孔是允许光线进入眼睛并传递到视网膜的入口，而位于瞳孔周围的虹膜的色素则决定了我们眼睛的颜色。并且，虹膜包括两种协调控制瞳孔大小的视内肌，即瞳孔括约肌和瞳孔放大肌。巩膜即“眼白”，与角膜相连，巩膜可以保持眼球的形状并作为眼外肌的附着器。结膜是从眼皮的内表面向后弯曲到巩膜的一部分。

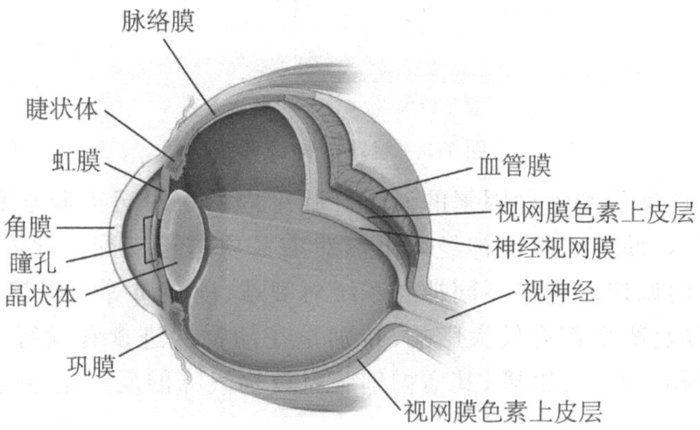

图 7-4 眼的结构(摘自 Wojciech Pawlina,《Histology: A text and atlas》, Wolters Kluwer **公司)**

环境中物体发出或反射的光线传到眼睛，经过眼睛结构的传导，聚焦于视网膜以成像。光线在穿过弯曲的角膜表面时会产生折射，汇集于眼睛背部，有一部分光会直接进入眼睛中心直接射向视网膜。眼睛的折射大部分是由角膜完成，但是晶状体在折射中也起着至关重要的作用。晶状体中的睫状肌可以改变晶状体的形状从而使远处和近处的物体都可以在视网膜上聚焦，形成清晰的图像。光线穿过晶状体后进入眼球的主体部分——玻璃体。光线穿过玻璃体后将到达眼球中的视网膜从而成像(图 7-5)。在视网膜视神经盘(视神经进出视网膜的位置)的颞侧，有一个称为黄斑的区域，该区域富含叶黄素，比周围视网膜颜色较暗。黄斑位于人眼的光学中心区，是视力轴线的投影点，黄斑中央的凹陷称为中央凹，是视力最敏锐的地方。

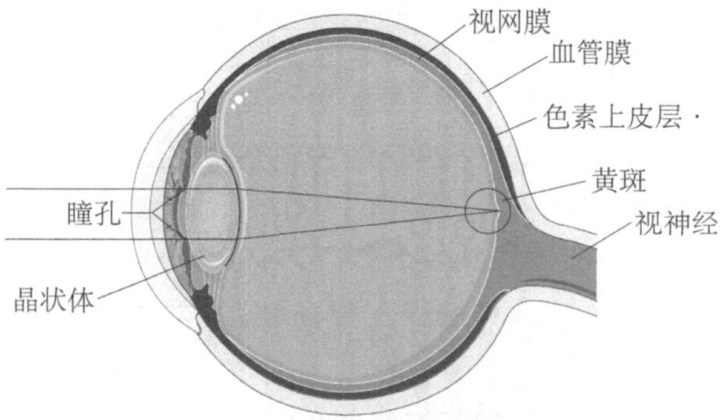

图 7-5　光在眼中的传递路径

三、视网膜的信息处理

（一）视网膜的结构

视网膜是眼内光敏感的最内层，视网膜具有一个分层结构，一共分为以下几层（图7-6）。由内向外分别是：

（1）神经节细胞层。视网膜最里面的一层是神经节细胞层，该层包含神经节细胞的胞体。

（2）内网状层。内网状层中含有连接双极细胞、无长突细胞和神经节细胞的突触。

（3）内核层。内核层是由视网膜中的中间神经元胞体所构成，其中包括双极细胞、水平细胞和无长突细胞。

（4）外网状层。在外网状层，双极细胞和水平细胞与光感受器形成突触。

（5）外核层。外核层主要为光感受器的胞体。

（6）光感受器细胞外段层。此层分布有对光敏感的光感受器细胞（视杆细胞和视锥细胞），位于外核层和色素上皮细胞层之间。

（7）色素上皮细胞层。色素上皮细胞层能吸收视网膜未能吸收的光线，这可以使得光在眼睛内的反射降到最低，从而让图像更加清晰以及提高视锐度。视锐度又被称为视敏度，是指眼睛辨别相邻两个点的能力。

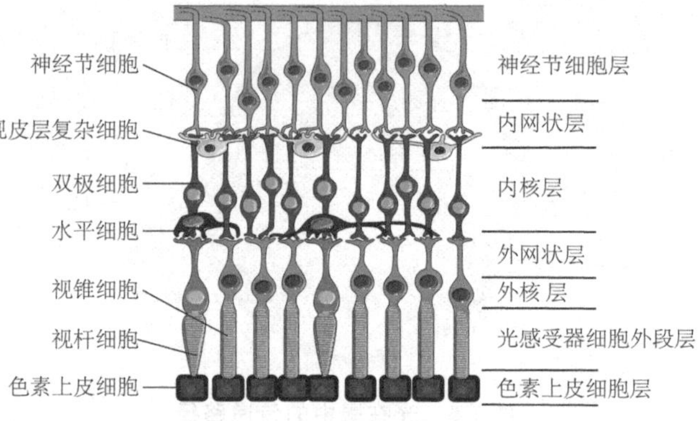

图 7-6 视网膜的结构

(二)光感受器

根据形状的不同,可以将光感受器分为视杆细胞和视锥细胞两种。两种光感受器中含有感光物质,光刺激时可导致感光物质的化学变化和电位变化,从而产生神经冲动。

视杆细胞分布于除了视神经盘和中央凹的视网膜,对光的敏感性较视锥细胞高。由于视杆细胞具有较高的视色素密度,因此视杆细胞对光较为敏感。视杆细胞在夜间照明或暗室情况下发挥作用。

视锥细胞主要分布于中央凹处,对光的敏感性较低,但是视锥细胞中含有三种不同的视色素,分布于不同的视锥细胞中。视色素的差异导致各种视锥细胞对不同波长的光敏感,这是产生颜色视觉的主要原因,即视锥细胞而不是视杆细胞对颜色认知起作用。

四、光的传导

光感受器能将光能转化为膜电位的变化,由于视杆细胞在视网膜上的数量比视锥细胞多,因此主要讨论视杆细胞中光的传导。在了解视杆细胞中光的传导之前,先了解光传导的起源。

(一)视色素

对光的反应始于光感受器膜盘中的视色素对电磁波的吸收。人和大多数哺乳动物中的光感受器的视色素都是由视蛋白和视黄醛结合而成。视黄醛也被称为维生素A醛,由维生素A演变而来,维生素A属于醇类,又被称为视黄醇。不同的视色素拥有不同的视蛋白,视蛋白分子结构中的一些微弱差异决定了与其结合在一起的视黄醛分子对某些波长的光线敏感,这使得我们区分出了视杆色素(视紫红质)和视锥色素(分别对红、绿、蓝敏感的视色素)。

(二)视杆细胞中光的传导

在光感受器中，光刺激视色素可以激活 G 蛋白，从而激活一种效应器酶，改变胞质内第二信使分子的浓度，该变化导致膜上离子通道的关闭，从而改变膜电位。

典型的神经元的静息膜电位大约为−65 mV，但是，在黑暗的情况下，视杆细胞外段的静息膜电位大约为−30 mV。有研究表明，在黑暗情况下，视杆细胞中主要存在两种电流：① 由 Na^+ 经过视杆细胞外段膜中的 cGMP 门控通道内流产生，这一内向电流使膜发生去极化；② 由 K^+ 通过内段膜中的非门控钾通道外流所引起，该外向电流可使膜发生超极化。在黑暗环境中，视杆细胞胞质中具有较高浓度的 cGMP，可以使 cGMP 门控通道一直处于开放状态，因而可以产生稳定的内向电流，该电流被称为暗电流。

当光作用于视网膜时，视杆细胞中的视紫红质发生光学反应，使得视紫红质被分解为视黄醛和视蛋白，使 G 蛋白被激活，进而激活附近的磷酸二酯酶，磷酸二酯酶能够将 cGMP 分解为没有活性的 5’-GMP。由于 cGMP 是 cGMP 门控通道开放控制的重要因子，当光刺激使得胞质中 cGMP 浓度降低时，暗电流减小或消失，但是外向电流并没有发生改变，因此膜电位就向着 K^+ 平衡电位的方向变化，出现膜的超极化。因此，视杆细胞对弱光敏感。

(三)视锥细胞中的光传导

视锥细胞中的光传导与视杆细胞中的基本一样，差别在于视锥细胞含有种类丰富的视色素。视锥细胞中的 3 种视色素分别对不同波长的光敏感，因此视锥细胞有编码色觉的能力。对视杆细胞的持续光照会降低 cGMP 的水平，从而使视杆细胞对光反应达到饱和，进一步的光照不会引起其更强的超极化，因此明亮环境中，视锥细胞起主要作用。

五、视觉通路

(一)视网膜神经环路

由光感受器产生的电信号在视网膜内经过复杂的细胞网络的传递，最后通过神经节细胞发出的神经纤维向中枢传递动作电位。视网膜中主要有 5 种神经细胞，分别为：光感受器细胞(视锥细胞和视杆细胞)、水平细胞、双极细胞、无长突细胞以及神经节细胞。视杆细胞和视锥细胞发出轴突到双极细胞，与双极细胞形成突触。当光刺激光感受器上的视色素分子时，细胞膜超极化，谷氨酸释放减少。光感受器将光刺激信息传递给与之相连的双极细胞，双极细胞释放谷氨酸，与节细胞形成突触，节细胞去极化产生动作电位，视觉信息沿视神经向中枢传递。

令人奇怪的是，当光感受器(视锥细胞和视杆细胞)被激活后细胞膜呈超极化，那为什么可以使双极细胞去极化而释放谷氨酸呢？该机制非常复杂，本章仅做简单介绍。双极细胞可分为两类：OFF 双极细胞（OFF bipolar）和 ON 双极细胞（ON bipolar），OFF 双极细胞膜上表达的是离子型谷氨酸受体，当与谷氨酸结合后，阳离子内流，细胞膜产生去极化；而 ON 双极细胞上表达的是代谢型谷氨酸受体，当与谷氨酸结合后，谷氨酸会激活 G 蛋白信号通路，导致阳离子通道关闭，细胞膜产生超极化。以视锥细胞为例，当光照到视锥细胞，视锥细胞膜超极化，谷氨酸释放减少，OFF 双极细胞呈超极化，而对 ON 双极细胞的抑制减少，ON 双极细胞产生去极化（图 7-7）。双极细胞与节细胞形成突触，释放兴奋性递质谷氨酸，ON 双极细胞谷氨酸的释放引起节细胞的兴奋。双极细胞种类繁多，与感受器细胞、节细胞、水平细胞有复杂的突触联系，因而携带了丰富多彩的视觉信息。

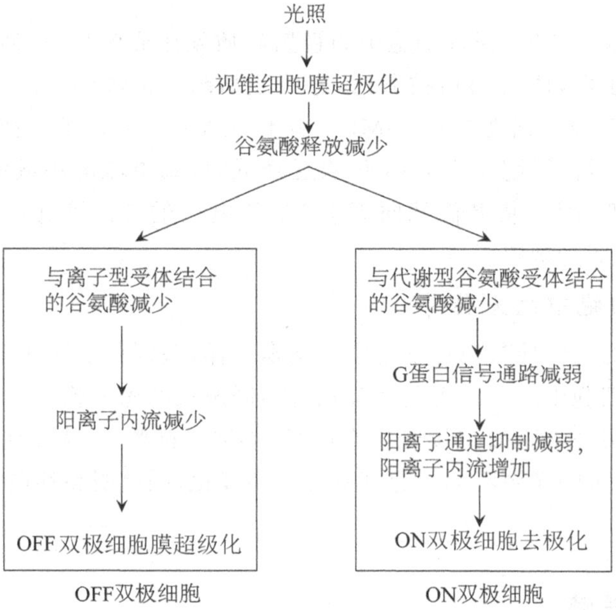

图 7-7 光照射引起 ON 双极细胞和 OFF 双极细胞的变化

所有的视网膜中的神经节细胞的轴突在眼球后汇聚成视神经，视神经中来自两眼鼻侧视网膜的纤维交叉形成视交叉，即只有从两眼鼻侧视网膜发出的纤维交叉到对侧大脑半球，从颞侧视网膜发出的纤维不交叉（图 7-8）。视神经交叉后形成视束，在软膜下方沿间脑的外侧表面上行。视束的大部分轴突都终止于外侧膝状体核（lateral geniculate nucleus，LGN）。视束中有少数纤维向位于中脑的上丘发出投射，上丘发出的纤维组成顶盖脊髓束，下行至脊髓，完成视觉反射。

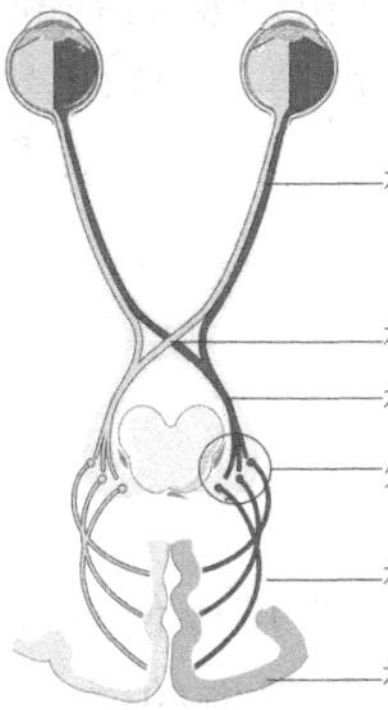

图 7-8　视觉传导途径

（二）外侧膝状体及视觉质

外侧膝状体位于丘脑背部，视束的大部分轴突都向该地区发出投射，由外侧膝状体核发出的纤维组成视辐射（optic radiation），经内囊后肢投射到端脑距状沟上下的视觉皮质，产生视觉（visual cortex）（图 7-8）。

由此可见，视觉的产生共经历了 4 级神经元，第 1 级神经元是视网膜最外层的光感受器细胞（视锥细胞和视杆细胞）；中层的双极细胞是第 2 级神经元；最内层的节细胞是第 3 级神经元，节细胞的纤维在视神经盘处聚集形成视神经，视神经入颅后形成视交叉，视交叉延续为视束，在视交叉中，来自两眼鼻侧的节细胞纤维交叉，来自两眼颞侧的节细胞纤维不交叉，视束终止于外侧膝状体；第 4 级神经元的胞体位于外侧膝状体内，这些神经元发出的纤维终止于视皮质。

复习巩固

1.请简述视觉信息的传导通路。

2.请简述光感受器（视锥细胞和视杆细胞）被激活为什么可以使双极细胞去极化而释放谷氨酸？

第三节　听觉与平衡觉

当我们不能通过视觉辨别一个物体的时候，常常可以通过听觉去分辨一个物体，检测它的存在以及属性。即使我们可以通过视觉看到该物体，听觉对于我们辨别该物体的属性也具有很大帮助，听觉在人类和动物的生存与发展中同样也具有举足轻重的作用。例如，我们可以通过后方车辆的鸣笛声从而判断我们应该靠边行走给后方车辆让路，我们也可以迅速地对朋友的声音、海浪声、鸟叫声等进行辨别，并且有了听觉，我们才能欣赏电影、电视等优秀作品。

一、听觉

（一）听觉刺激

声音是听觉器官的刺激来源，几乎所有可以使空气中的分子运动的物体都可以产生声音，包括人体的声带、键盘的敲击以及鞭炮的爆炸。声音是由物体振动从而导致空气中的分子运动产生的，当物体振动时，它的运动会产生波，而如果振动的频率范围在每秒 30～20000 次之间时，这些波就会刺激我们耳中的感受细胞，从而被感知为声音。

声音具有 3 种物理属性，即振幅、频率、复杂性，而与之相对应的感觉特性则为响度（强度）、音高、音色 3 种。

1.响度

声音的强度是由声波的振幅的大小决定的，声波的振幅是指声压在一次振动周期中变化的幅度。人耳对声音强弱的主观感受是用响度来表示。声音接受处的声波振幅决定了我们所感知到声音的响度，声波的振幅越高，我们所感知到的声音就越响亮，反之则会比较轻柔。对于同一声源来说，波幅传播的距离越远，响度越小；当距离一定时，声音的振幅越大，响度则越大。

2. 音高

音高是指声音的高低，是由声波的频率决定的，两者之间成正比关系，即频率越高，声音则越高，频率越低，则声音越低。声波的频率是指在一定时间内声音周期性变化的次数。人耳适宜的听觉频率刺激大约在 20～20000 Hz 之间，但会随着年龄的增加而缓慢下降，特别是对高频声音的感知。

3. 音色

音色是指不同声音的频率表现在波形方面有不同的特征，即声音的复杂程度。音色是由声音的复杂程度决定的。音色还提供了关于独特声音属性的信息。例如：汽车的鸣笛声和优雅的钢琴曲的声音。自然界中大多数声音都比较复杂，是由几种振动频率不同的声波组成，因此，特定声波的混合决定了声音的音色。

（二）听觉器官

人类和动物的听觉器官统称为耳，较高等动物的耳又包括外耳、中耳和内耳三部分（图 7-9）。

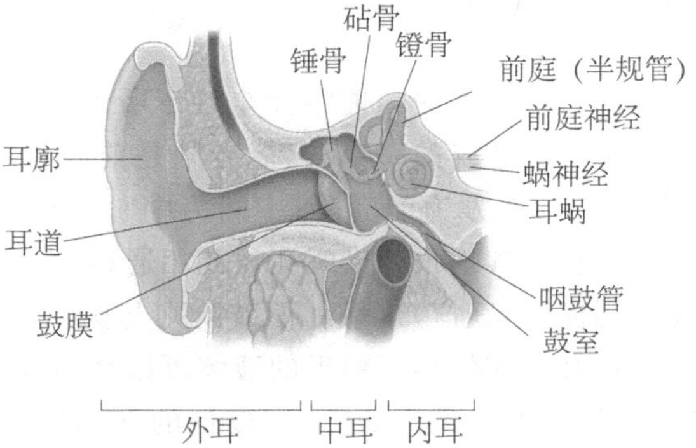

图 7-9　**耳的结构(摘自** Wojciech Pawlina, *Histology: A text and atlas*, Wolters Kluwer **公司)**

1.外耳

外耳包括由皮肤覆盖的软骨所形成的漏斗状的耳廓（收集声波）和通向耳内入口的外耳道(将声波传递到鼓膜)两部分,在听觉系统中主要起着将声音集中的作用。耳廓的形状有利于声波能量的聚集、收集声音,还可以判断声源的位置。外耳道是声波传导的通道,从耳廓延伸至鼓膜处,长约 2.5 cm。此外,外耳道是一个有效的共鸣腔,能提高较弱的声波振动的强度,并使鼓膜振动。

2.中耳

外耳将声音传至中耳,中耳是一个充满空气的腔体,并且含有将声音转化为电信号的结构。中耳主要由鼓膜、三块听小骨以及附着于听小骨的两块微小的肌肉组成(图 7-10)。

鼓膜(tympanic membrane)位于外耳道的底部,声音通过外耳道作用于鼓膜,使鼓膜产生震动。陆生动物的鼓膜接受的气播声,传到耳蜗的淋巴液时,变为液播声。正常耳的传声途径不是直接的气－液过渡,因为气－液过渡会损失 99%的能量,而是声波作用于鼓膜,再经听骨链的传递,从而到达耳蜗。

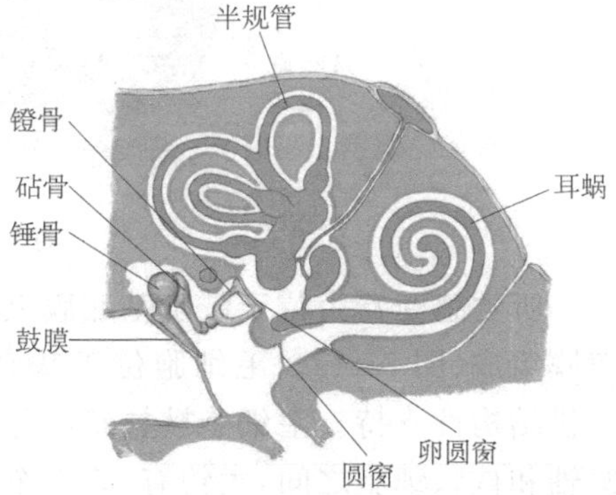

图 7-10　**中耳和内耳[摘自** David L. Felten, *Netter's atlas of neuroscience* (3rd *edition*), Elsevier **公司]**

三块听小骨是锤骨、砧骨以及镫骨,三者相互衔接形成听骨链,主要功能为将鼓膜接收到的振动传至内耳。锤骨靠近鼓膜,锤骨柄附着于鼓膜内面。锤骨会随着鼓膜的振动而振动。砧骨在锤骨和镫骨之间,砧骨与锤骨之间形成刚性的连接,与镫骨则形成柔性的连接。镫骨在卵圆窗像活塞一样进进出出,将声波的振动传递到内耳耳蜗的液体。附着于听小骨的两块微小的肌肉是鼓膜张肌和镫骨肌。

3.内耳

内耳虽然是耳的一部分,但内耳的功能不完全在于听觉,也与平衡感觉相关。内耳包括耳蜗和迷路,前者是听觉系统的一部分,后者则是前庭系统的一部分。耳蜗被前庭膜、基底膜分成3个腔室,上方为前庭阶;中间为中阶(也称蜗管);下方为鼓阶。前庭阶和鼓阶含有外淋巴液,在耳蜗顶处借蜗孔彼此相通;在中阶里则含有内淋巴液。在耳蜗底部,前庭阶和卵圆窗(前庭窗)接触。而鼓阶则与圆窗接触,圆窗是位于耳蜗中的一个有膜覆盖的开口,其存在使得耳蜗里的液体可以来回地流动(图7-11)。

外淋巴液具有和脑脊液相似的离子成分,即较低的 K^+ 浓度和较高的 Na^+ 浓度;而内淋巴液与细胞内液具有相似的离子成分,即较高的 K^+ 浓度和较低的 Na^+ 浓度。由于离子浓度的差异以及前庭膜的通透性,内淋巴液的电位比外淋巴液的电位高80 mV,该电位差称为耳蜗内电位。耳蜗内电位的存在可以增强听觉的传导。

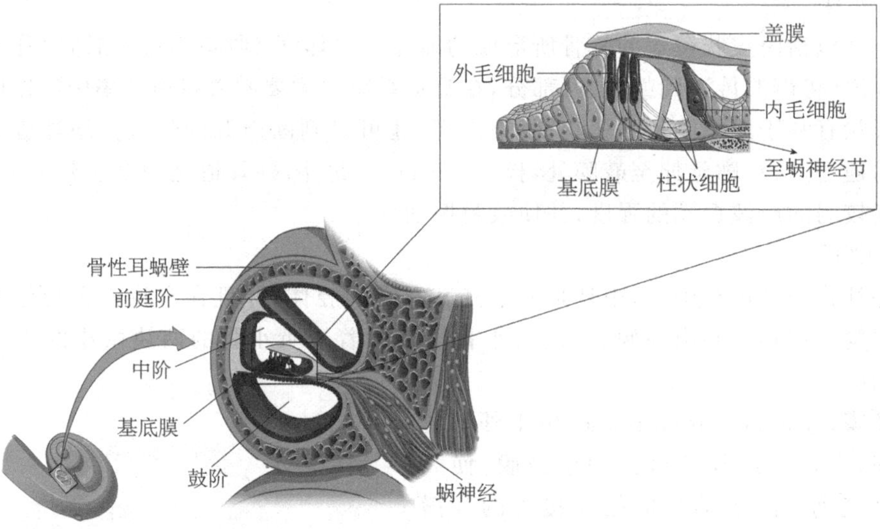

图7-11 耳蜗的结构

听觉感受器为位于鼓阶基底膜上的螺旋器(即柯蒂氏螺旋器),由基底膜、毛细胞、盖膜组成(图7-11)。毛细胞位于基底膜和盖膜之间,而柱状细胞位于这两层之间并提供结构性支持。毛细胞被柱状细胞分成内毛细胞和外毛细胞两种。内毛细胞位于窝轴和柱状细胞之间,大约有3500个,排列成一行。位于柱状细胞外侧的毛细胞则为外毛细胞,大约有12000个。耳蜗的毛细胞的纤毛有动纤毛和静纤毛两种,毛细胞的动纤毛在发育中消失,只留存基部,而毛细胞的静纤毛向网状板上升进入淋巴液,内毛细胞的尖端终止于凝胶状的盖膜下,而外毛细胞的尖端终止于盖膜中,盖膜就像一个起支持作用的架子一样。

毛细胞的轴突和蜗神经节的神经元周围突形成突触。蜗神经节细胞为双极细胞，其周围突伸展至毛细胞的基底部和侧部，并在这些部位接受突触输入。而中枢突则汇聚成蜗神经，投射到位于延髓的耳蜗核。

（三）听觉传导机制

对于哺乳动物，声音经外耳进入，引起外耳与中耳交界处的鼓膜产生振动，从而引起三块听小骨产生相应振动，声波由鼓膜经听小骨链到达前庭窗。前庭窗的压力变化立即传给耳蜗内的液体和膜性结构，整个基底膜和毛细胞向盖膜产生一体化的轴向运动。当声波使得基底膜相对于盖膜轴向运动时，毛细胞纤毛将弯曲变形，机械力传导通道（mechanotransduction channel）开放，而内淋巴液的 K^+ 浓度高，引起 K^+ 大量内流，导致毛细胞去极化，并随之激活电压门控型 Ca^{2+} 通道，Ca^{2+} 大量内流入毛细胞，毛细胞在基底释放兴奋性神经递质谷氨酸，将冲动传递给与之形成突触的双极神经元（即蜗神经节神经元），并使之去极化，从而将机械刺激转化为电信号。

比较有趣的是，K^+ 通道的开放使毛细胞产生去极化，而大多数神经元中的 K^+ 通道开启引起细胞的超极化，主要原因是毛细胞的内淋巴液中的 K^+ 浓度极高，因此使得 K^+ 的平衡电位在毛细胞为 0 mV，而在其他的大多数神经元中为 −80 mV。

（四）听觉中枢通路

相比于视觉的中枢通路，听觉的中枢通路更为复杂一些（图 7-12），因为听觉的感觉器官与中枢之间有更多的核团，并且在一个核团和另一个核团之间存在其他更多的信号支路。

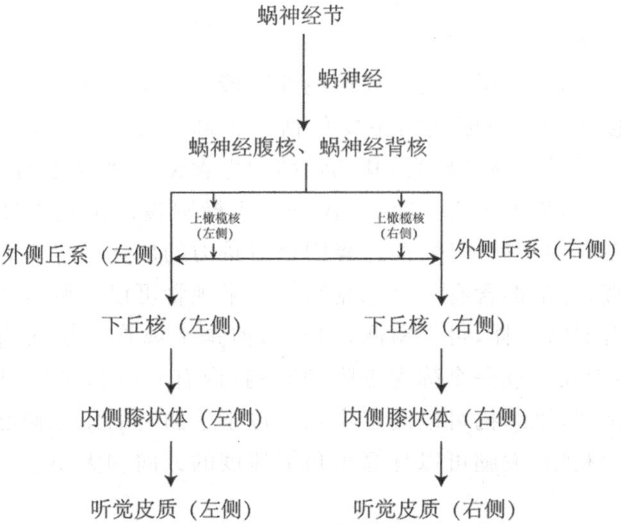

图 7-12　听觉传导途径

听觉传导通路的第1级神经元为蜗神经节(螺旋神经节)内的双极感觉神经元。该神经元的周围突分布于内耳螺旋器的毛细胞,接受毛细胞的听觉信息,中枢突聚集形成蜗神经,与前庭神经一起构成前庭-蜗神经,在延髓与脑桥交界处入脑,止于延髓的蜗神经腹核及背核;第2级神经元胞体位于蜗神经腹核及背核内,发出的纤维多数交叉至对侧,在上橄榄核的外侧折向上行,组成外侧丘系,少数纤维终止于上橄榄核,发出的纤维在同侧和对侧的外侧丘系内上行。外侧丘系的纤维大多数终止于中脑的下丘;第3级神经元是胞体位于下丘的神经元,该级神经元发出的纤维终止于内侧膝状体,也有少部分外侧丘系的纤维绕过下丘,直达内侧膝状体;第4级神经元的胞体位于内侧膝状体,发出纤维组成听辐射(acoustic radiation),投射到位于颞叶的听皮质。

因为外侧丘系内含有双侧的传入纤维,因此每侧的听觉皮质都会接受双耳传入的信息,但主要是接受对侧耳的信息,一侧通路在外侧丘系以上受损,不会引起听觉丧失,但若损伤听神经、内耳或中耳,则会引起患侧听觉障碍。

二、平衡感觉

平衡感觉与我们的生活息息相关,我们走路、骑自行车、做各种运动都依赖于平衡感觉。平衡感觉是指测定头部在空间的位置和运动的感觉。平衡感觉主要是依靠内耳中的前庭系统实现的,因此又被称为前庭觉。当人体内的前庭系统正常工作时,我们往往察觉不到它的存在。但是,当前庭系统的功能受到干扰时,会产生一系列令人不愉快的感受和与运动相关的不适感觉:恶心、头晕以及失去平衡的感觉和眼动的失控。

(一)前庭迷路

和听觉系统一样,前庭系统也是通过毛细胞传递运动信息。毛细胞位于内耳中称为前庭迷路的连接腔中。前庭迷路主要包括两个部分(图7-13):耳石器官和三个半规管。耳石器官包括椭圆囊和球囊,其感觉结构为囊斑,毛细胞位于囊斑上,主要是测定直线加速度的作用,当人体直立时,囊斑平行于椭圆囊而垂直于球囊。椭圆囊主要是对头部的前后左右的摇摆敏感,而球囊则是对重力的加速度等垂直作用敏感。三个半规管则相互垂直,每个都含有一个感觉结构。半规管可以检测点头或摇头等头部运动。半规管和耳石器官一样,可以检测加速度,但是半规管感受到的是角加速度。并且,半规管的末端膨大形成一个称为壶腹的结构,内有一隆起结构,称为壶腹嵴,壶腹嵴上也有毛细胞排列,该结构可以测定半规管位于平面时的角加速度。通过对来自六个半规管的信息的利用,大脑可以计算出角加速度的方向和大小。

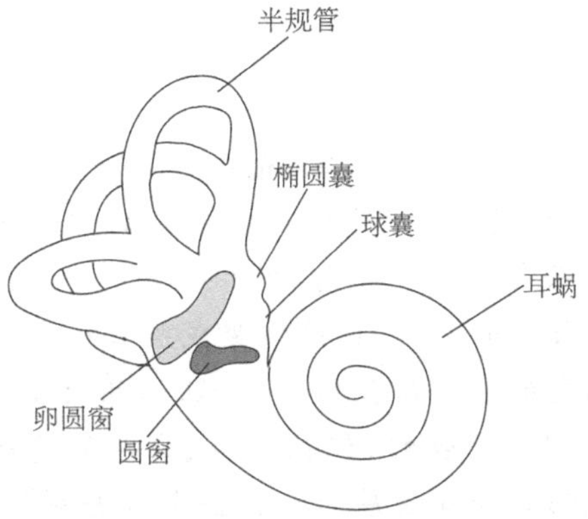

图 7-13　**前庭迷路的结构**

耳石器官和三个半规管这两种结构能够将由头部运动所产生的机械能转换至毛细胞。这些结构对不同的运动有着不同的敏感性，不是因为它们所拥有的毛细胞不同，而是因为毛细胞所在特定部位的结构不同。

（二）前庭系统的中枢通路

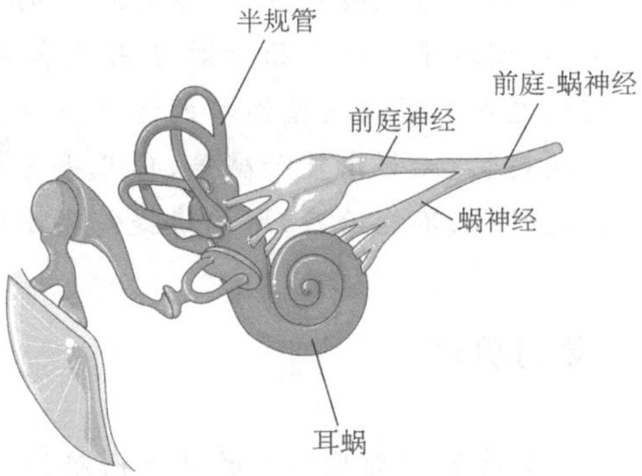

图 7-14　**前庭-蜗神经的构成**

中枢前庭通路整合头部和身体运动的信息，并利用该信息控制对头部、眼睛、身体姿势进行调节的运动神经元。平衡觉传导通路的第1级神经元是前庭神经节内的双极细胞，其周围突分布于前庭内的球囊斑和椭圆囊斑，以及壶腹嵴，中枢突组成前庭神经。前庭神经和蜗神经共同构成了人体的第 VIII 对脑神经——前庭-蜗神经（又称位听神经，图 7-14），在延髓与脑桥的交界处入脑，终止于前庭神经核；第2级神经元位于前庭神经核，该级神经元发出的纤维可能有一小部分到达丘脑腹后核交换神经元，再投射到颞上回前部的皮质，产生意识。而大部分第2级神经元投射到非常广泛的区域，通过各种途径，最终影响与平衡觉相关的功能。比如，通过内侧纵束，投射至动眼神经核、滑车神经核和展神经核，完成眼肌前庭反射（如眼球震颤）；投射至副神经核脊髓部和上段颈髓前角运动神经元，执行转眼同步转头的协调动作；前庭神经外侧核投射到脊髓组成前庭脊髓束，完成躯干、四肢的姿势反射；投射至小脑参与平衡调节等。

生活中的心理学

晕车的烦恼

晕车时常困扰着我们的长途旅行，它最常见的表现就是疲劳和恶心，伴随着迷失方向，通常是由头部的不平衡振动所引起。一般情况下，晕车始于面色苍白，然后升级为冒冷汗和打哈欠，最终演变成恶心和呕吐。

视觉、听觉和平衡觉的感官结合在一起，让你的大脑随时知道你在哪里，大多数情况下，这些感官都是一致的，但在乘车、乘船的情况下，感觉的分歧将导致晕车晕船。与司机相比，坐在后座的人往往更容易被其他与旅行或驾驶无关的事情分心。因此，当汽车行驶在崎岖的山路上时，如果我们在做某件事或向外看时，我们可能经常感到不舒服。而司机全神贯注于驾驶和道路上，所以他们通常最不可能晕车。

有很多方法可以改善晕车的症状，如果你在一辆车里，你可以尽可能地坐在前面，然后直视前方，而不是在车的两侧。如果你是在船上，你可以坐在船的中间，朝地平线看。旅行时享用美食可能会有所帮助，话梅、饼干、面包都是不错的选择。如果这些简单的方法对你仍不管用，那么你需要服用合理的预防晕车的药物，比如东莨菪碱等，你几乎可以在所有的药店里买到它，但注意晕车药只能预防，不能治疗，所以请提前半小时服用。

复习巩固

1.请简述听觉信息的传导通路。
2.请简述听觉刺激如何转换为电信号。
3.请简述平衡觉信息的传导通路。

第四节　躯体感觉

躯体感觉包含痛觉、触觉、温度觉等感觉，可以让人们判断自身所处的状态。躯体感觉系统不同于特殊感觉系统，它可以对多种不同的刺激做出反应，主要有触觉、温度感觉、痛觉以及躯体位置感觉。躯体感觉系统实质上是一系列感觉的总称，包含了除视觉、听觉、嗅觉、味觉、平衡感觉等特殊感觉以外的一切感觉。躯体感觉系统与特殊感觉系统另一个差异是，其感受器分布于全身，而并非某一特殊的部位。

在本节中，我们将躯体感觉分为三个部分，即触觉、痛觉、温度觉进行描述。正如我们将要了解的一样，不同类型的躯体感觉取决于其感受器、神经传导路径和脑区活动。

一、触觉

触觉是指皮肤触觉感受器接受触、压等机械刺激产生的感觉。由于触觉和压觉在性质上具有相似性，因此压觉可认为是连续性触觉。此外，还有一种节律性的压觉，称为振动觉，振动物体与身体接触时产生的感觉即为振动觉，也可归入触觉范畴。

（一）触觉感受器

人的皮肤中存在多种机械感受器，由感觉神经元周围突的终末包裹结缔组织被囊构成，种类较多，主要是依据其所处的位置和感受野进行分类。I 型感受器比较表浅，位于上皮和真皮组织的交界处，具有感受野小、定位清楚的特点，主要有麦氏触觉小体（Meissner's corpuscle）和触盘（Merkel's disc），其两点辨别阈较低，故分辨力较强。II 型感受器则位于真皮的深层，具有感受野大、定位模糊的特点，主要有鲁菲尼氏小体（Ruffini's corpuscle）和与感知压觉和温觉有关的环层神经末梢和环层小体（Pacinian corpuscle）以及与感知压力有关的环层状神经终器，其两点辨别阈较高，因而分辨力较弱。触觉感受器的功能是在受到触觉刺激时，引起 Na^{+} 内流，细胞膜去极化，即将机械刺激转化为电信号。

（二）触觉通路

1.初级传入纤维

皮肤上具有丰富的神经轴突分布，这些轴突在向中枢神经系统行走的过程中，进入周围神经的巨大网络中。躯体感觉系统中的初级传入纤维（primary afferent axons）是将感觉信息从躯体感受器传导到脊髓或脑干的轴突。初级传入纤维的细胞体位于脊神经节中，为假单极神经元，其周围突分布于肌肉、关节、皮肤；中枢突通过后根传至脊髓。传导皮肤触觉信息的初级传入纤维进入后角后形成分支。主要的分支是上行将触觉信息传入脑，使我们能够对触压皮肤的刺激做出判断；另一分支传给脊髓前角运动神经元或其他神经元，可以产生快速的非意识的反射。

初级传入纤维依据其直径和相联系的感受器具有多种类型，通常有两种方式表示，即阿拉伯字母和希腊字母，以及罗马数字表示（表 7-1）。来自皮肤的初级传入纤维通常按 Aα、Aβ、Aδ 和 C 纤维进行命名；来自肌肉和肌腱的初级传入纤维通常用 I、II、III 和 IV 进行命名。初级传入纤维的传导速度与轴突的直径和是否有髓鞘有关。最细的 C 纤维没有髓鞘，直径不到 1 μm，主要传导痛觉和温度觉，是传导最慢的纤维，约 0.5～1 m/s。而传导最快的 Aα 纤维，传导速度可达到 80 m/s 以上。

表 7-1　初级传入纤维的类型

来自皮肤的轴突	Aα	Aβ	Aδ	C
来自肌肉的轴突	I	II	III	IV
直径(μm)	13～20	6～12	1～5	0.2～1.5
速度(m/s)	80～120	35～75	5～30	0.5～2
是否有髓鞘	有	有	有	无
相连的感受器	骨骼肌本体感受器	皮肤的机械感受器	疼痛、温度觉感受器	温度、疼痛和痒觉感受器

2.后索一内侧丘系通路

躯干将触觉信息传递到脑的途径称为后索一内侧丘系通路(图 7-15),该通路由 3 级神经元组成。

第 1 级神经元是初级传入神经元,该神经元位于脊神经节,该神经元的周围突分布于肌肉、关节躯干皮肤的精细触觉感受器;中枢突经脊神经后根进入同侧脊髓后索。第 5 胸节及以下的脊神经节细胞的初级传入纤维组成薄束,第 4 胸节及以上的脊神经节细胞组成楔束,楔束居薄束外侧。薄束传导同侧第 5 胸节以下的感觉信息,楔束传导同侧第 4 胸节以上的感觉信息,分别中止于延髓的薄束核与楔束核。

薄束核与楔束核的神经元组成第 2 级神经元,发出纤维在内侧丘系(位于延髓的腹内侧)进行左右交叉后上行,即在此之后,躯体右侧的触觉信息在脑的左侧进行上行和加工。交叉之后的触觉信息传递到丘脑的腹后外侧核。

腹后外侧核的神经元组成第 3 级神经元,发出轴突经内囊后肢投射到中央后回的第一躯体感觉皮质的中、上部和中央旁小叶后部(图 7-15)。

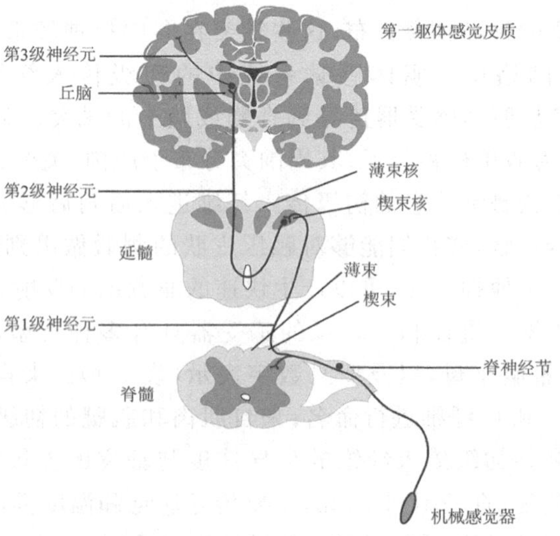

图 7-15　后索一内侧丘系通路

3.三叉神经触觉通路

传导躯干感觉的轴突通过脊神经将信息传入中枢神经系统，而来自头面部的触觉信息也是由 3 级传入神经元组成。头面部触觉传入的初级传入神经元主要位于三叉神经（第 V 对脑神经），终止于同侧三叉神经核；第 2 级神经元主要位于同侧三叉神经核，三叉神经核发出的轴突交叉后进入对侧丘脑腹后内侧核；丘脑腹后内侧核的神经元组成第 3 级神经元，发出轴突终止于中央后回的第一躯体感觉皮质下部。耳、鼻和咽周围皮肤的触觉信息则是通过面神经、舌咽神经以及迷走神经等脑神经传到大脑的躯体感觉皮质。

二、痛觉

痛觉是一种与机体组织损伤相关的不愉快感觉和情绪性体验，这表明疼痛包含感觉和情绪两部分。痛觉信息可以使我们感知到机体组织正处在受到伤害的危险中，并做出相应的反应。痛觉与其他感觉不同，并不独立存在，而是与其他感觉混杂在一起。

（一）痛觉感受器

和温度感觉一样，痛觉的感受器是皮肤上游离的神经末梢，即感觉的初级传入神经元的周围突裸露的末梢（无结缔组织被囊包裹）。痛觉感受器没有适宜刺激，任何刺激只要达到痛觉阈限就能使其兴奋，痛觉感受器又称为伤害性感受器。痛觉感受器属于慢适应感受器，不易出现适应，这一特征对人和动物的生存和发展具有重要意义。

伤害性感受器根据不同的刺激性质可以分为机械性伤害感受器、多觉型伤害性感受器两种。机械性伤害感受器也被称为高阈值机械感受器，这类感受器的感受野很小，但是敏感性较强，只对较强的机械刺激做出反应，因此对针尖刺激特别敏感。多觉型伤害性感受器对机械、化学、极端温度的伤害性刺激都能做出反应。

伤害性感受器存在于大多数机体组织中，包括皮肤、骨骼、肌肉、内脏等，但在大脑中只有脑膜存在伤害性感受器，其余部分没有伤害性感受器。皮肤上痛觉感受器的兴奋能产生两种不同的痛觉，一种是由 Aδ 纤维引起的快速尖锐的痛觉，另一种则是由 C 纤维活动引起的迟钝的持久的痛觉（图 7-16）。

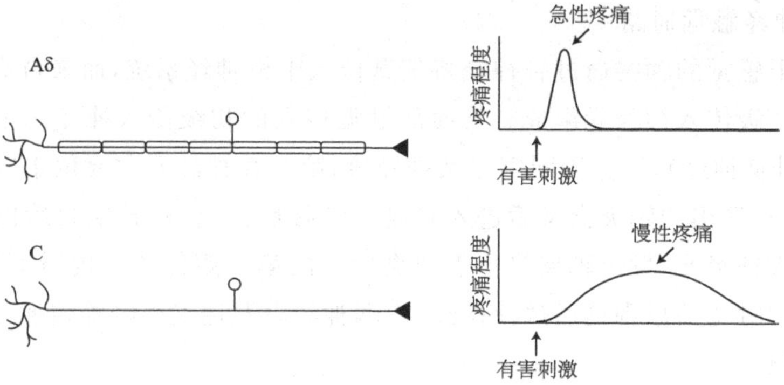

图 7-16　Aδ 纤维和 C 纤维

(二)内脏痛觉

内脏痛觉通常由机械性牵拉、痉挛、缺血和炎症等刺激所引起。内脏痛觉具有以下特点:① 内脏痛觉最主要的特点是定位不明确,这也就是很多腹痛患者不能准确辨知疼痛明确部位的原因;② 内脏痛觉发生缓慢,但是持续时间比较长;③ 内脏痛觉能够引起不愉快的情绪体验,并伴有恶心、呕吐等症状。内脏痛觉的感受器进入脊髓的路径与皮肤上的痛觉感受器相同(图 7-17)。皮肤上的痛觉感受器和内脏痛觉的传入纤维会在脊髓后角发生信息混合,而正是由于这两种感觉信息的相互干涉引起了牵涉痛,即往往内脏感觉的疼痛被感知为皮肤痛。

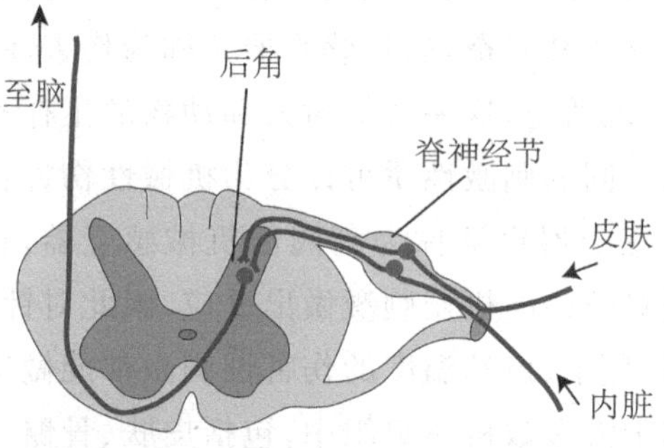

图 7-17　来自内脏和皮肤的痛觉感受器的传入纤维在脊髓后角产生汇聚

(三)痛觉传导通路

1.脊髓丘脑通路

躯干的痛觉信息通过脊髓丘脑通路传递到大脑感觉皮质,该通路由 3 级神经元组成(图 7-18)。第 1 级神经元轴突为初级传入纤维,其胞体位于脊神经节中,该脊神经节细胞为假单极神经元,其周围突分布于躯干和四肢皮肤内的感受器;中枢突经后根进入脊髓,终止于第 2 级神经元。第 2 级神经元胞体在脊髓的背外侧区(Lissauer 小体),其发出的纤维经白质前联合时上升 1～2 个节段,或先上升 1～2 个节段,再经白质前联合交叉至对侧的外侧索和前索内上行,组成脊髓丘脑束,终止于背侧丘脑的腹后外侧核。第 3 级神经元的胞体位于背侧丘脑的腹后外侧核，它们发出的纤维经内囊后肢投射到中央后回躯体感觉皮质中、上部和中央旁小叶后部。

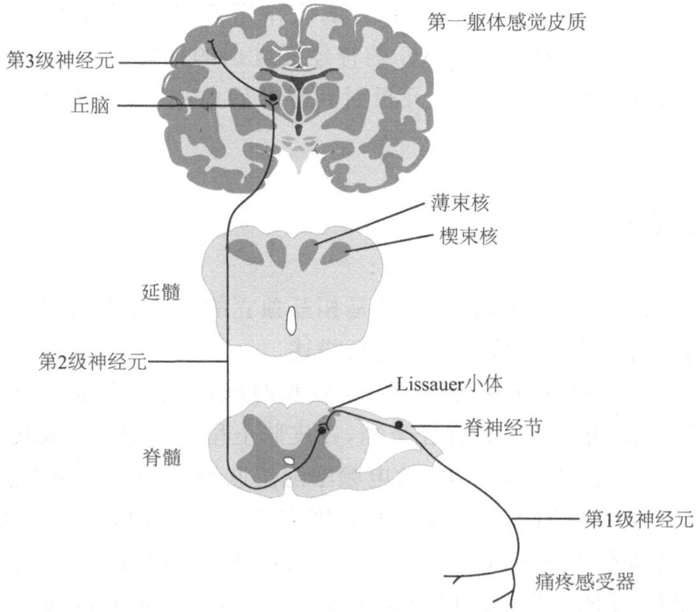

图 7-18　脊髓丘脑通路

2.头面部痛觉传导通路

头面部的温度和疼痛信息传递到丘脑的路径与脊髓相似，也是由 3 级传入神经元组成。头面部疼痛传入的初级传入神经元主要位于三叉神经中，但是也分布于舌咽神经、迷走神经、面神经等。三叉神经的细纤维首先发出轴突到脑干中的三叉神经脊束核，与其形成突触；第 2 级神经元由三叉神经脊束核内的神经元组成，然后这些神经元的轴突交叉构成三叉丘系，中止于背侧丘脑的腹后内侧核；腹后内侧核的神经元组成第 3 级神经元，发出纤维经内囊后肢投射到中央后回下部的躯体感觉皮质。

3.痛觉的调节机制

很多年前，人们意识到痛觉是可以调节的，痛觉的调节主要是通过神经系统中的疼痛调节系统完成。疼痛的调节机制包括传入调节机制和下行调节机制两种方式。

（1）传入调节机制

传入调节机制是指当痛觉感受器和低阈值的机械感受器同时兴奋时，痛觉感受器的兴奋可以被机械感受器的兴奋减弱。例如，当皮肤受到划伤时，如果轻轻抚摸伤口周围的皮肤可以减轻伤口的疼痛。

（2）下行调节机制

在一些强烈应激状态下，如战斗、体育比赛中，战士和运动员能忍受常人难以忍受的疼痛，这是因为痛觉的下行调节机制产生的镇痛效应。下行调节机制是由中脑的导水管周围灰质(PAG)、延髓中缝核群以及邻近的网状结构和一部分脑桥背侧部网状结构组成。PAG可以接受来自额叶皮质、岛叶、杏仁核、下丘脑、脑桥网状核和蓝斑核等传入信息,大多数高级中枢激活产生的镇痛作用都可以通过PAG介导,电刺激PAG可以产生明显的镇痛作用。PAG的神经元发出的轴突进入延髓内侧,特别是中缝核群,中缝核群的5-羟色胺能神经元投射到脊髓后角,并有效地抑制痛觉传入神经元的活动。

三、温度感觉

温度感觉包括冷觉和热觉两种,两者是相互独立的。此处描述的温度感觉是非痛性的温度觉,痛性的温度觉在痛觉部分进行描述。

温度觉感受器是一种慢适应感受器,在较长时间的刺激下也会产生感觉适应现象。温度感受器是皮肤上的游离神经末梢,在皮肤上呈点状分布。温度感受器在皮肤温度升至30～46℃时被激活而放电,放电频率随皮肤温度的升高而增加,但是当皮肤温度超过46℃时,痛觉将出现。当皮肤的温度在10～40℃时,冷感受器放电,当皮肤温度下降时,冷觉随着冷感受器放电频率增加而增强。事实上,真正的温度感受器是属于瞬时受体电位(TRP)非选择性阳离子通道家族成员,不同的温度范围会激活不同的TRP通道。温度感觉传导通路的路径与痛觉的传导路径组成相同。

四、躯体感觉皮质

和特殊感觉类似,躯体感觉最主要的加工位置是大脑皮质。从丘脑腹后内侧核携带的躯体感觉信息特异性投射到大脑皮质的躯体感觉皮质。与躯体感觉相关的大脑皮质主要位于顶叶,主要包括第一躯体感觉皮质(primary somatosensory cortex,SI)、第二躯体感觉区等(second somatosensory area,SII)。

(一)第一躯体感觉皮质

第一躯体感觉皮质位于中央后回(中央沟的后方)及中央旁小叶后部,相当于Brodmann分区的3、1、2区,是主要的躯体感觉皮质,对躯体感觉刺激非常敏感,接受大量来自丘脑腹后核的感觉传入纤维,丘脑腹后核接受内侧丘系、脊髓丘脑束、三叉丘系的传入。

第一躯体感觉皮质接受躯体各部位投射的特点是:① 接受对侧躯体的投射;② 躯体各部位在第一躯体感觉皮质的投射位置与躯体的解剖位置上下颠倒,即下肢、骶部所对应的感觉皮质位于中央后回上部及中央旁小叶前部,躯干和上肢对应区位于中央后回中部,头面部对应区位于中央后回下部;③ 躯体各部位在第一躯体感觉皮质投射的范围比例与躯体各部位的真实大小无关,而与该部位的感觉敏感度成正比,例如手指与唇舌的感受器最密，因此在感觉区投射比例相应就最大（图 7-19）。

躯体感觉皮质具有可塑性，其表现为感觉区神经元之间的广泛联系可发生较快的改变。比如截去猴的一个手指，则该被截手指的皮质感觉区将被其邻近手指的代表区所占据。这种可塑性改变也发生在其他感觉皮质和运动皮质。皮质的可塑性表明了大脑具有良好的适应能力。

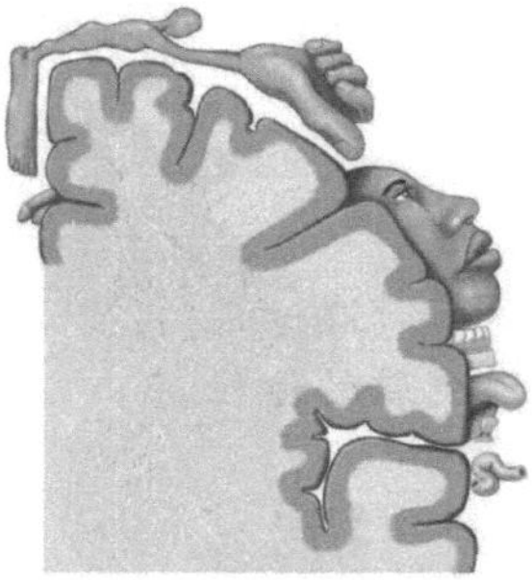

图 7-19　第一躯体感觉皮质［**摘自** Elaine N. Marieb, *Human Anatomy & Physiology*（*Global* 10th *Edition*）, Pearson **公司**］

（二）第二躯体感觉区

该区命名是根据发现的时间次序，该区位于大脑外侧沟的上壁，中央沟的后方，顶叶岛盖内，第二感觉区可能与对侧上、下肢运动和双侧躯体感觉（以对侧为主）有关。

拓展阅读

辣椒的魅力

没有什么食物能像辣椒一样让人着迷。辣椒的魅力来自一种叫作辣椒素（capsaicin）的化学物质，它让辛辣食物变得如此的辣。你嘴里的那种“辣味”其实不是一种味道，而是一种类似于疼痛的感觉。当你的舌头感知到这种痛觉时，你的大脑会立即启动你身体的疼痛反应，以帮助缓解疼痛。

作为自我保护机制，疼痛反应的第一步是脑内释放内啡肽（endorphins）。内啡肽可以产生一定的镇痛作用，从而缓解疼痛。与此同时，内啡肽会刺激大脑释放多巴胺来取悦你，让你感觉到快乐，并分散注意力，减轻疼痛反应。因此，如果你吃了大量的辛辣食物，你甚至可以体验到一种非常满足的欣快感，这种欣快感来自辣椒引起的内啡肽和多巴胺释放。内啡肽和多巴胺在人体系统中可以产生愉悦、满足的幸福感，如果仅仅是内啡肽，则可以减轻疼痛。多巴胺是一种众所周知的神经递质，可以产生欣快感，保持你的积极性、乐观和对日常生活的热情。多巴胺也牵涉到大脑的奖赏回路，常常与成瘾有着不可分割的联系。因此，为什么辣椒能让人念念不忘？就是因为它含有的辣椒素可以产生疼痛的感觉，反馈性地刺激内啡肽和多巴胺的释放，从而引起非常满足的欣快感。

复习巩固

1.请简述第一躯体感觉皮质的特点。

2.简述躯干将触觉信息传递到脑的途径。

本章要点小结

1.感觉是指个体对刺激作用于某种感受器（如眼、耳等器官中的结构）所产生的初级经验。

2.感知化学感觉的器官是味觉器官和嗅觉器官。味觉器官接受环境刺激诱导的味觉信息。

3.视觉是人们从外界获取信息的主要来源，外界70%以上的信息都是由视觉系统进行感知、接受和处理。眼是引起视觉的感觉器官。光感受器分为视杆细胞和视锥细胞两种。

4.两种光感受器中含有感光物质，光刺激时可导致感光物质的化学变化和电位变化，从而产生神经冲动。

5.人类和动物的听觉器官统称为耳。声音经外耳进入，引起外耳与中耳之间交界处的鼓膜产生振动，从而引起三块听小骨产生相应振动，整个基底膜和毛细胞向盖膜产生轴向运动时，毛细胞纤毛将弯曲变形，机械力传导通道最终导致毛细胞突触后的蜗神经节神经元的去极化，从而将机械刺激转化为电信号。

6.平衡感觉是指测定头在空间的位置和运动的感觉。平衡感觉主要是依靠内耳中的前庭系统实现的，因此又被称为前庭觉。

7.躯体感觉包含温度觉、痛觉、触觉等感觉，可以让人们判断自身所处的状态。

8.躯体感觉最复杂的处理位于大脑皮质。与躯体感觉相关的大脑皮质主要位于顶叶。第一躯体感觉皮质接受躯体各部位投射的特点是：① 左右交叉；② 上下颠倒；③躯体各部位在第一躯体感觉皮质投射的范围比例与躯体各部位的真实大小无关，而与该部位的感觉敏感度成正比。

关键术语表

感觉	feel
味觉	gustatory sense
嗅觉	smell
视觉	vision
听觉	hearing
平衡感觉	balance sensation
触觉	tactile sensation
痛觉	sense of pain

复习思考题

单项选择题

1.初级味觉皮质位于(　　)。

A.岛叶　B.额叶　C.枕叶　D.顶叶

2.视束的轴突主要终止于(　　)。

A.内侧膝状体核　B.外侧膝状体核　C.上丘　D.下丘

3.内耳包括耳蜗和(　　)。

A.迷路　B.鼓膜　C.听小骨　D.圆窗

4.听觉皮质位于(　　)。

A.枕叶　B.颞叶　C.岛叶　D.顶叶

5.触觉上行途径在(　　)处左右交叉。

A.内侧丘系　B.延髓锥体　C.内囊　D.脊髓

6.以下哪条通路是痛觉的上行通路？(　　)

A. 皮质脊髓束　B.脊髓丘脑束

C.后索一内侧丘系通路　D.红核脊髓束

7.第一躯体感觉皮质位于(　　)。

A.中央前回　B.中央后回　C.角回　D.颞上回

8.内脏痛的特征不包括(　　)。

A.定位不明确

B.内脏痛觉发生缓慢,但是持续时间比较长

C.有压痛,不压不痛

D.内脏痛觉能够引起不愉快的情绪体验

9.痛觉的下行调节机制与以下哪个神经递质相关？(　　)

A.5-羟色胺　B.多巴胺　C.去甲肾上腺素　D.乙酰胆碱

第八章　脊髓控制的行为

运动是人类最基本的能力之一。我们在日常工作、生活中完成的各种骨骼、肌肉产生的运动，都需要受到中枢神经系统的控制。运动系统是一个以十分复杂而精妙的方式结合在一起的组织，个体的所有行为都有赖于这个精妙的运动系统。脑和脊髓同属于中枢神经系统，脊髓是神经系统的低级中枢，其功能较为基础，但为一些高级中枢功能的实现提供了必要条件。而在有的时候，即使没有脑的参与，一些简单的行为仍然有可能发生。目前普遍认为脊髓具有初步的运动控制功能，这些功能可以使得个体产生协调性运动，而脑对脊髓控制的行为具有调控和指挥作用。人体活动的低级中枢是脊髓，而高级中枢则在大脑皮质。本章和下一章将介绍脊髓和脑如何控制和调控行为。

第一节　躯体运动系统

肌肉(muscle)是最重要的运动器官之一，当接收到了神经信号以后，肌肉会收缩或舒张，而肌肉的活动会产生力的作用，躯体的相关部位受到了力的作用从而产生运动。基于显微镜下的形态，我们将人体的肌肉分成两个大类：横纹肌和平滑肌。平滑肌(smooth muscle)主要位于一些中空器官、消化道、动脉管壁等相关的部位，帮助内脏蠕动，以及控制血压在适宜水平。横纹肌(striated muscle)又可以再分为两类：心肌和骨骼肌。心肌(cardiac muscle)，顾名思义，意为心脏部位的肌肉，可以自主地发生节律性收缩，即使未受到神经的支配，心肌也可有节律地收缩并将血液输送到全身各处。平滑肌和心肌受自主神经系统支配；骨骼肌受躯体运动神经系统支配，其功能是产生和控制躯体的随意运动，并受意识的控制。

一、骨骼肌的功能

骨骼肌(skeletal muscle)在人体中占很大的比例，约占体重的40%，构成了人体的肌肉群，这是躯体不可或缺的组成部分。它能使关节在骨骼的围绕下运动自如，眼眶内的眼球上下左右转动，能够控制呼吸以及使人做出丰富的面部表情，让人得以开口说话。在骨骼肌的收缩或舒张下，我们的关节得以屈曲或伸展，从而进行各种行为和活动。骨骼肌附着在关节头的两侧，跨过关节，才能使骨骼肌在收缩和舒张的时候能够拉动关节活动。我们的日常生活、运动、劳作，并不会有什么动作是只依靠一块肌肉的运动就能完成，总是需要多块肌肉和骨骼协调配合才得以顺利实现。

二、关节的运动

在每一块肌肉里，大约有上百万根肌纤维(muscle fiber)，也就是骨骼肌细胞，每一个骨骼肌细胞都会受到神经纤维的支配，当神经纤维兴奋时，受到支配的骨骼肌才能产生收缩(图8-1A)。所以，生物体内的骨骼肌产生运动，都是在神经系统的控制下实现的。我们用躯体运动系统来统称这部分肌肉以及支配它的神经系统。

例如肘关节，肘关节是由肱骨、桡骨和尺骨三部分构成。肱骨位于上肢的近端，桡骨和尺骨位于上肢远端，它们被致密结缔组织构成的韧带固定在一起，构成了人体的肘关节。肘关节就如同一柄剪刀的开合那般发挥自己的功能。将这柄“剪刀”收起来的活动，叫作屈曲(flexion)，打开这把“剪刀”的活动，我们称之为伸展(extension)。能够使肘关节发生屈曲的肌肉被称为屈肌(flexor)，主要是肱二头肌。能够使肘关节发生伸展的肌肉称为伸肌(extensor),例如肱三头肌(图 8-1B)。

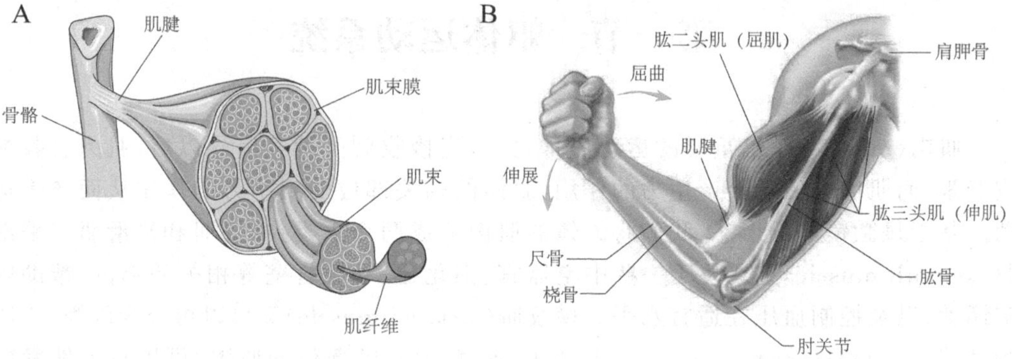

图 8-1　骨骼肌的结构[摘自 Cinnamon VanPutte, *Seeley's essentials of anatomy & physiology* (9th *edition*), McGraw-Hill Education **公司]**

同一组骨骼肌只可以向同方向运动,如果需要向两个方向运动的话,要两组不同的骨骼肌往相反方向运动,由于屈肌和伸肌将关节向相反的方向拉动,所以它们互称为对方的拮抗肌(antagonistic muscle)。例如一次简单的肘关节运动,需要同时使位于肘关节前方的屈肌和位于后方的伸肌协调配合。屈肌组和伸肌组相辅相成,缺一不可,少了任何一部分都无法完成动作。我们日常的很多行为,例如行走、鼓掌等,均需要两组肌肉有节律地出现交替收缩和放松才能完成。

人体内还有许多的肌肉组织是以这些肌肉所在的关节的部位来命名。如体轴肌(axial muscle)支配整个躯干的活动,能够帮助我们保持躯体的姿势;近端肌(proximal/girdle muscle)可以使肩部、肘部、髋部以及膝关节进行活动,所以我们日常走路、跑步等较大幅度的运动都不能缺少近端肌肉;与之相对的远端肌(distal muscle)使我们的手、脚、手指、脚趾得以运动,控制人体的精细动作。

三、骨髓肌的结构

(一)肌纤维

肌纤维又叫作肌细胞,是肌肉的结构和功能单位(图 8-2)。它们大小不一,差异很大,直径从几十到几百微米,长度从几毫米到几厘米。肌纤维是人体内最小的完整收缩系统。

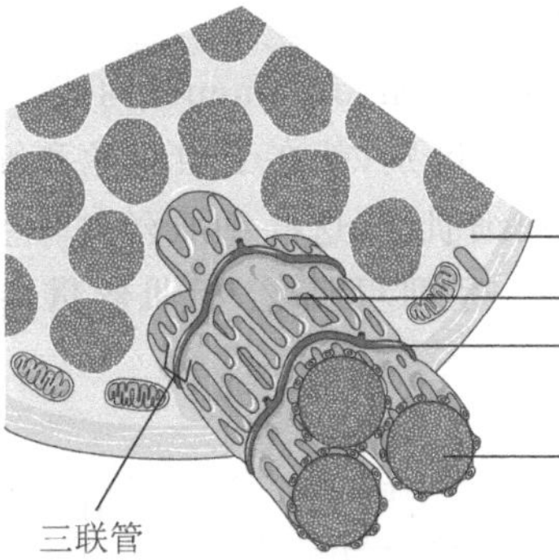

图 8-2 **肌纤维的结构**

肌细胞的代谢与其他细胞的新陈代谢非常相似，营养物质进入细胞并被氧化以释放能量，最常见的例子是糖酵解和脂肪酸分解。

（二）肌原纤维

肌纤维被称为肌纤维膜的可兴奋细胞膜包围。在肌纤维内有一种称为肌原纤维(myofibril)的结构，肌原纤维呈细丝状，直径 1～2 μm，在肌纤维膜的动作电位到达时可产生收缩。这些肌原纤维含有能够产生力的蛋白质。正是由于这些纤维，骨骼肌才显示出其特有的条纹图案。广泛的蛋白质网络将每个肌原纤维与其邻近的肌原纤维和细胞膜结合。

肌原纤维被肌质网(sarcoplasmic reticulum，SR)包围，肌质网是肌纤维内特化的内质网，包绕在每条肌纤维周围，其走向与肌纤维的长轴一致，故又被称为纵小管(longitudinal tubule)，可存储 Ca^{2+} 。

骨骼肌细胞膜凹陷入肌质形成的管状结构称为横小管(transverse tubule)，简称 T 管，因其走向与肌纤维的长轴垂直，每一个 T 管的内部与细胞外液相连。动作电位沿着肌纤维膜扩散，然后通过 T 管迅速传到肌纤维的深层。

肌质网两端各与一组 T 管接触，在与 T 管接触的部位形成一个膨大的结构，称为终池(terminal cisterna)。终池是细胞内的钙库，在肌肉舒张时，终池内的 Ca^{2+} 浓度比胞质内高成千上万倍。骨骼肌的 T 管通常两侧均有终池，三者共同构成一个被称为三联管(triad)的结构，三联管是骨骼肌兴奋-收缩耦联的关键结构(图 8-2)。

（三）粗肌丝与细肌丝

仔细研究肌原纤维可以了解 Ca^{2+} 如何引发肌肉收缩(图 8-3)。肌原纤维沿着肌纤维的长轴行进，呈现出一种非常规律的明暗交替，即明带和暗带会交叉出现，所以在肌纤维中出现了横状的纹路。在暗带的中央区域，有一段区域比较亮，这个明亮的区域叫作 H 带；而在 H 带中间有一条深色横向的线叫 M 线。暗带旁边紧接着的是明带，明带中间有一条暗线，称为 Z 线。两条 Z 线以及位于其中间的肌原纤维所组成的节段叫作一个肌小节(sarcomere)，肌原纤维就这样被 Z 线分割成一节一节的小片段，肌小节是肌肉收缩的基本单位。

电镜下肌原纤维由粗、细两种肌丝(myofilament)构成。两种肌丝沿肌纤维的长轴平行排列,之所以会出现明、暗带的区别,就在于粗肌丝和细肌丝在不同位置规律性排列。固定在Z线两侧的是一系列细肌丝,这些细肌丝并不会彼此接触,游离端伸入粗肌丝之间;在两组细肌丝之间是一系列粗肌丝,粗肌丝贯穿暗带全长,中央借M线固定,两端游离(图8-3)。

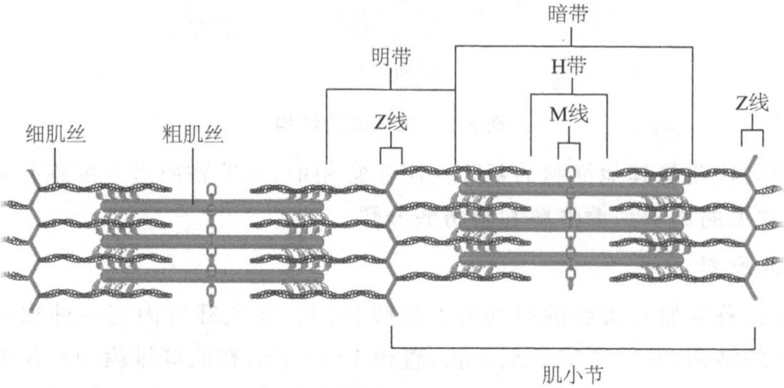

图8-3 肌原纤维的结构[**摘自** Cinnamon VanPutte,*Seeley's essentials of anatomy & physiology*》(9th *edition*),McGraw-Hill Education **公司**]

粗肌丝和细肌丝的组成成分不同,粗肌丝是肌球蛋白(myosin)分子平行排列并聚集成束而构成,细肌丝是由肌动蛋白(actin)、原肌球蛋白(tropomyosin)和肌钙蛋白(troponin)三种蛋白分子构成。粗、细肌丝会发生滑动,原因在于肌动蛋白和肌球蛋白的相互作用。

在肌肉位于静息状态的时候,由于肌球蛋白头部(横桥)与肌动蛋白的结合点被原肌球蛋白掩盖,所以此时横桥与肌动蛋白无法结合。当胞质内Ca^{2+}浓度增高,Ca^{2+}与肌钙蛋白结合,肌钙蛋白构象发生变化,原肌球蛋白被肌钙蛋白移除,横桥与肌动蛋白的结合位点就暴露出来,于是处于高势能垂直状态的横桥与肌动蛋白相结合,横桥向M线方向扭动45°,使细肌丝沿着粗肌丝向M线滑动,Z线靠近,一个肌小节就缩短了,所以,这就表现为肌肉发生了收缩。随之,ATP与横桥结合,促进横桥与肌动蛋白解离,横桥具有ATP酶活性,分解结合的ATP,利用其化学能使扭动后的横桥重新竖起而处于高势能状态。如果胞质中Ca^{2+}仍然保持较高的浓度,肌动蛋白上的横桥结合位点仍然暴露,横桥就会和细肌丝上的下一结合位点结合,进入下一个收缩周期。如果肌质网通过钙泵回收Ca^{2+},肌质内Ca^{2+}浓度降低,肌钙蛋白与Ca^{2+}解离并恢复原来的构型,重新将肌动蛋白和横桥的结合点掩盖,横桥与肌动蛋白脱离接触,细肌丝退回原位,肌节恢复原长,肌纤维又恢复舒张状态。

拓展阅读

睾酮促进肌纤维的生长

睾酮对于一些特殊群体，包括一些职业运动员、业余运动员，以及那些单纯为了改变外形的健身爱好者并不陌生。因睾酮能增强肌肉的强度，提高肌肉含量而受到药物滥用者的热烈欢迎。药物滥用者非法使用睾酮及其相关类固醇药物以提高肌力，并且增加肌肉质量从而提高竞技成绩，这显然对体育竞技有失公平。

非法使用睾酮的一个主要原因是睾酮可以提高体能和增加肌肉含量，并且可以显著提高肌力。超生理剂量的睾酮600毫克/周给药10周后，未受训组和受训组服药者的肌力都显著增大，四头肌的横断面面积亦增加。小剂量睾酮给药同时进行负重训练可以在短期内促进上身力量和身体结构的增强。

睾酮促进可收缩蛋白的合成是增加肌纤维大小的重要机制。通过研究长期使用睾酮的重量级举重运动员(9年±3.3年，100～500毫克/周)，我们认识到了睾酮具有强大的肌营养作用。那些已经受过良好训练的举重者，长期使用睾酮可以加强肌纤维增大的程度。健康个体肌肉注射200毫克庚酸睾酮后，蛋白合成可增加两倍，而蛋白降解率不变。

睾酮及相关的类固醇的促合成代谢作用是其被滥用的一个重要原因。但相关药物会产生一系列不良反应，主要有增加心血管疾病风险，肝脏结构和功能的恶化，生殖系统以及行为的异常病变。因此，无论是职业运动员，或是健身爱好者，都应自觉抵制非医疗用途的睾酮滥用。

复习巩固

1.请问什么是伸肌、屈肌、拮抗肌？

2.请简述肌肉收缩过程。

第二节　脊髓的运动神经元

脊髓是人类运动行为最基本的反射中枢，在脊髓的前角分布有躯体运动神经元，脊髓的躯体运动神经元能够控制和影响躯体的肌肉组织(图8-4)，这些神经元称为“下位运动神经元”(low motor neurons)。下位运动神经元指的是脑神经运动核、脊髓的前角细胞以及它们发出的一些神经纤维。下位运动神经元是相对“上位运动神经元”而言，“上位运动神经元”是指位于皮质的运动神经元。下位运动神经元作为信息和冲动到达骨骼肌的唯一通路，支配着全身的骨骼肌的随意运动，同时它也是接受各个方向传来冲动的最后通路，例如从锥体系、锥体外系或小脑等部位传来的信息，最后将会传到下位运动神经元。下位运动神经元最主要作用就是能够将以上这些传入冲动组合起来，然后通过周围传出神经的作用将其传至运动终板，从而使得肌肉收缩，个体得以完成运动行为。仅有下位运动神经元就可以直接控制肌肉的收缩，而假如个体的下位运动神经元受损，肌肉就会不再有神经支配，因此肌张力会下降，出现弛缓性瘫痪，而且营养成分无法传递到肌组织，所以肌肉会发生萎缩。此外，由于所有的反射弧都中断了，所以个体将不再出现深、浅反射等。

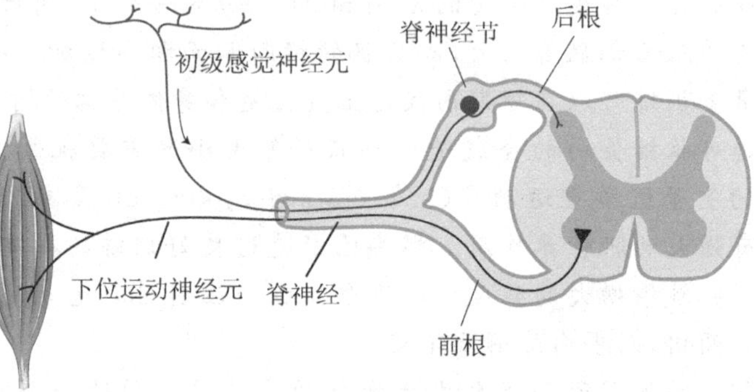

图 8-4　下位运动神经元对肌肉的神经支配

一、下位运动神经元的节段性组织

下位运动神经元的轴突聚集成束构成脊神经的前根。每一条前根与一条后根共同组成脊神经，有多少椎间孔，就有多少脊神经。在人体中，骨骼肌并不是完全均匀地分布。同样的，下位运动神经元并不会在脊髓中分布得十分均匀。脊髓颈膨大内含有控制上肢肌肉的运动神经元，脊髓腰膨大内含有支配下肢肌肉的运动神经元。支配不同部位的运动神经元分布在不同的部位，位于内侧的前角运动细胞支配近端肌肉，而位于外侧的前角运动细胞支配更多的远端肌肉。

二、α 运动神经元

（一）α 运动神经元与运动单元

α 运动神经元（alpha motor neuron，α-MN）位于脑干和脊髓中，是较大的多极下位运动神经元，约占前角运动神经元的三分之二，主要支配梭外肌。α 运动神经元的胞体较大，直径为 30～70 μm，它的轴突构成了 α 传出纤维，然后又分成了许多的小分支，每一个小分支都支配了一根骨骼肌里的梭外肌纤维并直接负责引发它们的收缩，神经元在神经-肌肉接头处形成突触，从而将神经冲动由神经纤维传递到肌细胞，控制肌肉的收缩。较大的 α 运动神经元支配快肌，而较小的 α 运动神经元支配慢肌。α 运动神经元接受来自各个方位传入的信息，例如来自皮肤、肌肉或者关节位置的信息，并且也接受从皮质或者皮质下的中枢传来的信息，然后使得所支配的梭外肌发生收缩，引起运动。由于 α 运动神经元最终产生了运动反射的传出冲动，所以，我们通常将其称为骨骼肌运动反射的最后通路(final common path)。

人体产生各种运动都是神经系统和骨骼肌之间相互作用产生的结果，首先需要神经系统传递信号决定肌肉是否开始运动以及使用多大的力量。为了能够更高效地协调组织运动，一个 α 运动神经元和它支配的全部肌纤维组成一个功能单元，称为运动单元(motor unit，图 8-5)。一个运动单元所包含的肌纤维数目不等，从数根到数千根都有可能。单个运动单元中所包含的肌纤维覆盖了肌肉约 15%的横截面积，而且会与其他运动单元的纤维混合交汇起来。一般来说，一个运动单元所包含的肌纤维的数量与肌肉动作的精细程度是成反比的。一个运动单元所支配的肌纤维有可能会和其他运动单元的肌纤维发生交叉。所以，就算有少量的运动神经元的活动，肌肉里面也会产生一个较为均匀的张力。一组运动单元协同工作，以便于协调单个肌肉的收缩。涉及收缩单个肌肉的所有 α 运动神经元的细胞体组成一个集合，称之为运动神经元池(motor neuron pool)。运动单元中的所有肌纤维属于同一类型。当一个运动单元被激活，它的所有纤维都会收缩。脊椎动物的肌肉收缩的力量大小，是由支配它的运动单元的数量所决定的。

前文已经提到，人体的所有运动，都是肌肉在受到了脊髓传入的神经信号后发生收缩或舒张而产生的。α 运动神经元就主要负责传递脊髓的信息。每一块肌肉都会受到至少一个运动神经元发出的几十上百个分支的轴突末梢所支配。每个肌群内的肌纤维数量都有所不同，肌肉与肌肉之间的区别很大。人体大肌肉群的肌肉里的运动单元包含了更多的肌纤维，而较小的肌肉在每个运动单元中包含的肌纤维较少。例如，三角肌的每个运动单元可以有 2000 条肌纤维，而眼外肌的每个运动单元大约有 6～12 条肌纤维。越多的肌纤维能够提供给肌肉越大的张力，而越是需要精细操作的肌肉群，一个运动单元中所含的肌纤维越少。

无脊椎动物的运动单元的组织方式略有不同，每块肌肉只有很少的运动单元(通常不多于 10 个)，每个肌纤维都由多个神经元支配，包括兴奋和抑制神经元。脊椎动物的肌肉收缩的力量是由多少运动单元被激活所决定的；而无脊椎动物是通过调节兴奋性和抑制性信号之间的平衡来控制的。

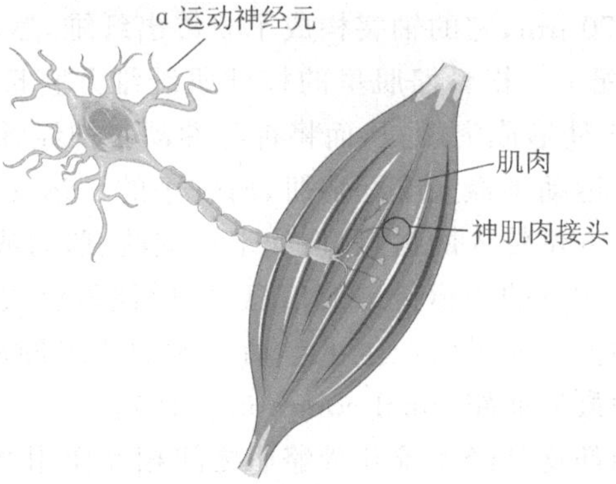

图 8-5　**运动单元**

(二)α 运动神经元对动作的控制

支配头部、颈部的 α 运动神经元存在于脑干，支配躯干部的 α 运动神经元分布于脊髓。由于 α 运动神经元的数量与所支配的肌肉运动的精细程度呈正比，所以脊髓中的 α 运动神经元比脑干要多。例如，单根手指的肌肉的每根纤维具有更多的 α 运动神经元，而且手指具有比股四头肌更多的 α 运动神经元，这使得我们能更好地控制手指完成精细操作。

通常情况下，脑干或者脊髓一侧的 α 运动神经元支配身体同一侧的肌肉。但有一个例外，脑干中的滑车支配面部另一侧眼睛的上斜肌。

三、运动单元的种类

不同类型的运动单元共同组成了人体的肌肉。身体中的每一块肌肉都包含许多运动单元，运动单元由单个肌纤维组成，这些肌纤维又被单个运动神经元激活。如果受到了运动神经元传来的动作电位的刺激，运动单元中的所有纤维会同时产生肌张力。肌纤维的组成成分不同，因此它们在外观和作用上也有不同。根据其在受到刺激时产生的肌张力和对疲劳的反应的不同，肌纤维和运动单元都可以分为多种类型。

(一)肌纤维的类型

骨骼肌纤维可以分为三种类型：快肌、慢肌以及中间型肌肉。

1.快肌

快肌又叫作白肌，氧化酶含量低，多发生厌氧代谢，人体的大部分屈肌和伸肌都属于此类。当受到刺激时，快肌会发生强有力的收缩，但持续时间比较短，很快就会感到疲劳。快肌主要用于从事一些短暂的剧烈运动，例如短跑或者蛙跳等。

2.慢肌

慢肌又叫作红肌，因为含有大量的肌红蛋白，富含线粒体和氧化酶，运氧和储氧能力强，内部供血丰富，呈红色。慢肌在受到刺激的时候会发生持续时间较长的缓慢收缩，不容易产生疲劳感，所以多用于维持姿势，例如小腿上维持站姿的比目鱼肌等下肢部位的抗重力肌肉就是典型的慢肌。此外，鸟类的翅膀也是这一类，可以支撑长时间的飞行。

3.中间型肌肉

中间型肌肉的收缩速度和疲劳感出现的速度都处于中间水平。

这三种肌肉的比例能够通过体育锻炼来改变，长期进行大量运动后，人体内的快肌比例会增加，使得我们更加强壮从而可以完成更多的高强度运动。研究显示，长期运动能够加强肌腱的抗张力量和抗断裂力量。但是在运动量过度增加（尤其是肌肉等长收缩）以后，会引起肌肉肥大，或者肌肉的过度生长。而如果长期缺乏活动，肌肉会出现萎缩或者肌纤维退化。常年卧病在床的病人，全身肌肉都会出现明显的萎缩。

（二）运动单元的类型

快肌和慢肌这两种肌纤维是可以并存于同一块肌肉中的，但是一个运动单元只包含一种肌纤维类型。

Ⅰ型运动单元，或称慢运动单元（slow motor unit）、紧张性运动单元（tonic motor unit），包含慢肌纤维，会在一个相对长的时间内（60～120 ms）产生低峰值的力，进行相对来说比较稳定的低频的放电活动（每秒 10～20 个脉冲）。Ⅰ型运动单元非常耐疲劳，因为它们可以通过持续的血液供应来维持有氧代谢。当肌肉被激活的时候，Ⅰ型运动单元是中枢神经系统所募集到的第一个运动单元，只要肌肉能够持续地保持活跃，它们就会持续地进行活动。Ⅰ型运动单元非常适合做低强度的工作，例如保持姿势等。

Ⅱ型运动单元，或称快运动单元（fast motor unit）、运动性运动单元（kinetic motor unit），包含快肌纤维，会在相对较短的时间内（10～50 ms）产生高峰值的力，具有更快的响应时间，有时会发生高频的爆发性的放电活动（每秒 30～60 个脉冲）。Ⅱ型运动单元由两个子类别构成。两者都可以在相对较短的时间内达到高峰值力，但它们在抗疲劳能力上是有所不同的。

Ⅱb 型：非常容易疲劳的一类运动单元，但在受到刺激的时候会产生最大的力。

Ⅱa 型：是中间型运动单元，它们的峰值力和抗疲劳性在Ⅰ型和Ⅱb 型之间。

个体的肌肉包含以上 3 种类型的运动单元，这为每一块肌肉提供了从低水平到高水平产生更大的力量输出的能力，而且还为每一块肌肉提供了一定程度的肌肉耐力。肌肉中存在的每个运动单元类型的相对比例会影响该肌肉的总体耐力和动力。更高比例的Ⅰ型纤维意味着肌肉具有更好的耐力，而更大比例的Ⅱb 型纤维则表示肌肉具有更强的动力。

（三）肌肉收缩的两种形式

肌肉对于单个刺激所发生的机械反应称为单收缩。根据肌肉收缩时肌肉的长度以及肌张力的变化，肌肉的收缩可以大致分为2种类型。

1.等张收缩

缩短收缩也叫向心收缩。当肌张力比外界阻力更大的时候，肌肉长度就会缩短，但张力保持不变。这是肌肉运动的最主要形式，也是实现动力性运动的基础(如握拳、抬手等)。

2.等长收缩

当阻力负荷大于肌张力时，肌肉收缩产生的张力可以逐渐达到最大，但肌肉长度不会发生变化。等长收缩主要可以起到支撑和维持姿势的作用，例如站立等静态动作的维持。

(四)神经肌肉的匹配

特定的运动神经元和特定的肌纤维之间的匹配是十分精确的，这种精确性引起了我们的进一步探索：究竟是运动神经元决定了肌纤维的类型，还是肌纤维决定运动神经元的类型？我们假设肌肉的类型只由支配它的神经元类型所决定，即如果一个肌肉接受来自快运动神经元的突触支配，那么它必定会成为一个快肌纤维；而假设它接收的是一个来自慢运动神经元的突触支配，它就会变成一个慢肌纤维。

在约翰·埃克尔斯(John Eccles)和他的同事们所做的实验中(图8-6)，我们可以清晰地看到，比目鱼肌是典型的慢肌，而腓肠肌是快肌。实验中将支配快肌的神经切断，改为采用支配慢肌的神经来支配这块快肌，结果这块快肌逐渐表现出了慢肌的性质。这种性质的转变不仅表现在收缩特性(速度、抗疲劳性)上，而且在生物化学方面也发生了很大的变化，即在新的神经支配下，肌肉所表达的蛋白质类型也被改变了，称为肌肉表型的变化。

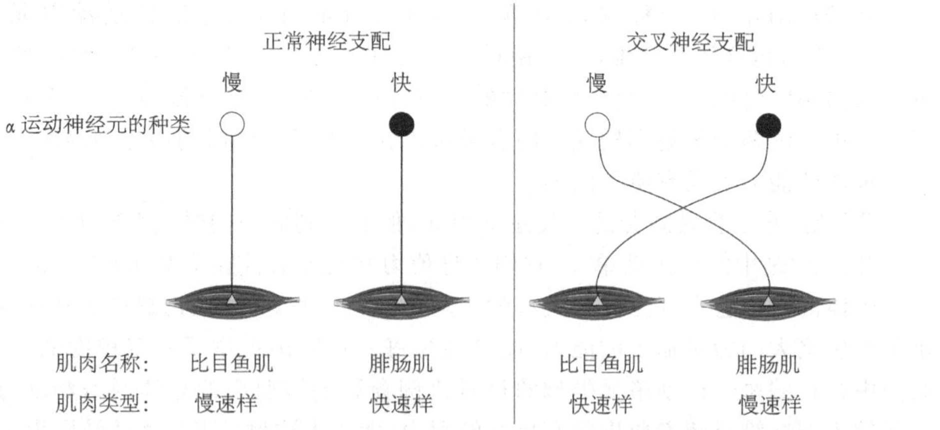

图 8-6　交叉神经支配实验

四、随意运动和不随意运动

当骨骼肌在收缩和舒张的时候，就会引起躯体运动，运动可以分为随意运动和不随意运动。

（一）随意运动

作为动物和人类活动的基础，随意运动是指受到人或动物的主观意志所支配的运动，“随意”意为随个体主观意志，也叫自主运动。由于受到了意识的支配，所以随意运动具有目的性和方向性，例如主动的写字或绘画，我们日常生活中大多数运动都属于随意运动。人的随意运动受到一些不同部位的脑区的调节和控制，主要是大脑皮质、脑干、小脑、基底核等，最为关键且重要的是大脑运动皮质的直接支配。而且个体做出的动作是否协调，与小脑区域有很大的联系，假如一个人的小脑受损，将会行走困难，同时不能够做出精巧、细致的动作，整个人呈现共济失调的状态。随意运动需要靠人后天的学习和练习得来，相比于不随意运动，它是更加复杂的人体机能。

（二）不随意运动

顾名思义，与随意运动相对，不随意运动是不受到意识支配的一类运动，所以也叫作不自主运动。先天的不随意运动主要是指心跳、呼吸或眨眼等无须意识支配而自动发生的运动。但是，当个体的随意肌的某个部分、某一块肌肉或者是某一些肌肉群出现不自主的收缩时，即个体在意识清晰的情况下，出现了无法随意控制机体、骨骼肌的不正常运动的现象，就属于锥体外系病变导致的不随意运动。不随意运动的表现形式很多，例如肌束颤动、痉挛、抽搐、舞蹈样动作等。通常来说，当个体情绪激动的时候，不随意运动的情况会加重，而进入睡眠状态以后症状就会停止。

生活中的心理学

抽动症的异常行为

抽动症（Tourette syndrome，TS），也称“抽动-秽语综合征”，是一种以不自主抽动、语言或行为障碍为特征的精神疾病，常始发于儿童及青少年，男性多于女性，发病原因不明。症状常表现为反复的、不自主的头面部、肩颈、躯干、四肢肌肉突发、快速的收缩运动，例如挤眉弄眼、噘嘴、缩鼻、伸舌、张嘴、摇头、点头、耸肩等，并伴有异常发声及情绪异常、学习能力下降等。

患儿一般不能意识到自己的异常行为，甚至会极力否认自己的症状，并可能会以感冒、吸鼻涕、眼睛痒为借口，或以梳头等有意识的行为来掩饰自己头部的抽动。患儿可在短时间内有意识地抑制或推迟不自主行为的产生，但从长期来看，并不会因自身努力而消失，反而会因为过分紧张而加重。值得庆幸的是，大多数患儿的症状可随着年龄的增长而自行缓解或消失，但是如果症状严重或迟迟不能痊愈，则需要及时到医院儿童精神科就诊。

复习巩固

1.请简述骨骼肌纤维的类型。
2.请简述运动单元的类型。

第三节　兴奋-收缩耦联

上文提到，α运动神经元轴突末梢所释放的乙酰胆碱（ACh）会引起肌肉的收缩。ACh在突触后膜上引起一个大的兴奋性突触后电位（EPSP）。通过兴奋-收缩耦联的过程，该动作电位激发 Ca^{2+} 从肌纤维的肌质网内释放，导致肌纤维的收缩，当 Ca^{2+} 被重摄回肌质网而导致肌纤维细胞质内 Ca^{2+} 浓度降低时，肌纤维舒张。

一、兴奋-收缩耦联

（一）神经-肌肉接头

兴奋-收缩耦联（excitation-contraction coupling）是指涉及肌肉收缩过程的一些抽象描述。肌肉骨骼系统与神经系统错综复杂地交织在一起，通过与感觉和运动神经通路的交流，使肌肉收缩和运动得以发生。兴奋-收缩耦联是由神经兴奋引发，神经兴奋引起肌肉兴奋，从而引起肌纤维收缩的过程，该过程将神经-肌肉膜电位的兴奋过程转化为以肌丝滑行为基础的肌肉收缩过程。兴奋-收缩耦联发生在骨骼肌的神经-肌肉接头（neuromuscular junction），当躯体运动神经的传出冲动经神经-肌肉接头传递到骨骼肌时，骨骼肌才能发生兴奋并收缩。

神经-肌肉接头本质上是一种特化的突触，由以下三个部分构成（图8-7）。

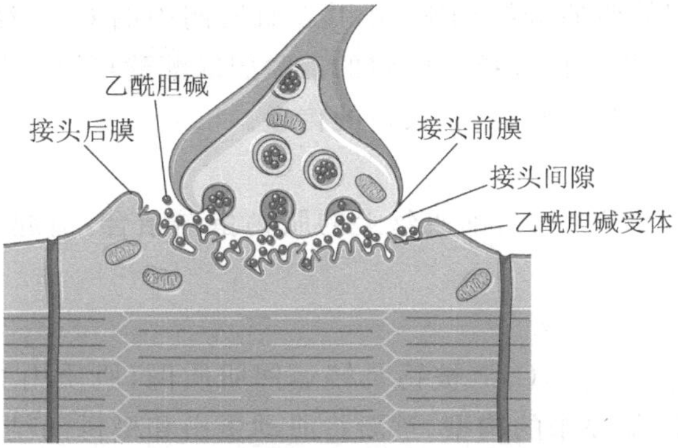

图 8-7　神经-肌肉接头示意图

1.接头前膜

接头前膜即躯体运动神经轴突的末端，构成神经一肌肉接头的突触前膜。躯体运动神经轴突末端在接近骨骼肌细胞时失去髓鞘，裸露的轴突末端形成大量膨大的结构嵌入肌细胞膜的凹陷中，轴突末端的这个膨大的陷入肌细胞膜的结构称为突触前终扣(presynaptic terminal bouton)。突触前终扣的细胞质里面有大量的突触囊泡，直径50～60 nm，每个突触囊泡里有 6000～10000 个乙酰胆碱(acetylcholine，ACh)分子。

2.接头后膜

每个终扣各嵌入一个与它相对的肌细胞膜凹陷，又叫终板(endplate)，与接头前膜相对应的肌细胞膜即接头后膜，又叫终板膜(endplate membrane)。终板膜构成了神经-肌肉接头的突触后膜。终板膜形成许多皱褶，使表面积进一步增加，皱褶顶部分布有大量的烟碱型乙酰胆碱受体(nicotinic acetylcholine，nAChR)，该受体为配体门控型阳离子通道，与乙酰胆碱结合后，会引起阳离子内流，使细胞膜去极化。

3.接头间隙

接头间隙即接头前膜与接头后膜之间的间隙，约 50 nm，构成了神经-肌肉接头的突触间隙，其中充满了细胞外液。

(二)兴奋-收缩的过程

兴奋-收缩耦联的过程如下所示。

1.兴奋

大脑或脊髓向 α 运动神经元发送冲动，激发 α 运动神经元产生一个动作电位，动作电位传导至运动神经元末端(即突触前终扣)；神经元末端的去极化引起接头前膜上电压门控型 Ca^{2+} 通道开放，Ca^{2+} 内流；突触前终扣细胞质 Ca^{2+} 浓度快速增高引起突触囊泡向接头前膜移动，进而与接头前膜融合，囊泡内的乙酰胆碱以胞吐的方式释放到接头间隙；乙酰胆碱经扩散与突触后膜上的烟碱型乙酰胆碱受体结合，引起阳离子的跨膜移动(主要是 Na^+ 内流)；Na^+ 内流使终板膜去极化，产生终板电位，当电位去极化达到阈电位时，肌纤维产生一个动作电位，然后顺着肌膜的方向扩散。并经 T 管迅速传入肌细胞深部的肌原纤维周围，并引起肌质网中的 Ca^{2+} 释放。乙酰胆碱完成突触传递后，分布在终板表面和接头间隙的乙酰胆碱酯酶可以将与受体结合或未结合的乙酰胆碱分解成胆碱和乙酸，终止兴奋的传递。

2.收缩

肌质网中的 Ca^{2+} 释放后，与细肌丝上的肌钙蛋白结合，引起肌纤维收缩（肌纤维收缩过程详见本章第一节）。

3.舒张

当肌细胞动作电位消失，Ca^{2+} 被钙泵转运回肌质网，肌质内 Ca^{2+} 浓度降低，肌钙蛋白与 Ca^{2+} 解离并恢复原来的构型，重新将肌动蛋白和横桥的结合点掩盖，横桥与肌动蛋白脱离，细肌丝退回原位，肌小节恢复原长，肌纤维又恢复舒张状态。

兴奋-收缩耦联的一个简单的例子是人的手去接触一杯滚烫的水。以上所有复杂的过程都在几分之一秒内迅速发生，以帮助个体赶紧从滚烫的杯子上移开自己的手。同样的，兴奋-收缩耦联也可以更好地帮助我们理解为什么人和动物死亡后很快躯体就会变得十分僵硬，正是因为 ATP 的缺乏，横桥无 ATP 结合，横桥与肌动蛋白无法解离，于是粗肌丝和细肌丝形成了永久的结合，肌原纤维一直处于收缩状态。

二、运动神经元对运动强度的控制

在运动的过程中，我们需要运用恰到好处的力量，如果施力太多，你会戳破笔下的纸张，而且也浪费了多余的力量。如果施力太少了，你也许无法拿起一瓶水。我们日常做出的大多数动作，例如走路、交谈等，只需要一点少量的肌肉收缩。有时我们会登山、打球或者做一些重体力活，那就需要对肌肉进行强烈的收缩了。

中枢神经系统会使用以下精细分级的机制来控制我们肌肉收缩的力量。

（一）改变运动神经元的放电频率

通过在神经-肌肉接头处释放神经递质乙酰胆碱，一个 α 运动神经元得以支配一根肌纤维，神经-肌肉接头是神经和骨骼肌之间的特化突触。由于运动终板上有许多褶皱，所以面积比较大，而且运动终板上有十分密集的乙酰胆碱受体，因此肌纤维对于突触传递的反应非常可靠。

神经-肌肉接头传递速度很快，并且可靠性非常高，在一个突触前动作电位后会释放乙酰胆碱，导致肌纤维产生一个兴奋性突触后电位，如果这个电位足够大，就足以引发一个突触后动作电位。一个突触后动作电位会引起肌纤维迅速出现一次收缩-舒张。如果想要肌肉持续地收缩，就需要持续的动作电位。单次收缩的总和可以使肌肉收缩变得平滑（图 8-8）。

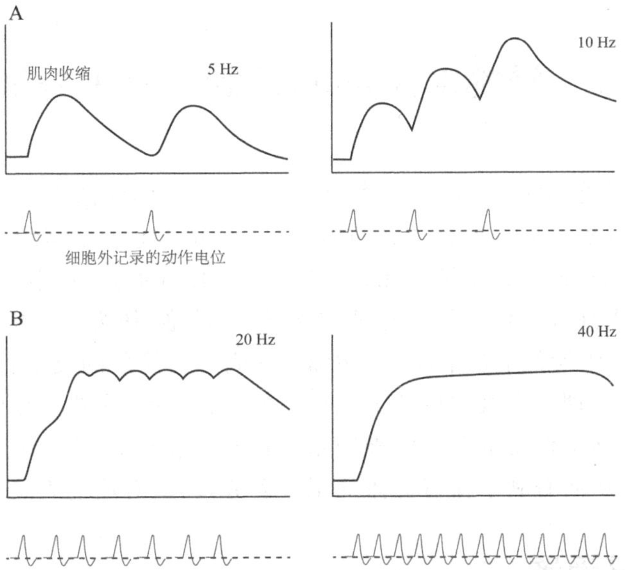

图 8-8　从单次收缩逐渐转为持续收缩

注：随着动作电位的数目和频率都提高，单次收缩的总和就引起肌肉的持续收缩。(A)α 运动神经元的单次动作电位引起肌纤维一次单次收缩；(B)随着动作电位数量和频率的增加，单次收缩加起来形成了持续的肌肉收缩。

(二)募集到更多的运动单元

中枢神经系统对肌肉收缩起等级性控制的第二种方法是募集到更多的具有协同作用的运动单元。一个被募集到的运动单元所能够提供的肌肉张力的大小，是由该运动单元中所含有的肌纤维的数量所决定的。例如腿部的抗重力肌包含的运动单元都较大，每个运动神经元大约支配 1000 根以上的肌纤维，因此可以提供较大的力量；而控制手部、眼动等精细动作的运动单元都较小，每个运动神经元只支配几根肌纤维。一般来说，中枢神经系统可以更加精确地控制具有大量小型运动单元的肌肉。

多数肌肉内都含有大小不一的运动单元，在它们被采用的时候，并非杂乱无序地随机启用，而是按照大小顺序排列，较小的运动单元会首先被募集，而较大的运动单元往往是最后才募集。这种按照大小依次募集的形式，可以很好地解释为什么人体在较轻的负荷下，可以对肌肉做出更精确的操控，而在较重的负荷下就难以做出精准的行为控制。

复习巩固

1.简述兴奋-收缩耦联的过程。

2.请简述运动神经元对运动强度的控制方式。

第四节　脊髓对运动的控制及常见脊髓反射

脊髓有以下常见功能：① 经由后根，接受大部分躯体和内脏感觉的信息，对这些信息进行初步的分析整合。整合之后的信息，一部分会上行至高级中枢，还有一部分传入运动神经元和其他的脊髓神经元；② 发出上行传导通路，将中继后的信息以及脊髓自身的信息传入高级中枢；③ 经前根，发出运动纤维，作为低级中枢管理躯体运动以及内脏活动；④ 作为各个基本反射的中枢，完成一些简单的反射行为；⑤ 经由下行传导通路，分析和处理由上级中枢往下传导的信息，接受并完成上级中枢的指令。

由此可见，脊髓不仅是脑和周围神经系统信息交换的通道，同时脊髓也可以完成一些简单的反射，从而有利于保持躯体的正常姿势，以及对环境刺激做出快速反应。

一、本体感受器

我们都有这样的生活经验：即使当你走在非常崎岖的小路上，你也能很轻松地调整自己的姿势以适应路况而不会摔倒，这得益于躯体内的本体感受器(proprioceptor)所引起的反射。本体感受器可以把人体各个部位所处的位置和各种信息传递到中枢神经系统，例如肌肉此时的长度、有何变化等，帮助我们去定位与适应周围的环境。骨骼肌中包含着两种本体感受器：肌梭、腱器官。

(一)肌梭

在骨骼肌内部较深的位置存在一种本体感受器，形状类似于梭子，是细而长的囊状纤维型结构，由一些特化的肌纤维所构成，在肌纤维的外面，有一个纤维型的囊袋将这几组肌纤维包裹起来，在包囊的中间段位置略微膨大，形成梭状，所以被叫作肌梭(muscle spindle)。肌梭囊内含 6～12 根肌纤维，称为梭内肌纤维(intrafusal fiber)，囊外的一般肌纤维称为梭外肌纤维(extrafusal fiber)。肌梭附着于梭外肌纤维旁，与梭外肌纤维平行排列(图 8-9)。

梭内肌纤维受到 γ 运动神经元支配而产生收缩。肌梭是感受肌肉的长度变化以及牵拉刺激的本体感受器，所以肌梭被称为牵张感受器。梭内肌的本体感受器位于中间，收缩成分位于两端。当肌肉被拉伸时，肌梭同时也会被拉伸，肌梭中的本体感受器通过 Ia 传入纤维将肌肉被拉伸的信息传递到脊髓，并与 α 运动神经元形成突触联系，这使得支配梭外肌的 α 运动神经元被激活，引起梭外肌纤维收缩。

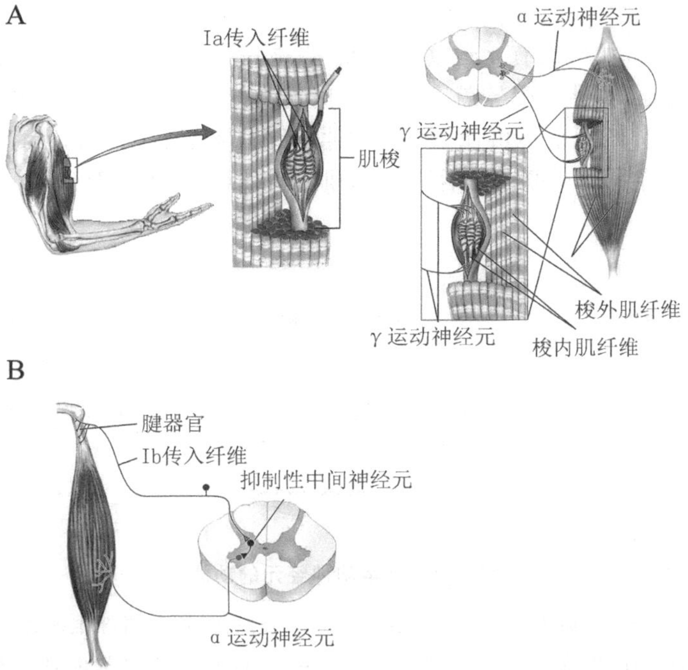

图 8-9　**肌梭和腱器官［摘自** Mark F. Bear. *Neuroscience*: *Exploring the Brain* (4th *edition*), Wolters Kluwer **公司］**

注：(A)肌梭，α 运动神经元支配梭外肌纤维、γ 运动神经元支配梭内肌纤维；(B)腱器官。

前文提到了梭外肌纤维是被 α 运动神经元所支配，而支配梭内肌纤维的是一类相对来说较低级的神经元，叫作 γ 运动神经元(gamma motor neuron，图 8-9)。γ 运动神经元散落分布在 α 运动神经元之间，大约占脊髓前角的运动神经元的三分之一，胞体较 α 运动神经元小，直径为 10～30 μm。γ 运动神经元的轴突组成了 γ 传出纤维，能够支配骨骼肌里的梭内肌纤维，主要作用是调节肌梭的敏感性。相比 α 运动神经元来说，虽然 γ 运动神经元的体积较小，但其兴奋性更高，总是以一个较高的频率持续不断的放电。即使在 α 运动神经元没有放电的时候，γ 运动神经元依然会持续放电。同 α 运动神经元一样，γ 运动神经元的神经末梢所释放的递质同样为乙酰胆碱。

如前文所述，当肌肉被拉伸时，肌梭中的本体感受器通过 Ia 传入纤维将肌肉被拉伸的信息传递到脊髓，使得支配梭外肌纤维的 α 运动神经元被激活，引起梭外肌纤维收缩，整个肌肉也会缩短。在 α 运动神经元激活的同时，γ 运动神经元也被激活了，而当 α 运动神经元的活动增加时，γ 运动神经元的活动也会相应地增加。γ 运动神经元的作用是在肌梭的两端激活梭内肌纤维，使梭内肌纤维收缩，梭内肌纤维相当于被拉伸，Ia 传入纤维维持激活状态，不断传入肌梭被拉伸的信号，从而激活 α 运动神经元，使肌肉继续收缩。α 和 γ 运动神经元的激活对 Ia 传入纤维的输出具有相反的影响：α 运动神经元被激活会降低 Ia 传入纤维活性，而 γ 运动神经元的激活会提高 Ia 传入纤维活性(图 8-10)。

可以设想一下,如果没有 γ 运动神经元,当被拉伸的肌肉收缩了一丁点时,梭内肌纤维马上就会松弛,本体感受器就会认为肌肉没有被拉伸,Ia 传入纤维将不再传入被拉伸信息,α 运动神经元也不再使肌肉继续收缩,肌肉不能收缩到目标位置。因此,γ 运动神经元对维持 α 运动神经元活性,促进肌肉收缩起到了重要作用。

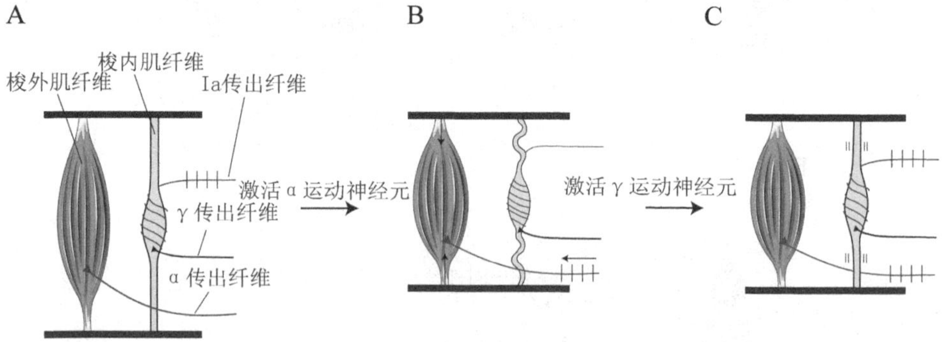

图 8-10　γ 运动神经元的功能

注:(A)静止状态下的肌肉状态;(B)α 运动神经元被激活,梭外肌纤维缩短,肌梭处于舒张状态,不向脊髓传递肌肉的信息;(C)γ 运动神经元被激活,梭内肌收缩,使梭内肌纤维相当于被拉伸,Ia 传入纤维维持激活状态,不断传入肌梭被拉伸的信号,从而激动 α 运动神经元,使肌肉继续收缩。

(二)腱器官

腱器官(tendon organ),又叫腱梭、高尔基腱器官。腱器官分布在肌肉和肌腱的交接处,与梭外肌纤维呈串联关系,结构与肌梭相似,同样呈梭状结构,表面被结缔组织的被囊所包裹,在被囊中有若干根腱纤维束(图 8-9)。当肌肉收缩时,腱器官的放电增加,腱器官会对肌肉的收缩做出反应,检测肌肉的张力,所以腱器官是一种肌肉张力感受器(tension receptor)。

腱器官的传入神经纤维为 Ib 传入纤维,其传入冲动对支配同一肌肉的 α 运动神经元起到抑制作用(图 8-9)。假设许多肌纤维同时十分强力地收缩,会导致其自身受到损伤,这个时候腱器官就能够检测到这种巨大的张力,并上行传递到脊髓,脊髓通过对运动神经元的控制,可以有效地避免过度强力收缩。

二、姿势反射

中枢神经系统通过对骨骼肌的肌紧张或相应运动行为的调节,保持或修正躯体在空间的姿势及平衡状态,称为姿势反射(postural reflex),包括牵张反射、交叉伸肌反射。例如在站立的时候,通过调节肌紧张度,对抗地球重力,从而将身体的重心保持在双足之间,形成平衡的支撑状态而不会倾斜;在行走过程中,通过姿势反射对抗运动引起的不平衡，从而防止跌倒。平衡稳定的姿势是躯体行为的前提条件，肌紧张是维持姿势反射的基础。牵张反射、对侧伸肌反射是在脊髓层面发生的较为低级的维持姿势和躯体平衡的反射。

三、牵张反射

牵张反射(stretch reflex)是最为常见的脊髓反射，指受到神经支配的骨骼肌在受到外力作用而伸长的时候，受到牵拉的肌肉会产生收缩。肌梭为脊髓运动神经元提供肌肉受到牵拉的感觉信息，当肌肉被牵拉时，肌梭受到了刺激，所以相关的感觉神经元会放电，从而产生神经冲动，这种神经冲动经由脊神经后根传入脊髓，使得 α 运动神经元兴奋，被牵引的肌肉反射性收缩，这样就可以避免肌肉受到损伤。牵张反射发生的速度很快，可以看出牵张反射并不是由大脑引起的有意识的行为，而是来自最为基础的脊髓水平的自动控制。

牵张反射有两种主要的类型：腱反射和肌紧张。

(一)腱反射(tendon reflex)

腱反射是指肌腱受到快速牵拉的时候发生的牵张反射，拉伸肌肉会导致肌肉产生冲动，该反射时间短促，产生的力较大，如叩击股四头肌肌腱引起的股四头肌收缩。腱反射的感受器是肌梭，中枢在脊髓前角，效应器主要是肌肉收缩较快的快肌纤维。牵张刺激通过感觉神经元传递到脊髓，感觉神经元与运动神经元形成突触，引发相同肌肉的收缩，使其恢复到原来的长度。由于反射动作仅在一组突触上传递脉冲，因此响应迅速并属于单突触反射(monosynaptic stretch reflex)。

(二)肌紧张(muscle tonus)

肌紧张也叫紧张性牵张反射，是指肌腱受到缓慢且持续的拉伸的时候所发生的牵张反射。肌紧张发生时，受到牵拉的肌肉会产生持续的、平稳的收缩，使骨骼肌保持一定的肌肉张力，而不表现出明显的动作。肌紧张是维持躯体姿势最基本的反射。在躯体直立的时候，主要以伸肌紧张为主，当人在站立时，重力作用于膝关节，膝关节趋向于弯曲，此时伸肌受到牵拉，引起了牵张反射，伸肌增加紧张度以对抗关节的屈曲。重力持续作用于膝关节，肌紧张也持续发生，于是站立姿势得以维持。肌紧张的感受器也是肌梭，在中枢的突触传递不止一次，所以是一种多突触反射(polysynaptic stretch reflex)，其效应器是收缩较慢的慢肌纤维。

膝跳反射(knee-jerk reflex)是牵张反射的一个典型例子，用来测试股四头肌牵张反射的反射弧中神经和肌肉的完整性。当医生用反射锤敲击患者的股四头肌肌腱时，肌梭受到刺激，Ia 型传入神经纤维直接将肌肉的拉伸信息传递到脊髓，在那里它们立即直接或通过中间神经传导到 α 运动神经元，引起股四头肌(伸肌)收缩，腘绳肌(屈肌)舒张，产生膝跳反射(图 8-11)。大脑并不参与这种脊髓反射回路。

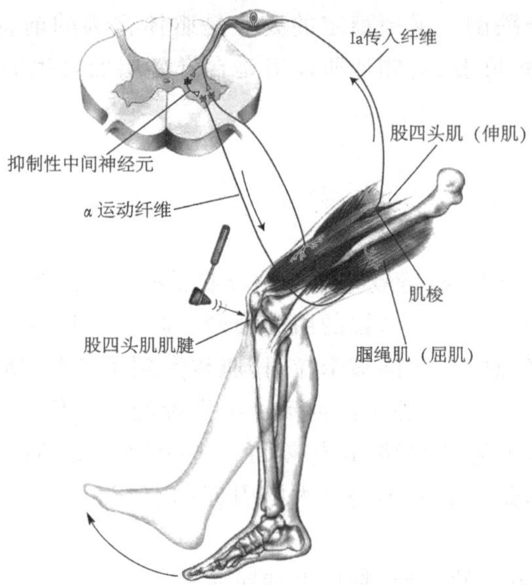

图 8-11　**膝跳反射**[**摘自** Mark F. Bear. *Neuroscience*: *Exploring the Brain*(4*th* *edition*), Wolters Kluwer **公司**]

四、屈肌反射和交叉伸肌反射

当脊椎动物一侧肢体受到伤害性刺激时，可反射性地引起受刺激的同侧肢体屈肌收缩而伸肌舒张，肢体屈曲，称为屈肌反射(flexor reflex)。例如，当你的脚底踩到了某个尖锐物受到刺激时，你立刻就会弯曲自己的腿。这是一种比较复杂的、关系到多组肌肉协同的反射。脚底的痛觉感受器将接收到的信息传入脊髓，还要再经过若干中间神经元彼此的联系才能引起反射行为的产生。由于需要中间神经元作为中介，会经过多个突触中继，所以多突触反射所花费的时间比单突触反射要更多一些。屈肌反射的意义在于躲避伤害性刺激，进行自我保护，与维持姿势平衡的关系不大，因此不属于姿势反射。

如脊椎动物肢体一侧的损伤性刺激更加强烈，不仅同一侧肢体发生屈曲反射，还会同时引起躯体对侧伸肌收缩而屈肌舒张，加强肢体伸直以维持身体的平衡，这叫作交叉伸肌反射(crossed-extensor reflex)。动物和人类的一侧肢体突然发生屈曲，这时另一侧肢体伸直，对支持体重、维持姿势具有重要的生理意义，因此，对侧伸肌反射是一种姿势反射。

五、脊休克与脊动物

作为低级的基本中枢，脊髓水平可以完成许多反射。将动物的脊髓和延髓的联系切断，可以用来研究脊髓的单独功能，但同时也需要保持动物继续呼吸的功能，所以常常是在脊髓第五颈椎水平以下切断。这样将脊髓与其高位中枢切断的实验动物，我们称之为脊动物。在脊动物身上可以观察到一些脊髓的基本功能，不过由于与高级中枢的联系已经切断，所以不能完整地反映脊髓的全部功能。

由于动物的脊髓此时与高级中枢分离，所以暂时会失去反射功能，这个现象叫作脊休克(spinal shock)。脊休克的主要表现是横断面以下的脊髓所支配和控制的骨骼肌的肌张力下降甚至完全消失，血压下降，外周血管扩张，不再表现出发汗反射，并且出现粪潴留和尿潴留。从这些表现可以看出脊动物的躯体反射和内脏反射活动都出现显著的下降和减弱，甚至是完全消失。脊休克表现出以下一些特点：① 脊休克多数情况下只是暂时的，在经过一段时间以后，脊髓的反射活动往往会缓慢地恢复，但是不同种类的动物恢复速度是不尽相同的。常见的低等动物，比如青蛙等，在脊髓离断后，只需短短的几分钟即可恢复脊髓反射活动；犬类恢复时间略长，大约要数日才能恢复功能；而人类的反射功能需要几周乃至几月的时间才能逐渐恢复；② 在整个脊髓反射功能恢复的过程中，首先恢复的是一些较为基础、简单的反射，然后逐渐地恢复一些复杂、困难的反射；③ 在脊休克过程中，有一些反射确实会减弱，但也有一些反射会出现亢进。

通过对脊休克的观察和研究，我们可以看出，脊髓是最基本、最低级的运动中枢，能够独立地完成一些较为基础的反射功能。在通常情况下，脊髓受到高级中枢的支配和控制，如果突然失去了高级中枢的调节和控制，脊髓就会暂时地失去反射功能。进化程度越高，动物的反射活动就越复杂，高级中枢对脊髓的支配就越多，就更加难以在短时间内恢复功能。

复习巩固

1.请简述肌梭与腱器官的功能。

2.请问什么是腱反射、肌紧张、屈肌反射、交叉伸肌反射？

本章要点小结

1.脊髓具有运动控制功能，可以使个体产生协调性运动，而脑对脊髓控制的行为具有调控和指挥作用。

2.“下位运动神经元”指的是脑神经运动核、脊髓的前角细胞以及它们发出的一些神经纤维。“上位运动神经元”是指位于皮质的运动神经元。下位运动神经元支配着全身骨骼肌的随意运动，同时它也是接收各个方向传来的冲动的最后通路。

3.α 运动神经元位于脑干和脊髓中，是较大的多极下位运动神经元，主要支配梭外肌。α 运动神经元的轴突构成了 α 传出纤维，然后这个纤维又分成了许多的小分支，每一个小分支都支配了一根骨骼肌里的梭外肌纤维并直接负责引发它们的收缩。由于 α 运动神经元最终产生了运动反射的传出冲动，所以，α 运动神经元是骨骼肌运动反射的最后通路。

4.一个 α 运动神经元和它支配的全部肌纤维组成一个功能单元，叫作运动单元。涉及收缩单个肌肉的所有 α 运动神经元的细胞体组成一个集合，称之为运动神经元池。

5.α 运动神经元轴突末梢所释放的乙酰胆碱会引起肌肉的收缩。乙酰胆碱在突触后膜上引起一个大的兴奋性突触后电位。通过兴奋-收缩耦联的过程，该动作电位激发 Ca^{2+} 从肌纤维的肌质网内释放，导致肌纤维的收缩。当 Ca^{2+} 被重摄取回肌质网而导致肌纤维细胞质内 Ca^{2+} 浓度降低时，肌纤维舒张。

6.中枢神经系统会通过改变运动神经元的放电频率或募集到更多的运动单元的机制来控制我们肌肉收缩的力量。

7.骨骼肌中包含着两种本体感受器：肌梭、腱器官。肌梭是感受肌肉的长度变化以及牵拉刺激的本体感受器；腱器官会对肌肉的收缩做出反应，检测肌肉的张力，所以腱器官是一种肌肉张力感受器。

8.γ 运动神经元的轴突组成了 γ 传出纤维，能够支配骨骼肌里的梭内肌纤维，主要作用是调节肌梭的敏感性。

9.中枢神经系统通过对骨骼肌的肌紧张或相应运动行为的调节，保持或修正躯体在空间的姿势和平衡状态，称为姿势反射。

关键术语表

下位运动神经元	low motor neurons
α 运动神经元	alpha motor neuron
运动单元	motor neuron
γ 运动神经元	gamma motor neuron
兴奋-收缩耦联	excitation-contraction coupling
肌梭	muscle spindle
腱器官	tendon organ
牵张反射	stretch reflex
膝跳反射	knee-jerk reflex

复习思考题

单项选择题

1.人类行为最低级别的反射中枢是(　　)。

A.脊髓　　B.小脑　　C.端脑　　D.间脑

2.支配梭外肌纤维的下位运动神经元是(　　)。

A.α运动神经元　　B.β运动神经元

C.γ运动神经元　　D.δ运动神经元

3.接头前膜释放的神经递质是(　　)。

A.肾上腺素　　B.去甲肾上腺素

C.乙酰胆碱　　D.多巴胺

4.支配梭内肌纤维的神经元是(　　)。

A.α运动神经元　　B.β运动神经元

C.γ运动神经元　　D.δ运动神经元

5.肌肉张力感受器是(　　)。

A.肌梭　　B.腱器官　　C.耳蜗　　D.半规管

6.以下哪种反射不属于姿势反射?(　　)

A.肌紧张　　B.交叉伸肌反射

C.屈肌反射　　D.腱反射

7.肌纤维的类型不包括(　　)。

A.快肌　　B.慢肌　　C.中间型　　D.混合型

第九章　脑控制的行为

行为不仅仅受到脊髓的控制，更受到大脑的支配，这个控制过程会涉及许多脑区的共同参与。主要参与行为调节的脑区包括大脑皮质、运动皮质、基底核、脑干、小脑。中枢系统对行为的控制方式是按等级划分并执行不同的功能。一般分为三个等级，在这三个等级中，最高水平的行为控制是制定行为的战略(strategy)，主要是使个体选定行为的目标并且选择出能够完成目标行为的最佳策略，即想要“做什么”，主要涉及大脑皮质；中间水平的行为控制是确定行为的方法(tactics)，为了达到目的，个体将要安排肌肉收缩的先后顺序，规划行为的时间和空间，即“怎么做”，主要涉及运动皮质、小脑、基底核等；最低等级的行为控制是负责执行(execution)，即“只管做”，主要涉及脊髓的功能，激活运动神经元以及中间神经元，引发目标行为，并适当地调整姿势。在本章中将重点介绍脑是如何调节和控制行为的等级，以及该等级系统中每一个部分如何控制躯体运动系统。

第一节　脑与脊髓的联系

脑如何与脊髓运动神经元相联系、传递信息呢？来自各脑区的神经纤维，例如来自第一躯体运动皮质、辅助运动皮质、小脑以及基底核等部位的神经纤维，经由脑干而到达脊髓，这些来自脑的轴突主要沿着两类主要的下行通路传递到脊髓，分别为背外侧通路和腹内侧通路（见图 9-1），前者位于脊髓外侧索内，而后者则位于脊髓前索的腹内侧。

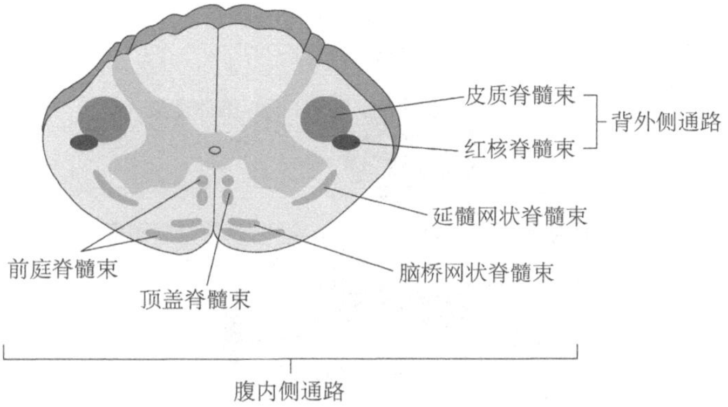

图 9-1　下行脊髓通路

一、背外侧通路

背外侧通路（lateral pathway）起源于大脑第一躯体运动皮质、辅助运动皮质及红核，沿着脊髓背外侧索下行，终止于脊髓灰质的背外侧，受皮质的直接控制，神经纤维从皮质直接到达脊髓的目标神经元，中间并无突触中继。背外侧通路主要包括皮质脊髓束和红核脊髓束。

（一）皮质脊髓束

皮质脊髓束（corticospinal tract）是背外侧通路中最重要的一条，是中枢神经系统里最长的纤维束。皮质脊髓束的轴突主要发源于运动皮质，即第一躯体运动皮质及辅助运动皮质（4 区和 6 区）。这些皮质纤维束穿过内囊，大部分纤维在延髓交叉到对侧，构成皮质脊髓侧束，终止于对侧脊髓灰质；小部分在同侧下行，构成皮质脊髓前束，多经白质前连合至对侧，主要终止于支配上肢肌和颈肌运动的前角运动细胞（图 9-2）。

由于皮质脊髓束在延髓会发生左右交叉（锥体交叉），即左侧的运动皮质支配右侧躯体的随意运动，反之亦然。如果受损会引起对侧肢体的瘫痪，但经过几个月或更长时间，对侧肢体的瘫痪情况会得到很大程度的恢复，不过手指的精细运动难以恢复到之前的水平。

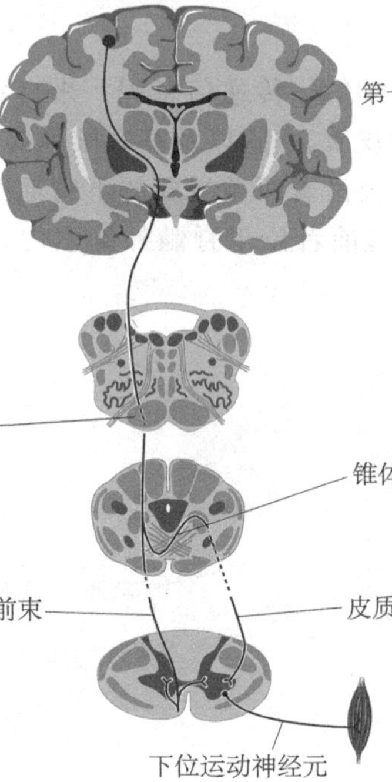

图 9-2　皮质脊髓束

(二)红核脊髓束

红核脊髓束(rubrospinal tract)起源于中脑的红核(red nucleus)，在外侧通路中占很少的一部分。在人类进化的过程中，红核脊髓束的大部分功能已经被皮质脊髓束替代，但对于灵长类动物以外的哺乳动物来说，红核脊髓束的运动控制也很重要。

二、腹内侧通路

腹内侧通路(ventromedial pathway)是沿着脊髓白质腹侧以及腹外侧索下行的运动传导通路，终止于脊髓灰质腹内侧部。腹内侧通路包括了四条来自脑干的纤维束，主要有前庭脊髓束、顶盖脊髓束、脑桥网状脊髓束和延髓网状脊髓束，这些纤维束都终止于控制躯干和近端肌肉的中间神经元，受到脑干的控制。腹内侧通路与支配颈部、背部以及肢体近端肌肉的运动神经元建立了直接的联系，利用身体感觉和视觉信息来维持个体的躯体平衡，确定头部和身体的运动方向以及控制姿势。

(一)前庭脊髓束

前庭脊髓束(vestibulospinal tract)以及顶盖脊髓束主要负责在躯干活动的时候

保持头部的平衡，并且让头部发生转动，使个体可以察觉到新的外界刺激，并做出反应。中枢前庭系统是控制躯体运动和姿势的一个重要中枢，前庭脊髓束起源于延髓的前庭核。来源于前庭核的纤维向眼外肌和脊髓投射，并且接受来自小脑、网状结构以及视觉皮质的投射，所以就成了控制眼部肌肉运动的重要中枢。前庭核主要接受来自内耳前庭迷路的感觉信息。一旦个体的头部发生活动，前庭迷路就会向前庭核传递信号。

前庭脊髓束可分为两部分：① 小部分纤维在脊髓前索双侧下行，终止于颈部脊髓灰质，从而控制颈背部肌肉的运动，指挥头部进行各种运动，维持头部的稳定。头部的平衡稳定对于视觉的稳定至关重要，只有视觉稳定了，我们才能正常地观察外界的事物和所处的环境；② 大部分的前庭脊髓束在同侧前外侧索下行，终止于腰段脊髓，通过促进伸肌运动神经元的活动，帮助人体保持长久的平衡以及站立姿态。

（二）顶盖脊髓束

顶盖脊髓束（tectospinal tract）起源于中脑上丘，向腹侧行，在导水管周围灰质区腹侧，经被盖的背侧交叉至对侧，然后在对侧前索内继续下行，终止于颈髓段。中脑上丘接受视网膜信息的直接传入，以及视皮质的投射。此外，上丘也接受听觉信息的传入。正是因为接受视觉和听觉信息的传入，所以上丘才能为我们理解和认识周围的世界提供条件。由于上丘还有一个别名叫作视顶盖，所以这条纤维束被叫作顶盖脊髓束。顶盖脊髓束能够抑制同侧颈部肌肉的活动，并使对侧颈肌兴奋。

（三）网状脊髓束

网状脊髓束（reticulospinal tract）是复合型的神经传导纤维，起源于脑桥和延髓的网状结构。网状脊髓束大部分都在同侧的白质前索和外侧索前内侧下行。该纤维束的主要功能是参与控制整个躯干以及肢体近端肌肉活动。由于起源于脑桥和延髓，所以网状脊髓束主要包括了两条：脑桥（内侧）网状脊髓束、延髓（外侧）网状脊髓束。这两条网状脊髓束都受到来自皮质的下行传导信号的影响。

1.脑桥网状脊髓束

脑桥网状脊髓束（pontine reticulospinal tract）起源于脑桥内的网状核细胞，主要在脊髓前索的内侧部下行至整个脊髓。脑桥网状脊髓束可以加强左、右下肢伸肌的肌张力，具有明显的兴奋作用，使下肢更加有力，以对抗重力，所以可以使躯体保持长久的直立。这种加强肌肉力量的调节方式是整个运动控制系统的重要方式之一。

2.延髓网状脊髓束

延髓网状脊髓束（medullary reticulospinal tract）起源于延髓网状结构内的巨细胞网状核细胞，主要沿着脊髓外侧索的前部下行，同样行至整段脊髓，在脊髓灰质上终止。延髓网状脊髓束的作用与脑桥脊髓束相反，主要是发挥抑制性作用，减轻和解除抗重力肌的控制。

下图简要地概括了下行运动传导通路（图 9-3），背外侧通路主要分为皮质脊髓束和红核脊髓束，参与肢体远端肌肉的控制；腹内侧通路起源于脑干，主要包括前庭脊髓束、顶盖脊髓束、网状脊髓束等，可以控制肢体近端肌肉的运动以及姿势保持平衡等。

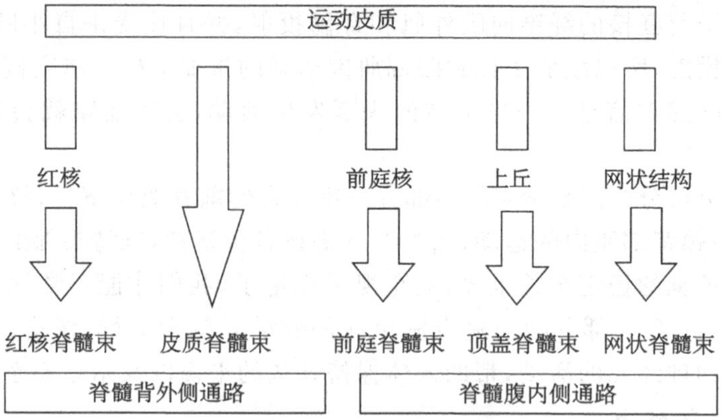

图 9-3　主要的下行脊髓束

复习巩固

1.请简述背外侧下行通路的组成及功能。
2.请简述腹内侧下行通路的组成及功能。

第二节　运动皮质

早期对大脑运动功能的定位主要是通过用电流刺激局部脑区观察躯干、肌肉的反应来进行。1870 年，德国科学家古斯塔夫·弗里奇(Gustav Fritsch)等人率先通过对狗的大脑进行电刺激，发现了刺激大脑的不同区域对于对侧躯体活动的控制具有一定的规律性和相关性。运动控制的高级中枢为大脑运动皮质，运动皮质位于额叶，是一个界限很清晰的脑区。一般来说我们提到的运动皮质主要指的是 4 区和 6 区，但其实整个新皮质对运动控制都起着重要的作用。根据细胞的结构、连接和功能，可以将运动皮质大致分为三个皮质区：第一躯体运动皮质、前运动皮质以及辅助运动皮质。另外，后顶叶皮质也和运动功能有一定的关系。

一、第一躯体运动皮质

第一躯体运动皮质(primary motor cortex，MⅠ)，相当于 Brodmann 第 4 区，位于中央沟之前的中央前回及中央旁小叶前部，主要是负责计划和控制行为。该区由于没有颗粒细胞层(第Ⅳ层),所以也可称为无颗粒皮质(agranular cortex),但是该区的内锥体细胞层(第Ⅴ层)发育较好,锥体细胞大而丰富。第一躯体运动皮质是大脑产生神经冲动的主要区域,这些神经冲动下行到脊髓,对随意运动做出控制。

第一躯体运动皮质对于运动的控制有几个明显特点。

(1)对肢体的控制交叉发生,即一侧皮质控制对侧躯体的活动。

(2)支配肢体的脑区与肢体分布呈上下颠倒(图 9-4),皮质上的躯体投影区由上至下、由内到外呈“倒人形”分布。在中央前回上,最内侧靠近中线的地方支配下肢和脚,从里向外分别为躯干主体、肩部、肘部、手掌、手指,最外侧支配面部,而面部的支配关系不再倒立,呈正向分布。

(3)躯体各部分在皮质上的投影区与躯体本身大小无关,而与该部位运动的灵活程度呈正相关,即所代表的躯体肌肉活动越精细、越复杂,在皮质上所占的比例就越大。例如手部和面部的活动十分精细,对应的皮质代表区所占比例就越大(图 9-4)。

当皮质受到电刺激的时候,往往会引发一组肌肉相互协作配合完成目标行为,而不是单独的一块肌肉或一个区域进行舒张或收缩完成行为。在发起复杂动作的时候,例如书写、绘画、拼拼图等行为时,需要大脑高度协同配合,否则是无法完成的,但是在进行一些不随意动作的时候,像打喷嚏、眨眼等动作时,对大脑的需求并不大,这些动作有的是反射性的,或者简单地受到皮质下结构控制,并不受到意识控制。

分散在皮质上的许多运动神经元群协调配合是人体顺利发生运动的基本前提。大脑运动皮质内的躯体代表区定位并不是简单的一一对应,并非运动皮质内的一个区域就支配一个运动行为或一块肌肉。单个的皮质神经元传出的信息可以传递到多个运动神经元池,而同时第一躯体运动皮质上大范围的传出信息能够在躯体上某个特定区域的运动神经元池上汇集。不同部位的肌肉在皮质上的代表区不是泾渭分明的,常常会相互重叠,对一个皮质区域进行刺激可以引起这一整块肌肉发生收缩,如果受到刺激的皮质区域更大,也许会引起更大范围的肌肉活动。在一个部位进行活动的时候,可能会观察到数个脑区激活。其次,躯体的各个部位在皮质上的代表区并非一成不变,在经过长期的学习以后,某些部位的皮质代表区在大小和位置上都可能发生变化。

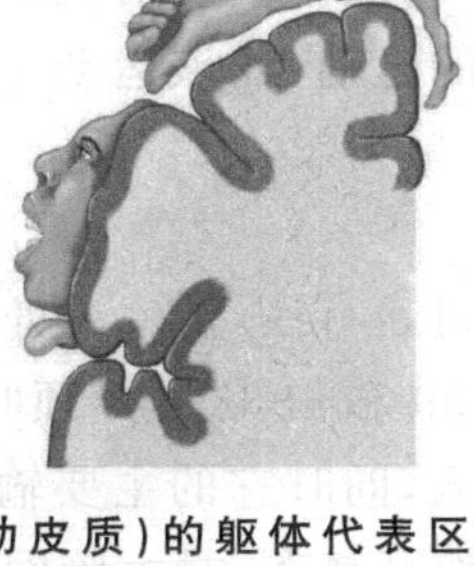

图 9-4　中央前回(第一躯体运动皮质)的躯体代表区[摘自 Elaine N. Marieb, *Human Anatomy & Physiology*(*Global* 10*th* *edition*), Pearson 公司]

二、次级运动皮质

次级运动皮质（secondary motor cortex，MⅡ），相当于 Brodmann 6 区（图 9-5），这个区域的第Ⅳ层发育得比较好，颗粒细胞丰富。MⅡ的关键作用是对运动做好计划和准备，主要由前运动皮质、辅助运动皮质和后顶叶皮质组成。前运动皮质和辅助运动皮质的功能大体类似，但仍有许多差异，且针对不同的肌群。前运动皮质与网状脊髓束相连接，对身体近端肌肉具有支配作用，辅助运动皮质则主要作用于远端肌肉。

1.前运动皮质

前运动皮质（premotor area，PMA）位于中央前回，与第一躯体运动皮质紧密相连，位于其前部，在 6 区的外侧部。前运动皮质主要参与运动准备、运动感觉指导等环节，或者直接对某些行为进行控制。例如有研究发现，训练猴子在指令信号发出以后，按压亮灯的按键。当亮灯的按键已经出现在面前但是还没得到指令的时候，猴子的前运动皮质上能够记录到丰富的神经元放电。一旦得到了指令，按下按键，准备状态结束，神经元放电停止。可见，前运动皮质主要负责的是运动准备过程。前运动皮质受损的患者，监控过程就会实施得很不顺利，往往只能够在动作即将结束的时候才能意识到自己最初的目标行为。

2.辅助运动皮质

辅助运动皮质（supplementary motor cortex，SMA）位于中央沟旁额叶的后内侧，6 区的内侧部。辅助运动皮质是基底核形成运动环路的组成部分。该区域发出的传出纤维到达纹状体，然后纹状体发出纤维与苍白球和腹外侧丘脑相连，最后腹外侧丘脑传出纤维回到辅助运动皮质。前运动皮质与辅助运动皮质在中央前回的顶部相连。辅助运动皮质与前运动皮质对于决策和规划具有很大的作用。功能磁共振扫描研究发现，当人在进行比较简单的运动时，大脑对侧的第一躯体运动皮质被激活；当进行比较复杂的运动时，不仅第一躯体运动皮质被激活，辅助运动皮质也明显被激活；假如一个人只是在想象自己运动而并未真正去执行的话，只有辅助运动皮质被激活。由此可见，辅助运动皮质参与了运动决策的过程。与前运动皮质不同，辅助运动皮质的运动计划作用主要针对较为复杂有序的运动，而该运动是以前学习过的，并非第一次做出的行为。

3.后顶叶皮质

后顶叶皮质（posterior parietal cortex）是一个处理多种感觉、运动信息的联合脑区，位于顶叶的 5 区和 7 区，以及 39 和 40 区。后顶叶皮质能够接收来自视觉系统、听觉系统和躯体感觉系统的信息传入，同时它的主要输出目标是与运动相关的脑区：第一躯体运动皮质、次级运动皮质、纹状体等，是大脑网络中感觉-运动整合的关键脑区。

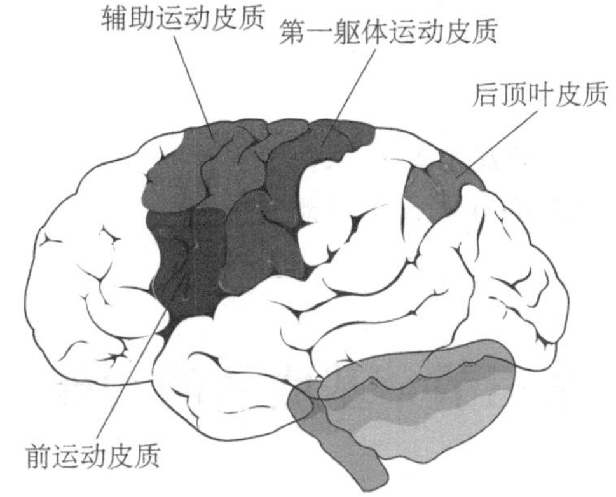

图 9-5　参与控制随意运动的皮质，其中 4 区和 6 区合称运动皮质

拓展阅读

脑电控制行为

尽管脊髓损伤患者的大脑运动皮质功能正常，能够发出控制肌肉的指令，但因为脊髓受损，指令不能到达肌肉，导致患者四肢瘫痪。目前，科学家们利用运动皮质神经元特征性的放电模式，正在努力研究神经修复装置（neural prosthetic device），即脑-机界面。这些装置可以帮助脊髓损伤的患者恢复自主运动控制。要制造神经修复装置，首先要提取运动皮质神经元特征性的放电模式，最有效的方法是在脑内植入多电极阵列，直接记录患者在运动指令下达时，运动皮质神经元的放电特征，将这些放电特征输入电脑，以提取出运动意向，并将这些意向用于控制输出装置，如机械臂或鼠标，从而控制机械臂或鼠标移动。

首例人类临床实验是用神经修复装置来帮助四肢瘫痪的患者用想象来控制鼠标的移动。患者的运动皮质植入了有 100 个电极的阵列，在植入后的训练阶段，研究人员控制鼠标在屏幕上移动，而患者想象是他的手在沿鼠标轨迹移动，同时记录患者运动皮质神经元群体活动的放电特征，通过电脑构建运动意向的算法。在下一阶段，患者想象移动鼠标，而该算法将多电极阵列记录到的运动皮质的放电特征转化为对鼠标的实时控制。通过大量训练，患者能通过想象来完成多种任务，比如将鼠标移到指定目标，打开电子邮件，以及画圈等。当然，通过想象来控制鼠标比实际用手控制的精度差了许多，但技术的进步让我们看到了将来能用想象来控制机械臂或电脑鼠标的曙光。

复习巩固

1.请简述第一躯体运动皮质的特点。
2.请简述次级运动皮质的组成及功能。

第三节　基底核的功能

基底核(basal nuclei),也叫基底节(basal ganglia),位于前脑白质的深处,是一组较大的皮质下灰质核团的总称,其纤维联系以及功能都较为复杂。基底核包括尾状核(caudate nucleus)、豆状核(lenticular nucleus)、屏状核(Claustrum)等皮质下神经核团。豆状核又再细分为壳核(putamen)和苍白球(globus pallidus)。此外,有的文献将杏仁核(amygdala)、丘脑底核(subthalamic nucleus,STN)以及黑质(substantia nigra)也算作基底节的一部分。尾状核与壳核被称为新纹状体(neostriatum),也叫背侧纹状体,而苍白球被称作旧纹状体(paleostriatum)。纹状体属于锥体外系,是皮质到基底核的投射目标,与骨骼肌运动有着密切联系(基底核的详细解剖结构详见本书第四章第四节)。

来自大脑皮质多个脑区的输入信息到达尾状核和壳核以后,经此输往苍白球,然后经苍白中继后到达大脑皮质,尤其是运动皮质以及前额叶皮质。从苍白球到丘脑会释放出大量的γ-氨基丁酸(GABA),GABA是在哺乳动物中枢神经系统内非常重要的抑制性神经递质,所以苍白球会一直对丘脑产生抑制作用。来自尾状核和壳核的输入能够使苍白球得到哪些运动需要中止抑制作用的信息。

一、基底核和大脑皮质之间的功能性神经环路

基底核的核团之间具有密切的联系,新纹状体(尾状核和壳核)是基底核联系的核心。新纹状体内的细胞90%以上为中等大小的γ-氨基丁酸(GABA)能神经元,称为中型多棘神经元(medium spiny neuron,MSN),这些神经元是新纹状体内主要的信息整合和传出神经元。中型多棘神经元接收到来自大脑皮质锥体神经元发出谷氨酸能投射,组成皮质一纹状体环路;还接受黑质致密部的多巴胺能神经投射,组成黑质一纹状体环路。中型多棘神经元有两个类型,它们的细胞膜上分别表达多巴胺 D_1 和 D_2 受体,分别投射到苍白球内侧部(globus pallidus pars interna,GP_i)和苍白球外侧部(globus pallidus pars externa,GP_e),从而组成新纹状体一苍白球内侧部之间的两条投射环路:直接通路(direct pathway)和间接通路(indirect pathway)。加上黑质一纹

状体环路，因此纹状体和大脑皮质之间的神经环路主要可以概括为三条（图 9-6）。

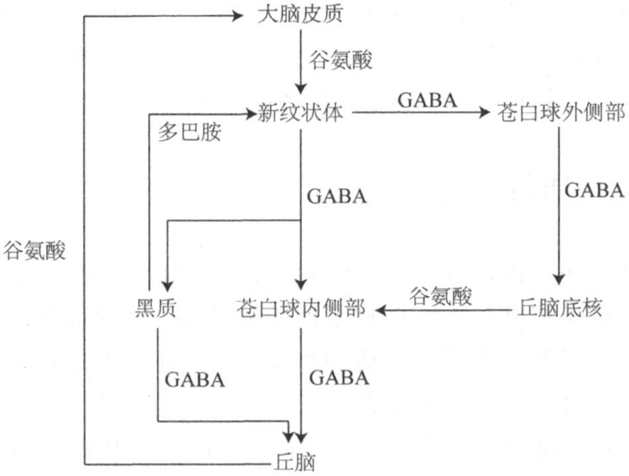

图 9-6　基底核与皮质之间的主要环路。

（一）“皮质一新纹状体一苍白球（内）一丘脑一皮质”环路

“皮质一新纹状体一苍白球（内）一丘脑一皮质”环路即直接通路，该环路对运动皮质发出的活动有重要的反馈调节作用。从大脑皮质广泛区域传出信息到达新纹状体，从新纹状体发出的纤维到达苍白球内侧部，然后再从苍白球发出纤维，在丘脑中止，最后再投射到大脑皮质，主要是到达辅助运动皮质。皮质对新纹状体的作用是兴奋性的，该过程释放的神经递质是谷氨酸；新纹状体到苍白球内侧部以及从苍白球内侧部到丘脑的纤维投射作用都是抑制性的，释放的神经递质是 γ-氨基丁酸（GABA）。在该通路上，新纹状体的活动被兴奋，而苍白球的活动被抑制，所以苍白球对丘脑的抑制作用被削弱，因此丘脑兴奋性提高，这个过程叫作“去抑制”（disinhibition）。丘脑到皮质的投射是兴奋性的，所以经过这条直接通路的投射，大脑皮质发起运动的过程会易化。

（二）“皮质一新纹状体一苍白球（外）一丘脑底核一苍白球（内）一丘脑一皮质”环路

“皮质一新纹状体一苍白球（外）一丘脑底核一苍白球（内）一丘脑一皮质”环路即间接通路。信息从皮质到达新纹状体以后，先经过苍白球外侧部，再经过丘脑底核中继，之后到达苍白球内侧部，最后再投射回皮质。在该通路上，皮质到新纹状体的投射过程是兴奋性的，因此苍白球外侧部的活动受到抑制，原本苍白球到丘脑底核的投射是抑制性的，此时该抑制作用被减轻了，所以丘脑底核对苍白球内侧部的兴奋作用提高，苍白球内侧部对丘脑和皮质的抑制作用增强。因此，当间接通路被激活，会抑制皮质发起运动。

（三）“皮质一新纹状体一黑质一丘脑一皮质”环路

该通路从皮质投射到新纹状体，经黑质网状部（SN-pars reticulata，SN_{pr}），再发出纤维投射到丘脑,最后回到皮质。黑质的多巴胺能神经元投射到新纹状,参与锥体外系的运动调节。黑质—纹状体环路末梢释放的多巴胺激动多巴胺 D_1 受体时,可增强直接通路的活动;当激动多巴胺 D_2 受体时,则可抑制间接通路。多巴胺这两条通路,都会使得丘脑到皮质的投射活动加强,从而易化大脑皮质发起运动。

二、基底核的功能

就当前的研究进展来说,基底核对运动具有的影响作用并不太清晰。来自大脑皮质的神经投射到达基底核以后再经丘脑返回大脑皮质,通过这样的神经环路,基底核可以参与随意运动的筹划以及提高运动的稳定性,对肌紧张进行调整和控制,接收来自皮质的运动指令并将其与本体感受器传入的信号相互整合,从而对运动过程进行调节。例如对清醒状态下的猴子进行研究,观察其苍白球的放电情况,当猴子在进行随意活动的时候,苍白球的放电频率明显提高,而且是出现在运动开始之前,由此可见基底核对于随意运动的准备和筹划有影响。目前普遍认为,基底核可以影响运动的准备和编码,将脑内的抽象活动设计转变为实际的随意运动。

纹状体还有可能与潜意识水平的运动控制有关,也许参与学习行为。人们刚开始学习一个事物,例如学习驾车,刚开始总是手忙脚乱、全神贯注、高度紧张地不断思考自己下一步应该怎么做,既要看着路面状况,又要不时低头观察下一步的操作,生怕会出什么问题。一旦熟练掌握了以后,就可以自然而然地、放松地驾车,甚至还能看一看窗外的景色,思考一些无关紧要的东西。纹状体对这种学习行为可能起到了很大的作用。

三、基底核损害产生的功能障碍

当纹状体受到损伤或者发生病变的时候,患者会出现不同程度的运动障碍,主要可以概括为两类。

(一)肌张力提高,肌紧张过强,运动过少

帕金森病(Parkinson disease,PD)又叫作震颤麻痹(paralysis agitans),是常见的神经退行性疾病,多发生在中老年人身上。帕金森病的症状多为震颤、动作迟缓、面部表情少,常常发生于动作的准备阶段,而患者的动作开始后则能够继续完成下去。帕金森病的发病原因是双侧的黑质病变,造成多巴胺能神经元受损,因此大脑皮质对于运动的发起就出现了抑制现象,所以动作减少了。

(二)肌张力下降,肌紧张不全,运动过多

亨廷顿舞蹈病(Huntington's disease,HD)也叫作舞蹈病(chorea),一般在中年期发病,出现舞蹈样动作、共济失调、智能衰退等症状。舞蹈病的发病原因是双侧新纹

状体出现病变，γ-氨基丁酸（GABA）能中间神经元发生变性或遗传性缺损，造成新纹状体对苍白球外侧部的抑制作用减少，所以间接通路减弱，直接通路对运动的易化作用被加强，表现出运动增加，不随意抽搐等症状。

复习巩固

1.请简述纹状体和大脑皮质之间的神经环路。
2.请简述基底核对运动的调节功能。

第四节　小脑的功能

小脑（cerebellum）是位于脑桥与延髓背侧的球形隆起，以 3 对小脑脚与延髓、脑桥及中脑相连。小脑并不产生感知觉及意识，也不产生随意运动，其功能是调节肌肉的紧张度，维持身体的姿势与平衡，协调随意运动的顺利完成。小脑有着十分强大的信息处理能力，与脑内各个不同区域都有着广泛而密切的联系，主要负责配合大脑协调运动时从关节、骨骼肌等返回的本体感觉，以及接收到的来自大脑的运动信息。小脑接收来自皮质的纤维投射，对信息进行整合，也会投射至皮质，协调随意运动。小脑的机能十分复杂，主要是调节肌张力以及协调随意运动，帮助人体实现快速、精准且稳定的动作。一旦小脑受到损伤或者发生病变，肌肉协调和运动平衡都会受到影响，无法平稳地站立和行走，出现左右摇晃，容易摔倒，运动会变得迟缓、出现许多差错。

一、小脑的外形

成人小脑重约 150 g，占全脑重量的 10%，上部较平坦，下部凹陷，正中是小脑蚓（vermis），小脑上部的小脑蚓称上蚓，下部的小脑蚓称下蚓。小脑蚓将小脑分为左、右两个小脑半球（图 9-7）。小脑表面有很多平行的沟裂，较浅的称沟，较深的称裂。小脑借 3 条主要的裂将表面分成若干小脑叶片，小脑上 1/3 与后 2/3 处有原裂（primary fissure），小脑下面后方有后外侧裂；原裂之前的小脑称为前叶（anterior lobe），原裂之后，后外侧裂之前的小脑称为后叶（posterior lobe）；后外侧裂之后的部分称为绒球小结叶（flocculonodular lobe）。小脑前叶和后叶占小脑的绝大部分，并称为小脑体（corpus of cerebellum）。

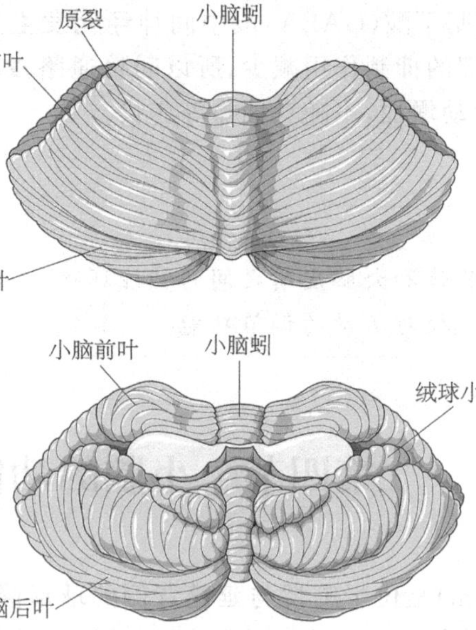

图 9-7 小脑的外形

二、小脑的内部结构

小脑表面的皮质称为小脑皮质(cerebellar cortex),皮质之下的白质称为髓质。小脑的白质深入小脑的各叶,与包围髓质的皮质一起形成小脑叶。小脑的髓质主要由3类纤维构成:小脑皮质与小脑核之间的往返纤维;小脑各叶之间的联络纤维;小脑的传入与传出纤维。

小脑的传入与传出纤维主要是小脑的上、中、下脚,小脑借三对小脑脚与脑干相连,其中最粗大的是小脑中脚(middle cerebellar peduncle),也称小脑臂,与上、下脚相比,位置最靠外,与脑桥相连,几乎全部由脑桥小脑纤维组成。小脑上脚(superior cerebellar peduncle)位于最内侧,与中脑相连,也称结合臂。小脑下脚(inferior cerebellar peduncle)位于小脑中脚内侧,与延髓相连,也称为绳状体。

除了小脑皮质之外,位于小脑髓质深部的灰质称为小脑核(cerebellar nuclei),也称小脑中央核(central nuclei of cerebellum),主要由4对构成,由内向外分别是顶核(fastigial nucleus)、球状核(globose nucleus)、栓状核(emboliform nucleus)和齿状核(dentate nucleus)。小脑核主要接受小脑皮质的传入纤维,小脑核同时含有兴奋性和抑制性神经元,轴突构成小脑的主要传出神经纤维,其轴突的侧支也可往返小脑皮质,构成与小脑皮质的反馈联系,以便调节行为的协调性。

三、小脑的功能单位

(一)前庭小脑

前庭小脑又称古小脑、原小脑,位于绒球小结叶,接收来自同侧前庭迷路的传入纤维,再投射至前庭核,主要负责对躯体的平衡加以控制协调以及操纵眼球的运动。通过对猴子的观察,发现灵长类动物一旦前庭小脑受损或出现病变,由于无法再利用前庭信息来平衡身体和协调运动,就会出现摇摆、呈欲摔倒姿态以及共济失调(蹒跚步态)等现象,如果前庭小脑的受损是单侧性的,那么个体的头部会偏向受损的那一侧。此外,由于前庭小脑还会控制眼球的运动,所以该部位受损也会引起自发性眼球震颤等。实验表明,一旦动物的绒球小结叶被切除掉,就不能再正常地保持躯体平衡,行走也会出现困难,基本只是缩在角落或者需要有物品支撑才能行走,但是动物的随意运动并没有受到什么影响,依然协调稳定。表现在人类身上照样如此,当患者第四脑室出现肿瘤等病变时,肿瘤会压迫到绒球小结叶,所以患者不能站立或者坐直,但随意运动功能良好。

检查前庭小脑是否受损的方式通常使用两眼迅速扫视运动(saccades),健康人的双眼可以毫无障碍地从一个点将目光转移到另一个点,而前庭小脑受损患者对于眼球运动的控制明显出问题,无法计算角度和距离,需要经过多次失误以后才能确定一个点。

(二)脊髓小脑

脊髓小脑又称旧小脑,主要位于小脑蚓部。脊髓小脑接受来自脊髓小脑束的传入纤维,然后投射到脑干和大脑皮质。这一部分脑区主要接受本体感觉和皮肤感觉的传入。除以上传入,前叶还接收更多感觉通道的传入,如视觉、听觉传入等,传出至顶核,然后在此交换神经元,投射到脑干网状结构。顶核对动物躯体姿势起到控制作用,如果灵长类动物的顶核受损,将导致其行走和直立都出现障碍,会偏向损伤的一侧。

1.脊髓小脑与肌紧张

脊髓小脑对肌紧张的调节既有抑制作用,又有易化作用,取决于小脑的不同部位。例如,当去大脑动物的前叶蚓部受到刺激时,同一侧伸肌的肌紧张受到抑制,去大脑僵直的情况得到缓解,因此可以认为前叶蚓部对抑制肌紧张有重要作用。在前叶蚓部上,不同区域对于肌紧张的抑制区域是不同的,前叶蚓部的前端对动物的尾部以及下肢起到抑制作用,而前叶蚓部的后端则主要对上肢和面部肌肉产生抑制作用,这个抑制作用是倒置发生的。前叶蚓部对肌紧张的抑制作用,在很大程度上也许是由于通过延髓网状结构的抑制区,改变了脊髓前角的运动神经元的活动造成的。

在另一个实验中,通过刺激猴子的小脑前叶两侧和半球中间部,发现肌紧张情况得到强化,同肌紧张抑制区一样,这个肌紧张易化区在不同部位上对于肌紧张的易化也是不同的，并且同样倒置发生，其易化作用可能是通过延髓网状结构的易化区改变了脊髓前角的运动神经元活动引起的。可见，小脑前叶在调节肌紧张的过程中，既会起到抑制作用，又会起到易化作用。而在漫长的生物进化史中，前叶对于肌紧张的抑制作用已经逐渐弱化，现在主要还是起到肌紧张的易化作用。

2.脊髓小脑对随意运动的协调

脊髓小脑接收通过皮质脊髓束的侧支从运动皮质获取随意运动的指令，所以该区域更大程度上与随意运动的发生具有密切联系。如果该区域被切除，会严重影响随意运动的力度、方向，导致各种运动行为发生较为严重的紊乱，运动变得很不准确而且显得笨拙，对于距离的判断不准，此外肌张力也明显下降，出现肢体无力等症状。在这种情况下，患者或者受损的动物将无法进行精细的操作，在进行动作的时候出现无法控制的抖动导致动作的方向出现偏差，这种症状叫作意向性震颤，此外患者在走路的时候会像醉酒一样出现蹒跚步态，越是想要加快速度进行运动，行为障碍就表现得越明显。不过在静止状态下，患者的肌肉异常情况并不会表现出来。一个最为常见且简单有效的检查方式就是指鼻试验，接受测试者先把手臂伸直，然后迅速向鼻尖指去，假如是脊髓小脑受损的受测试者，无法顺利完成该动作，手指会移动得碰不到脸或者用太大力气，并且不能够准确碰到鼻子，出现犹疑不决的情况。由此可见，这部分脑区能够在运动进行过程中对肌肉进行协调配合作用。患者无法有效地利用外周感觉反馈信息去对肌张力进行协调以及在运动过程中进行调节的这种动作性的肌肉协调障碍，叫作小脑性共济失调(cerebellar ataxia)。

（三）大脑-小脑

大脑-小脑(cerebro-cerebellum)又称新小脑、皮质小脑，指的是小脑后叶的外侧部位，该区域接受的传入信息只来自大脑皮质的广泛区域，这些脑区将纤维传入小脑，然后经脑桥核交换神经元，之后投射到对侧的小脑半球后叶外侧，后叶外侧部的传出纤维是从齿状核发出，经齿状核换元，再经丘脑腹外侧核换元，最后投射到大脑额叶的皮质运动区以及额叶前区。皮质小脑并不会接受周围感觉的传入信息。皮质小脑与感觉区、运动区、联络区以及基底核共同参与了随意运动的计划生成、编制运动程序以及运动的发起等过程。

要成功发起一个随意运动，完整的过程需要先对运动进行计划和编制程序，然后按照该运动程序去正式执行，皮质小脑正是参与了这两个阶段。我们要进行任何的精细运动，都需要在长期的学习过程中逐步熟练和掌握，古人也明白“熟能生巧”的道理，这句俗话大可以用皮质小脑的功能来解释。刚开始学习某样事物的时候，我们对此很不熟练，磕磕绊绊，大脑皮质通过锥体系发出的运动很不协调，小脑在此时没有发挥应有的对运动进行协调的作用，个体总要在完成动作时反复思考，这也严重地影响了行为速度。在继续进行学习的过程中，随着反复的练习，大脑皮质和小脑之间持续发生着联合运动，同时感觉信息也不断反馈到小脑，运动发生过程中出现的一些错误和偏差就可以得到修正和改善，经过多次协调配合以后，大脑皮质和小脑之间的合作越来越和谐且顺利，原本复杂的精细行为逐渐“熟能生巧”了起来，皮质小脑中相应地存储了一套运动程序，甚至可能达到了自动化水平，不再需要过多的思考和探索，直接就能发生，动作能够表现得很协调而迅速。例如刚开始练习打字总是需要看着键盘一个个字地敲击，达到熟练水平以后可以快速而准确地进行打字操作，也不再需要看着键盘。

由于皮质小脑对于协调整个运动过程有重要作用，负责对随意运动进行管理和控制，所以一旦皮质小脑或者齿状核受损，不仅会引起某一个关节的运动发生错误和延缓，更会严重影响多个关节的协调配合，个体也就无法进行精细操作了。

四、小脑的功能

小脑不仅可以对大脑皮质发起的运动起到协调控制的作用，同时也能够自主地发起运动或者参与学习新行为。小脑对运动的控制作用主要是反馈作用或者前馈作用。

（一）反馈作用

在个体执行已经较为熟练的训练动作时，小脑会对运动起到反馈作用。比如我们的运动计划与最终的运动结果之间是有一定区别的，那么小脑便能够对两者之间的差异进行对比，使运动执行尽量去靠拢运动计划，减少动作的误差。

（二）前馈作用

在执行已经进行了长期训练并且需要迅速完成的行为时，例如在篮球场上投球，或者乐手演奏音乐，此时的运动都需要迅速而准确到位，并不会留有充足的时间让小脑去对动作的误差进行反馈校正，在这种情况下，就需要采取前馈的形式来对动作采取控制，这同样是小脑的职责。在这种校正方式中，小脑需要首先编制并存储一个运动程序，其中的编程过程就是个体在运动前对自己所设想的理想动作有一个预估。因此，假如在运动过程中出现了某个意外，产生了没有预料到的错误动作，小脑就无法及时地按照早已设定好的程序对错误行为进行纠正，运动也就难以准确执行。

生活中的心理学

肌肉记忆

从事体育或舞蹈工作的专业人员经常会谈到一个术语，“肌肉记忆”。“肌肉记忆”可以看作一种不由自主的运动感觉，即可以让运动员自然而然地做出某种流畅的动作反应。“肌肉记忆”的形成需要经过长期反复的专业训练，使运动员的动作能够自发、顺利、自然地表现出来。然而众所周知，记忆存在于人脑里面，肌肉本身绝不可能有记忆，所以，所谓的“肌肉记忆”本质上是随意行为的自动化过程。运动皮质在支配尚不熟练的动作时，基底核与小脑参与程度极低，骨骼肌需要在运动皮质有意识的修正下才能顺利地完成动作，随着反复不断地训练，运动皮质与基底核、小脑之间的联系不断地被加强，基底核与小脑逐渐参与该动作的执行，基底核与小脑的协调功能开始体现，最终大脑皮质一旦启动该动作，基底核与小脑就能自然而然地修正骨骼肌的动作，而无须运动皮质有意识地参与，从而体现出"肌肉记忆"的感觉。

复习巩固

1.请简述小脑的传入及传出纤维。

2.请简述小脑协调运动的功能。

本章要点小结

1.运动不仅仅受到脊髓的控制，更受到脑的支配，这个控制过程会涉及许多脑区的共同参与。主要参与行为调节的脑区有运动皮质、基底核、脑干、小脑。

2.脑的运动控制信息来自第一躯体运动皮质、辅助运动皮质、小脑以及基底核等部位的神经纤维，经由脑干而到达脊髓，这些来自脑的轴突主要沿着背外侧通路和腹内侧通路下行。

3.背外侧通路起源于大脑第一躯体运动皮质及辅助运动皮质，沿着脊髓背外侧索下行并且在脊髓灰质的背外侧部终止，受皮质的直接控制，直接延伸到脊髓的目标神经元，主要包括皮质脊髓束和红核脊髓束，主要与随意运动有关。

4.腹内侧通路是沿着脊髓白质腹侧以及腹外侧索下行的运动传导通路，终止于脊髓灰质腹内侧部。腹内侧通路包括前庭脊髓束、顶盖脊髓束和网状脊髓束，主要与维持个体的躯体平衡、确定头部和身体的运动方向以及控制姿势有关。

5.第一躯体运动皮质对于运动的控制有三个明显特点：①一侧皮质控制另一侧躯体的活动；② 支配躯体的脑区与躯体分布相互颠倒；③ 每个部位所支配的躯体大小不同，所代表的躯体肌肉活动越精细、越复杂，在皮质上所占的区域的比例就越大。

6.基底核是一组较大的皮质下灰质核团的全称，位于大脑白质的深处，其纤维联系以及功能都较为复杂。基底核包括尾状核、豆状核、屏状核。豆状核又再细分为壳核和苍白球。

7.小脑与脑内各个不同区域都有着广泛而密切的联系，主要负责配合大脑协调运动皮质在运动时从关节、骨骼肌等返回的本体感觉和接收到的来自大脑的运动信息。

8.小脑接收来自皮质的纤维投射，对信息进行整合，也会传出纤维去往皮质，协调随意运动。

关键术语表

背外侧通路	lateral pathway
腹内侧通路	ventromedial pathway
皮质脊髓束	corticospinal tract
红核脊髓束	rubrospinal tract
前庭脊髓束	vestibulospinal tract
顶盖脊髓束	tectospinal tract
网状脊髓束	reticulospinal tract
基底核	basal nuclei

复习思考题

单项选择题

1.以下哪条通路属于背外侧通路？(　　)

A.皮质脊髓束　　B.前庭脊髓束　　C.网状脊髓束　　D.顶盖脊髓束

2.前庭脊髓束主要与(　　)有关？

A.随意运动　　B.头部平衡　　C.视觉反射　　D.抗重力作用

3.第一躯体运动皮质位于(　　)。

A.中央前回　　B.中央后回　　C.角回　　D.颞上回

4.以下哪项不是第一躯体运动皮质的特征？(　　)

A.一侧皮质控制身体另一侧躯体的活动

B.支配躯体的脑区与躯体分布的关系是倒立的

C.每个部位所支配的躯体肌肉活动越精细，在皮质上所占的区域的比例就越大

D.每个部位在皮质上所占的区域的大小与躯体部位的实际大小成正比

5.基底核的功能不包括(　　)。

A.参与随意运动的筹划以及提高运动的稳定性

B.对肌紧张进行调整和控制

C.对运动过程进行调节

D.产生随意运动

6.以下哪项不是小脑的功能？（　　）

A.产生随意运动

B.协调随意运动

C.协调原动肌和拮抗肌的共济作用

D.保持躯体的平衡，调节肌张力

第十章　下丘脑和自主神经系统对行为的调控

下丘脑属于间脑的一部分，是具有内分泌功能的中枢神经，它能将激素分泌到血液循环从而作用于全身，影响整个机体和脑的功能。下丘脑是神经内分泌调控中心，与垂体有密切联系，将神经调节和体液调节融为一体，从而调节机体的内分泌活动。下丘脑也是内脏活动的高级中枢，可以调节机体的体温、摄食、生殖等活动。自主神经系统是受到下丘脑调控的周围神经系统的一部分，通过机体内存在的广泛而又复杂的纤维联系，调控内脏器官、内分泌腺体以及血管的反应。下丘脑和自主神经系统对行为的调控具有广泛和持续的作用。

第一节　下丘脑

下丘脑(hypothalamus)属于间脑的一部分，位于丘脑下方，构成第三脑室的壁，与垂体通过垂体柄(pituitary stalk)相连(图 10-1)。下丘脑结构复杂，与其他脑区及内分泌器官有着复杂而密切的联系，主要体现在：① 下丘脑内部核团之间存在丰富而广泛的神经纤维联系；② 与中枢神经系统的其他部位也存在复杂的神经纤维联系；③ 下丘脑是神经内分泌中心，与垂体有密切联系，并将神经调节和体液调节融为一体，从而调节机体的内分泌活动；④ 下丘脑还是内脏活动的高级中枢，与自主神经系统有着密切的联系，可以调节机体的体温、摄食、生殖等活动。

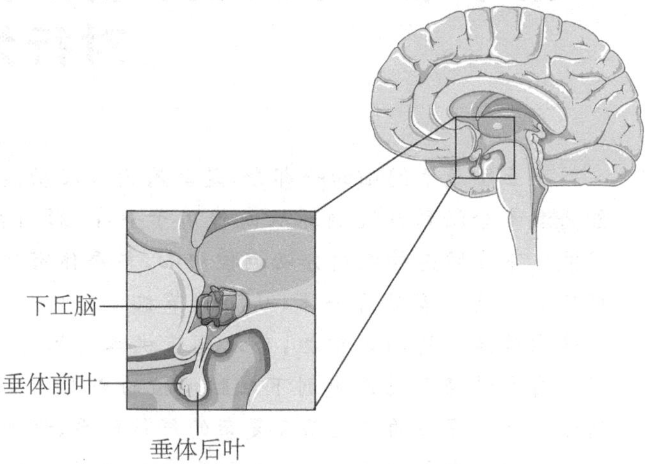

图 10-1　下丘脑和垂体的位置

一、下丘脑的核团分区

下丘脑中存在许多核团，对这些核团的分区有不同的方法。一般而言，下丘脑从前向后分为视前区(preoptic region)、视上区(supraoptic region)、结节区(tuberal region)以及乳头区(mamillary region)四个区(图 10-2)。

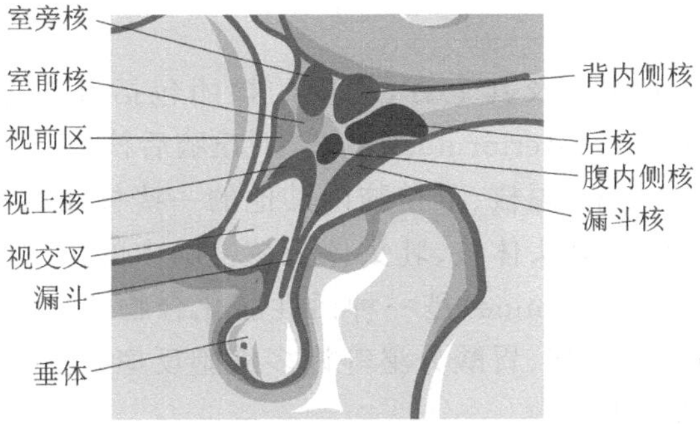

图 10-2　下丘脑的主要核团(矢状面)

(一)视前区

视前区位于视交叉前缘，主要的核团为视前核(preoptic nucleus)，其功能主要与副交感神经的活动有关，视前核中含有可以合成促性腺激素释放激素的神经元，这些神经元的轴突投射到正中隆起(median eminence)。正中隆起是指位于漏斗的上端、漏斗隐窝周围的隆起部，正中隆起处于结节区。

(二)视上区

视上区则位于视交叉上方，主要的核团包括视交叉上核(suprachiasmatic)、室旁核(paraventricular nucleus)、视上核(supraoptic nucleus)、前核(anterior nucleus)。视交叉上核被看作生物钟，可以调控机体活动的基本节律。视交叉上核主要包括腹外侧区和背外侧区两个区域：腹外侧区主要接受来自视网膜下丘脑束和膝状体下丘脑束传出的神经纤维；而背外侧区不接受视觉信息的传入，其中含有血管降压素和生长抑素神经元。

(三)结节区

结节区位于灰结节内以及其上方，主要的核团包括漏斗核(在哺乳动物中又被称为弓状核)、正中隆起、腹内侧核以及背内侧核。漏斗核或弓状核(arcuate nucleus)位于第三脑室底的两侧，该区域包含许多重要的神经元：神经内分泌细胞和集中投射神经元等。其中神经内分泌神经元的轴突末端可以分泌多巴胺，这些分泌的多巴胺神经元被称为结节漏斗多巴胺(tubero-infundibular dopamine，TIDA)神经元，多巴胺神经元发出的轴突到达正中隆起，分泌的多巴胺传递到脑垂体前叶。除此之外，漏斗核中的神经内分泌神经元还可以合成和分泌促生长激素释放激素。集中投射神经元可以合成β-内啡肽和一些抑制性神经递质等。正中隆起是下丘脑与垂体之间信息交流的通路，位于下丘脑内侧基底部。正中隆起中几乎不包括神经元，主要由神经纤维以及丰富的血管构成。腹内侧核核团较大，位于内侧基底部，与弓状核邻近。腹内侧核周围包含一层无细胞带，可以接受海马、杏仁核等边缘系统的神经传入。背内侧核位于腹内侧核的正上方，室旁核的后方，该区域与机体的脂肪代谢相关。

（四）乳头区

乳头区则位于乳头体内及其上方，主要的核团包括乳头体核（mamillary body nucleus）以及下丘脑后核（posterior nucleus）。下丘脑后核位于下丘脑后部，所占区域较大，接受来自海马、嗅结节、隔核、下丘脑内其他的一些核团的神经传入。乳头体核又被分为乳头体前核、结节乳头体核、乳头体上核。脑中的组织胺能神经元主要位于结节乳头体核。组织胺（histamine）是一种活性胺化合物，是中枢神经系统中的一种神经递质，可以影响过敏、炎症、胃酸分泌等许多细胞反应，也可以影响脑部神经的功能，造成催眠等一系列效果。

二、下丘脑与其他脑区的联系

下丘脑与其他脑区有复杂的纤维联系，下丘脑既接受来自大脑皮质、边缘系统和丘脑的传入信息，也接受来自网状结构、苍白球等区域的投射。下丘脑的传入纤维保证各种信息传递到下丘脑进而调控下丘脑的功能；而下丘脑的传出纤维则控制垂体的内分泌活动、内脏感觉和躯体运动等（下丘脑与其他脑区的纤维联系详见本书第四章第三节）。

三、下丘脑对垂体的调控作用

垂体被分为垂体前叶（adenohypophysis）和垂体后叶（neurohypophysis）两部分，垂体前叶又被称为腺垂体、内分泌垂体，而垂体后叶又被称为神经垂体、脑垂体。

（一）下丘脑对垂体后叶的调控

下丘脑视上核和室旁核中存在着大细胞神经元，也被称为大细胞性神经分泌细胞（magnocellular neurosecretory cell）的神经细胞，这些细胞的轴突在视交叉周围沿着垂体柄向下延伸，到达垂体后叶。大细胞性神经分泌细胞释放的化学物质被称为神经激素（neurohormone），这些神经激素直接进入位于垂体后叶的毛细血管内。垂体后叶中的神经激素包括催产素（oxytocin）和血管升压素（vasopressin，又称为抗利尿激素）两种。

1.催产素

催产素是一种由 9 个氨基酸形成的肽类激素，在下丘脑中的室旁核和视上核中形成。催产素在分娩的最后阶段释放，导致子宫的收缩和促进胎儿的分娩，以及刺激乳腺产生乳汁。有研究表明，催产素可以影响个体的决策、亲社会行为、人际信任、社会奖赏等。大脑皮质也可以抑制催产素的释放，当处于焦虑状态下，垂体中的催产素会下降。

2.血管升压素

血管升压素是一种由 18 个氨基酸组成的肽类激素，血管升压素主要在下丘脑视上核中形成，少量在室旁核中形成。血管升压素可以调节个体的血容量和血钠浓度。血管升压素的主要作用是提高远曲小管和集合管对水的通透性，促进水的重吸收。当机体缺水时，血容量会减少而血钠浓度会升高，位于心血管系统内的压力感受器和下丘脑中的渗透压感受器会感知到上述变化，继而将这些信息传递到分泌血管升压素的神经元中，之后神经分泌神经元释放血管升压素直接作用于肾脏，使重吸收加强，以保留水分。

当机体中的血容量减少和血压降低时，下丘脑和肾脏会产生相互联系（图 10-3）。当血压降低时，肾脏会分泌一种被称为肾素的酶进入血液，肾素又被称为血管紧张素酶。当血液中肾素浓度升高时，由肝脏释放的一种被称为血管紧张素原的大分子蛋白质将被肾素转化为血管紧张素 I，血管紧张素 I 继续被分解为另一种肽类激素，即血管紧张素 II。一方面，血管紧张素 II 直接作用于肾脏和血管，使血压升高；另一方面，血管紧张素 II 还会作用于下穹隆器（subfornical organ），下穹隆器位于第三脑室前背侧壁，下穹隆器中的神经元进一步激活下丘脑中神经内分泌神经元分泌血管升压素。

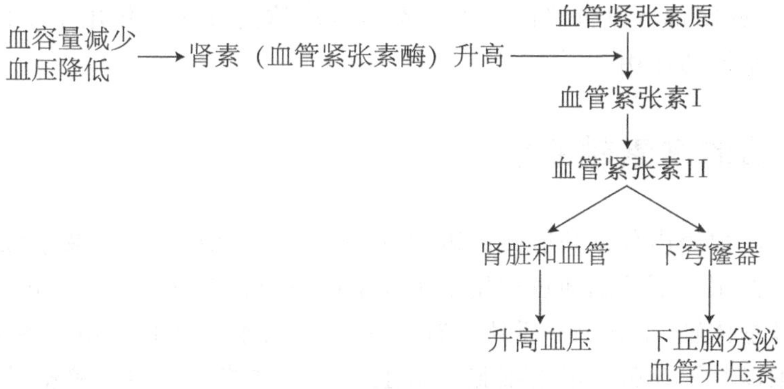

图 10-3 肾脏和下丘脑之间的联系

（二）下丘脑对垂体前叶的调控

垂体前叶不同于垂体后叶，垂体前叶不属于脑的一部分，它是一个腺体。垂体前叶可以合成和分泌多种垂体激素，主要包括生长激素（growth hormone，GH）、促肾上腺皮质激素（adrenocorticotropic hormone，ACTH）、泌乳素（prolactin）、促甲状腺激素（thyroid stimulating hormone，TSH）、黄体生成素（luteinizing hormone，LH）和卵泡刺激素（follicle stimulating hormone，FSH），这些激素作用于性腺、肾上腺、甲状腺等全身腺体，从而调控腺体的激素合成与分泌。垂体前叶受到下丘脑的调控，实际上，下丘脑本身就是内分泌系统最终的控制结构。

调节垂体前叶激素分泌的促垂体激素（hypophysiotropic hormone）来源于下丘脑结节区弓状核、室周核、室旁核内侧、视交叉上核等脑区的神经内分泌细胞，这些细胞胞体较小，被称为小细胞神经元，也称为小细胞性神经分泌细胞（parvocellular neurosceretory cell)，但是小细胞性神经分泌细胞分泌的促垂体激素不是通过轴突作用于垂体，而是通过血流与垂体前叶联系（详见本书第四章第三节）。小细胞性神经分泌细胞的轴突形成结节垂体束，终止于第三脑室底部、正中隆起区的垂体门脉毛细血管，分泌的促垂体激素进入垂体门脉的毛细血管床。这些小血管沿着垂体柄向下延伸，并在垂体前叶中形成许多分支，该血管网被称为下丘脑－垂体门脉循环(hypothalamo-pituitary portal circulation)。小细胞性神经分泌细胞释放的促垂体激素进入下丘脑－垂体门脉循环，经过血液向下运输，再与垂体前叶内分泌细胞表面的特异性受体结合从而激活这些特异性受体，最后导致垂体前叶内分泌细胞开始或停止释放激素进入血液循环，垂体前叶内分泌细胞分泌的激素可以调节躯体其他部位内分泌腺的激素的分泌。因此，丘脑－垂体门脉循环是神经通过调节垂体前叶进而调节全身其他内分泌器官功能的一条特别的血液循环路径。20 世纪 60 年代，Halasz 提出下丘脑促垂体区(hypophysiotrophic area，HTA)的概念，HTA 位于下丘脑腹内侧部，又被称为内侧基底下丘脑(medial base hypothalamus，MBH)。HTA 包括室旁核、弓状核、下丘脑腹内侧核、视前内侧核、视上核、视交叉上核、下丘脑后核和内侧视前区 7 个下丘脑核团，这些核团都可以分泌促垂体激素通过垂体门脉循环作用于垂体，发挥下丘脑调控内分泌系统的作用。

四、下丘脑的激素轴系统

下丘脑是调控神经内分泌功能的高级中枢，通过以下几种下丘脑激素轴发挥对内分泌功能的调控作用。下丘脑通过作用于垂体前叶可以控制 5 个主要的内分泌轴，分别为下丘脑－腺垂体轴、下丘脑－垂体－肾上腺轴、下丘脑－垂体－甲状腺轴、下丘脑－垂体－性腺轴以及下丘脑－淋巴细胞－肾上腺轴。这些神经内分泌轴具有许多共性，可以调控机体的代谢、生殖、发育等许多重要方面。下丘脑促垂体区中的神经元分泌促垂体激素进入垂体门脉循环作用于垂体前叶，每一类促垂体激素作用于特定的垂体前叶中的细胞，促进或抑制这些细胞释放一种特定的激素，能促进垂体前叶释放激素的促垂体激素被称为“释放激素”，而抑制垂体前叶释放激素的促垂体激素被称为“释放抑制激素”。

(一)下丘脑－垂体－肾上腺轴(hypothalamic-pituitary-adrenal axis，HPA)

下丘脑室旁核分泌的促肾上腺皮质激素释放激素(corticotrophic releasing hormone，CRH)作用于垂体前叶，垂体前叶释放促肾上腺皮质激素(adrenocorticotrophic hormone，ACTH)作用于肾上腺皮质，肾上腺皮质再分泌肾上腺皮质激素（图 10-4）。下丘脑－垂体－肾上腺轴是一个直接作用与反馈的集合，肾上腺皮质分泌的肾上腺皮质激素作用于下丘脑和垂体，分别抑制 CRH 和 ACTH 的合成，ACTH 也会作用于下丘脑进而抑制 CRH 的释放。这些激素共同参与了机体的应激反应。

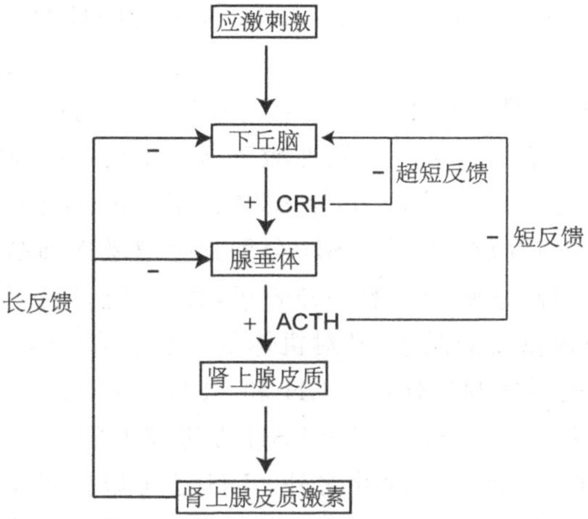

图 10-4 **下丘脑－垂体－肾上腺轴**

(二)下丘脑－垂体－甲状腺轴(hypothalamic-pituitary-thyroid axis,HPT)

下丘脑分泌的促甲状腺激素释放激素,也被称为甲状腺刺激激素释放激素,(thyrotropin releasing hormone,TRH)作用于垂体前叶,垂体前叶分泌的甲状腺刺激激素(thyroid stimulating hormone,TSH)作用于甲状腺,促进甲状腺合成和分泌甲状腺素 T3、T4(图 10-5)。同样,下丘脑－垂体－甲状腺轴也是一个直接作用与反馈的集合,甲状腺分泌的甲状腺素 T3、T4 可以作用于垂体和下丘脑,分别抑制 TSH 和 TRH 的合成和释放,TSH 也会作用于下丘脑进而抑制 TRH 的合成与释放。

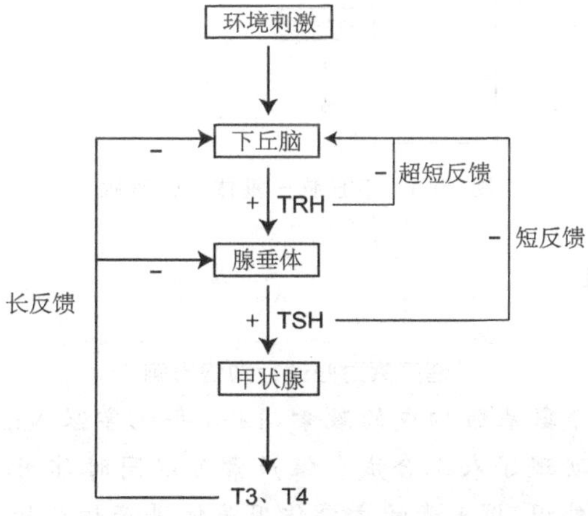

图 10-5 **下丘脑－垂体－甲状腺轴**

(三)下丘脑－垂体－性腺轴(hypothalamic-pituitary-gonadal axis,HPG)

下丘脑视前区、弓状核、室旁核以及外侧下丘脑都可以分泌促性腺激素释放激素

(gonadotrophic releasing hormone，GnRH)作用于垂体前叶，GnRH 又被称为黄体生成素释放激素(luteinzing hormone releasing hormone，LHRH)，促进垂体前叶释放黄体生成激素(luteinizing hormone，LH)和卵泡刺激素(follicle stimulating hormone，FSH)两种促性腺激素，这两种激素进入血液循环后被送到性腺并刺激性腺合成与分泌生殖激素：睾丸产生睾酮，卵巢产生雌性激素等(图 10-6)。同样，下丘脑—垂体—性腺轴的功能也受到自身的反馈调节：下丘脑分泌 GnRH 会受到生殖激素、LH 和 FSH 的抑制；垂体合成与释放 LH 和 FSH 会受到生殖激素抑制。

FSH 是垂体前叶嗜碱细胞分泌的一种激素，其主要作用为促进卵泡的生长发育。FSH 在人体内是一种很重要的激素，其对机体的生长发育、青春期性成熟以及与生殖相关的生理过程起着重要的调控作用。LH 和 FSH 一样，都是由脑垂体前叶中的嗜碱细胞分泌的一种激素，但是 LH 不同于 FSH 促进卵泡的生长发育，LH 作用于成熟的卵泡，导致排卵和黄体的产生。除此之外，LH 还可以促进类固醇的合成。GnRH 对性行为的调控有直接的中枢兴奋作用，生殖激素与心理和社会因素一起作用于性的发育。总之，下丘脑—垂体—性腺轴在机体的生殖与发育中扮演着重要的作用。

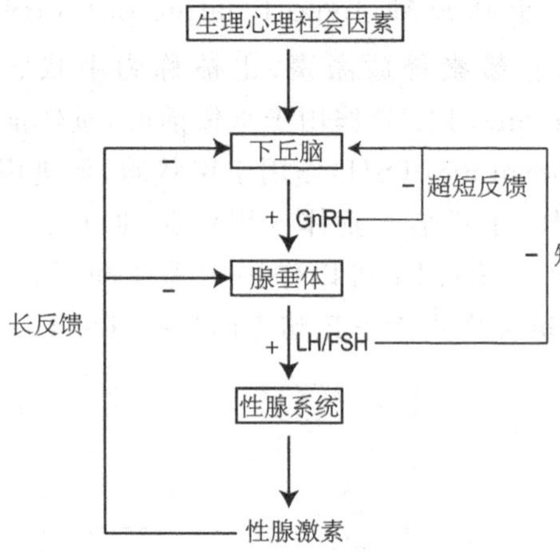

图 10-6 下丘脑—垂体—性腺轴

生活中的心理学

催产素对心理行为的影响

催产素是由 9 个氨基酸构成的激素，1953 年化学家 Vigneaud 发现了催产素的氨基酸序列并实现了人工合成。催产素可以同时作用于周围神经系统和中枢神经系统。在外周，催产素的主要作用是促进产妇分娩时的子宫收缩和哺乳时的乳汁分泌。在中枢神经系统，催产素作为神经递质，由下丘脑室旁核的大细胞性神经分泌细胞合成并投射到边缘系统。催产素在中枢神经系统对心理及社会行为有广泛的调节作用，例如可以调节母性行为、性行为、依恋行为等。例如，催产素含量较高的母亲更愿意注视、关注和爱护婴儿。父母血浆中催产素含量越高，家庭亲密互动的质量也越高，亲子关系也越密切。配偶的依恋关系研究发现，经常拥抱和身体接触的配偶，其血浆中的催产素水平更高。在夫妻争吵时，从鼻腔喷入催产素会增加夫妻之间的积极交流。

另外，催产素还可以影响共情能力，经催产素鼻腔喷射的男性的共情能力会得到显著提升并接近女性水平。鼻腔喷射催产素还可以降低社交恐惧，降低广泛性焦虑障碍患者在观看恐惧面孔时的杏仁核反应，并可以使社交焦虑症患者对自己的公开演讲表现有更高的评价。

复习巩固

1.请简述下丘脑的核团分区。

2.请简述下丘脑对内分泌系统的调控作用。

第二节　自主神经系统

当你剧烈运动时，随着骨骼肌频繁、有力地收缩，你会出现呼吸加快、心跳加速、出汗和体温升高等生理反应；而当你停止运动时，你的呼吸会逐渐变慢，心跳也会慢慢减缓直到恢复正常水平以及停止出汗。这一切活动都是由自主神经系统（autonomic nervous system，ANS）所控制，自主神经系统是一个广泛存在于内脏器官的神经网络，又被称为植物神经系统（vegetative nervous system）、内脏神经系统。自主神经系统的主要功能是调节内脏活动，如体温、心跳、血压、血糖、呼吸、消化、睡眠与觉醒等，使机体维持在一个适宜的恒定状态。事实上，自主神经系统并不是完全独立自主，其活动会受到高级中枢神经系统的控制。自主神经系统包括传入神经和传出神经，但通常说的自主神经仅指传出神经。如无特殊说明，本书的自主神经均仅指自主神经系统的传出神经部分。

一、自主神经系统概述

自主神经系统和躯体运动系统一起构成了中枢神经系统的全部传出神经（图 10-7），然而，这两个系统在结构和功能上有一些有趣的差异。

（1）躯体下运动神经元的胞体都位于脊髓前角或脑干内，其发出的轴突直接支配骨骼肌的收缩，中途不需要更换神经元；而自主神经系统的传出神经由节前神经元（preganglionic neuron）和节后神经元（postganglionic neuron），以及节前神经元发出的节前纤维（preganglionic fiber），节后神经元发出的节后纤维（postganglionic fiber）组成。节前神经元的胞体位于脊髓和脑干中，发出节前纤维与节后神经元的胞体形成突触联系；节后神经元的胞体位于自主神经节（autonomic ganglia）内，接受节前神经元的支配，节后神经元发出的节后纤维主要分布在各内脏器官，并支配这些内脏的活动。因此，躯体运动系统是经单突触发挥调节作用，而自主神经系统则是经过双突触路径发挥调节作用（图 10-7）。

（2）躯体运动系统能较为快速地、精确地兴奋骨骼肌；而自主神经系统的功能则是多方面的、广泛的和相对缓慢的，即自主神经系统的作用范围较广、作用时间较长。

（3）躯体运动神经元轴突末梢释放乙酰胆碱作为神经递质，而自主神经系统节前纤维释放的神经递质是乙酰胆碱，节后纤维释放的神经递质包括乙酰胆碱和去甲肾上腺素（自主神经系统的结构详见本书第四章第五节）。

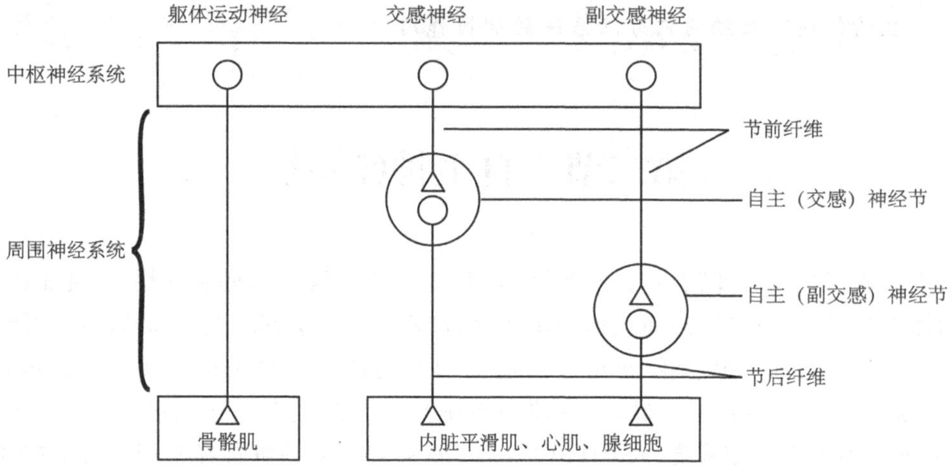

图 10-7　中枢神经系统的三种传出纤维

二、交感神经系统和副交感神经系统

自主神经系统包括交感神经系统（sympathetic nervous system，SNS）和副交感神经系统（parasympathetic nervous system，PSNS），均包括节前神经元和节后神经元。在功能上，交感神经系统和副交感神经系统平行地发挥作用，但是这两者在结构和功能上具有较大的差异。

（一）交感神经系统

交感神经的节前神经元胞体位于胸腰段的脊髓外侧灰质，它们发出的轴突（节前纤维）穿过脊髓前根与位于脊柱旁的交感链（sympathetic chain）的神经节内神经元形成突触，或者与腹腔内的椎前神经节内神经元形成突触。交感神经的周围部包括交感干、交感神经节和节后纤维等。交感神经节根据其所在位置的不同可以分为椎前节和椎旁节（交感干神经节）两种。交感神经分布很广，几乎所有的脏器都接受交感神经的控制。

（二）副交感神经系统

副交感神经的节前纤维来源于脑干的核团和脊髓的骶髓，行走于脑神经和脊髓骶神经内。相较于交感神经，副交感神经的节前纤维比较长，因为副交感神经节位于靶器官附近或靶器官内，即交感神经的节前纤维短而节后纤维长，因此兴奋时产生的反应比较弥散；而副交感神经的节前纤维长而节后纤维短，因此兴奋时产生的反应比较局限。副交感神经的分布与交感神经存在部分差异，肾上腺髓质、汗腺、竖毛肌、脾脏和大部分血管只存在交感神经而没有副交感神经分布。

（三）交感神经与副交感神经的功能对比

交感神经系统的活动一般比较广泛，当其作为一个完整的系统进行活动时，其主要功能是促进机体适应环境的急剧变化，比如剧烈运动产生的呼吸加快、心跳加速、出汗和体温升高等情况就是由于交感神经系统的活动所产生。副交感系统的活动则比较局限，而且在机体处于安静状态时增强，其主要功能在于保护机体、休整恢复、促进消化等，在剧烈运动之后，呼吸逐渐变慢，心跳也慢慢减缓直到恢复正常水平，以及停止出汗的情况即副交感神经系统在发挥作用。

在多数情况下，同时接受交感神经和副交感神经支配的组织和器官中，交感神经系统和副交感神经系统所发挥的作用往往表现出拮抗的性质（表 10-1）：当交感神经的活动加强时，副交感神经的活动就会减弱；而当副交感神经的活动增强时，交感神经的活动就会减弱。比如：交感神经可以加快心率，而副交感神经则会使心率减慢；交感神经系统和副交感神经系统不可能同时强烈地兴奋，因为它们的目的总是相互矛盾的。但是，在少数情况下这两类神经系统并不产生拮抗的作用，如交感神经系统和副交感神经系统对唾液腺的分泌就起着协同的调节作用，只是交感神经促进黏稠唾液分泌，而副交感神经则是使稀薄唾液分泌。对男性生殖器官而言，副交感神经的兴奋可以引起性唤起，刺激阴茎勃起，而交感神经的兴奋则刺激性高潮和射精反射，以及中止性行为。因此，长期的交感神经兴奋则有可能引起男性的性功能障碍。

自主神经系统对效应器官的调控具有持久的紧张性作用，在机体处于安静的状态时，自主神经纤维经常会将一些低频的传出冲动传递到效应器，产生适度轻微的持续刺激，这被称为紧张性效应。例如切断支配心脏的副交感或交感神经可分别使心率加快或减慢，这说明未切断前副交感神经就存在紧张性冲动减慢心跳，而交感神经可以加速心跳。

表 10-1　自主神经系统的主要功能

器官	交感神经	副交感神经
循环器官	心跳加快、加强 腹腔内脏、皮肤等血管收缩 舒张肌肉血管	心跳减慢、心脏收缩减弱
呼吸器官	支气管平滑肌舒张	支气管平滑肌收缩、黏液腺分泌
消化器官	抑制胃肠运动和胆囊收缩 促进肛门括约肌收缩 分泌黏稠唾液	促进胃肠运动和胆囊收缩 促进胃液、胰液、稀薄唾液分泌 促进肛门括约肌舒张
泌尿生殖器官	使膀胱逼尿肌舒张和尿道括约肌收缩 促进肾小管重吸收 使有孕子宫收缩，无孕子宫舒张 刺激性高潮和射精反应，终止性行为	使膀胱逼尿肌收缩和尿道括约肌舒张 刺激阴茎充血勃起，激发和维持性行为
眼	虹膜辐射状肌收缩，瞳孔放大	虹膜环状肌收缩，瞳孔缩小
皮肤	竖毛肌收缩，汗腺分泌	
代谢	促进肾上腺髓质分泌，分解代谢增加，糖原分解	促进胰岛素分泌，合成代谢增加，糖原合成

三、下丘脑对自主神经活动的调节

脑内许多神经核团或区域都涉及调控自主神经系统的活动，包括大脑皮质、视皮质、基底节、网状结构、丘脑以及小脑等。但是根据电生理方法和传导束示踪的神经解剖定位方法发现大脑中的这些区域和核团都是通过下丘脑实现其对自主神经系统的调节。

下丘脑是自主神经节前神经元的主要调节结构，下丘脑可以将它接收到的所有与机体有关的信息进行整合，并协调自主神经活动。刺激下丘脑后部和外侧部可以引起动物血压升高和心率加快；刺激视前区可以引起血压下降和心率减缓；刺激灰结节外侧部可以升高血压、加快呼吸、减缓胃肠蠕动和放大瞳孔；刺激灰结节内侧部可以减缓心率、增强胃肠蠕动；刺激漏斗后部可引起明显的拟交感表现，如心率增快、血管收缩、血压增高、呼吸频率增加、胃肠蠕动减缓、瞳孔放大等。

下丘脑室旁核与脑干和脊髓内的核团之间的联系对于调控自主神经系统的活动非常必要，因为这些核团中存在交感神经和副交感神经的节前神经元。下丘脑接收到机体相关信息之后主要通过以下两种方式对自主神经系统进行调控。

（1）下丘脑室旁核中神经元的轴突将信息传递到脑干和脊髓的相关核团，调节自主神经节前神经元的紧张性，从而直接调控体温、心率、呼吸、血压等内脏活动。

（2）下丘脑还可以通过释放各种激素对内分泌腺的激素分泌进行调控，从而实现对自主神经系统的间接调控。

但是，即使脑干上的一些核团与下丘脑分离了，自主神经系统的一些功能也能正常发挥。位于延髓并与下丘脑相互联系的孤束核（nucleus of the solitary tract）是调控自主神经系统另一个重要的中枢。孤束核整合来自内脏感觉器官的信息，并调控自主神经系统的活动。

四、自主神经系统的神经递质

（一）节前神经元

自主神经节前神经元释放的神经递质都是乙酰胆碱，与骨骼肌神经-肌肉接头处的递质相同。交感神经和副交感神经的节前神经元都释放乙酰胆碱作用于节后神经元上的烟碱型乙酰胆碱能受体（nAChR），该受体为乙酰胆碱门控离子通道，受到刺激时会产生一个快兴奋性突触后电位（fast excitatory postsynaptic potential，fEPSP），当 EPSP 达到阈值时，可以导致节后神经元产生动作电位。

（二）节后神经元

节后神经元可以调节内脏活动、腺体分泌、血管收缩等，这些都是由于自主神经系统的交感神经和副交感神经分泌不同的神经递质引起。几乎所有的交感神经节后神经元都释放去甲肾上腺素（除了支配汗腺的交感神经节后纤维释放乙酰胆碱外）。交感神经的节后神经元释放的去甲肾上腺素的作用较为广泛，甚至可以进入血液，被运输到远距离发挥其功效。

而全部的副交感神经的节后神经元都是胆碱能神经元，分泌乙酰胆碱。副交感神经的节后神经元分泌的乙酰胆碱与毒蕈碱型受体结合发挥其功效。相对于交感神经节后神经元而言，副交感神经节后神经元分泌的递质乙酰胆碱对靶组织的作用较为局限。

复习巩固

1.请比较自主神经系统和躯体运动系统的结构和功能的差异。

2.请比较交感神经与副交感神经的功能差异。

第三节 应激

脑对真实的或想象的刺激会产生生物学上的应激，应激可以使机体处于准备状态，从而有利于个体在环境变化中维持机体状态的相对恒定和提高个体应对环境变化的适应能力。但过度的应激也会给机体带来损害，战斗恐惧或长期压力状态可能会导致严重焦虑、记忆减退或思维紊乱等一系列应激障碍。

一、应激概述

（一）应激的概念

应激(stress)是指生物体在受到内外环境因素及社会、心理因素刺激时所出现的全身性、非特异性适应反应，又称为应激反应(stress response)。应激反应通常具有回避行为、警觉或觉醒水平提高、交感神经兴奋以及肾上腺皮质激素分泌增加等一系列表现。

应激原(stressor)是指导致应激反应的刺激或内外环境的变化等各种因素。根据应激原的来源不同，可以将其分为三类：外部环境因素、机体内环境因素以及心理和社会因素。外部环境因素是指环境温度改变、气压、雷电等自然因素和水、食物、噪音等一些人为因素。机体的内环境因素主要是指机体内稳态的失衡。内稳态失衡如内分泌激素紊乱、血容量下降以及心律失常等既可以是应激原也可以属于应激反应的一部分。心理和社会因素包括职业竞争、生活压力、人际关系紧张和拥挤等。值得注意的是，心理和社会因素引起的应激反应在现代社会中越来越普遍。

应激原要达到一定强度才可以导致应激反应，并且应激原的强度存在个体差异，即应激原可以导致一些人产生明显的应激而对其他人则可能毫无影响。并且即使是同一个人，在不同环境、不同状态下，导致其产生应激反应的刺激强度也可能存在差异。比如很多高中生进入大学校园时都会或多或少产生一些应激反应，有的学生上大学之后会产生逃避学习、焦虑、沉迷于网络和游戏等一些典型的反应，而有的学生则适应良好。

（二）应激的表现

虽然不同个体产生的应激反应及其强度都存在差异，但是个体所产生的应激反应则具有相似的特征，表现出具有适应意义的非特异性反应，典型的应激反应包括躯体应激与心理应激。这些应激反应的核心目的都是为了让个体适应应激原的刺激。

1.躯体应激

物理化学刺激、生物因素、躯体疾病及强烈或持久的社会心理压力都有可能引起躯体应激反应。表现为以交感神经系统兴奋、肾上腺素分泌增加、糖皮质激素分泌增加为代表的神经内分泌变化，以及分解代谢增加、合成代谢减少、代谢率升高、心率加快、心收缩力增强、心排血量增加、血压升高、呼吸加深加快、皮肤及内脏血管收缩等生理反应。躯体应激可以使躯体做好应对危机的生理准备。

2.心理应激

心理应激主要由社会及心理因素引起，心理应激又有良性应激与劣性应激之分，良性应激主要由升职、登台表演、结婚等美好的事件引起，劣性应激可由失败、危险、恐惧环境等不利事件引起。心理应激反应表现为警觉性升高、反应敏捷、认知能力提高等一系列心理反应。心理应激有助于机体做好应对危险的心理准备。

躯体及心理应激有助于机体应对各种突发的、紧急的危险事件，有利于机体在紧急状态下动员全身潜力做出迅速反应。比如在应激状态下，骨骼肌的血液灌流量明显增加、呼吸加深加快、代谢率升高，有助于机体在面临突发事件时进行战斗（fight）或逃跑（flight）。应激状态下记忆力提高有助于机体再次面临相同情景时提前做好充分准备。但是如果应激强度过大，或持续时间过长也会给机体带来一系列的不良反应，包括消化道溃疡、高血压等多种身心疾病，或诱发、加重某些心理、精神疾病，如创伤后应激障碍等。

二、应激的中枢和周围机制

下丘脑是对激素分泌、躯体运动反应和内脏活动进行调控的神经中枢，接下来我们将讨论下丘脑如何调控机体应激。

当机体受到应激原的刺激时，应激所涉及的主要神经内分泌系统为下丘脑一垂体一肾上腺皮质轴（HPA 轴）和蓝斑一交感一肾上腺髓质轴，大多数应激反应都由这两个系统进行调控。HPA 轴的基本组成单元包括下丘脑的室旁核、垂体前叶以及肾上腺皮质，室旁核作为该激素分泌轴的中枢位点，上行主要与杏仁核、海马有复杂的纤维联系，下行则主要通过 CRH 对垂体前叶和肾上腺皮质实现调控。

（一）下丘脑一垂体一肾上腺皮质轴（HPA 轴）

1.HPA 轴对应激行为的调节

当应激刺激产生的信息传递到下丘脑时，下丘脑的室旁核合成和分泌促肾上腺皮质激素释放激素（CRH），CRH 通过下丘脑一垂体门脉系统作用于垂体前叶，促使其合成和分泌促肾上腺皮质激素（ACTH），ACTH 进而作用于肾上腺皮质，使其合成和分泌肾上腺皮质激素，即糖皮质激素（图 10-8）。

研究表明 CRH 可引发和调控所有的应激反应。实验研究发现脑室内注射 CRH

可以引发典型的应激反应，并且可以激活和调控下丘脑—垂体—肾上腺皮质轴和蓝斑—交感—肾上腺髓质轴。CRH 基因敲除小鼠即使受到应激原刺激也不会导致 ACTH 和糖皮质激素的升高，并且降低了蓝斑—交感—肾上腺髓质轴的应激反应。

受到应激原刺激时，下丘脑合成与分泌的 CRH 的另一个重要功能是可以调控应激时的情绪行为反应，实验研究发现大鼠脑室内直接注射 CRH 可以导致剂量依赖性的行为情绪反应。目前的观点认为：适度的 CRH 增多有助于机体对外界环境的适应，使机体兴奋，但是大量的 CRH 增多，特别是在慢性应激情况下所产生的 CRH 持续增加不利于机体对外界环境的适应，会造成机体适应障碍，出现焦虑、抑郁、食欲减退等不良症状。

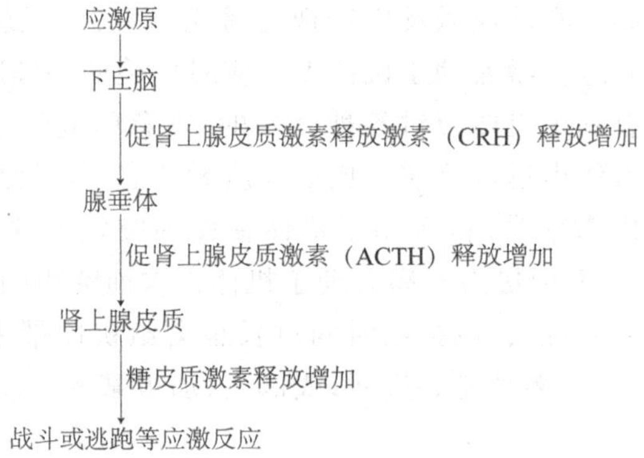

图 10-8　HPA 轴调控的应激反应

2.调控 HPA 轴的脑区

在前面已经介绍道，下丘脑室旁核主要与杏仁核和海马有复杂的纤维联系，并且杏仁核和海马可以调控 HPA 轴的活性（图 10-9）。

(1)杏仁核。杏仁核对 HPA 轴的调控主要与情绪相关，感觉信息传入杏仁核的基底外侧部，在此被处理后传到杏仁核中央核的神经元，从而激活该区域。杏仁核将信息下行传送到终纹床核（bed nucleus of the stria terminals）并激活终纹床核，终纹床核神经元的轴突延伸至下丘脑，激活 HPA 轴引发应激反应。研究发现杏仁核中心核受到损伤会抑制脑室内注射 CRH 所引起的应激情绪反应。

(2)海马。海马也可以调节 HPA 轴，但是海马的激活可以抑制 HPA 轴的作用。HPA 轴的激活会产生大量的糖皮质激素，海马神经元表达有大量的糖皮质激素受体（glucocorticoid receptor），海马参与 HPA 轴的反馈调节（图 10-9）。当血液中的糖皮质激素浓度过高时，海马中糖皮质激素受体被激活进而抑制 HPA 轴的 CRH 释放，最后减少血液中的糖皮质激素。但是在慢性应激条件下，如果让实验动物持续暴露于糖皮质激素中，海马神经元会受到损伤、死亡。

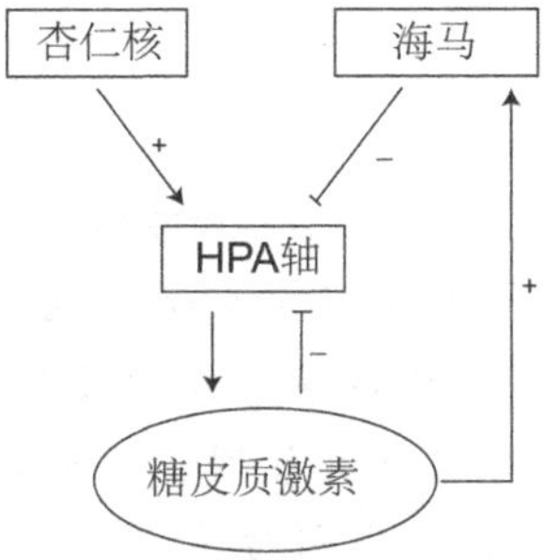

图 10-9　**海马对** HPA **轴的调节**

(二)蓝斑—交感—肾上腺髓质轴

蓝斑—交感—肾上腺髓质轴的基本组成单元包括位于脑干的去甲肾上腺素能神经元和交感神经—肾上腺髓质系统,脑干中的去甲肾上腺素能神经元主要位于蓝斑核中。蓝斑核(locus coeruleus,LC),简称蓝斑,位于第四脑室底。蓝斑作为蓝斑—交感—肾上腺髓质轴的中枢,上行主要与杏仁核、海马、边缘系统等结构存在复杂的纤维联系,是应激时情绪、认知、行为反应的结构基础;下行则主要将轴突传递到脊髓灰质外侧角,发挥调控交感神经系统和肾上腺髓质的功能。

当受到应激原的刺激时,蓝斑会合成和分泌去甲肾上腺素到脊髓外侧角,激活交感神经。交感神经兴奋时,节前神经纤维末梢释放乙酰胆碱,作用于肾上腺髓质。肾上腺髓质主要是由嗜铬细胞(chromaffin cell)组成,嗜铬细胞被激活时会合成并释放多巴胺、肾上腺素、去甲肾上腺素等儿茶酚胺类神经递质,但主要是释放去甲肾上腺素。因此,当肾上腺髓质被交感神经的节前神经纤维末梢分泌的乙酰胆碱激活时会释放去甲肾上腺素。总之,当机体处于应激状态时,去甲肾上腺素和肾上腺素的分泌增多,二者通过血液作用于全身,促进内脏的血管收缩、血压和血糖升高,抑制消化道的能力等,从而提高机体对环境的适应能力。

综上所述,应激是指生物体在受到内外环境因素及社会、心理因素刺激时所产生的全身性、非特异性适应反应。应激可分为躯体应激和心理应激。神经内分泌机制是应激研究的中心内容,主要涉及下丘脑—垂体—肾上腺皮质轴及蓝斑—交感—肾上腺髓质轴的兴奋。应激有助于机体抵抗应对各种危险因素,但过于强烈或持久的应激也对机体带来不利影响,甚至诱发消化性溃疡等多种心身疾病以及创伤后应激障碍等精神疾患。

拓展阅读

应激与消化性溃疡

消化性溃疡是一种非常严重的消化系统疾病，其发病机制涉及很多方面，比如幽门螺旋杆菌感染、非甾体解热镇痛药的使用、不良生活习惯等。目前认为长期应激是造成消化性溃疡的重要原因。战争时期、自然灾害、经济危机时期，消化性溃疡的发病率和穿孔率急剧增高，约30%～65%的消化性溃疡与精神应激有关。

精神应激诱发消化性溃疡的机制尚不完全清楚，目前认为主要与精神应激时胃黏膜微循环障碍有关。胃黏膜血流是胃黏膜防御能力的重要组成部分，它为胃黏膜提供氧、营养物质及胃肠肽类激素，以及清除代谢产物，维持局部微环境的相对稳定。良好的微循环对保持胃黏膜的完整性及功能起到重要作用。但在精神应激发生时，特别是在长期的慢性应激过程中，下丘脑—垂体—肾上腺皮质轴和蓝斑—交感—肾上腺髓质轴被激活，去甲肾上腺素大量释放，使胃黏膜微动脉毛细血管前括约肌强烈收缩，微循环灌流急剧减少，胃黏膜血供严重不足，同时肾上腺皮质激素的释放又进一步加强了去甲肾上腺素的作用。因此，保持良好、轻松的心态是预防消化性溃疡发生的积极因素。

复习巩固

1.请简述应激原的类型。

2.请简述应激反应的神经内分泌机制。

本章要点小结

1.下丘脑是具有内分泌功能的神经中枢，它能将化学物质分泌到血液中从而作用于全身，影响整个机体和脑的功能。

2.下丘脑属于间脑的一部分，是神经内分泌调控中心，与垂体有密切联系，将神经调节和体液调节融为一体，从而调节机体的内分泌活动。

3.垂体分为垂体前叶和垂体后叶两部分，垂体后叶又被称为神经垂体、脑垂体，而垂体前叶又被称为腺垂体、内分泌垂体。

4.交感神经系统的活动一般比较广泛，当其作为一个完整的系统进行活动时，其主要功能是促进机体适应环境的急剧变化。副交感系统的活动则比较局限，而且在机体处于安静状态时增强，其主要功能在于保护机体、休整恢复、促进消化等。

5.交感神经和副交感神经节后神经元释放不同的神经递质。几乎所有的交感神经节后神经元都释放去甲肾上腺素(除了支配汗腺的交感胆碱能神经);全部的副交感神经的节后神经元都释放乙酰胆碱。

6.应激是指生物体在受到内外环境因素及社会、心理因素刺激时所出现的全身性、非特异性适应反应，又称为应激反应。应激反应通常具有回避行为、警觉或觉醒水平提高、交感神经兴奋以及肾上腺皮质激素分泌增加等一系列表现。

7.当机体受到应激原的刺激时，应激反应所涉及的主要神经内分泌系统为下丘脑—垂体—肾上腺皮质轴和蓝斑—交感—肾上腺髓质轴。

关键术语表

自主神经系统	autonomic nervous system
催产素	oxytocin
血管升压素	vasopressin
交感神经系统	sympathetic nervous system
副交感神经系统	parasympathetic nervous system
应激	stress

复习思考题

单项选择题

1.以下哪项是垂体后叶神经元释放的激素？(　　)

A.催产素　　B.肾上腺素　　C.去甲肾上腺素　　D.皮质醇

2.自主神经系统不调节以下哪种行为？(　　)

A.心跳　　B.呼吸　　C.胃肠运动　　D.随意运动

3.以下哪个说法错误？(　　)

A.躯体下运动神经元的胞体都位于脊髓前角或脑干内

B.躯体运动系统和自主神经系统都是经单突触发挥调节作用

C.躯体运动系统能较为快速地、精确地兴奋骨骼肌

D.躯体运动神经元轴突末梢和自主神经系统节前纤维都释放乙酰胆碱作为神经递质

4.以下哪个说法不正确？(　　)

A.交感神经系统和副交感神经系统对唾液腺的分泌起着相互协同的作用

B.对男性生殖器官而言，副交感神经的兴奋可以引起性唤起，而交感神经的兴奋

则刺激性高潮和射精反射

C.交感神经兴奋使膀胱逼尿肌舒张和尿道括约肌收缩，副交感神经兴奋使膀胱逼尿肌收缩和尿道括约肌舒张

D.交感神经兴奋促进肛门括约肌舒张，副交感神经兴奋促进肛门括约肌收缩

5.以下哪项不属于社会或心理应激原？(　　)

A.失业　　B.离婚　　C.地震　　D.拥挤

第十一章　学习与记忆的生物基础

学习与记忆作为大脑的高级认知功能，在适应环境的过程中，发挥着重要的作用。学习是获得（acquisition）信息的过程，记忆则是对信息进行储存（storage）和提取（retrieval）的过程，二者相互关联，又有所区别，体现了神经系统对信息加工的复杂性。通过学习与记忆，动物能够整合复杂的行为模式，借助来自外界的信息，达到适应环境的目的。从本质上说，学习记忆与经验的获取有关，通过接受外界信息，做出适应性的反应。学习与记忆是高级的神经活动，也是神经系统的重要功能之一，在进化的过程中，低等动物实现向高等动物的进化，学习与记忆的结构和功能也随之完善，实现功能复杂化的转变。本章将重点介绍学习与记忆的基本理论以及神经科学基础。

第一节　学习与记忆的原理

一、学习与记忆的概念

学习(learning)作为高级认知功能之一,是指动物和人通过获取外界信息,从而形成新的知识和技能的过程,是神经系统的基本功能之一。记忆(memory)指在学习的基础上,动物和人将已获得的知识和技能,通过神经系统的作用,进行编码、储存和提取的过程,具有主动进行信息加工的特点。学习与记忆属于同一个神经活动的过程,体现了大脑进行复杂信息加工的功能特性,二者体现该过程的不同侧面,与神经元编码和反应方式有关。

二、学习与记忆的阶段

学习与记忆是一个完整的过程,二者相互关联,又有所区别。学习是记忆的开始阶段,是记忆的基础,是获得知识的阶段。记忆是学习的结果,是一个完整的系统,具有选择性,只有通过注意,环境刺激才有可能进入记忆系统,从而得到进一步加工。一般来说,不会对学习与记忆进行严格的区分,作为一个连续的神经活动过程通常分为习得(acquisition)、巩固(consolidation)和提取(retrieval)三个过程。

(一)习得

习得是指信息编码的过程,该过程通常自动发生,是感知外界信息的阶段,也就是说,习得是大脑对刺激信息进行加工的过程,这个过程相对敏感,易受到干扰信息的影响。从信息加工的角度来说,动物和人在该阶段会接收到大量的刺激信息,但是只有少量信息能够被习得,这体现了选择性的特点,注意在该过程中发挥重要作用,未被注意的信息,无法被习得。

(二)巩固

巩固是习得的信息在神经系统储存和保持的过程,如果信息对个体具有重要意义,则需要储存较长时间。神经系统会根据信息的重要程度反复提取和加工,记忆的信息就会得到巩固,未及时提取和不重要的信息,无法得到有意义的编码,则进入遗忘过程。

(三)提取

提取是指记忆信息再现的过程,在特定情况下,将储存和保持在神经系统中的信息,通过提取的方式,表现于行为之中。如果行为刺激未出现,也能够成功提取知识经验，则称为回忆，如果经历过的事件再度发生，能够成功识别该事件，则称为再认。

三、学习的分类

根据哺乳动物在获取和储存信息过程中的意识状态，可将学习分为联合型学习(nonassociate learning)和非联合型学习(associate learning)。联合型学习指神经系统对刺激信息进行有意识的加工和保存，强调刺激与刺激之间，或者行为与结果之间的联系，即形成条件化的过程，一般来说，联合型学习具有复杂的神经机制，提示了哺乳动物对刺激信息的预测能力，当刺激信息多次出现之后，动物能够根据自身情况，做出适应性的反应，与联合型学习不同的是，非联合型学习是一种无意识过程，是一种不依赖于条件化的学习，而是对反复呈现的简单刺激产生的适应性改变的过程。

(一)联合型学习

联合型学习涉及的神经机制相对烦琐，主要分成经典条件反应(classic conditional response)和操作性条件反应(operant conditional response)。

1.经典条件反应

经典条件反应，即巴甫洛夫条件反应(Pavlovian conditioning)，发现于 20 世纪初，巴甫洛夫将铃声-唾液建立关联，先给狗投喂食物，出于本能，狗的唾液腺会分泌大量唾液，食物是一个非条件刺激(unconditioned stimulus，US)，分泌唾液是一个非条件反应(unconditioned reaction，UR)，如果在投食之前，先给狗听铃声，即一个声音刺激，正常情况下，狗听到声音并不会出现唾液分泌增加的现象，因此，铃声是一个中性刺激(neutral stimulus，NS)。通过将食物和铃声反复配对呈现，即听到铃声之后，再将食物给狗，狗会逐渐认识到二者之间的联系，学习到了当铃声出现时，预示着就会有食物，从而听到单独的铃声也会出现唾液分泌增加的现象(图 11-1)。此时，铃声就从中性刺激转变成条件刺激(conditioned stimulus，CS)，而唾液分泌则变成了条件反应(conditioned reaction，CR)。

一般来说，建立经典条件反应需要严格地控制时间，中性刺激在变换成条件刺激的过程中，必须与非条件刺激同时，或者先于非条件刺激出现，在此基础上，反复训练动物，就可以分辨中性刺激，从而形成条件反应，如果延迟呈现中性刺激，动物很难将两者联系起来，无法形成经典条件反应。

大脑可将条件刺激分成两种类型，第一种刺激称为第一信号，即声音、光照、电刺激、味觉刺激等物理刺激，也就是具体的感观刺激；第二种刺激称为第二信号，也就是语言，是一种相对抽象的刺激。通过第一信号产生的个体活动，称为第一信号系统，一般是直接作用于感觉器官所引起的个体反应，无论是人类还是动物，都具备第一信号系统。第二信号系统为人类所特有，通常建立在第一信号系统之上，与人类的语言和文字紧密关联。比如听到“话梅”这个词，人们就会产生流口水的条件反应，而动物无论如何也不会把语言作为条件刺激。由于第二信号系统的存在，个体形成抽象概括能力，能够根据相关线索，对事物进行归纳和推理，从而发现隐藏在事物内部的规律。

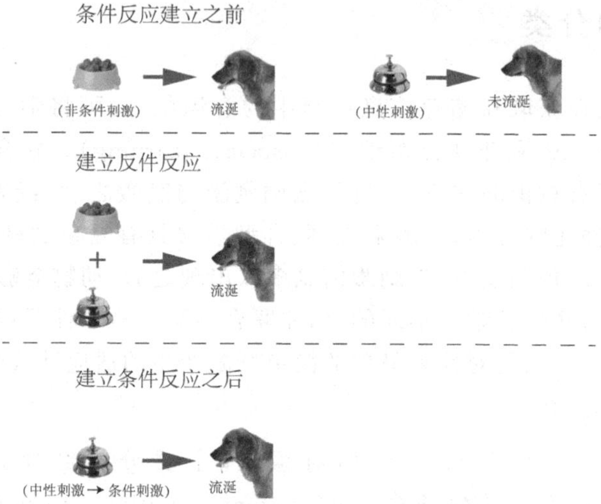

图 11-1　经典条件反应形成的步骤

2.操作性条件反应

20 世纪初，操作性条件反应(operant conditioning)由美国心理学家桑代克首先发现，在斯金纳等人的研究下，理论体系得以进一步发展，形成了行为主义学习理论的基本概念。操作性条件反应相对比较复杂，实际上是动物或人类的行为与产生的结果之间形成了联系，因此操作性条件反应比经典条件反应更加复杂。比较典型的操作性条件反应的例子是斯金纳箱(Skinner box)，该实验装置的设计使得饥饿的啮齿类动物在箱体中活动时，能够偶然按压一个杠杆结构，随之可获得食物，通过多次训练，动物将按压杠杆的行为和获得食物这个结果联系起来，知道通过按压杠杆，可以得到食物的奖励，也就是能够使行为得到及时的强化，因此按压杠杆的次数不断增加，直到动物获得足够多的食物(图 11-2)。

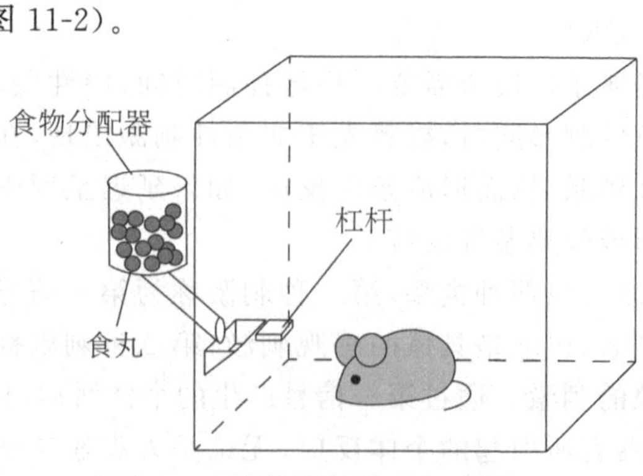

图 11-2　操作性条件反应示意图

(二)非联合型学习

与联合型学习相比，非联合型学习相对比较简单，一般来说，非联合型学习可以分为敏感化(sensitization)和习惯化(habituation)两种形式。非联合型学习实质上是一种无意识学习，也是一种相对容易的学习方式。

1.习惯化

向个体反复呈现无明显伤害性的刺激时，个体对刺激的应答会渐渐下降。比如，当人们处于相对嘈杂的环境，尽管存在多种声音刺激，并且持续出现，但是由于该刺激对人们无明显伤害，因此人们对于声音刺激的反应会逐渐减弱。习惯化体现了个体活动的趋势变化。由于习惯化的存在，个体活动会忽视新异刺激的作用，能够排除对一些无用刺激的回应，节省了宝贵的认知资源。习惯化实际上也是对机体的一种保护性适应，可以避免机体长期对不良刺激产生强烈的反应，比如刚刚搬到高速路旁边居住的人们会因为噪音无法入眠，但经过一段时间的适应之后，可能就会对汽车的噪音产生习惯化，不会再影响睡眠(图 11-3A)。

2.敏感化

敏感化是个体对同一个刺激物的反应逐渐加强的过程，也称为假条件化，即向个体呈现一个相对较弱的刺激，一般来说，个体不会出现较强的反应，然而，如果个体在之前接受了一个非常强烈的刺激，那么对相对较弱的刺激的反应也会显著升高。比如说，重病的患者或家属(受到病痛的强刺激)，会对医务人员或其他人的轻微态度不佳(弱刺激)产生异常强烈的反应，从而导致医患矛盾。通过敏感化，动物能够学会对刺激物的判断和注意，从而避免可能发生的意外，总之，敏感化涉及突触活动的变化，当破坏性强刺激出现，突触对无伤害作用的弱刺激的反应也会显著增加，突触后受体功能增强，也是敏感化的生理机制(图 11-3B)。

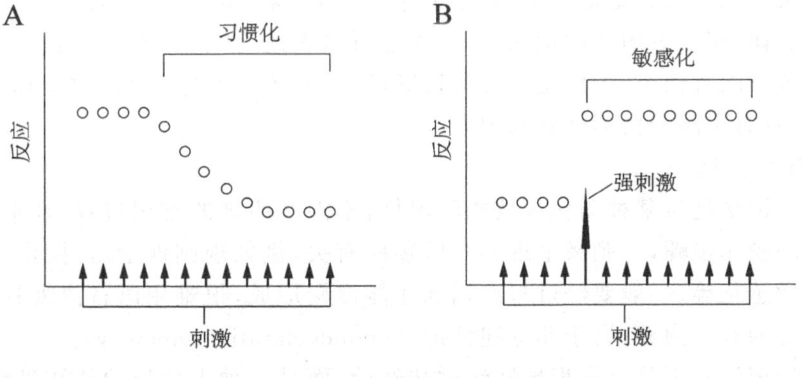

图 11-3　习惯化和敏感化作用示意图

注：(A)在习惯化形成的过程中，随着刺激呈现次数的增加，个体对刺激的反应逐渐减少；(B)在敏感化中，强烈的破坏性刺激会引起个体强烈的反应，随之呈现较弱的刺激，个体也会出现较强的反应。

四、记忆的分类

根据不同的分类方法，从信息种类、保存时间、储存方式等角度，可以将记忆归为不同的种类。如果根据信息存储的特点，可将记忆分为陈述性记忆（declarative memory）和程序性记忆（procedural memory），陈述性记忆又可分为情景记忆（episodic memory）和语义记忆（semantic memory）。从记忆保存时间长短的角度，记忆又可以分为感觉记忆（sensory memory）、短时记忆（short-term memory）和长时记忆（long-term memory）。依据记忆过程中意识是否参与，可把记忆分为外显记忆（explicit memory）和内隐记忆（implicit memory）。不同记忆类型之间，既有区别，又有联系。

（一）依据大脑对信息存储和提取的方式分类

1.陈述性记忆

陈述性记忆需要借助意识的加工，并且通过对信息的习得，以及有意识的回忆，从而形成的一种相对具体化，而且可以用语言进行准确描述的记忆。陈述性记忆包括一系列认知过程，即对信息的评价、比较，以及之后的归纳、推理的过程。总之，陈述性记忆是通过语言对事物、情景加以评判。

陈述性记忆主要涉及与个体相关的事件或事实，即情节记忆和语义记忆。

①情节记忆。情节记忆是个体根据时间坐标和空间标记，对自身经历过的事件进行加工，从而形成具有时间节点和相关地点的记忆。如果是对某种经验或者经历的记忆，则具有较为明显的自传性特征。通常可以表述为“我记得”。比如，“我记得”我上午去实验室做了行为实验，下午在图书馆查询文献。

②语义记忆。语义记忆是对有规律、有组织的概念或事实的记忆，是对语言、概念、原理、法律、问题等内容的记忆加工，通常可以表述为“我知道”，比如，“我知道”重庆是中国最大的直辖市、大鼠是哺乳动物等，语义记忆涉及的信息跟时间和空间无关，相对来说，具有更高的概括性和知识性。

2.程序性记忆

程序性记忆是对某种动作或技能的记忆，不涉及明确的意识过程，经常借助具有顺序特征的操作步骤，与刺激呈现的先后顺序有关，例如规则性学习、操作技巧动作、习惯化和敏感化等，一般要经过多次训练才能慢慢形成，很难用语言清晰具体地表达程序性记忆的有关内容，属于非陈述性记忆（nondeclarative memory）。

程序性记忆并不是有意识地回忆过往经验，而是一种无意识的认知过程，在平时的生活学习中，个体通过学习技能，逐渐获得某种稳定的行为倾向，例如游泳、乒乓球和织毛衣等这种相对恒定的习惯或者技能。与程序性记忆有关的脑区包括纹状体、大脑皮质和小脑等。程序性记忆的另一种形式是启动效应（priming），这种效应指个体曾经无意识接受的某一刺激，比如听觉刺激或者视觉刺激，在其他情景中，如果该刺激再次呈现，个体会以更加快速的反应识别该刺激，这种现象也可称为初始化效应。

陈述性记忆和程序性记忆是既有区别又有联系的两种记忆形式。陈述性记忆指个体有意识地回忆有关信息，比如时间、人物和事物等，可能是经过归纳总结产生的概念，也可能是某一种法律条文，均需要意识系统的参与。程序性记忆主要是无意识的动作，包含某种动作的形成、习惯的养成、某项技术的掌握等。另外，陈述性记忆能够用语言清楚地描述，而程序性记忆主要通过反复完成某项操作性行为任务，从而形成关于技能或习惯的记忆。这两种记忆有可能互相转变，比如，开始学习实验技术到最后掌握，首先是了解实验技术的操作流程，此时涉及陈述性记忆，到最终学会实验操作，就是陈述性记忆向程序性记忆转变的过程。海马是大脑发挥记忆功能的关键脑区，实验证明，切除海马不会影响患者的程序性记忆，但是患者无法形成全新的陈述性记忆，如患者能够学会球类运动等技能，也能完成肌肉运动任务。在词干补笔测试中，患者虽然无法回忆前一天识记的词汇，但是能补全这些词汇，说明启动效应完好，也就是程序性记忆正常。

（二）依据大脑记忆时程的长短分类

陈述性记忆是通过有意识地对信息加工而形成，其特征是获取比较容易，而遗忘也比较容易；程序性记忆则是通过反复地完成某项任务而获得的技能，其特征是获取比较困难，而一旦学会，则很难遗忘，比如游泳、骑自行车等。因此，依据记忆时程长短来对记忆分类主要是指对陈述性记忆进行的分类。

1.感觉记忆

感觉记忆也称为瞬时记忆，学习材料在进入记忆系统之前，根据刺激物的物理特征，首先通过感觉器官进行编码，从而产生感觉和知觉，如果作用于感官的刺激停止出现，一般来说，仍然能够在记忆系统中保持一段时间，但是极其短暂，这种记忆就称为感觉记忆，具有暂时保存的特点。感觉记忆作用时间很短，对信息的编码具有鲜明的形象性，编码特征基本上根据刺激物的物理特征，对信息保存容量有限，如果不及时复述，就无法转入短时记忆，很快被遗忘。

2.短时记忆

短时记忆是记忆系统进行信息加工的关键，在感觉记忆中，信息根据物理特征进行编码，之后能够进入短时记忆。短时记忆是个体对信息进一步编码和保存的记忆，具有容量有限的特征，比较容易受到干扰，必须通过保持性复述和精确复述才能顺利转化为长时记忆，如果不及时进行复述，短时记忆会很快遗忘。工作记忆（working memory）可以看成是短时记忆的一种特殊类型，指的是为了完成某一项任务所需要的临时性记忆，在任务完成之后就不再保留。

19 世纪 70 年代，巴德雷（Baddeley）通过研究短时记忆障碍，建立了工作记忆的概念，工作记忆只是暂时编码输入信息，并且短暂地储存，工作记忆可被解释成认知系统对重要信息或问题的一种短期的、特别的、集中的、"在线式"的信息加工处理方式，我们可以把工作记忆看作电脑的内存，临时性地处理问题，关机之后就不再保存。

3.长时记忆

长时记忆的概念是，当大量的外界信息输入认知系统，在经过一系列编码之后，这些信息以一种有组织、有规律的形式，长期保存在大脑的相关区域，在必要的时候进行有效的提取。长时记忆是心理发展的基础，也是人们认知系统完善的前提，突触可塑性是记忆系统发挥作用的关键，长时记忆的形成依赖新的蛋白质的合成和新突触的形成，从而形成长期保存信息的物质结构基础。

在记忆的编码、保存和提取阶段，不同的记忆具有不同的特征。在记忆的编码阶段，感觉记忆具有鲜明的形象性，对于长时记忆来说，语义编码是主要形式。关于记忆的保存，感觉记忆的维持时间非常短暂，短时记忆通过精确复述，可以进入长时记忆，长时记忆能够长久保存。对于记忆的提取阶段来说，感觉记忆具有自动化的特征，但是这种记忆保留时间很短，如不采取复习策略，将很快消退。因此，以上三种记忆是一个有所区别又相互关联的整体，是一个连续加工的认知过程，尽管它们在保持时间、记忆广度、编码方式等方面都有一定的不同(图 11-4)。

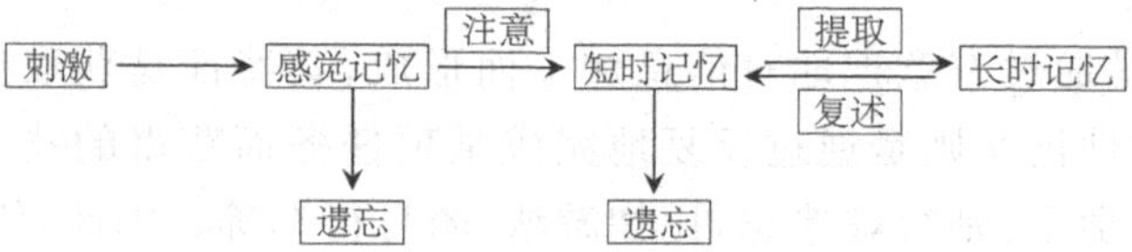

图 11-4　**记忆的种类和联系**

注：激输入记忆系统，感觉记忆首先根据刺激物的物理特性，对信息进行编码，如果没有及时的复述，信息将很快消退，信息在注意的作用下，进入短时记忆阶段，经过保持性复述和精确复述，信息进入长时记忆系统，通过再认和回忆的方式提取信息。

(三)按照大脑意识系统参与的程度分类

根据意识系统是否参与记忆过程，记忆又可以分成外显记忆和内隐记忆两种。

1.外显记忆(explicit memory)

通常就是指陈述性记忆，外显记忆强调该类记忆的形成需要意识的参与，在意识系统的调控下，个体能对事实或事件进行有意识的回忆和提取，并且获取的知识具有外显性的特征，即可以容易地用语言进行描述。

2.内隐记忆(implicit memory)

内隐记忆通常也称为非陈述性记忆，强调该记忆是个体在无意识参与的情况下获取，不依赖学习者主观意愿去学习。它和外显记忆的表现形式完全不同。内隐记忆包含的内容无法用语言准确地表达，主要包括刺激-反应、条件反应、运动技能、知觉记忆(启动效应)等，是一种不需要通过有意识的认知系统就能形成的记忆类型。

五、遗忘和遗忘症

(一)遗忘

由于长时记忆的形成需要及时复习相关材料,因此短时记忆的很多信息逐渐消失,这就是遗忘(forgetting)的过程。遗忘指在不同程度上,个体无法对已识别的信息进行再认或者回忆,是一种神经的适应性反应,对记忆系统具有维护的作用,通过删除对个体意义不大的信息,防止大脑受到信息过量的侵扰,最终进入长时记忆的知识,只占很小的一部分。目前关于遗忘的理论主要集中于两种观点,第一种是新识别的信息对已有信息的干扰,第二种是已有信息进入消失阶段,但是遗忘不意味着记忆的完全消失,通过有效的复述,仍然比学习新知识更容易。

1.艾宾浩斯记忆曲线

德国心理学家艾宾浩斯(Ebbinghaus)从时间进度的方向,通过量化研究方法,考察了长时记忆遗忘的规律。通常来说,未得到及时复述的材料,会进入遗忘阶段。遗忘的特点是开始速度很快,尤其是学习结束之后,短时间内,记忆会大规模消失,之后速度逐渐变慢(图 11-5),保留记忆的比例与学习后的时间点作图可得到一条有规律的曲线,即艾宾浩斯记忆曲线。人们应该在所学内容完全遗忘之前及时复习。艾宾浩斯记忆曲线为寻找最佳复习的时间点以及提高记忆效率提供了有价值的参考。

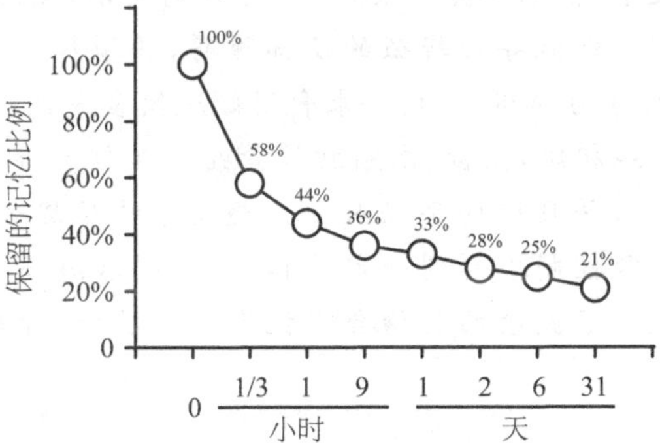

图 11-5　艾宾浩斯记忆曲线

2.复习与遗忘

组织有效的复习有助于维持长期记忆。一般来说,进行有效率的复习十分重要,复习的方式包括集中复习和分散复习,不间断的复习称为集中复习,有规律地分布复习时间则称为分散复习,理论上,分散复习的效果好于集中复习。人们可进行多元化复习策略,比如设计表格、列出纲领、画逻辑图等,将知识要点放入一个完整的框架,可通过知识整理及系统化,增加长时记忆保持的时间。

（二）遗忘症

个体由于脑功能障碍或脑组织受损导致的严重记忆障碍叫作遗忘症（amnesia），理论上，遗忘症包括两种形式，分别是顺行性遗忘症（anterograde amnesia）和逆行性遗忘症（retrograde amnesia）。顺行性遗忘症的症状主要是个体在脑损伤事件之后，无法再长久保存新的学习材料，即不能学习新的知识，记忆能力下降，很多精神疾病患者患有顺行性遗忘症，例如精神分裂症和癔症，部分酒精中毒患者也患有顺行性遗忘症。逆行性遗忘症指个体的长时记忆能力没有受到影响，但是无法回忆和再认，也就是说，脑损伤事件之前的记忆丧失，而不影响新记忆的形成，脑震荡患者极有可能患有逆行性遗忘，手术过程中的麻醉也可能引起该症状。

生活中的心理学

高脂、高糖的饮食会损伤记忆力

众所周知，长期的不健康饮食容易导致肥胖和糖尿病，但是现在发现高糖、高脂肪饮食还会损伤大脑的功能，导致记忆能力下降。动物实验表明，即使短期接触高脂高糖的西式饮食，也会导致海马依赖性的学习和记忆损害。不幸的是，同样的情况也可能发生在人类身上，因为西式饮食也能损害人类海马的功能。近日，一项发表于《皇家学会开放科学》的研究显示，高糖、高脂肪的西式饮食即使只持续一星期，也能导致轻微的认知障碍，并增加暴食倾向。研究者将110名健康的年轻人分为两组，分别要求食用健康饮食或高糖、高脂肪饮食。一星期后，与健康饮食组相比，高糖、高脂肪饮食组的年轻人在饭后的海马依赖性记忆测试中表现糟糕，并且这些年轻人会更趋向于吃垃圾食品。研究推测，正常情况下，海马在食欲控制中起到一定的作用，饱腹后海马会阻碍我们关于食物的记忆，但长期摄入不健康的食物会干扰海马的功能，导致饱腹后对食物仍具有很大渴求。

复习巩固

1.学习与记忆分哪几个阶段？
2.请简述记忆的类型。

第二节　学习与记忆的神经机制

一、脑定位与学习记忆

随着脑科学研究的成熟，神经生物学家发现，脑内多个脑区与记忆有着密切的联系，例如海马结构、前额叶、间脑和杏仁核等，这些脑区共同构成丰富的神经网络，其结构和功能既有独立性，又有协同作用。

（一）海马结构

海马结构（hippocampus formation）位于大脑颞叶皮质之内，是空间记忆、陈述性记忆，以及短时记忆向长时记忆转化的关键脑区。海马结构具有经典的三条单向传递的突触结构（图 11-6）：① 内嗅皮质第Ⅱ层和第Ⅲ层锥体神经元轴突形成穿通径路，与齿状回分子层颗粒细胞的树突建立突触连接；② 齿状回分子层颗粒细胞的轴突形成苔藓纤维，向海马 CA3 区投射，与该区域锥体神经元顶树突形成突触联系；③ CA3 锥体神经元轴突形成 Schaffer 侧支，与 CA1 锥体神经元顶树突形成突触。海马结构内部的三突触结构作为兴奋性前馈通路，是学习记忆的生理机制之一，研究表明，内嗅皮质与齿状回之间的联结与空间记忆有关，三条突触联结均与长时记忆的形成和维持有关。

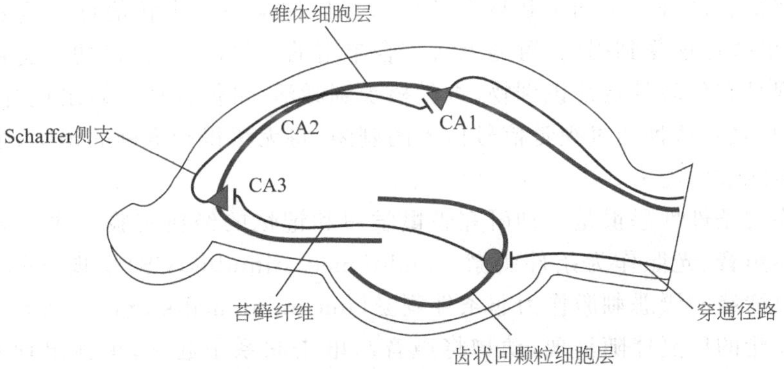

图 11-6　海马结构内部突触联系

（二）前额叶

前额叶（prefrontal cortex）与个体高级认知功能有关，参与调控学习记忆、注意和运动等功能。前额叶是最高级别的新皮质，它不直接接受感觉传入或控制运动，而是接受来自感觉皮质、运动皮质或其他脑区的信息，并对这些信息进行整合加工，然后把信息传回这些脑区，从而控制它们的活动。从进化的角度讲，越是高等的动物，前额叶越发达，人类前额叶高度发达。从个体神经系统的发育来讲，前额叶是最晚成熟的脑区。

前额叶与多种学习形式密切相关，主要包括：① 情节记忆。情节记忆是关于在何时何地发生了何事的记忆。前额叶损伤的患者常常会混淆事件的时间地点。前额叶会通过“自上而下”的调控作用，整合感觉皮质传入的感觉信息（例如实验室的气味、声音、光照、研究人员的行为），形成一个整体的表征，在以后某个时候又可以重新激活相关脑区，重现当时的情景。② 工作记忆。工作记忆体现了大脑“在线式”处理信息的能力，前额叶具有强大的整合处理“在线”信息的能力，是工作记忆的关键脑区。③ 规则记忆。人和动物都能够根据经验对不同的环境刺激做出不同的行为反应，即人和动物都能学会某种规则。前额叶腹侧部是规则学习的关键脑区之一。

（三）间脑

间脑（diencephalon）是大脑左右半球和中脑的桥梁，其功能复杂性仅次于端脑。研究发现，间脑与颞叶皮质的联系对记忆功能起到调控作用。丘脑具有调控多种认知功能的作用，一般来说，能够使个体的意识状态保持稳定，对个体注意力的集中也有调节作用，此外还能使个体实现情绪联想。

（四）杏仁核

杏仁核（amygdala）属于大脑边缘系统的一部分，因其形状接近杏仁状得名，杏仁核位于海马的底部和颞叶的背内侧，能有效区分不同的情绪，对与情绪有关的信息进行控制，是恐惧记忆的关键脑区，也是整合来自不同刺激的感知觉信息的关键脑区，杏仁核对这些信息做进一步加工和整合，因此，杏仁核是一个中转信息的重要脑区。一般来说，如果杏仁核受到损伤，可能无法整合丰富的记忆内容，记忆功能受到严重的破坏。当出现具有危险的特征识别物，杏仁核受到激活，可依据情况做出规避反应，如果杏仁核受到创伤，这种通过视觉信号传入的刺激，将无法得到准确的识别，个体可能丧失识别恐惧线索的能力。

巴甫洛夫条件性恐惧是一种研究恐惧学习和记忆的经典实验范式。该范式以中性的刺激如声音、光照作为条件刺激（conditioned stimulus，CS）呈现，同时伴有一个能带来恐惧情绪的厌恶刺激作为非条件刺激（unconditioned stimulus，US），如足底电击。经过几轮的反复伴随呈现，动物将声音与电击联系了起来，单独出现 CS 即可预示 US，使动物产生恐惧反应，即形成了恐惧记忆。啮齿类动物的恐惧反应通常表现为心跳加速、僵直、发热等。僵直（freezing）是啮齿类动物面临恐惧时的一种本能反应，指动物面对预期危险信号时表现出来除呼吸外没有其他任何动作的行为，僵直行为有利于减少动物被捕猎者发现的概率，提高生存率。在恐惧相关的实验中，动物在接收到 CS 时所表现的僵直持续时间通常被当作衡量动物恐惧程度的指标。

在条件性恐惧建立过程中，听觉信息（CS）由内侧膝状体直接或经听觉皮质间接传至杏仁核外侧核。足底电击(US)的信息则由丘脑和皮质传至杏仁核外侧核。CS和US汇聚于杏仁核外侧核的神经元，并引起神经元可塑性的改变。而在条件恐惧建立时的情景信息则由海马传入杏仁核基底核。杏仁核外侧核将CS-US信息传递至杏仁核中央核可以经过两条途径。一条是直接途径，杏仁核外侧核直接、单向地将兴奋性神经冲动投射至外侧中央核，再从外侧中央核传递至内侧中央核，另外，杏仁核外侧核也可以投射至杏仁核基底核和杏仁核基底内侧核，然后再投射至内侧中央核。内侧中央核投射至与恐惧反应相关的区域，产生恐惧反应，并形成恐惧记忆(图11-7)。

杏仁核也主导恐惧记忆的消退过程，当动物反复暴露于CS而不伴有US时，CS引起的恐惧反应就会逐渐消失，这个过程就是恐惧记忆的消退(extinction)。但是消退过程并不是将恐惧记忆彻底“遗忘”掉，消退是一种新的学习过程，使动物学习到CS不再意味着US，从而形成一种CS不会引起US的消退记忆(extinction memory)，消退记忆的形成可以抑制恐惧记忆的表现，即当动物在消退训练后再暴露于CS，动物就不会表现出恐惧反应。但恐惧记忆本身依然存在，并会在一定条件下表现出来。例如，当恐惧记忆已消退的动物在消退训练以外的情景暴露于CS时，已消退的恐惧记忆将会重现。药理学和电生理研究表明杏仁核是恐惧记忆消退的关键脑区。

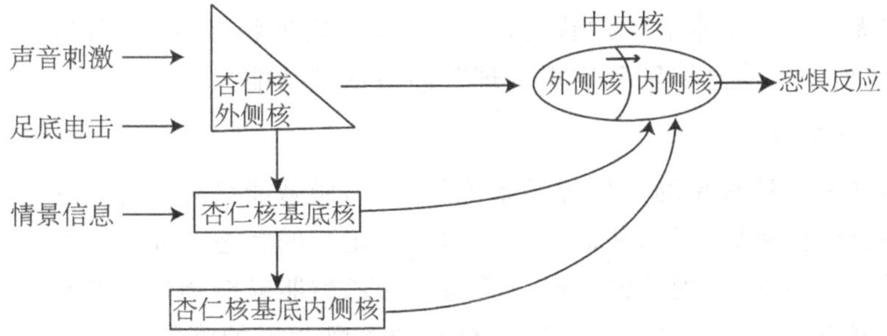

图11-7 恐惧记忆习得的神经环路示意图

二、神经递质与学习记忆

学习记忆的生理机制还涉及一系列神经递质，神经递质通过改变突触可塑性影响学习记忆的功能，其种类众多，比如多巴胺、5-羟色胺、谷氨酸、γ-氨基丁酸等。

(一)氨基酸类神经递质

氨基酸类神经递质是常见的中枢神经系统内源性活性物质，广泛分布于多个脑区，其中最常见的是谷氨酸(glutamine)和γ-氨基丁酸(γ-aminobutyric acid)。谷氨酸是最主要的兴奋性神经递质，γ-氨基丁酸则是最主要的抑制性神经递质，二者相互平衡，共同调节学习记忆等生理活动。谷氨酸能诱发突触后神经元产生兴奋性突触后电位，以及形成长时程增强，是产生学习记忆最直接及最重要的神经递质。前额叶或海马等脑区出现谷氨酸突触传递异常，会破坏学习记忆，使个体无法保持记忆内容。γ-

氨基丁酸是一种具有天然活性的氨基酸，其受体几乎分布在所有类型的神经元细胞膜上，使神经元产生超极化，抑制神经元的兴奋性，激活脑内 γ-氨基丁酸受体可以破坏记忆形成。

（二）单胺类

单胺类神经递质对于维持神经元功能有着至关重要的作用，在意识与注意力、学习记忆等方面，如果单胺类神经递质处于稳定状态，保持正常的释放过程和脑内浓度，能有效维持正常的高级认知功能。研究发现，与学习记忆密切联系的单胺类神经递质包括 5-羟色胺、去甲肾上腺素和多巴胺。

5-羟色胺受体广泛分布于中枢神经系统和周围神经系统，比如新皮质、丘脑、中缝核、海马和杏仁核等。不同的 5-羟色胺受体的亚型有可能具有不同的效应，但是一般来说，5-羟色胺受体主要以 G 蛋白耦联的形式存在（除了 5-羟色胺 3 受体），借助第二信使发挥生物效应，能有效调节学习记忆过程。

去甲肾上腺素能神经元胞体存在于蓝斑核中，兴奋去甲肾上腺素能神经元，能提高学习记忆的能力，个体对学习记忆任务的完成程度显著提高，尤其在记忆巩固的阶段。相反，如果降低去甲肾上腺素能神经元的兴奋性，则能显著抑制动物的记忆能力。

多巴胺无论是在正常的生理状态，还是异常的病理状态，都能参与学习记忆的主要过程，间接地参与信息识别和逻辑推理等高级认知功能。

（三）乙酰胆碱

乙酰胆碱是一种常见的中枢神经系统的递质，胆碱能系统可使与学习记忆相关的脑区产生兴奋性突触后电位，从而调节个体学习记忆的状态。如果个体存在胆碱能系统异常，可能会导致一系列认知障碍。普遍认为乙酰胆碱能神经元的功能异常可能是诱发老年期健忘症的原因之一。抑制突触间隙乙酰胆碱的降解在一定程度上可以缓解老年痴呆症患者已出现的学习记忆障碍。

拓展阅读

空间学习可以促进海马功能

健康成人的海马具有可塑性变化的能力，例如出租车司机具有更发达的海马。一项为期五年的研究表明，为了获得出租车许可证，接受培训的出租车司机花了三到四年的时间来记忆伦敦迷宫般的街道，以及成千上万的旅游景点。“伦敦出租车许可证”涉及一系列艰苦的考试，只有大约 50% 的人通过了该考试。

伦敦大学的马奎尔发现，伦敦出租车司机的后海马区的灰质比年龄、教育程度和智力相似但不开出租车的人更大，且驾驶出租车的时间越长，司机的海马就越大。马奎尔和加州大学洛杉矶分校的同事凯瑟琳·伍利特跟踪研究了79名参加出租车许可证培训的司机，采用磁共振成像(MRI)来测量他们海马的生长情况。为了进行对比，马奎尔还测量了31名不开出租车但年龄、学历和智力与出租车学员相似的人的大脑发育情况。在研究开始时，所有的参与者都有相似的海马体积。马奎尔还确保了参加出租车许可证培训的司机和非出租车司机在工作记忆和长期记忆测试中具有相似的表现。

四年后，79名学员中有39人获得了许可证，马奎尔又对合格和不合格的学员进行了记忆测试。结果发现，获得驾照的司机其表现远远好于那些不及格的学员，但是在四年前，他们的记忆测试表现相当。磁共振成像显示，获得许可证的学员的海马随着时间的推移而增大，海马体积的增大可能与新生神经元的生成及胶质细胞增殖有关。

然而，取得许可证的学员并没有在所有的记忆测试中表现得更好。马奎尔认为，这些空间学习可能会扩大海马后部的功能，而牺牲海马前部的功能，即出租车司机掌握了某些形式的记忆，但其他形式的记忆却有可能会变得更差。

复习巩固

1.请简述脑区与记忆的关系。
2.请简述条件性恐惧的形成机制。

第三节　学习记忆的长时程增强现象

一、长时程增强的原理

(一)海马结构的突触联系

海马结构(包括海马与齿状回)与长时记忆密切相关，属于大脑边缘系统的一部分。齿状回以及海马的CA1、CA2、CA3区域通过单向突触结构连接，形成多个单向突触结构，是长时程增强作用产生的重要位置。海马结构以锥体神经元居多，这个区域能对陈述性知识进行深度加工，使其得以长期地保存在记忆系统中。

（二）长时程增强

理论上来说，海马结构的三条单突触环路都能产生长时程增强现象。一般来说，可以将刺激电极放置于海马 Schaffer 侧支，向该位置发放单一的电流刺激，保持稳定的频率和强度，通过记录电极可以在 CA1 区锥体神经元检测到稳定的兴奋性突触后电位，以此为基础，若向 Schaffer 侧支发放高频电刺激，之后再用单一电流刺激，这时候将会出现持续的、远远强于基础水平的场电位，这种兴奋性突触后电位的放大效果能延续数小时，甚至数天，这种通过高频电刺激突触前神经元所导致的突触传递易化效应就是长时程增强现象（long-term potentiation，LTP），这种现象是记忆形成的生理基础，如果长时程增强受到抑制，学习记忆将受到影响。

个体在习得新知识的过程中，伴随着长时程增强的形成，比如反复训练大鼠学会识记寻找食物的迷宫路线，结束之后，可检测到 CA1 区锥体神经元兴奋性上升。很多老年痴呆症患者无法对信息保持长期的记忆，可能是由于学习效率降低，致使长时程增强相对较弱。

二、长时程增强现象的特征

通过对长时程增强现象的研究，可在分子生物学的层面上阐明学习记忆的突触可塑性变化，为长时记忆的形成和发展提供可靠的理论依据。实际上，长时程增强现象的产生来自对单向神经元纤维的电脉冲刺激，涉及兴奋性神经递质的大量释放，这种刺激会同时激活突触前和突触后两个部位，同时产生兴奋性的叠加作用。当电刺激脉冲到达突触前膜，突触前膜释放神经递质谷氨酸，引起突触后膜上的谷氨酸离子型受体开放，大量钙离子通过谷氨酸受体通道进入神经元，导致神经元持续兴奋，因此产生长时程增强现象（图 11-8）。

长时程增强现象的特征，具体来说分为四点，即长时性、关联性、特异性和协同性。

（一）长时性

长时程增强现象具有长时性（permanency）的特征，这种现象是由于突触产生了可塑性变化，导致突触结构和功能的长期易化，因此长时记忆可以维持数年甚至终生，这也是长时程增强长时性特点的体现，作为长时记忆的生理基础，这种独特的突触可塑性形式也是长期发生的，时间范围在半小时以上，甚至数天数月，这就是所谓的长时性。

（二）关联性

关联性（associativity）也是长时程增强现象的特征之一，即突触前膜和突触后膜必须都处于激活状态，否则无法形成长期的突触可塑性变化。如果同时激活多条通路，所受电脉冲相对低的那条可能无法引发长时程增强，这时别的通路如果受到较强的电脉冲刺激,可能会产生相互作用,能促进所受电脉冲相对低的通路上也激发长时程增强效应。

(三)特异性

长时程增强现象是一种高度特异性(specificity)的突触可塑性变化,也就是说,如果某一突触没有受到电脉冲刺激,即使邻近的突触发生了长时程增强,这条未激活的突触也不会形成长时程增强,不会产生突触可塑性的改变。

(四)协同性

长时程增强还具有协同性(cooperativity)的特征,实际上仅靠单一神经元的轴突很难激发长时程增强,通常是多条神经元轴突共同处于兴奋状态,一般来说,激活的神经元轴突数量越多,产生的兴奋性后电位越强,就越容易形成长时程增强,二者之间存在正相关的联系。

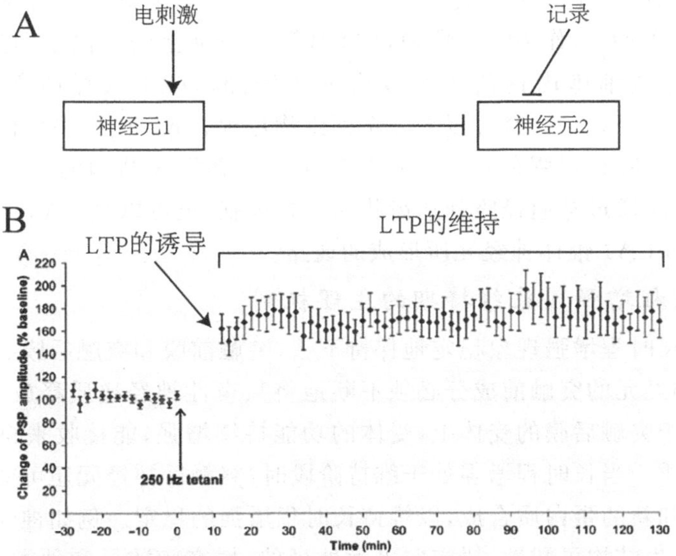

图 11-8 长时程增强现象具有特异性 摘自 Kevin Blot, Cerebral Cortex, 2015, 25(5): 1348—1361.

注:(A)向突触前神经元发放稳定的电脉冲刺激,能引起突触后神经元胞体的兴奋性突触后电位,作为诱发长时程增强现象的基础。(B)显示了电脉冲刺激作用于突触前神经元引起场电位的幅度,如向该位置发放一个高频的强直刺激,持续数秒,可以检测到突触后神经元胞体出现稳定持续的场电位,幅度保持在较高水平,此时成功引发长时程增强现象。

三、长时程增强现象的生理基础

一般来说,长时程增强包括两个相互关联的时期,分别是诱导期(induction

phase)和维持期(maintenance phase)。这两个时期先后发生,具有时间延续性,但是潜在的神经机制具有明显的差异性。诱导期就是已经诱发兴奋性突触后电位之后,再用强直电脉冲作用于突触前神经元,从而引发强度较大的突触传递,这一时期钙离子大量内流,导致神经元兴奋性显著升高,到了维持期,神经元的兴奋性达到最大程度,这一时期可以维持较长时间。

(一)长时程增强现象诱导期的生理机制

在诱导阶段,长时程增强现象借助谷氨酸离子型受体实现。在细胞膜处于静息膜电位时,NMDA 受体处于关闭的状态,当谷氨酸迅速从突触前膜释放进入突触间隙,与 AMPA 及 NMDA 受体结合,NMDA 受体在结合谷氨酸及细胞膜去极化的条件下开放,钙离子内流,突触后神经元细胞内钙离子浓度迅速增加,激活磷脂酶 C (phospholipase C,PLC),分解膜上的 4,5-二磷酸酯酰肌醇[phosphatidylinositol(4,5) bisphosphate,PIP2],生成三磷酸肌醇(inositol 1,4,5-triphosphate,IP3)和二酰甘油(diacylglycerol,DAG),作为第二信使,IP3 激活内质网上的钙离子通道,内质网释放大量钙离子,导致细胞内钙离子浓度进一步增加,DAG 选择性激活蛋白激酶 C (protein kinase C,PKC)。经过以上一系列生物过程,PKC 使相关蛋白质发生磷酸化修饰,从而诱发长时程增强的产生。该生物学效应在海马结构的三条突触上均能产生,比如内嗅皮质通过穿通径路到达齿状回颗粒细胞,也可以是 CA3 区神经元形成的 Schaffer 侧支与 CA1 锥体神经元所形成的通路。

(二)长时程增强现象维持期的生理机制

如果想让长时程增强现象稳定地保持下去,突触前膜和突触后膜必须长时间地保持兴奋状态,神经元的突触前成分必须不断地将兴奋性神经递质释放到突触间隙,并且不断地作用于突触后膜的受体上,受体的功能持续增强,能接收来自突触前膜的大量神经活性物质。当长时程增强处于维持阶段时,突触后神经元还可能会出现细胞结构的长期变化和新的蛋白质合成,以维持长时程增强的稳定。例如神经元的形态可能发生改变,即产生结构可塑性,树突向更远处延伸,树突棘数量和种类不断地增加,与周边神经元建立更加广泛的联结。长时程增强的长期维持缘于突触功能和结构可塑性的发生。

总之,长时程增强预示着突触可塑性的变化,也是生成新蛋白质的标志,体现神经元结构和功能的可塑性,作为学习记忆研究的经典模型,长时程增强作用是可随着外界环境发生变化的,无论是药理学的刺激,还是来自内源性活性物质的刺激,都可能引起该现象的转变。

复习巩固

1.请简述长时程增强现象的特征。

2.请简述长时程增强诱导期和维持期的生理机制。

本章知识小结

1.学习指动物和人通过获取外界信息，从而形成新的知识和技能的过程，是神经系统的基本功能之一。

2.记忆指在学习的基础上，动物和人将已获得的知识经验，通过神经系统的作用，对信息进行编码、储存和提取的过程，具有主动进行信息加工的特点。

3.学习与记忆作为一个连续的神经活动过程，通常分为习得、巩固和提取三个过程。

4.学习分为联合型学习和非联合型学习，联合型学习指神经系统有意识地对刺激信息进行加工和保存，强调刺激与行为之间，或行为与结果之间的关联，即形成条件化的过程，主要分成经典条件反应和操作性条件反应。

5.非联合型学习相对比较简单，可以分为敏感化和习惯化两种形式。非联合型学习实质上是一种无意识学习，不强调刺激物和具体行为之间的确定关系。

6.根据不同的分类方法，从信息种类、保存时间、储存方式等角度，可以将记忆归为不同的种类。如果根据信息存储的特点，可将记忆分为陈述性记忆和程序性记忆，陈述性记忆又可分为情景记忆和语义记忆。

7.从记忆保存时间长短的角度，记忆又可以分为感觉记忆、短时记忆和长时记忆。依据记忆过程中意识是否参与，可把记忆分为外显记忆和内隐记忆。

8.哺乳动物大脑的结构与功能具有对应的关系，在大脑中，多个脑区与记忆有着密切的联系，例如大脑皮质、海马结构、杏仁核和间脑等，这些脑区共同构成丰富的神经网络，其结构和功能既有独立性，又有协同作用。

9.高频电刺激突触前神经元所导致的突触传递易化效应就是长时程增强现象，这种现象是记忆形成的生理基础。长时程增强现象包括两个相互关联的时期，分别是诱导期和维持期。

10.长时程增强现象具有四点特征，即长时性、关联性、特异性和协同性。

关键术语表

学习	learn
记忆	memory
联合型学习	associative learning
非联合型学习	non-associative learning
陈述性记忆	declarative memory
程序性记忆	procedural memory
短时记忆	short-term memory
长时记忆	long-term memory
外显记忆	explicit memory
内隐记忆	implicit memory

复习思考题

单项选择题

1. 学习和记忆的基本过程不包括(　　)。

A.习得　B.巩固　C.提取　D.遗忘

2. 以下哪项是陈述性记忆？(　　)

A.游泳　B.骑自行车

C.学习骑自行车的过程　D.弹奏乐器

3. 语义记忆加工的内容不包括(　　)。

A.语言　B.概念　C.原理　D.情节

4. 空间记忆的关键脑区是(　　)。

A.海马结构　B.杏仁核　C.小脑　D.基底核

5.恐惧记忆的关键脑区是(　　)。

A.海马结构　B.杏仁核　C.小脑　D.基底核

6.长时程增强现象的特征不包括(　　)。

A.长时性　B.联合性　C.特异性　D.高效性

7.长时程增强现象借助(　　)受体实现。

A.谷氨酸　B.肾上腺素　C.乙酰胆碱　D.多巴胺

8.海马结构的三突触结构不包括(　　)。

A.穿通径路　B.苔藓纤维

C.Schaffer 侧支　D.前连合

第十二章　情绪的生物基础

情绪(emotion)是什么？相信很多人都会回答情绪就是笑、开心、难过、愤怒等等，但是如果要我们为情绪下一个准确的定义，大家可能会给出各种千奇百怪的答案。关于情绪的确切含义，心理学家们和哲学家们已经辩论了一百多年。情绪现在已有二十多种定义，每种定义都有各自的主张，如拉撒路(Lazarus)提出，“情绪是来自正在进行着的环境中好的或不好的信息的生理心理反应，它依赖于短时的或持续的评价”。阿诺德(Arnold)认为，“情绪是趋向知觉为有益的、离开知觉为有害的东西的一种体验倾向。这种体验倾向为一种相应的接近或退避的生理变化模式所伴随”。总体而言，对情绪的定义都包括了认知、体验和反应三个部分。本章主要讨论情绪的基本理论及产生的生物基础。

第一节 情绪的基本理论

一、情绪的概念

情绪，是对一系列主观认知经验的统称，是多种感觉、思想和行为综合产生的心理和生理状态。最普遍的情绪有喜、怒、哀、爱、恐、惊、悲等，也有一些细腻微妙的情绪如嫉妒、惭愧、羞耻、自豪等。情绪常和个体的性格、脾气、动机，及个体所处的环境等因素有关，也受到荷尔蒙和神经递质的影响。尽管一些情绪引发的行为可能看上去没有经过思考，但意识是产生情绪必不可少的一环。综上所述，一般认为情绪是指个体伴随主观认知和意识过程所产生的对外界事物态度的体验，是人脑对客观外界事物与主体需求之间关系的反应，是以个体需要为中介的一种心理活动。情绪包括主观情感体验和客观生理反应，主观情感体验是个体对不同情绪状态的主观感受，客观生理反应是情绪活动引起的一系列自主神经系统和内分泌系统反应，以及躯体行为反应，如面部表情、手势与姿态，语音语调的改变等。

情绪可以被分类为与生俱来的基本情绪和后天学习到的复杂情绪。基本情绪和原始人类的生存息息相关，而复杂情绪必须经过个体之间的相互交流才能习得，因此每个人所拥有复杂情绪的数量和表现都不一样。人类的情绪也具有生物属性，在进化过程中得到了强化，因为情绪可以帮助原始人类回避危险（看到凶猛的动物产生恐惧从而选择逃跑而非与之决斗）。

需要注意情绪与情感、心境、感觉之间的差异。情感（affect）是一个笼统概念，有时包括情绪、感觉和心情，有时可以专指情绪。心境（moods）指的是主体所处的感情状态，比情绪延续时间长，感情波动不如情绪强烈。感觉（feelings）是个人对情绪的主观认识，更个体化，因人而异。

二、詹姆斯-兰格理论

一般的观点认为，我们先体会到一种情绪，然后这些情绪引起了生理反应（我们哭泣是因为伤心，逃跑是因为恐惧）。然而 1884 年，美国心理学家詹姆斯（James）和丹麦心理学家兰格（Lange）提出的詹姆斯-兰格理论（James-Lange theory）则给出相反的观点。该理论认为刺激引发自主神经系统的活动，产生生理状态上的改变，接着才体验到情绪（我伤心难过是因为我哭泣，我恐惧是因为我逃跑了）。一些实验支持了詹姆斯-兰格理论，例如人为操纵受试者的表情，受试者可以感受到相应的情绪。这些实验也被应用在治疗中，例如大笑疗法、舞蹈疗法。

詹姆斯根据情绪发生时引起的自主神经系统的活动，和由此产生的一系列机体变化提出，情绪就是对身体变化的知觉。他认为，“情绪，只是一种身体状态的感觉，它的原因纯粹是身体的”，“人们的常识认为，先产生某种情绪，之后才有机体的变化和行为的产生，但我的主张是先有机体的生理变化，而后才有情绪”。詹姆斯后期的文章中阐明了他的立场。情绪包括三个成分：认知、行动和体验。人们评估其是好是坏，接着做出行动，比如逃跑、攻击或者站在原地不动。当詹姆斯提到唤醒和行动导致情绪产生时，他指的是情绪中的体验部分。

兰格认为情绪是内脏活动的结果，他尤其强调情绪与血管变化之间的关系，“情感，假如没有身体的属性，就不存在了”，“血管运动的混乱、血管管径的改变以及各个器官中血液量的变化，乃是激情真正的最初原因”。交感神经系统作用减弱、血管扩张，结果就产生了愉快的情绪；交感神经系统活动增强，血管收缩或器官痉挛，结果就产生了恐惧。

综上所述，詹姆斯-兰格理论认为情绪是躯体变化的感觉，外部刺激引起的躯体生理变化是情绪产生的直接原因。感觉系统先将外部刺激的信息传入大脑，但大脑并不会立即产生情绪，而是先引起躯体的生理变化，再由生理变化引起情绪的改变，如果这些生理变化被克制，那么情绪也就随之消失。

三、坎农-巴德理论

1927 年，美国生理学家坎农(Cannon)对詹姆斯-兰格理论提出质疑，他的学生巴德(Bard)对其理论做了进一步的完善和发展，提出了坎农-巴德理论(Cannon-Bard theory)。坎农-巴德理论认为情绪体验能独立于情绪表达之外产生，即使没有可感觉到的生理反应，情绪仍然可以被体验到。情绪体验与躯体的生理状态之间没有必然的联系。同样的生理变化有可能会伴随不同的情绪，比如心跳加快、血压上升、肾上腺素分泌增加，既可以伴随恐惧的情绪，也有可能伴随愤怒、焦虑等。

坎农-巴德理论认为情绪的中心在丘脑。由外界刺激引起感觉器官的兴奋，兴奋产生的神经冲动通过感觉神经纤维传至丘脑；在丘脑中继后，神经冲动传至大脑，产生情绪的主观体验，大脑皮质再引起机体的生理变化，如血压升高、心跳加快、瞳孔放大、内分泌增多和肌肉紧张等，从而使个体生理上进入应激状态。综上，在詹姆斯-兰格理论中，个体先是对刺激产生生理反应，然后再产生情绪体验；在坎农-巴德理论中，首先有情绪体验然后才出现相应的生理反应。比如，詹姆斯-兰格理论认为你伤心是因为你哭，你有伤心的表现，所以你才伤心；如果你克制不哭，表现得很开心，就不会体验伤心。而坎农-巴德理论认为你伤心是因为受到了外界刺激，经丘脑中继后传达到大脑皮质，跟有没有生理反应没有关系，是因为首先有了伤心的情绪体验才会有伤心的生理反应。

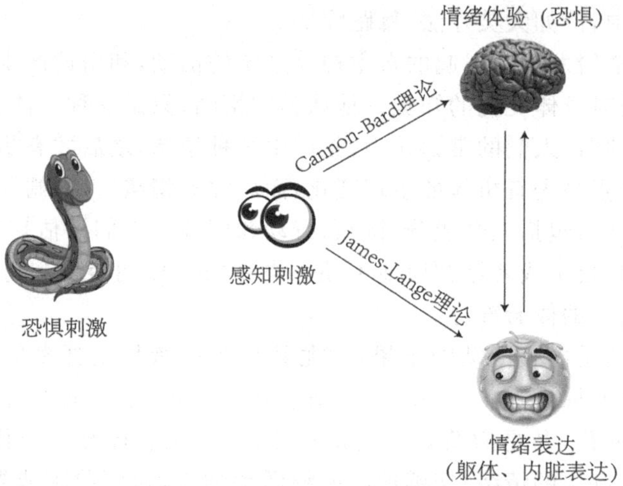

图 12-1　詹姆斯-兰格理论和坎农-巴德理论的比较

注：在詹姆斯-兰格理论中，个体被蛇刺激，结果先是身体对这一刺激产生生理反应，然后再产生情绪体验；在坎农-巴德理论中，是首先有恐惧体验然后才出现相应的生理反应。

生活中的心理学

冥想与情绪

冥想起源于五千年前的东方宗教和文化传统，作为一种治疗方法应用于医疗已经有 2000 多年的历史，冥想是通过身心的自我调节，建立一种特殊的注意机制，最终影响个体的心理过程的一系列练习。它的核心本质在于“有目的地集中注意力于个体内心的某种体验”。从心理学上讲，冥想是一种自我控制的心理调整方法，通过调节认知、情绪、行为，从而促进平静思绪、放松身体，使人们变得幸福、平静和安详。现在冥想已发展成为一种综合性的心理和行为训练方法。一些国际顶尖科研机构和团队已纷纷开始进行冥想研究。德国马普人类认知与脑科学研究所、美国威斯康星大学情感神经科学实验室、美国斯坦福大学生理心理实验室等知名心理与神经科学研究机构纷纷建立了专门的实验室用于冥想研究。研究发现，冥想能改善抑郁、焦虑、压力、愤怒等负性情绪；提高注意力、执行功能、记忆等认知能力，并且有助于改善人际关系。冥想疗法已成为英国国家卫生医疗质量标准署(National Institute for Health and Clinical Excellence)优先推荐的抑郁治疗方案之一。

复习巩固

1.情绪的概念是什么？

2.请简要比较詹姆斯-兰格理论和坎农-巴德理论。

第二节　情绪与脑

一、边缘叶及边缘系统

保罗·布洛卡(Paul Broca)在1878年指出：哺乳动物的大脑内表面有一组明显区别于周围皮质的灰质区域，因为它们形成了一个围绕脑干的环，故将其命名为边缘叶(limbic lobe)。边缘叶主要由扣带回、海马旁回、海马结构、穹隆等结构组成(图12-2)。边缘叶与隔区、杏仁核、背侧丘脑、上丘脑、下丘脑、中脑导水管周围灰质区、中脑被盖之间有密切的纤维联系，在功能上形成一个整体，称为边缘系统(limbic system)。边缘系统可大致分为三个部分：① 颞叶内侧的结构，包括海马结构、杏仁核、扣带回和嗅周皮质；② 丘脑内侧核团，包括内侧背核、前部核团；③ 额叶的腹内侧部分，包括眶额皮质、内侧前额叶等。

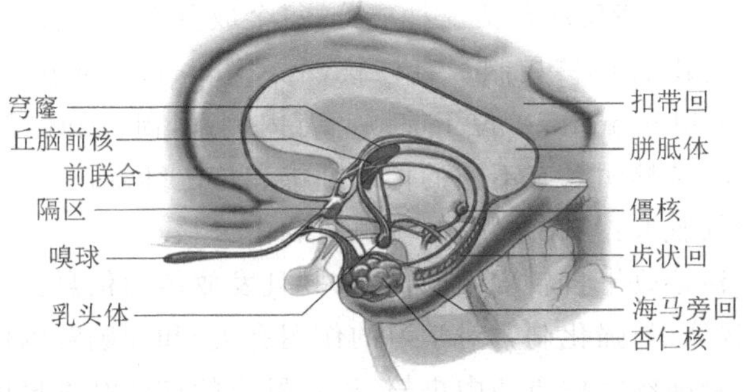

图12-2　边缘系统[**摘自** Cinnamon VanPutte, *Seeley's essentials of anatomy & physiology* (9th *edition*), McGraw-Hill Education **公司**]

到了20世纪30年代，有证据提示一些边缘结构参与了情绪功能。美国神经生物学家詹姆斯·巴贝兹(James Papez)根据大量的动物损毁实验结果指出，在大脑的内侧面有一个联系着皮质和下丘脑的情绪系统，他把扣带回→海马→穹隆→乳头体→丘脑前核的纤维联络称为巴贝兹环(Papez circuit)(图12-3)。这些结构大都是在脑演化的初期形成的，主要可以控制内脏、心血管等自主神经系统或者相关的情绪反应。在巴贝兹环中，新皮质使情绪“色彩化”，扣带回控制情绪的体验，下丘脑控制着情绪的行为表达，而下丘脑和新皮质的位置使得它们可以相互影响，因此将情绪的表达和体验联系了起来。在此环中，扣带回通过穹隆和海马影响下丘脑，而下丘脑通过丘脑前部影响扣带回。下丘脑和皮质之间的联系是双向的，这意味着巴贝兹环同时兼容了詹姆斯-兰格理论和坎农-巴德理论。

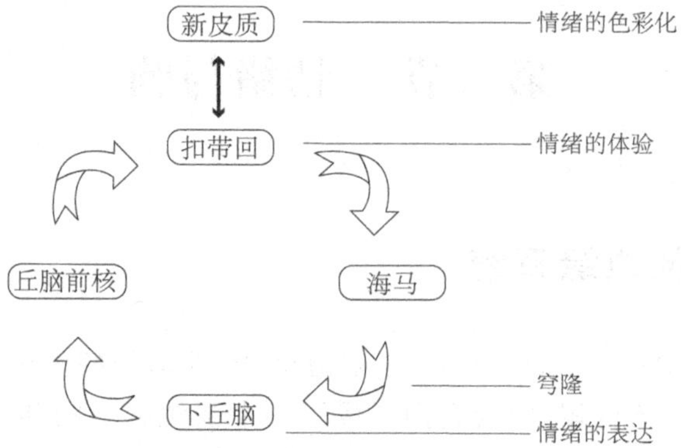

图 12-3 巴贝兹环

二、恐惧、焦虑

(一)杏仁核的结构

在前面我们提到，情绪反应包括三种成分，每个成分由相对独立的神经系统控制，其中恐惧情绪的整合由杏仁核控制。杏仁核(amygdala)，或者更准确地被称为杏仁核复合体 (amygdaloid complex)，位于前颞叶背内侧部，海马和侧脑室下角顶端稍前处，由多个核团构成，各核团具有不同的传入纤维和传出纤维，也具有不同的功能。杏仁核主要分为三个细胞群：基底外侧核、内侧核和中央核。

基底外侧杏仁核接收来自新皮质的信息，并且发放传出信息到内侧核及脑的其他部位，包括腹侧纹状体(与强化刺激对学习的作用有关)和丘脑背内侧核。基底外侧核还发送信息到腹内侧前额叶皮质和中央核，后者发出的神经纤维投射到下丘脑、中脑、桥脑和延髓，这些脑区负责情绪反应各成分的表达。

(二)杏仁核与恐惧

杏仁核的中央核在由厌恶刺激诱发的情绪反应中扮演了最重要的角色，向实验动物呈现危险刺激时，中央核会激活。如果中央核被损毁或者说提供感觉信息给中央核的脑区受损，将导致大量情绪行为和生理反应的减弱或者消失。实验中，如果动物的中央核被破坏，它们将表现得更为温顺，不再有恐惧的表现，血液中的应激激素水平降低。实验结果显示,正常的猴面对蛇时会表现出胆怯,杏仁核损伤的猴却没有。相反,如果用电击或者局部注射兴奋性氨基酸的方法来刺激中央核,实验动物将表现出害怕不安的生理和行为反应。20 世纪 30 年代末,克吕维(Kluver)和布西(Bucy)发现双侧颞叶切除的患者(杏仁核受损)会表现出克吕维-布西(Kluver-Bucy)综合征的症状:情感淡漠或缺乏情感反应的表现,比如,对以前恐惧或者喜欢的东西不再表现出相应的情绪反应。

杏仁核不仅在恐惧焦虑等情绪反应中有着重要的作用,而且在对恐惧表情的识别中也起到一定的作用。一些研究发现,杏仁核损伤的患者识别面部表情的能力也受到损害,尤其是识别恐惧表情的能力。除此之外,功能性脑成像研究发现,当人们看到恐惧表情的面孔照片时,杏仁核的活动大幅度增加,但是当看到愉快表情的面孔照片时,杏仁核的活动增加幅度很小(甚至降低)。

(三)本能的恐惧与习得性恐惧

本能的恐惧(innate fear),是物种进化和生存过程中最重要和最不可或缺的基本情绪之一,并非由学习获得,而是与生俱来,例如面对大型凶猛动物的恐惧。习得性恐惧(conditioned fear)是指个体在后天的成长中由于环境和他人的影响,发展出对特定事物的恐惧,这种对特定事物的恐惧并非先天就存在,而是习得的。通过恐惧习得的方式,我们可以将习得性恐惧大致分为两类:观察性恐惧(通过同伴或社会传播间接习得)和条件性恐惧(通过直接经验习得)。观察性恐惧是指在自身没有经历相关威胁刺激的情况下觉察同伴的痛苦或者恐惧。尽管相较于其他习得性恐惧,观察性恐惧在动物行为学开展方面具有特定的难度,进展缓慢,但是在小鼠实验中发现,大脑额叶内侧的前扣带回皮质在观察性恐惧学习中扮演着重要的角色,而且通过兴奋性神经通路投射到杏仁核,介导了观察性恐惧学习,这一发现与人类实验研究中的发现一致。条件性恐惧是中性刺激反复与引起厌恶反应的非条件刺激同时出现,个体形成了对中性刺激的恐惧反应。条件性恐惧可能是多种焦虑症的病理性原因,如创伤后应激障碍(post-traumatic stress disorder)。条件性恐惧基于巴甫洛夫条件反应理论,是研究恐惧记忆的获得、存储、提取和消退等过程的经典实验模式。

无论是本能的恐惧还是习得性恐惧,对动物的生存至关重要。动物通过学习习得对危险情景的认识,一旦习得,当下次再遇到类似的情景时,便会害怕。动物的心率和血压增加,肌肉变得紧张,肾上腺分泌去甲肾上腺素,使动物做好应对危险的相应准备(战斗或逃跑)。

拓展阅读

小阿尔伯特实验

著名心理学家约翰·布鲁德斯·华生(1878—1958)通过"小阿尔伯特实验"证明人类的恐惧可以被创造出来。阿尔伯特在8个月零26天的时候被华生选中进行实验,在实验开始前,阿尔伯特进行了一系列基础情感测试,他短时间接触小白鼠、兔子、狗、猴子、有头发和无头发的面具等物品,测试结果显示,阿尔伯特对这些物品均没有表现出任何恐惧感。

两个月后,阿尔伯特再次接受了实验,在这次实验中,华生将小白鼠放到阿尔伯特身边,阿尔伯特被跑动的小白鼠吸引,并伸出手去触碰小白鼠。当阿尔伯特第一次触碰小白鼠时,华生并未阻止他,但当他第二次试图触碰小白鼠时,华生和助手就在他身后用铁锤敲击铁棒,发出刺耳的响声,吓了阿尔伯特一跳,阿尔伯特放弃了触碰小白鼠,并大声哭起来。随后,只要阿尔伯特想去摸小白鼠,华生和助手就会敲击铁棒。重复这样的行为几次之后,阿尔伯特只要一看见小白鼠,就会露出惊恐的表情。

这些结果表明,阿尔伯特已经把小白鼠和巨响联系在了一起,在他幼小的心灵中,小白鼠就代表着巨响,因为对巨响感到恐惧,也就对小白鼠产生了恐惧。华生和助手通过这个实验证明,人类的恐惧是可以被创造出来的。

多项证据表明,阿尔伯特在1922年患上脑积水,1925年夭折时年仅6岁。尽管华生的这项"小阿尔伯特实验"为以后的行为矫正和治疗技术做出了重大贡献,但是华生在有可能知道阿尔伯特患病的情况下仍对其进行实验的行为,使该实验成了心理学史上最为臭名昭著的实验之一。

三、愤怒、攻击

愤怒(anger)情绪与攻击行为(attack behavior)密切相关,人类的攻击行为常常被定义为在愤怒或者仇恨情绪下对他人的伤害行为。而几乎所有的动物都有攻击行为,一个动物会因为各种原因向其他动物发起攻击:获取食物、保卫领地、自我防御等等。攻击行为的一个划分方式是分为掠夺性攻击(predatory aggression)和情感性攻击(affection aggression)。掠夺性攻击包括攻击其他种类的动物作为食物,并不伴随交感神经活性的增加,攻击行为较少伴有发声,通常是直接攻击猎物的头颈部;情感性攻击是为了显示存在而非为了食物而进行的攻击,伴随交感神经活性增加,通常发出威胁性声音,并做出恐吓和防御的姿势。

攻击行为的产生受三个级别的神经控制:① 动物产生攻击或者防御等具体行为

时，肌肉的运动受到位于中脑的导水管周围灰质区和腹侧被盖区的控制；② 导水管周围灰质区和腹侧被盖区的活动又受到下丘脑和杏仁核的控制；③ 下丘脑和杏仁核的活动又接收到大脑皮质的最终指令，特别是受到与探测环境状态（例如周围环境中是否有可以威胁自己生命的其他生物存在）有关的知觉系统的控制。

（一）下丘脑与攻击

下丘脑是与攻击行为有关的一个首要结构。20 世纪 20 年代的实验表示了猫或者狗的大脑半球移去后发生的明显的行为变化：手术前不易动怒的动物在手术之后，稍微一点小的刺激就容易激怒动物（比如在狗的后背轻轻抓一下就会导致其强烈的反应），这种状态我们称之为“假怒”。因为如果在正常动物身上做相同的行为，正常动物不会表现出如此强烈的情绪反应，从另一种意义上来说，在假怒状态中的动物也并没有发起实际的攻击行为。在这场实验中我们可以得出一些信息：下丘脑后部可能对愤怒和攻击十分重要，该作用通常被大脑皮质所抑制。电刺激猫的下丘脑可引起与“假怒”类似的愤怒的行为，当刺激停止时，愤怒行为立即消失，动物回到被刺激前的状态（图 12-4）。

当电刺激猫的下丘脑内侧部时，可以观察到动物产生弓背，发出威胁性声音，口吐白沫等愤怒表现，但通常不会产生真正的攻击行为，类似于情感性攻击；而当电刺激下丘脑外侧部时，动物迅速接近大鼠，直接咬住大鼠颈部，没有明显的发声，不伴随恐吓威胁姿势，类似于掠夺性攻击。由此可知，下丘脑内侧部与情感性攻击有关，而下丘脑外侧部与掠夺性攻击相关。

（二）中脑与攻击

下丘脑通过内侧前脑束和背侧纵束将愤怒或攻击的命令下达到中脑。下丘脑外侧部发出的神经纤维组成内侧前脑束的一部分，投射至腹侧被盖区。刺激腹侧被盖区可发生与刺激下丘脑外侧部类似的掠夺性攻击行为。如果切断内侧前脑束，电刺激下丘脑外侧部将不再引发攻击行为，表明下丘脑外侧部是通过腹侧被盖区产生掠夺性攻击行为。下丘脑内侧部发出的神经纤维组成背侧丛束，投射至导水管周围灰质区，刺激导水管周围灰质区可发生与刺激下丘脑内侧部类似的情感性攻击行为，切断背侧丛束能阻碍情感性攻击的产生。

（三）杏仁核和攻击

杏仁核不仅参与了对恐惧和焦虑情绪的调控，还参与了对攻击行为的调节。电刺激或者损毁杏仁核的亚区可以发现，损毁杏仁核基底外侧核能抑制动物的情感性攻击，电刺激该区域会产生情感性攻击；激活杏仁核内侧核抑制攻击性行为，损毁该区域将显著增强动物掠夺性攻击行为。总之，杏仁核一方面通过内侧核发出纤维至下丘脑外侧部，抑制掠夺性攻击；另一方面通过基底外侧核发出纤维至下丘脑内侧部增强情感性攻击（图 12-4）。

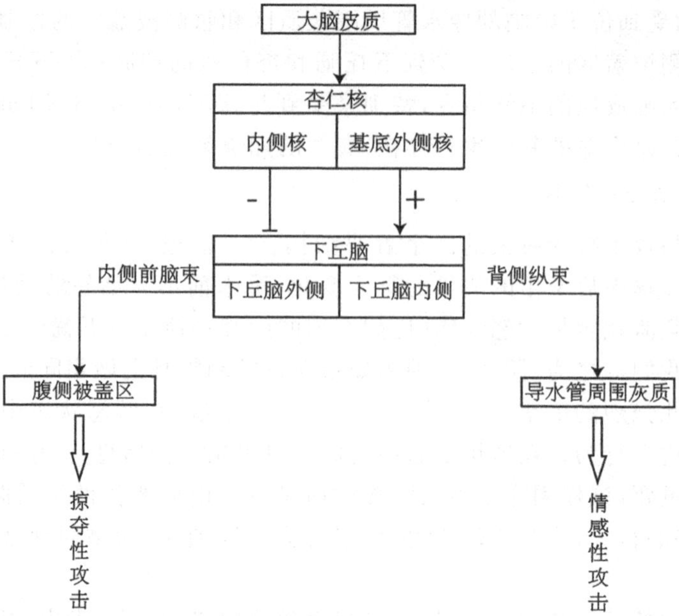

图 12-4 **攻击的神经环路**

(四)前额叶皮质和攻击

前额叶皮质是调节攻击行为的高级中枢,对下丘脑及中脑产生的攻击行为有最终的调控作用。对于前额叶皮质健全的人来讲,挫败可能会引起强烈的情绪冲动,但会努力克制这种冲动,使心情平静下来。而前额叶皮质受伤的患者似乎不能正常地控制情绪反应,有可能产生冲动型暴力行为。

1848 年 9 月 13 日,一个名叫盖吉的铁路工人,在美国佛蒙特州施工时,不幸在一次爆炸事故中被一根铁棍击穿头颅。幸运的是,他活了下来。但是原先那个严谨、谦虚和勤奋的盖吉消失了,取而代之的是一个毫无恒心、胡言乱语、攻击性很强的酒鬼。在当时,没有任何心理学的测试结果能告诉我们盖吉先生的认知能力出现了什么问题,但是很明显,他性格方面的变化远比智力上的大。虽然盖吉死后并没有对其进行尸检,但是 1994 年,采用现代成像技术对盖吉的头颅损伤部位进行了检测,发现铁棍严重地损坏了两个半球的前额叶(图 12-5),也正是这些损伤使得盖吉产生没完没了的强烈的情绪宣泄,像一个病态的儿童。

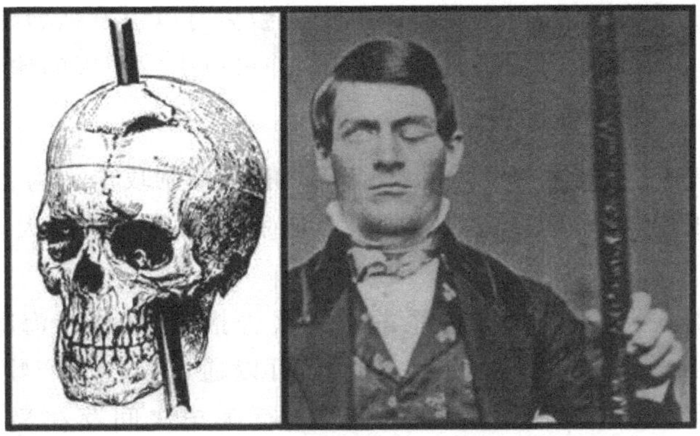

图 12-5　**盖吉先生受伤的情况**[**摘自** Mark F. Bear, *Neuroscience: Exploring the Brain* (4*th* *edition*), Alphen aan den Rijn: Wolters Kluwer **公司**]

神经成像研究表明,大脑前额叶皮质(prefrontal codex,PFC)可以分为三大区域:① 眶额皮质(orbitofrontal codex,OFC):大细胞性的背内侧核的中间部位,即前额皮质的腹侧表面,正是盖吉先生在事故中受损的脑区;② 小细胞性的背内侧核的侧面,即前额皮质的背外侧,此区域接收来自顶叶皮质的信号,并负责如短时空间记忆操作的功能;③ 背内侧的部分薄层区域,即处于弓形回间沟背侧的额叶眼动区(frontal eye fields)。

对脑损伤患者进行研究发现,眶额皮质受损的患者比正常人体验到更多的愤怒情绪,而且与正常人相比,他们更少地体验到幸福情绪。贝尔托(Berthoz)等人发现当人尴尬时会激活眶额皮质侧部。卡米尔(Camille)等人通过赌博实验发现眶额皮质受损患者难以像正常人一样体会到后悔的情绪,这表明他们并不具有能够感知并体验那些左右决策的高级情绪的能力。安德森(Anderson)等人获取了腹内侧前额叶皮质受伤患者的情绪行为分数,以及患者在现实生活中的实际能力评分。他们发现,情绪失调和实际能力的损伤显著相关,但是这些损伤和患者的认知能力无关。这些结果强烈表明,是情绪问题而非认知问题导致了腹内侧前额叶皮质受伤的患者在实际生活中的困难。莫雷托(Moretto)等人发现,在面临个人道德困境(例如为了拯救一整船的人,是否会将一个受伤的人推下船)时,没有脑损伤的被试在思考是否推人下船时,表现出不悦的情绪反应,他们也表示不愿意推人下船。但是腹内侧前额叶皮质受伤的患者却没有这样的情绪体验,他们表示愿意推。

一系列的研究表明,眶额皮质不仅仅与消极情绪有关,还参与了对愉悦情绪的调节。愉悦情绪是积极情绪的一种,尼茨克(Nitschke)等报道了眶额皮质和母爱的关系,实验结果表明,当母亲看到自己的孩子,而非其他孩子的照片时,双侧眶额皮质有更加明显的激活。罗尔斯(Rolls)等人通过气味识别实验发现感知到愉悦或不愉悦两种气味刺激物时,眶额皮质都会被激活,但是感知到愉悦气味时,该脑区的激活偏向外侧,而感知到不愉悦气味时,该脑区的激活偏向内侧。多赫里(Dohery)等发现漂亮的面孔会引起眶额皮质的激活，再次说明眶额皮质激活可以引发强烈的愉悦情绪。综上所述，眶额皮质的激活对负性情绪有抑制作用，并可以引发积极的愉悦情绪。

（五）5-羟色胺和攻击

有研究表明，5-羟色胺能神经元的活动有可能会抑制攻击行为。5-羟色胺能神经元胞体位于脑干的中缝核群，广泛投射到下丘脑和边缘系统的广大区域，参与情绪的调节与控制。

一项关于人类5-羟色胺/攻击关系的研究报告指出，在成年海军新兵中，脑脊液中5-羟色胺的代谢物5-羟吲哚乙酸（5-HIAA，可以通过该代谢产物的水平推断脑内5-羟色胺能神经元的激活程度）的含量与攻击行为史之间存在显著的负相关。此外，有自杀未遂史的新兵与没有自杀史的新兵相比，具有较高的攻击性行为和较低的5-HIAA含量。脑脊液中5-HIAA含量与攻击行为之间的这种相关性在随后的边缘性人格障碍男性样本中得到了验证。一些冲动性暴力罪犯的研究也报告了攻击行为人群脑脊液中具有较低的5-HIAA含量。但并非所有的研究都得出了具有相关性的研究，比如西门（Simeon）在具有自残历史的人格障碍个体样本中发现5-羟色胺功能的几个指标与攻击性或冲动性行为之间没有关系。

研究表明，使用选择性5-羟色胺再摄取抑制剂（例如氟西汀）治疗可以降低具有攻击行为史的人类受试者的冲动性攻击行为。多项随机、双盲、对照实验表明，选择性5-羟色胺再摄取抑制剂可以显著降低非双相性、非精神分裂症性攻击行为患者的冲动性攻击行为。尽管该治疗仅可以使不到三分之一的受试者完全缓解冲动性攻击行为，但近50%的患者可以完全缓解或部分缓解。

复习巩固

1.请问什么是巴贝兹环？它有什么功能？
2.请比较掠夺性攻击和情感性攻击行为的神经环路。

本章知识小结

1.情绪是指伴随着主观认知和意识过程产生的对外界事物态度的体验，是人脑对客观外界事物与主体需求之间关系的反应，是以个体需要为中介的一种心理活动。

2.情绪可以被分类为与生俱来的基本情绪和后天学习到的复杂情绪。基本情绪和原始人类的生存息息相关，而复杂情绪必须经过个体之间的相互交流才能习得，因此每个人所拥有复杂情绪的数量和对情绪的定义都不一样。

3.在詹姆斯-兰格理论中，个体先是对刺激产生生理反应，然后再产生情绪体验；在坎农-巴德理论中，首先有情绪体验然后才出现相应的生理反应。

4.边缘叶主要由扣带回、海马旁回、海马结构、穹隆等结构组成。边缘叶与隔区、杏仁核、背侧丘脑、上丘脑、下丘脑、中脑导水管周围灰质区、中脑被盖之间有密切的纤维联系，在功能上形成一个整体，称为边缘系统。

5.扣带回→海马→穹隆→乳头体→丘脑前核的纤维联络被称为巴贝兹环。在巴贝兹环中，新皮质使情绪"色彩化"，扣带回控制情绪的体验，下丘脑控制着情绪的行为表达，而下丘脑和新皮质的位置使得它们可以相互影响，因此将情绪的表达和体验联系了起来。在此环中，扣带回通过穹隆和海马影响下丘脑，而下丘脑通过丘脑前部影响扣带回。

6.杏仁核中央核在由厌恶刺激诱发的情绪反应中起重要作用，向实验动物呈现危险刺激时，中央核会激活。如果中央核被损毁或者说提供感觉信息给中央核的脑区受损将导致大量情绪行为和其生理反应的减弱或者消失。

7.恐惧分为本能的恐惧和习得性恐惧。本能的恐惧是物种进化和生存过程中最重要和最不可或缺的基本情绪之一，并非由学习获得，而是与生俱来。

8.愤怒情绪与攻击行为密切相关，人类的攻击行为常常被定义为在愤怒或者仇恨情绪下对他人的伤害性行为。攻击行为可划分为掠夺性攻击和情感性攻击。掠夺性攻击包括攻击其他种类的动物作为食物，并不伴有交感神经活动性的增加；情感性攻击是为了显示存在而非为了食物而攻击，伴随交感神经活动性增加。

关键术语表

情绪	emotion
詹姆斯-兰格理论	James-Lange theory
坎农-巴德理论	Cannon-Bard theory
巴贝兹环	Papez circuit
恐惧	fear
本能恐惧	innate fear
条件性恐惧	conditioned fear
愤怒	anger

复习思考题

单项选择题

1.下列哪个部位不属于边缘系统？（　　）

A.颞叶内侧的结构　B.丘脑内侧核团　C.额叶的腹内侧部分　D.中脑腹侧被盖区

2.下列哪项与习得性恐惧有关？（　　）

A.老鼠怕猫　B.恐高　C.一朝被蛇咬，十年怕井绳　D.幽闭恐惧

3.下列哪项不是杏仁核损伤的人或动物的表现？（　　）

A.动物将表现得更为温顺，不再有恐惧的表现

B.血液中的应激激素水平降低

C.患者识别面部表情的能力受到损害

D.损毁杏仁核基底外侧核能使动物产生情感性攻击

4.以下哪项关于下丘脑与攻击的论述正确？（　　）

A.下丘脑前部可能对愤怒和攻击十分重要

B.电刺激猫的下丘脑内侧部会产生类似于捕食性攻击

C.下丘脑产生攻击行为的功能被大脑皮质抑制

D.下丘脑内侧部发出的神经纤维组成内侧前脑束的一部分

5.下列哪项是正确的巴贝兹环？（　　）

A.扣带回→海马→穹隆→乳头体→丘脑前核

B.扣带回→前额叶→内嗅皮质→乳头体→丘脑前核

C.扣带回→海马→穹隆→中脑→丘脑前核

D.扣带回→前额叶→内嗅皮质→中脑→丘脑前核

第十三章　动机行为的生物基础

当血糖含量下降时，我们会感觉到饥饿，这种饥饿感会形成一个进食的需求，促使机体形成一种紧张的内驱力，促使我们去寻找食物。这是一个由需求到行为的过程，该过程涉及几个基本的概念：需求、内驱力、诱因、本能等。当机体内部生理或者心理上出现某种缺乏或不平衡状态时，需求就随之产生，而需求则是内驱力的基础。人类或动物在生存进化的过程中，不断地产生需求，促进机体不断地通过行为满足需求，如寻找食物、水源、舒适的居住场所，保持相对稳定的体温，进行正常的新陈代谢，通过求偶、交配等行为以延续种族，这些维持个体生存和种族延续的行为则是本能行为。除了本能行为外，引起生物动机行为的外部刺激则称之为诱因。需求、本能和内驱力存在于生物的内部，当其与存在于生物外部的诱因相结合，会产生具有明确指向性的动机行为。本章主要介绍动机行为的基本理论及摄食行为的生物基础。

第一节 动机的概述

动机(motivation)是激发和维持个体进行活动，并且导致该活动朝某一方向进展的心理倾向或者动力。动机可能被意识到，也有可能意识不到。

一、动机的理论

心理学和神经科学对动机的产生有多种经典理论进行解释。

(一)本能理论

本能理论是最早出现的行为动机理论。本能理论认为人的行为主要是受人体内在的生物模式驱动，而不受理性支配。最早提出本能概念的是生物进化论的创始人达尔文(Darwin)，而对此进行深入阐释的则是麦独孤(McDougall)、詹姆斯(James)和弗洛伊德(Freud)。麦独孤系统地提出了动机的本能理论，该理论的基本观点是人类的所有行为都是以本能为基础，本能是人类一切思想和行为的基本源泉和动力，本能主要由能量、行为和目标指向三个成分构成，个人和民族的性格以及意志也是由本能逐渐发展而形成的。詹姆斯认为，本能是无须经过教育学习就能自发完成的动作行为。他把饥饿、性等本能概念称为生物本能，把模仿、母性、同情等称为社会本能。他认为，人的本能决定社会生活方式。弗洛伊德认为，人有两大本能：生的本能(life instinct)和死的本能(death instinct)。他将生的本能称为力比多(libido)，并以此概括一系列的动机行为和现象(像饮食、性等个人所从事的任何愉快的活动)。同时，他又将死的本能称为塔纳托斯(Thanatos，希腊神话中的死神)，像仇恨、自杀等都是死的本能。这两种本能在现实生活中都不能得到自由发展，一般情况下处于被压抑的状态，从而进入潜意识领域，并在潜意识中共存，继而影响我们的行动。弗洛伊德认为人的每一种动机都是潜意识中生的本能和死的本能的混合物，同样，他将心理比作冰山，露在水面的小部分是意识，而在水面下方的绝大部分为潜意识。因此，想要探究人类行为背后隐含的动机，仅仅分析意识层面是不充分的，于是弗洛伊德还采用自由联想、释梦等方式来解释潜意识层面的动机过程。弗洛伊德认为人类最基本的动机是处于潜意识的，人们能有意识地压抑自己的本能冲动(比如性冲动)，但不能完全地加以控制，也不能消除该冲动，常常以梦、口误等方式表现出来，或者以其他文饰方式显现出来。

但是本能论过分强调先天和生物因素，忽略了后天的学习和理性因素。实际上，本能在人类的动机行为尤其是社会动机行为中并没有起主要作用。虽然本能在自然动机中发挥了主导作用，是自然动机的源泉，但是由于自然动机不具有重要的社会意义，而且在现实生活中，纯粹的自然动机几乎不可能独立存在，它或多或少受到社会因素的影响或社会动机的调节。所以，本能论只能从理论上对自然动机进行解释，而不具有重要的社会意义。例如，就餐行为不纯粹是一种本能行为，人们一般是定时定点就餐，而非饿了才吃。在很多情况下，就餐行为并不是因为躯体的饥饿感引起。因此，我们说本能论者没有把握住人类行为的社会本质，用本能这种不具有重要社会意义的动机来解释人类广泛的复杂的社会行为，必然会犯生物决定论的错误。

（二）期望理论

认知学派的动机理论认为，人类的动机行为是以一系列的预期、判断、抉择，并朝向目标的认知为基础。其早期代表人物是托尔曼（Tolman）和勒温（Lewin）。托尔曼通过动物实验提出行为的目的性，即行为的动机是希望得到某些喜欢的东西或想要避开某些厌恶的刺激。勒温则将生活空间所具有的吸引或排斥的动力性质称为效价，其中效价分为正效价和负效价，这些就是期望理论（expectancy theory）的基础。著名心理学家和行为科学家维克托·弗罗姆（Victor H. Vroom）在充分研究了激励过程中的各种变量因素，并且具体分析了激励力量的大小和各因素之间的关系后，于1964年在《工作与激励》中提出了期望理论。他认为，期望理论必须解决动机的两个问题：期望什么（实现目的的可能性有多大）和目的价值如何。于是，弗罗姆提出了三个名词来解释人类的动机行为：效价（valence）、期望（expectancy）和驱动力（force），他认为个人想要进行某种行为的驱动力量取决于期望与效价的合力，用公式表示为：驱动力＝期望×效价。在这个公式中，驱动力指调动个人积极性，激发人内部潜力的强度；期望是根据个人的经验在判断达到特定结果的可能性时的主观认知，而不是客观实在；效价则是指个人对所能达到的目标的爱好强度。

（三）动机产生的生物机制——中脑多巴胺能系统控制动机行为

许多研究实验已经表明中脑腹侧被盖区的多巴胺能神经元有激活动机行为的作用，中脑-边缘系统环路（主要是指从腹侧被盖区-伏隔核的多巴胺能神经投射）通常被认为是动机行为的最后通路，中脑边缘系统通过外界刺激引起的正强化（奖赏）促进动机行为，几乎所有的动机行为、成瘾行为都绕不开中脑-边缘系统环路。

(1)当出现自然强化物时（如糖水），中脑边缘系统神经元会被激活。

(2)当用6-羟基多巴胺（多巴胺能神经元特异性毁损药物）毁损中脑-边缘系统环路，可以破坏动机行为，包括减少了饥饿大鼠在给予食物时所表现的进食欲望，以及降低了对雌性大鼠的诱惑性行为。

(3)伏隔核局部（中脑腹侧被盖区多巴胺能神经投射部位）注射苯丙胺（非选择性多巴胺受体激动剂）时，能增加动机行为，表明强化多巴胺突触传递可以增加刺激的正向强化程度。

(4)将刺激电极固定于含有中脑-边缘神经环路经过的内侧前脑束，并且让大鼠学会在按压杠杆时能获得微小的电刺激，从而刺激其自身的内侧前脑束，这种实验手段被称为颅内自身刺激（intercranial self-stimulation，ICSS）。实验发现让被剥夺食物的大鼠选择给予食物或者ICSS，动物通常会选择ICSS，这表明ICSS是非常强有力的强化刺激。许多脑区都可以承受高频率的ICSS，它们中绝大部分是儿茶酚胺能神经元（主要是多巴胺能神经元）存在的部位。

所有的这些发现都表明，中脑-边缘系统构成了脑内的动机系统，它能就食物或饮水等刺激发出正强化的信号，从而激活相应的动机行为。

二、动机的分类

人的动机是多种多样的，并且可以从多方面进行分类。根据引起动机的原因可以将动机分为外部动机（extrinsic motivation）和内部动机（intrinsic motivation）。外部动机指行为动机是由外部力量和外部环境（即诱因）激发而来的动机，是追求行为之外的某种目标。例如，马戏团里的驯兽师通过给动物提供可口的食物激发它们表演各种高难度动作。内部动机则是指行为动机出自本人意愿并且行为本身就能满足行为人的需要。例如，有的学生的学习动机是由学习者自发产生的，即学习这项行为本身就是学习者所追求的目的。内部动机虽然相比外部动机更为持久和稳定，但是个体与生俱来的兴趣有限，大部分态度、价值观和行为都是通过后天习得和培养而成，是一种内化（internalization）的过程。动机也是如此，对于某些缺乏内在兴趣的行为来说，通常需要利用外部刺激给予强化，随后再逐渐培养个体对行为本身的兴趣和对行为的控制力，最终通过内部力量操纵行为，完成动机的内化过程。也就是说，外部动机可以转换为内部动机，即个体在外部刺激结束后，仍然会继续实施这些行为，因为个体在行为中感受到了自我的价值和行为的意义。

人的复杂活动一般不会只受单一动机的影响，而是由整个动机系统推动。各个动机对活动的驱动作用存在差异，其中有的起主导作用，对其他动机具有支配作用，这种动机称为主导动机（dominant motivation）。另一些是辅助性的动机，则称为次要动机（subordinate motivation）。在人的一生当中，活动的主导动机并非一成不变，随着人的发展成长，其主导动机也在不断地发展和变化。例如，同样是工作，刚开始工作的青年职员的动机可能仅仅是当一个合格员工，在逐渐熟悉工作之后，工作的动机可能就变成了升职加薪，现实自我的价值。

根据动机的起源，还可以将动机分为生物性动机和社会性动机。生物性动机（biological motivation）是保存并维持有机体生命和延续种族的动机，如饮食、睡眠、排泄、求偶等。社会性动机（social motivation）指与人类社会生活相关的动机，如劳动、学习、交往等。社会性动机源于各式各样的社会要求，当个体意识到这些社会要求的必要性时，社会的需求就可能转换为个人的社会性动机。

母爱行为

母爱行为是产后母亲对幼子的一系列关爱行为，它在分娩后迅速出现并稳定地遗传给雌性后代。母爱行为是一种特殊的动机行为，一方面母爱行为作为一种规律性的本能行为，具有明显的生物学特征，产妇在分娩之后自然而然地表现出强烈的母爱动机，其行为体现为对幼子的关爱和保护，对潜在威胁的攻击性大大提高，推测可能与分娩时的激素分泌有关；另一方面，母爱行为又可以被看作一种社会动机行为，受到社会文化、心理、认知的影响，母子分离会造成母亲强烈的焦虑情绪。良好的母爱行为不仅可以促进子代正常的生长发育、提高幼子的存活率，还对种族的繁衍和发展有重要的意义。

母爱水平代表着幼子生活中最直接的外在信号并进一步影响幼子对外界刺激的适应性调节。早期在安全稳定的环境中成长特别是接受良好的母爱行为，是促进个体生理和心理健康发展并减少其成年后心理异常的关键因素。相反，异常的母爱行为，如母爱剥夺、持续的母婴分离或母亲缺乏照顾幼子所需的基本能力（如母亲患有严重的生理或精神疾病），都会在一定程度上影响婴儿正常的生理和心理发育。

三、动机的功能

动机在机体的行为活动中，发挥以下三种功能：激活功能、指向功能与维持和调节功能。激活功能表示动机能激发个体产生某种活动。有动机的个体对某些刺激（尤其是那些与动机相关的刺激）反应特别敏感，易激发。例如，饥饿的个体对食物相关的刺激特别敏感，容易激发觅食活动。指向功能表示动机使个体的活动指向特定的目标或对象。例如，在学习动机的支配下，学生的活动指向与学习有关的目标——书本、课堂等。维持和调节功能表示当个体产生某种活动后，动机可以维持针对特定目标的活动，并调节活动的强度和持续时间。若达到目标，动机会促使个体终止该活动；如若没有达到目标，动机将驱使个体维持和加强这种活动，或转变活动方向以达到目标。

四、动机强度与工作效率

完成某个任务的动机强度会影响工作效率，两者之间密不可分。并非动机愈强，工作效率就愈高。如果个体动机低，对工作采取不作为，自然工作效率低下；但是，当个体的动机过强，处于高度紧张状态，反而会限制个体的正常活动从而降低工作效率。

心理学家耶克斯(Yerkes)与多德森(Dodson)通过动物实验归纳出耶克斯-多德森定律。该定律可以用来解释心理压力、工作难度与工作绩效三者之间的关系:动机强度与工作效率之间的关系不是一种线性关系,动机的最适强度由任务的难度决定,即在简单任务中,动机越强,工作效率越高;而在难度较大的任务中,动机与工作效率的关系呈倒U形曲线,适中的动机水平反而有利于任务的完成。

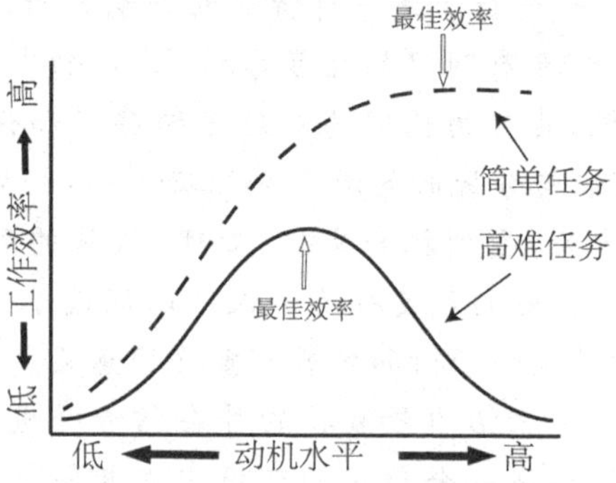

图 13-1　耶克斯-多德森定律

复习巩固

1.请简述外部动机与内部动机的关系。
2.请简述工作效率与动机的关系。

第二节　摄食行为的生物基础

饥饿的时候进食,脱水的时候饮水,这些都是由躯体运动系统发起的动机行为,而且这些动机行为是由下丘脑神经元的激活或抑制所调控。为了更好地探索以及了解这类动机行为的神经基础,在本节内容中我们将重点集中介绍由进食动机引发的摄食行为。

一、摄食行为调控的假说

(一)能量平衡假说

个体摄取的食物被消化吸收后产生葡萄糖、氨基酸与脂肪酸等营养物质为个体提供能量。通常认为,个体的饥饿是因为能量不足,然后驱动摄食行为以获取能量,在恢复至最佳能量设定点(set point)后停止进食。之后个体在活动中又不断消耗能量,当能量不足后，又开始摄食行为，如此循环，因能量设定点调节摄食行为，维持个体的内稳态(homeostasis)，该机制被称为能量平衡假说(energy balance hypothesis)。因为葡萄糖是个体最主要的能源物质，且大脑的神经细胞只能分解葡萄糖而非氨基酸或脂肪酸来获取能量，所以体内最主要的平衡调节机制是糖平衡机制。食物分解后产生的能量大多数用来维持个体的基本生命活动，少数用于探索环境、获取食物等行为活动。当能量有剩余的时候，血液中的葡萄糖会转化为糖原并储存在肝脏与骨骼肌内；能量长期过剩时，一些糖原转化为脂肪并存储，以备能量的缺乏。当能量的存储和消耗的速率相当时，机体将达到适当的平衡。但是当能量的摄入与存储持续超过能量消耗，体脂量就会增加，脂肪堆积(adiposity)，最终导致肥胖(obesity)；当能量的摄入长期不能满足机体的需求时，脂肪消耗，最后导致消瘦(starvation)(图 13-2)。

图 13-2　能量平衡与体脂状态

能量平衡假说认为，短时期的摄食行为的开始和结束取决于体内葡萄糖含量设定点，而长期的摄食策略则取决于体内脂肪含量设定点，以维持能量平衡和体重的相对稳定。

(二)恒脂假说

人体的脂肪似乎总是处在一个恒定的状态，比如通过节食减肥的人群，在饮食恢复正常之后通常体重又会回到从前。严格控制热量的摄入可以使得大鼠的体脂下降，但是只要让大鼠恢复自由进食，它就会过量摄入食物，直到完全恢复原来的体脂水平(图 13-3)。反之亦然，对那些被强迫进食以至于体脂上升的大鼠，一旦它们有了自己调节摄入的自由，就会减少摄入量以恢复至原来的体脂水平。大鼠的这种行为并非毫无用处，而是一种维持能量自稳态的机制，这种大脑检测体脂量并且对抗体脂紊乱的机制被英国科学家肯尼迪首次提出，并将其命名为恒脂假说(lipostatic hypothesis)。

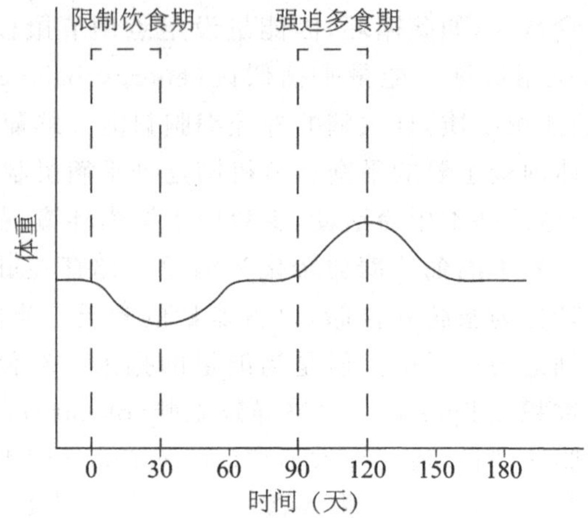

图 13-3　调控摄入量与体脂的变化

二、摄食行为的中枢调节机制

（一）瘦素和神经肽 Y

1.瘦素

关于摄食行为的长期调节，一直以来研究者推测有某种脂肪监测的机制，机体正是通过监测脂肪量来完成这一过程。真实的机制通过动物实验偶然被发现，实验发现有一个品系的小鼠总是肥胖（如图 13-4），该类小鼠缺乏表达瘦素（leptin）的基因（即 *ob* 基因）。瘦素是脂肪细胞合成分泌的一种蛋白质类激素，仅存于脊椎动物中。就正常机体而言，脂肪细胞可以释放瘦素，并且脂肪细胞越多，释放的瘦素也就越多，但是瘦素基因缺乏的动物无法产生瘦素，从而导致肥胖。瘦素对脂肪及体重有重要的调节功能。

（1）影响脂肪代谢。抑制脂肪合成代谢，促进脂肪分解代谢。

（2）抑制食欲。减少体重和体脂量。

（3）增加能量消耗。增加交感神经活性，促进能量动员，使存储的能量转化为热量释放。

因此，瘦素基因的缺失将会导致人或动物的肥胖。人类的瘦素基因突变会引起一种罕见的早发性肥胖，这些患者持续感到饥饿，无法控制地进食，体重远高于正常人。值得注意的是，体外补充瘦素并不适用于大部分肥胖患者，因为血液中的瘦素含量通常与肥胖程度成正比，大部分肥胖患者并不是不能产生瘦素，而是无法对瘦素做出正常反应。

图 13-4　**瘦素基因缺乏的小鼠［摘自** Mark F. Bear,《Neuroscience: Exploring the Brain》(4th edition), Alphen aan den Rijn: Wolters Kluwer **公司］**

注：两个瘦素基因(*ob* 基因)缺乏的小鼠(*ob* 小鼠)。但左侧动物未注射瘦素，右侧动物每日注射瘦素，该实验表明，每日给 *ob* 小鼠体外补充瘦素可以减少食物摄取和增加能量消耗。

2.神经肽 Y

神经肽 Y(NPY)是一种由 36 个氨基酸残基构成的多肽，属胰多肽家族，广泛分布于中枢和周围神经系统，其主要功能是刺激进食。弓状核饥饿敏感性神经元释放到室旁核的神经肽 Y，阻断室旁核的饱足作用，减少其对摄入量的限制，甚至在某些情况下可以引起极端的过度进食。可见，神经肽 Y 的促食作用是通过与室旁核中神经肽 Y 受体结合，导致交感神经抑制，副交感神经兴奋，从而增强食欲和摄食行为，促进消化功能。

(二)下丘脑对摄食行为的调控

早期的损毁、刺激、电生理结合行为学实验观察发现，激活下丘脑的不同部位可引发或抑制摄食行为。这些实验表明摄食行为调控中枢是在下丘脑。随着技术的高速发展，神经纤维示踪、免疫组化以及酶与递质测定技术的运用，发现在调节摄食和饱足的神经过程中有许多神经内分泌活性因子参与，如瘦素(leptin)、神经肽 Y(NPY)等。并且认识到食物摄取的意义不仅仅是解决一顿饥饱的短期效应，还涉及调控能量平衡的长期效应。下丘脑对摄食行为的调节主要是长期摄食行为的调节。根据这些研究的成果和理论观念的变化，形成了当前一个较为完整的长期摄食行为调节网络环路，该网络环路以下丘脑为中心。下丘脑调节摄食行为的主要脑区如下。

1.外侧下丘脑

外侧下丘脑(lateral hypothalamus, LH)中包含大量的神经元群和由此通过的轴突。外侧下丘脑控制胰岛素的分泌，调节对味觉的反应性，调控摄食行为。刺激该区域可以促进摄食和觅食行为，损毁则会使动物拒绝食物和水，除非强饲，否则动物将会饿死。但若使其存活，它能逐渐恢复大部分的摄食行为，尽管依然无法达到正常动物的行为水平。

外侧下丘脑可以通过以下几条通路促进摄食行为。

(1)从外侧下丘脑至延髓孤束核的轴突(味觉通路的组成部分),可以改变味觉及对各种味道的唾液反应。即当外侧下丘脑接收到饥饿信号时会输出信息使食物尝起来的味道更好。

(2)从外侧下丘脑延伸至大脑皮质其他脑区的轴突可以促进摄入和吞咽,并使得皮质细胞增加对食物的色、香、味的反应性。

(3)外侧下丘脑的神经元可延伸至脊髓,调控自主反应,如消化液的分泌。

(4)外侧下丘脑促使垂体前叶分泌更多的促胰岛素分泌的激素。

2.腹内侧下丘脑

腹内侧下丘脑(ventromedial hypothalamus, VMH),或称腹内侧核(ventromedial,VMN),可衡量摄入量并在饱食后抑制进食,损毁该区域会使得进食频率增加、体重增加、胰岛素水平升高。

在19世纪40年代,神经科学家们发现以腹内侧下丘脑为中心的大面积损伤可导致过度摄食和体重增加。该区域患肿瘤的患者每个月的体重增长超过10 kg,类似损伤的大鼠有时会增长2~3倍的体重,最终体重会达到一个相对稳定但很高的水平,总的摄食量减少至接近正常的水平(图13-5)。

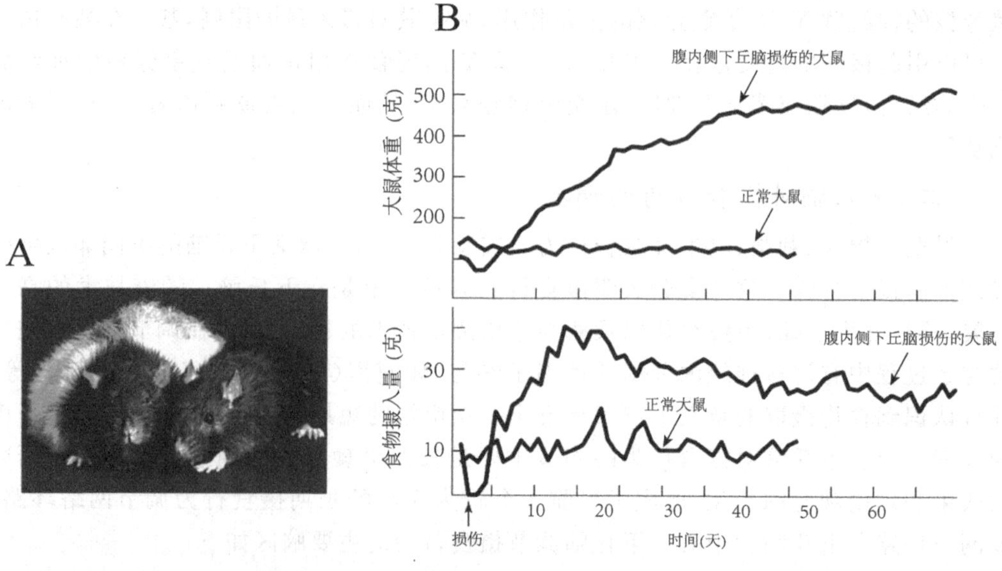

图13-5 腹内侧下丘脑损伤的表现 A.**左侧是腹内侧下丘脑损伤的大鼠;右侧是正常大鼠;**B.**损伤腹内侧下丘脑的大鼠在体重和进食量上的变化。**[**摘自** Mark F. Bear, *Neuroscience: Exploring the Brain* (4th *edition*), Alphen aan den Rijn: Wolters Kluwer **公司**]

虽然这些症状被称为腹内侧下丘脑综合征(VMH syndrome),但是需要注意的是，如果只是局限于腹内侧下丘脑的损伤并不一定会出现进食和体重的增加，如果要产生明显的效应，损伤必须从腹内侧下丘脑扩展至周围的轴突，尤其是去甲肾上腺素能神经元腹侧束。

总之，由于外侧下丘脑和腹内侧下丘脑在摄食行为中的调控作用，这两个脑区曾一度被人们称作"饥饿中枢"和"饱食中枢"。在后续的研究中又发现，在静脉注射葡萄糖后，"饱食中枢"的相关神经元的放电频率显著增加，而"饥饿中枢"神经元的放电频率则有略微降低的迹象。这个现象表明外侧下丘脑和腹内侧下丘脑中存在对葡萄糖浓度变化敏感的神经元。在摄食行为的开始和终止过程中，外侧下丘脑和腹内侧下丘脑两个脑区相互协同，发挥平衡作用，该调控机制被称为"双中心调控假说"。

3.弓状核

随着研究的深入，人们发现之前提出的摄食行为开始与结束的双中枢假说过于简单，需要对摄食行为的中枢机制进行修正。后来研究人员发现位于下丘脑的弓状核(arcuate nucleus，ARC)也是调节摄食行为的重要脑区之一，是整合摄食的重要区域。弓状核位于下丘脑底部第三脑室两侧，不仅含有多种神经元，而且与下丘脑其他核团之间有密切的神经联系。弓状核中存在两种功能相反的肽能神经元：前阿片肽黑素细胞皮质激素(pro-opiomelanocortin，POMC)神经元和神经肽 Y 与刺豚鼠相关肽(neuropeptide Y/ agouti-related peptide，NPY/ AgRP)神经元。激活 POMC 神经元可发出厌食信号，增强机体的代谢率。激活 NPY/ AgRP 神经元增加摄食量，NPY/ AgRP 会发出增食信号，并减少机体的代谢率，这两类神经元间相互协同，共同调控摄食行为。

POMC 神经元因表达前阿片肽黑素细胞皮质激素(POMC)而得名，POMC 是合成多种蛋白的前体蛋白，如可以降低食欲的 α-促黑素细胞激素(α-melanocyte-stimulating hormone，α-MSH)，α-MSH 与受体(黑皮质素-4 受体，melanocortin-4 receptor，MC4R)结合会抑制食欲，降低食物摄取，MC4R 的突变是导致人类肥胖症的最重要的单一遗传因素，是超过 5%严重肥胖症患者的病因。瘦素受体在 POMC 神经元大量表达，瘦素可直接作用于 POMC 神经元，促进 POMC 神经元的活性。在 POMC 神经元中特异性地敲除瘦素受体，会造成动物体重增加，说明 POMC 神经元所表达的瘦素受体是瘦素降低体重的关键。

胃在食物剥夺期(饥饿状态)会释放脑肠肽(ghrelin)，它不仅会刺激胃部活动使其收缩，且可以作用于弓状核，激活 NPY/ AgRP 神经元增加摄食量。在进食后，血糖浓度升高，胰岛素释放增加，且小肠内分泌 YY 肽(peptide YY)，会抑制 NPY/ AgRP 神经元的活动，减少摄入量，最终停止进食行为，参与摄食行为的短期调节。

当机体长期进食过多，机体能量过剩时，脂肪细胞释放瘦素，弓状核的 POMC 神经元被高浓度的瘦素激活，可以通过激活下丘脑室旁核刺激垂体前叶，使促甲状腺激素(thyroid-stimulating hormone，TSH)和促肾上腺皮质激素(adrenocorticotrophic hormone，ACTH）分泌增加，并且可以提高交感神经活性，从而提高全身的代谢率，并通过抑制外侧下丘脑（饥饿中枢）抑制摄食行为（图 13-6）。而当机体长期进食过少，机体能量不足时，脂肪细胞释放的瘦素量减少，弓状核内 NPY/AgRP 神经元被激活，NPY/AgRP 神经元继而激活下丘脑外侧区（饥饿中枢）促进摄食行为，并且可以抑制下丘脑室旁核，从而抑制垂体前叶，降低甲状腺激素（thyroid-stimulating hormone，TSH）和促肾上腺皮质激素（adrenocorticotrophic hormone，ACTH）的分泌，抑制交感神经活性和全身的代谢率（图 13-6）。

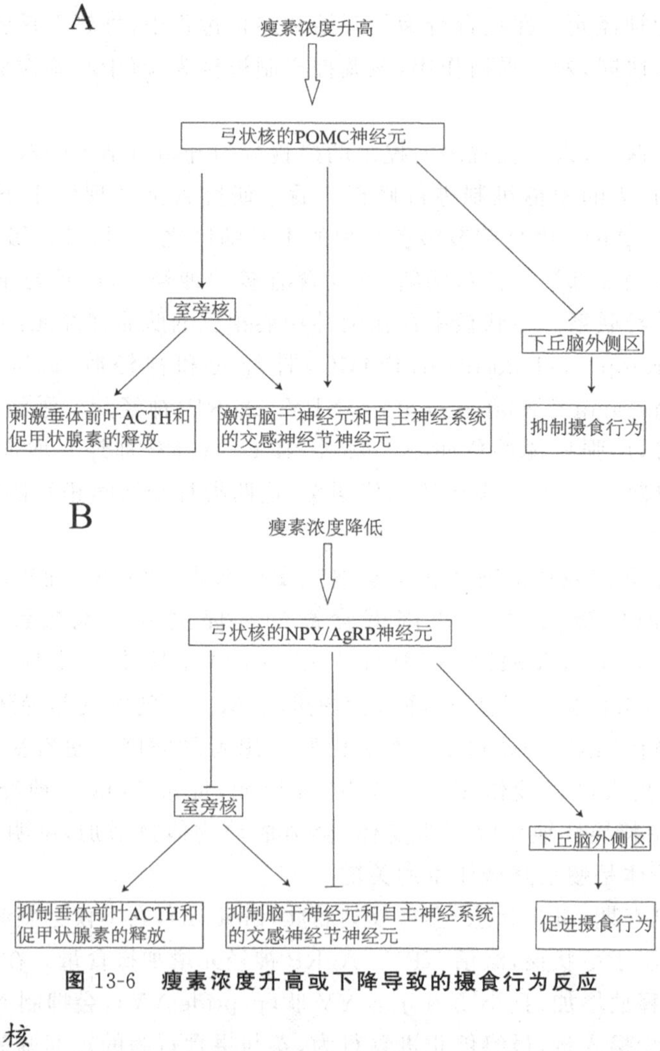

图 13-6　瘦素浓度升高或下降导致的摄食行为反应

（三）孤束核

孤束核（nucleus of solitary tract，NST）位于迷走神经背核的附近，是面神经、迷走神经和舌咽神经的感觉核，可以调控味觉。孤束核与迷走神经背核内的神经元通过中间神经元相连，以此控制消化系统的迷走-迷走反射途径，也是调控摄食行为的一个重要脑区。孤束核对摄食行为的调控非常复杂，目前尚未完全清楚，但仍取得了一些新的研究进展。比如，特异性激活孤束核的5-羟色胺2C受体可以抑制动物的摄食动机行为；激活孤束核的GLP-1受体也可以降低动物摄食行为。

三、摄食行为的外周调节机制

（一）口腔

许多人即使不饿，也喜欢品尝和咀嚼食物，因为人们喜欢咀嚼食物本身。大部分人都很排斥只是进食而并不品尝食物。例如，乔丹(Jordan)等人设计了一个有趣的实验，让被试一周中有五天不品尝食物而进食午餐(吞咽下橡皮管的一段，然后按下按钮将流质食物灌入胃中)，几天的练习之后，每位被试都建立了每天灌入固定数量的食物的稳定模式，并保持了稳定的体重。然而，实验结果发现大多数人对这种不品尝就进食的方式非常排斥，并且报告他们有一种品尝或咀嚼东西的渴望。

但只是品尝某些食物而不摄入，却有可能会产生"饱"的感觉。巴甫洛夫通过食道瘘管(esophageal fistula)手术，用导管将狗的食道与外界环境联通，进食后食物会从颈部漏出。因此，在进食过程中只有口腔和部分食道的感受器受到刺激，而食道以下的消化道没有被食物刺激。结果发现进行了食道瘘管手术的狗在摄取了一定的食物后停止了进食。这表明进食过程中口腔和食道存在某种感受器传递"饱"的信号。

（二）消化道的机械刺激

正常情况下，我们在食物中的营养成分进入血液之前就会停止进食，而且发出停止进食信号的主要是胃的扩张。在一个实验中，研究人员将一个可膨胀的气囊安装在幽门括约肌处(胃和小肠之间的紧缩部)，当气囊膨胀时，食物无法从胃部进入小肠，并且确保气囊不会对动物造成伤害，也不会干扰进食。实验结果发现：气囊膨胀时，大鼠在摄入一顿中等食量的食物后即产生饱腹感，停止进食，显然胃部的扩张足以产生饱足感。坎农在20世纪初的研究就证明了这一点，他将一只气球填充到被试的胃部，气球有一根与外界相通的管道，实验人员通过管道将气体输入气球。当胃部收缩时，气球会受到挤压，根据球内受到的压力可以测出平滑肌收缩的张力。坎农要求被试在感到饥饿的时候报告，结果发现被试报告非常饥饿的时候，往往也是胃部收缩最厉害的时候。这些结果表明，胃容量的变化是传递饥饱信息的重要外周机制。

四、摄食行为与激素和神经肽

摄食行为不仅依赖于脑区的调控，而且中枢神经系统和消化道内释放的一些激素和神经肽(表13-1)也在其中发挥了重要的作用。这些物质可以传递消化道内的机械和化学信息，并通过直接或间接的方式作用于脑区的相应受体。

表 13-1　与摄食行为相关的激素和神经肽

中文名词	英文名称	来源与分布
甘丙肽	galanin	下丘脑
食欲肽	orexin	外侧下丘脑
黑色素浓集素	melanin-concentrating hormone	外侧下丘脑
内啡肽	endorphin	下丘脑、垂体
神经肽 Y	neuropeptide Y	下丘脑弓状核
刺豚鼠相关肽	agouti-related peptide	下丘脑弓状核
可卡因-安非他明转录调节肽	cocaine and amphetamine regulated transcript	下丘脑弓状核
黑色细胞刺激素	melanocyte-stimulation hormone	下丘脑弓状核
促肾上腺皮质激素释放激素	corticotrophin releasing hormone	下丘脑室旁核
瘦素	leptin	脂肪细胞
胰岛素	insulin	胰腺
脑肠肽	ghrelin	胃
YY 肽	peptide YY	小肠、大肠
胆囊收缩素	cholecystokinin	十二指肠

(一)葡萄糖、胰岛素和胰高血糖素

被消化的碳水化合物以葡萄糖的形式进入血液中,是机体重要的能量来源,同样,葡萄糖几乎是大脑唯一可利用的能量物质。多余的葡萄糖一部分会转化为糖原,一部分转化为脂肪,因此大部分人的血糖水平保持相对的稳定。胰岛素(insulin)和胰高血糖素(glucagon)这两种胰腺分泌的激素准确地调节人体葡萄糖的平衡。当我们准备用餐时,即当眼睛看到食物、鼻子闻到食物的味道时,胰岛素水平就会升高,使部分血液中的葡萄糖转化为糖原,为接下来血液中葡萄糖浓度的增加做好准备。用餐时以及用餐结束时,胰岛素增加得更多,葡萄糖大量转化为糖原,食欲降低。随着进食后时间的增加,血糖浓度降低,胰岛素减少,机体开始感到饥饿,此时胰高血糖素会激活肝细胞,使其储备的糖原转化为葡萄糖以补充血糖,消除饥饿感(图 13-7)。

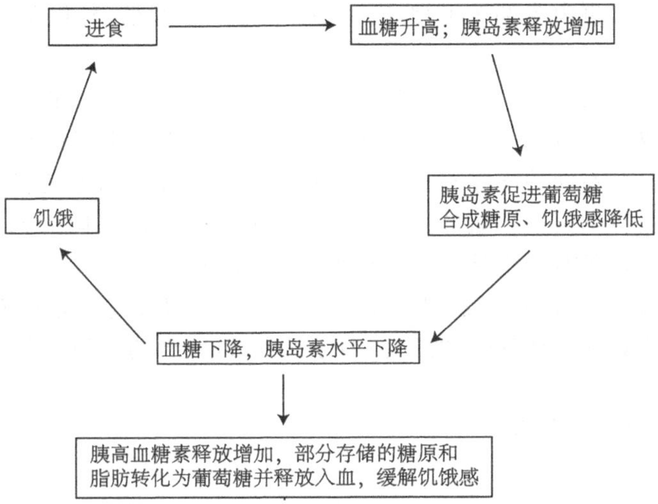

图 13-7　胰岛素和胰高血糖素的反馈系统

值得注意的是，无论是持续的高水平或者持续的低水平的胰岛素，都会引起摄食量的增加，但是对体重却有不同的影响。如果胰岛素持续保持高水平的状态，进食后血液中的葡萄糖仍能以很快的速度进入细胞，包括肝细胞和脂肪细胞，血糖水平降低以及饥饿感出现的速度都在加快，体重也在持续增加。例如，晚秋时节，准备冬眠的动物保持着长时间的高胰岛素水平，这样它们能快速地将每次摄入的食物以糖原和脂肪的形式存储起来，以便更好地度过冬天。如果胰岛素保持持续低水平的状态（如糖尿病患者），他们的血糖水平很高，但是进入细胞的却很少。他们进食要比正常人多，但是体内大量的葡萄糖被排出，无法被利用，因此体重降低。

（二）脑肠肽（ghrelin）

脑肠肽是由 28 个氨基酸残基组成的多肽，是目前唯一发现的生长激素释放激素受体（GHSR）的内源性配体。它不仅能够有效促进生长激素（GH）的分泌，还能够刺激进食，调节胃酸分泌和促进胃肠动力。机体在餐前的 1～2 h，血浆中的脑肠肽水平升高了 78%，餐后 1 h 内则降至最低水平。啮齿类动物在灌注营养物质后，血浆中的脑肠肽浓度被抑制，如若仅是饮水则没有变化。上述的实验结果提示脑肠肽在启动摄食行为中起到重要作用。

（三）胆囊收缩素

胆囊收缩素（cholecystokinin，CCK）是一种由 33 个氨基酸残基组成的多肽激素。最初从动物的十二指肠、空肠中提取，之后的实验发现大脑皮质、杏仁核、海马等中枢神经系统和肠壁神经元均能合成。胆囊收缩素的功能多样，目前为止有关其对抑制食物摄入作用的认识有以下三种。

（1）迷走神经传入纤维是“脑-肠-轴”的信号传导通路：厌食信号通过刺激胃窦上

的胆囊收缩素受体，再由腹部迷走神经传入纤维传至室旁核、外侧下丘脑、孤束核，从而抑制摄食。

(2)低剂量时，胆囊收缩素可以与迷走神经传入纤维上高亲和力的胆囊收缩素A受体结合(胆囊收缩素有A/B两种类型的受体，这两种受体又都具有高、中、低三种不同亲和力的状态，对不同的配体有特异性的作用)，中枢接收到饱足感信号后会抑制摄食；高剂量时则会与幽门括约肌的低亲和力胆囊收缩素A受体结合，使括约肌收缩，抑制排空，从而间接刺激迷走神经传入纤维，减少摄食。

(3)在集中存在胆囊收缩素神经元的脑区，例如下丘脑、延髓孤束核等，注射CCK-8(合成的前CCK经酶解后的一种小分子)可以减少动物的进食量。

五、摄食相关障碍

(一)神经性贪食症

神经性贪食症(bulimia nervosa，BN)是一种以暴饮暴食和极度节食交替出现，对自身体态过分关注为主要特征的进食障碍。发病群体多为女性，尤其是正处于青春期的女性，且95%左右的患者还患有至少一种其他的精神疾病。

尽管目前对贪食症所涉及的神经机制暂时没有完全清楚，但是已有的研究已经为接下来的方向提供了基础。凯耶(Kaye)让贪食症患者限食，使中枢神经系统5-羟色胺的浓度降低，结果加重了患者的贪食症状，并使得完全恢复的患者短时期内再次出现贪食的表现。斯塔麦塔基斯(Stamatakis)的研究也发现贪食症患者丘脑和下丘脑的5-羟色胺利用度降低。目前为止，临床上采用能增强5-羟色胺能活性的药物治疗贪食症，如选择性5-羟色胺再摄取抑制剂，这些研究表明神经性贪食症和低5-羟色胺关系紧密。另外，研究人员曾将贪食症患者和药物成瘾患者对比分析，结果发现两者在面对诱因(进食美味的食物和成瘾性药物)时会激活相同的脑区。禁食的个体相较于其他个体更容易滥用药物，而成瘾患者在不能得到药物时，有时也可能会以暴食替代。换句话说，节食和暴饮暴食这种交替出现的循环可能已经构成了某种成瘾行为，并且这种成瘾难以戒断。毕竟对酒精或海洛因成瘾的患者可以尝试通过完全剥夺酒精或海洛因的方式来戒断，但是贪食症患者不能禁食，他们需要的是学会适度进食，试想一下，如果让酒精或者海洛因成瘾的患者试图适量地食用这些物质是不是非常困难？

(二)神经性厌食症

神经性厌食症(anorexia nervosa，AN)是指个体通过节食等手段，使体重明显低于正常标准的一种进食障碍类的精神疾病，发病原因以心理因素为主。患者往往具有相同的人格特质——低自尊、低自我评价和完美主义倾向，这样的特质造成患者内心极大的反差：一方面觉得自己很差劲，一方面又希望自己事事完美，导致了不合理的认知。同时，这些患者会将节食当作一种应对焦虑情绪的手段，并且借此获得苗条身材以满足情绪，不断强化这样的行为。

厌食症患者并非真正厌食，他们的食欲是正常的，只是由于对自身体态认知扭曲，对体型体重过度关注，在与常人一样或者比常人更瘦的情况下，仍然坚持认为自己非常肥胖，所以为达到所谓的“苗条”而节食或减肥。常见的方法有限制进食量，通常吃得很少，或者进食后催吐、进行过度体育锻炼、滥用减肥药等等。这使得患者对自身胃肠刺激、躯体感受的认知也表现出异常，对自身的情绪状态也缺乏正确的认知，引发许多不良的躯体症状，如甲状腺激素水平下降、体温偏低、失眠和早醒等。

通过对这些摄食相关障碍的介绍，我们了解到生物学因素、社会因素、心理因素这三者都参与调控机体的摄食行为，一旦这其中某一个环节或者几个环节出现问题，就会产生摄食相关障碍。虽然这些障碍或多或少和体内平衡紊乱等生物学因素相关，但是心理、社会因素在摄食相关障碍的产生原因中可能占的比重更大。

拓展阅读

进食的心理学动机

尽管我们都知道，摄食的大多数原因是因为饥饿，但不可否认，就算我们已经填饱了肚子，在面对一份精美的、香气四溢的美食时，仍然缺乏抵抗力。显然，我们并非都只是因为饥饿而进食，很多情况下是为了享受美食带来的愉悦体验。从心理学的角度上看，进食的动机有两个：一是“需求(wanting)”，另一个是“喜欢(liking)”。“需求”是为了满足身体对食物所提供的能量的需要；而“喜欢”则是为了追求食物带来的欣快感。在“需求”已得到正常满足的情况下，对食物的“喜欢”则成了进食的主要动机，“喜欢”也是过量进食高热量食物导致肥胖的重要原因。

但是，“喜欢”诱发的进食行为可能涉及不同的脑机制。腹侧被盖区(ventral tegmental area，VTA)是多巴胺能神经元聚集的脑区，多年来，一直被认为是与欣快感、成瘾、奖赏有关的重要脑区。同样，腹侧被盖区也是美食产生欣快感的重要脑区，当实验动物享用人类的典型的美味食物——巧克力、芝士蛋糕、培根、香肠或其他脂肪加工产品时，动物大脑的结构就会发生如同吸食可卡因一样的变化。药物滥用研究人员指出，与滥用可卡因或酒精相比，经常吃盐、脂肪和甜味的食物所导致的大脑变化可能更难恢复，而且腹侧被盖区中几乎所有的多巴胺能神经元都能被食物线索所激活。

复习巩固

1.试阐述“双中心调控假说”的基本原理。

2.请简述瘦素的生理功能。

本章知识要点

1.动机是激发和维持个体进行活动,并且导致该活动朝某一方向进展的心理倾向或者动力。动机可能被意识到,也有可能意识不到。

2.根据引起动机的原因可以将动机分为外部动机和内部动机。根据动机的起源,还可以将动机分为生物性动机和社会性动机。

3.耶克斯-多德森定律认为动机强度与工作效率之间的关系不是一种线性关系,在难度较大的任务中,动机与工作效率的关系呈倒U形曲线,较低的动机水平有利于任务的完成;而在简单任务中,动机越强,工作效率越高。

4.外侧下丘脑被称作“饥饿中枢”,腹内侧下丘脑被称作“饱食中枢”。外侧下丘脑和腹内侧下丘脑两个脑区相互协同,发挥平衡作用,这种调控机制被称为“双中心调控假说”。

5.弓状核中存在两种功能相反的肽能神经元:前阿黑皮素与可卡因安非他明调节肽(POMC)神经元和神经肽Y与刺豚鼠相关肽(NPY/ AgRP)神经元。激活POMC神经元可发出厌食信号,增强机体的代谢率。激活NPY/ AgRP神经元增加摄食量,NPY/ AgRP会发出增食信号,并减少机体的代谢率,这两类神经元间相互协同调控摄食行为。

6.瘦素是脂肪细胞合成分泌的一种蛋白质类激素,仅存于脊椎动物中。脂肪细胞可以释放瘦素,并且脂肪细胞越多,释放的瘦素也就越多,但是瘦素基因缺乏的动物无法产生瘦素,从而导致肥胖。瘦素的功能主要体现在对脂肪及体重的调节。

关键术语表

动机	motivation
外侧下丘脑	lateral hypothalamus
腹内侧下丘脑	ventromedial hypothalamus
瘦素	leptin
弓状核	arcuate nucleus

能量平衡假说	energy balance hypothesis
恒脂假说	lipostatic hypothesis

复习思考题

单项选择题

1. 关于内部动机与外部动机的说法,以下哪项是正确的?(　　)

A.外部动机更为重要

B.外部动机比内部动机持久

C.内部动机只能与生俱来

D.外部动机有可能转换为内部动机

2.关于动机强度和工作效率,下列说法正确的选项是(　　)。

A.动机强度和工作效率呈线性关系

B.在简单任务中,动机越强,工作效率越高

C.在难度较大的任务中,动机越强,工作效率越高

D.动机与工作效率的关系呈正的U形曲线

3.长期的摄食策略取决于体内(　　)含量设定点。

A.脂肪　　B.葡萄糖　　C.氨基酸　　D.维生素

4. 脂肪细胞可以释放瘦素,并且脂肪细胞越多,释放的瘦素(　　)。

A.越多　　B.越少　　C.不受影响　　D.取决于葡萄糖含量

5. 以下关于瘦素的功能,哪项是正确的?(　　)

A.促进胰岛素的分泌　　B.促进脂肪合成

C.抑制食欲　　D.增加副交感神经活性

6."饥饿中枢"位于(　　)。

A.外侧下丘脑　　B.腹内侧下丘脑

C.下丘脑前部　　D.下丘脑后部

7."饱食中枢"位于(　　)。

A.外侧下丘脑　　B.腹内侧下丘脑

C.下丘脑前部　　D.下丘脑后部

附录一　参考答案

第一章　绪论

复习巩固

第一节

1.神经科学是专门研究神经系统的结构、功能、发育、遗传、病理、医疗等方面的一门学科。涉及解剖学、组织学、生物化学、生理学、药理学、病理学、心理学、内科学、外科学、人工智能等相关学科。除此之外，对行为、学习、语言、教育及情绪的研究都有可能涉及神经科学。因此，神经科学并非一门独立的学科，而是综合了多个学科门类的一门综合性的学科，简言之，只要是研究与神经系统相关内容的都可以划分到神经科学的范畴。主要包括：神经心理学、认知神经科学、计算神经科学、发育神经科学、分子和细胞神经科学、神经影像学、神经生理学等。

2.中国传统医学对脑科学有丰富的研究。《黄帝内经》记载“脑为髓之海”，“诸髓者，皆属于脑”，“脑为精明之府”，即脑与眼、鼻、舌等头面部的感官关系密切，主管人五官感觉等功能。隋代杨上善认为“头是心神居”。李时珍《本草纲目》中提到“脑为元神之府”。清代汪昂《本草备要》中记载“人之记性皆在脑中，小儿善忘者，脑未满也，老人健忘者，脑渐空也。凡人外见一物，心有一形影留于脑中”。

第二节

1.功能磁共振成像是一种新兴的研究脑功能的神经影像学技术，其原理是利用磁共振造影来测量神经活动所引发的脑内血液动力的改变，是目前研究脑功能的主要技术之一。血流与血氧的改变与神经元的活化有密切的关系，大脑神经细胞活化时会消耗氧气，而氧气要由活化脑区周围毛细血管中的血红蛋白进行补充。当脑区神经细胞活动时，其附近的血流会增加以补充消耗掉的氧气，因此脑区活化区域的脑血流会改变，局部血液中的去氧血红蛋白与含氧血红蛋白的浓度也会随之改变。由于含氧血红蛋白与去氧血红蛋白之间磁导率不同，含氧血量与去氧血量的变化使磁场产生扰动而能被磁共振造影检测出来。因此可以通过监测各脑区内脑血流改变的方式来判断哪些脑区在执行心理任务过程中被激活，从而可以找出与这些心理任务相关联的脑区。

2.优化实验方案、减少动物使用量、尽量使用替代方式，是开展动物实验的基本伦理要求。

第二章　神经元与神经胶质细胞

复习巩固

第一节

1.不同神经元的突起之间不是连通的，它们通过相互接触达到信息交流的目的。卡贾尔所提出的神经元细胞突起相互接触的观点也被科学家们称为神经元学说。

2.细胞骨架主要由微管、微丝和神经丝等成分构成。细胞骨架是一个动态的结构，其中有一部分是处于不断被破坏然后更新或者直接新建的状态中。细胞骨架不仅在维持细胞形态、承受外力、保持细胞内部结构的有序性上起着重要的作用，它还参与了许多重要的生命活动。

第二节

1.轴突的结构特征主要为：① 轴突由轴丘发出，一个神经元只有一根轴突，直径基本稳定。对人类来说，轴突的直径为 1～25 μm；② 轴突长度变化范围很大，短的轴突可短于 1 mm，而最长的轴突甚至可以达到 1 m 以上；③ 轴突的主干部分被髓鞘包裹，髓鞘像竹节一样，一节一节地包裹着轴突，起着绝缘的作用；④ 轴突本身并不能合成蛋白质，它的蛋白质来源为神经元胞体；⑤ 轴突的末端构成突触前结构。

树突的结构特征：① 树突可以有若干条，树突起始部较粗，反复分支，逐渐变细，呈树枝状；② 树突的细胞质与胞体类似，主要由尼氏小体、线粒体、高尔基复合体、粗面内质网和核糖体等组成，因此也可以把树突看作胞体的一部分；③ 树突的作用是接受其他神经元传来的信息，并将信息传向胞体，树突反复分支使接收信息的面积得以扩大；④ 树突没有髓鞘的包裹，树突表面有一种叫作树突棘的结构。

2.根据神经元突起数目分类：只有一个轴突，称之为单极神经元；只有一个突起，然后分成两支的神经元称为假单极神经元；有两个神经突起的叫双极神经元；当神经突起的数目大于或者等于三个时，统称为多极神经元。

根据神经元功能分类：分成传入神经元、中间神经元和传出神经元。也有的科学家将它们分别叫作感觉神经元、联络神经元和运动神经元。

根据神经元树突形态分类：树突的形态多种多样，以树突形态为依据可以分为两种神经细胞，即锥体细胞和星状细胞，锥体细胞在外观上形似金字塔，而星状细胞则类似星星的形状。

根据轴突长度分类：拥有长轴突，可以从大脑的一个区域蜿蜒延伸到另一个区域的神经元叫作高尔基 I 型神经元；轴突较短的神经元称为高尔基 II 型神经元。

第三节

1.星形胶质细胞的功能：① 对神经元造成轻微的挤压，影响着神经元的神经突起的生长和缩回；② 星形胶质细胞可以限制已经释放到突触间隙的神经递质的扩散，或者经由星形胶质细胞细胞膜上的蛋白质的作用，将神经递质从突触间隙移走；③ 星形胶质细胞还可以控制细胞外的其他物质的浓度。

2.少突胶质细胞。少突胶质细胞的主要功能是在中枢神经系统构成神经元的髓鞘，起到绝缘的作用，从而使神经元的电信号能在轴突上跳跃式地高速传导。

施旺氏细胞。主要功能是构成周围神经系统有髓神经纤维的髓鞘，另外还具有迁移、黏附、产生细胞外基质、分泌多种生物活性物质的功能。

小胶质细胞。小胶质细胞功能上与内源性免疫相关，是中枢神经系统主要的免疫细胞。

复习思考题

1. A　2. B　3. D　4. A　5. D　6. B　7. D

第三章　神经系统的发生

复习巩固

第一节

1.胚前期：受精完成后，受精卵发生连续的有丝分裂，受精 14 天后形成二胚层胚盘，15 天后，二胚层胚盘分化形成三胚层胚盘。三胚层胚盘形成之前的这段时间，即受精之后的前 2 周，称为胚前期。

胚期：三胚盘形成直到受精后第 56 天胚胎初具人形，称为胚期。

胎期：自受精后第 57 天(即第 9 周)到胎儿出生，称为胎期。

2.(1)脑分化于神经管的头部，脑分化的第一个事件即初级脑泡的形成。在受精后第 4 周末，神经管头部形成 3 个膨大，即 3 个初级脑泡，全脑的各个部位都来源于神经管头部的 3 个初级脑泡。神经管最前端的初级脑泡是前脑泡，位于前脑泡后方的脑泡即中脑泡，排在中脑泡之后的是菱脑泡。

(2) 至第 5 周，前脑泡开始形成次级脑泡，即前脑泡的两侧以类似“出芽”的形式分化形成左、右视脑泡和端脑泡，前脑泡的中间分化形成间脑泡。至此，前脑泡分化形成 2 个视脑泡、2 个端脑泡和 1 个间脑泡。

(3) 两侧视脑泡分别分化形成视茎和视杯，视茎和视杯最终演变成视神经和视网膜；两侧端脑泡逐渐发育膨大最终形成端脑。两侧端脑在发育的过程中逐渐合拢并向后方延伸，从而将整个间脑覆盖在端脑之中。两侧端脑的腹侧面也以“出芽”的方式产生嗅球，嗅球是与嗅觉相关的脑区。

(4) 受精后第 5 周末，端脑泡发育迅速，而位于两侧端脑泡中间的间脑泡发育较慢，第 6 周末，端脑泡与间脑泡已有明显区分。间脑泡最终发育成间脑。

(5) 中脑泡在 3 个初级脑泡里变化最小，最终分化形成中脑；菱脑泡最终分化形成小脑、脑桥、延髓。菱脑泡的前端分化形成小脑和脑桥，后端形成延髓，菱脑泡中间充满脑脊液的腔隙逐渐扩大分化形成第四脑室。

第二节

1.(1)神经管的后段分化为脊髓,神经管壁不断增生增厚,神经管腔隙形成充满脑脊液的中央管。

(2) 侧壁的腹侧面增厚形成左、右两个基板,侧壁的背侧面形成两个翼板,神经管的背侧薄壁形成顶板,腹侧薄壁形成底板。

(3) 成神经细胞和成胶质细胞不断增生,左、右两基板向腹侧延伸突出,左、右两基板间形成一条纵行的裂隙,位于脊髓的腹侧正中,称为前正中裂,基板最终形成脊髓灰质的前角,其内的成神经细胞最终分化为躯体运动神经元。

(4) 左、右两翼板也增大,并向内侧推移逐渐愈合形成一层隔膜,称后正中隔,翼板形成脊髓灰质的后角,其内的成神经细胞最终分化为中间神经元。

(5) 聚集于基板和翼板之间的成神经细胞形成脊髓的侧角或中间区,其内的成神经细胞最终分化为内脏传出神经元。

2.(1) 周围神经主要由神经嵴分化发育而来。神经嵴细胞向两侧迁移,分列于神经管的背外侧并聚集成团,分化为脑神经节和脊神经节,这些神经节属于感觉神经节,位于中枢神经系统之外。

(2) 神经嵴细胞最初为双极细胞,很快两个突起融合成为假单极细胞,单个突起分成中枢突和周围突两个分支,周围突终止于感觉末梢,中枢突进入脊髓或脑。

(3) 感觉神经细胞的周围突构成感觉神经纤维。

复习思考题

1. B 2. A 3. B 4. D 5. B 6. D

第四章 神经系统的结构

复习巩固

第一节

1.解剖学上常有 3 个标准的切面,即矢状切面、水平切面、冠状切面。矢状切面指的是贯穿前后方向的切面,将人体分为对称的左、右两半的矢状切面称为正中矢状切面;水平切面指的是当人处于站立姿势时,与地面水平的切面,可将人体切为上、下两部分;冠状切面指的是与水平切面和矢状切面都垂直的切面,可将人体切为前、后两部分。

2.上行纤维束:又称感觉传导束,主要是将后根传入的各种感觉信息向上传递至相应的脑区,主要有以下几种上行纤维束。

(1)薄束和楔束。薄束和楔束位于脊髓白质后索内,是由同侧的脊神经后根内侧部的粗有髓纤维在脊髓后索直接延续而成。

(2)脊髓丘脑束。脊髓丘脑束分为脊髓丘脑前束和脊髓丘脑侧束。脊髓丘脑前束位于脊髓白质前索,主要传导粗触觉和压觉信息,脊髓丘脑侧束位于脊髓白质侧索,主要传导痛觉和温度觉信息。

(3)内脏感觉束。内脏感觉束起于脊神经节,其周围突分布于胸、腹脏器的痛觉和牵张觉感受器,中枢突经后根进入脊髓,经后角和灰质中间带神经元的中继,上行至背侧丘脑。

(4)脊髓小脑束。脊髓小脑束包括脊髓小脑前束、脊髓小脑后束、脊髓小脑嘴侧束和楔小脑束,这些是将冲动由脊髓传向小脑的传导束。

下行纤维束:包括起始于不同脑区而终止于脊髓的纤维束,其功能为支配躯体及内脏活动,调节肌张力和参与脊髓反射等。

(1)皮质脊髓束。皮质脊髓束是最重要的下行传导束,该束起自大脑皮质中央前回和其他一些皮质的锥体细胞,发出的纤维经内囊、中脑大脑脚底、脑桥基底部、延髓锥体进入脊髓,终止于脊髓运动神经元。

(2)前庭脊髓束。前庭脊髓束起自前庭神经核复合体,分为前庭脊髓外侧束和前庭脊髓内侧束,在同侧前索内下行。

(3)红核脊髓束。红核脊髓束起自中脑红核,发出的纤维在被盖腹侧交叉,继而在对侧脊髓外侧索下行,终止于脊髓灰质中间区。

(4)网状脊髓束。网状脊髓束起自脑干网状结构,部分在同侧白质前索和外侧索下行,投射至脊髓灰质神经元。其功能是兴奋或抑制 α 和 γ 运动神经元。

(5)顶盖脊髓束。顶盖脊髓束起自中脑上丘,在中脑水管周围灰质区腹侧经被盖前侧交叉至对侧,在前索下行,终止于颈髓灰质。其功能是兴奋对侧颈肌,抑制同侧颈肌运动神经元,参与完成视觉、听觉反射。电刺激一侧上丘,可以使头转向刺激侧。

第二节

1.(1)下行的传导束:经过延髓的下行传导束主要是锥体和锥体交叉。脑桥基底部下行的锥体束(主要是皮质脊髓束)纤维下降至延髓聚集成锥体。锥体下端约有70%～90%的纤维交叉至对侧形成锥体交叉。交叉的纤维在对侧的脊髓侧索下行,称皮质脊髓侧束。不交叉的纤维在同侧的脊髓侧索下行,称为皮质脊髓前索。两束合称皮质脊髓束,终止于脊髓灰质的前角运动神经元。除了锥体束,延髓中还有内侧纵束、顶盖脊髓束、红核脊髓束、前庭脊髓束、网状脊髓束下行传导束等,分别起自中脑、中脑顶盖、红核、前庭神经核和延髓网状结构,在脊髓下行,终止于脊髓前角运动神经元。

(2)上行的传导束。经过延髓的上行传导束主要是内侧丘系交叉和内侧丘系。薄束核和楔束核发出的传导本体感觉和皮肤精细触觉的二级纤维从背侧向腹侧绕过中央管,在中央管腹侧,锥体交叉正上方,形成左右交叉,此段纤维称为内弓状纤维,此纤维交叉称为内侧丘系交叉,交叉后的纤维折向上行,组成内侧丘系,位于锥体束背侧,脑干中线两侧,经延髓、脑桥、中脑,最后终止于背侧丘脑腹后外侧核。

2.脑干由下往上分别由延髓、脑桥和中脑3个部分组成。延髓、脑桥由神经管的后脑泡分化演变而来，中脑由中脑泡分化演变而来。延髓向下在枕骨大孔处与脊髓相连，延髓向上为脑桥，脑桥向上与中脑相连，中脑向上延续为间脑。脑干不仅是端脑、间脑、小脑与脊髓联系的中间通路，而且也是多种生命活动的神经中枢，如心血管中枢、呼吸中枢、吞咽中枢，以及视觉、听觉、平衡反射中枢。

第三节

1.下丘脑与垂体的纤维联系有以下两种。

(1)视上垂体束和室旁垂体束：视上垂体束和室旁垂体束分别起自下丘脑视上核和室旁核大细胞性神经分泌细胞，漏斗柄终止于垂体后叶(神经垂体)。视上核和室旁核大细胞性神经分泌细胞主要产生血管升压素和催产素，经神经元轴突运输至垂体后叶(神经垂体)，再经垂体后叶的血管扩散到全身。

(2)结节垂体束：结节垂体束也称为结节漏斗束，起自结节区弓状核，弓状核细胞位于漏斗最上部，该类细胞的轴突形成结节垂体束，终止于正中隆起区垂体门脉的毛细血管。弓状核细胞产生促肾上腺皮质激素释放激素、促激素释放激素或抑制激素等神经内分泌激素，释放至垂体门脉的毛细血管，运送至垂体前叶(腺垂体)，从而调控垂体前叶的激素分泌。

2.(1)下丘脑是调节内脏活动的高级中枢。下丘脑是皮质下内脏功能的调节中枢，通过内脏神经，即交感神经和副交感神经调节内脏的活动，维持机体处于一个稳定的内环境。

(2)下丘脑调节全身内分泌活动。下丘脑通过分泌促激素释放激素控制垂体前叶(腺垂体)分泌促激素，从而调控全身内分泌腺的激素释放。下丘脑将神经调节与体液调节联系起来，是全身内分泌系统活动的“总指挥”。

(3)下丘脑调节体温、摄食、生殖等功能。下丘脑是一个中枢性温度感受器，能感知体温的变化，然后通过调控内脏神经、内分泌及代谢活动，从而控制全身的体温。正常的摄食活动需要下丘脑的参与，下丘脑的内侧区是饱食中枢，而外侧区是摄食中枢。控制雄性动物性行为最重要的部位是下丘脑内侧视前区，毁损两侧内侧视前区，雄性动物丧失性行为能力，控制雌性动物性行为最重要的部位是下丘脑腹内侧核，毁损两侧下丘脑腹内侧核会破坏雌性动物的脊柱前弓行为。

第四节

1.脑脊液主要由侧脑室、第三脑室和第四脑室的脉络丛产生，侧脑室脉络丛产生脑脊液，经室间孔流至第三脑室；与第三脑室脉络丛产生的脑脊液一起，经中脑水管流入第四脑室；再汇合第四脑室产生的脑脊液经第四脑室正中孔和外侧孔流入蛛网膜下腔；再沿蛛网膜下腔流向大脑背面，经蛛网膜颗粒进入硬脑膜窦(主要是上矢状窦)，从而回流入血液。

2.扣带回和海马旁回围绕胼胝体形成一个环状，加上海马和齿状回，共同构成了边缘叶。边缘叶与隔区、杏仁核、背侧丘脑、上丘脑、下丘脑、基底前脑、中脑导水管周围灰质区、中脑被盖之间有密切的纤维联系，在功能上形成一个整体，称为边缘系统。边缘系统功能复杂，与多种生理心理功能密切相关，主要包括：① 调控情绪与动机行为；② 调节学习记忆的形成与巩固；③ 与成瘾行为及毒品依赖有关；④ 调节内脏活动。

第五节

1.脑神经的纤维成分复杂，每 1 对脑神经内可能由 1 种或多种纤维成分构成，含有多种纤维的脑神经称为混合性神经，根据脑神经纤维的分布及功能，可将构成脑神经的纤维分为 7 种，即 4 种感觉纤维和 3 种运动纤维。

一般躯体感觉纤维：分布于皮肤、肌肉、肌腱和大部分口腔、鼻腔黏膜。

特殊躯体感觉纤维：分布于视觉或平衡觉、听觉特殊器官。

一般内脏感觉纤维：分布于头、颈、胸、腹部的脏器。

特殊内脏感觉纤维：分布于味蕾与嗅器，这些器官与进食等内脏活动相关，因此也将与其相连的神经纤维称为特殊内脏感觉纤维。

一般躯体运动纤维：分布于眼外肌、舌肌。

一般内脏运动纤维：分布于内脏平滑肌、心肌和腺体。

特殊内脏运动纤维：分布于由鳃弓演化而来的横纹肌，如咀嚼肌、面肌、咽喉肌等。

2.交感神经和副交感神经都是内脏神经，常共同支配同一内脏器官，但两者在功能、分布、结构、神经递质方面都有明显的区别。

(1)低级中枢的部位不同：交感神经低级中枢即节前神经元位于脊髓胸腰段(T_1～L_2或L_3)灰质的中间外侧核；副交感神经的低级中枢则位于脑干内的一般内脏运动核(即动眼神经副核、上泌涎核、下泌涎核和迷走神经背核)和骶髓 2～4 节段的骶副交感核。

(2)周围部神经节位置不同：交感神经节包括椎旁神经节和椎前神经节两类，椎旁神经节也称交感干神经节；副交感神经节有两类，一类神经节包括头面部的 4 个神经节，即睫状神经节、翼腭神经节、下颌下神经节和耳神经节，位于所支配的器官附近；另一类是位于所支配的脏器的壁内或附近的极小的终末神经节。

(3)节前和节后神经元的比例及长度不同：交感神经节位于脊椎附近，因此，交感神经节前纤维与节后纤维的比例为 1∶10；副交感神经节位于所支配的器官附近，节后纤维相对较短，节前纤维与节后纤维的比例约为 1∶2。

(4)分布范围不同：交感神经分布广泛，全身内脏器官，以及血管、腺体、竖毛肌等，都受到交感神经的支配；而副交感神经的分布较局限，全身大部分血管、汗腺、竖毛肌和肾上腺髓质只有交感神经而无副交感神经。

(5)功能不同：交感神经的功能是促进机体的兴奋性，增加机体的应变能力。交感神经兴奋将引起心跳呼吸频率加快、呼吸深度加深，心排血量增加、皮肤与腹腔小动脉收缩、血压增高、冠状动脉扩张、瞳孔扩大、血糖升高等一系列反应，以增强机体应对危险的反应能力和速度；副交感神经的作用是维持机体处于平和状态，促进机体的恢复与能量储存，副交感神经兴奋会引起心跳呼吸频率减缓、血压下降、消化活动增强、瞳孔缩小、能量保存、尿和粪便的排泄、生殖系统唤起等。因此，交感神经与副交感神经需要保持协调统一，才能保持全身机体及器官功能的正常。

(6)神经递质不同：交感神经和副交感神经的节前神经元释放的神经递质都是乙酰胆碱；大部分交感神经的节后神经元释放的神经递质是去甲肾上腺素，有小部分节后神经元释放的是乙酰胆碱，如汗腺及骨骼肌内舒血管的交感神经节后神经元；副交感神经的节后神经元释放的神经递质是乙酰胆碱。

复习思考题

1.D　2. A　3. D　4. A　5. D　6. D　7. D　8. A

第五章　静息膜电位与动作电位

复习巩固

第一节

1.膜电位的产生是离子扩散力和静电压力达到平衡的结果。

(1)离子扩散力。溶解在水中的分子和离子处在不停的运动之中，如果没有外力进行干涉或者阻碍，溶液的浓度会趋向稳定，即高浓度区域的离子会向低浓度区域移动。这种现象叫作扩散。在细胞膜内外，离子的浓度不同，存在浓度梯度，因此离子会趋向于从高浓度区域移动至低浓度区域，即顺浓度梯度移动，而由于离子不能直接通过细胞膜，只能通过细胞膜上的离子通道进出，那么最终细胞膜内外离子浓度的差异就依赖于离子通道的通透性。总之，离子跨膜运动需要两个条件：① 存在跨膜的离子浓度梯度；② 膜上存在对离子通透的通道。

(2)静电压力。除了离子顺浓度梯度移动之外，离子还可在静电压力的驱动下移动。离子是带有电荷的分子或原子，带有相同电荷的离子会互相排斥，带有不同电荷的离子会相互吸引。由于这种相互排斥或吸引产生的驱动力叫作静电压力。

2.离子通道的特征包括：(1)离子选择性；(2)通道的门控性；(3)离子顺浓度梯度透过离子通道，不耗能。

离子泵的特征包括：(1)逆浓度的跨膜转运；(2)需要消耗能量。

第二节

1.神经元未受到刺激时，细胞膜电位即静息电位，约为−70 mV。当神经元处于静息状态时，电压门控型 Na^+ 通道关闭，细胞膜对离子的通透性主要是通过膜上的非门控漏通道，该通道持续开放，且对 K^+ 的通透性明显大于 Na^+ 的通透性。假设细胞膜只对于 K^+ 具有通透性，那么在静息状态下，细胞膜内高浓度的 K^+ 将会因为浓度梯度的原因从细胞膜内往细胞膜外流动，而由于K^+本身带有正电荷，K^+的外流会造成膜外正电荷积累，膜内负电荷积累，即膜外逐渐增加的正电荷又会阻止阳离子（即K^+）进一步外流。随着K^+的跨膜流动，促进K^+外流的扩散的力和阻止K^+扩散的静电压力相等，这时的K^+净移动停止，净流量为零，细胞膜两侧的电位差稳定在某一数值，此时的电位即为K^+的平衡电位。这种平衡电位可以形成膜两侧稳定的电位差，即为静息电位形成的基础。

2.如果已知离子在膜两侧的浓度，可以采用 Nernst 方程来计算出该离子的确切平衡电位值。Nernst 方程为：

$$E_X=-\frac{RT}{ZF}\ln\frac{[X]i}{[X]o}$$

在这个公式中，E_X代表 X 离子的平衡电位；R 为气体常数；Z 为离子电荷数；F 为法拉第常数，$[X]_i$和$[X]_o$分别为 X 离子在细胞内液和细胞外液中的浓度。从这个公式可以看出，离子的平衡电位的数值依赖于离子在细胞膜内外的浓度差。设室温为27℃，离子电荷数为 1，如果细胞膜内的K^+浓度为细胞膜外的K^+浓度的 10 倍，计算得出的K^+平衡电位约为－60 mV。即 10 倍的K^+浓度差需要大约 60 mV 的电位差来进行平衡。将不同细胞膜内外的离子实际浓度差代入公式，可计算得到不同离子的平衡电位。

第三节

1.电紧张电位的特点：(1)由膜的被动电学特征决定，不依赖离子通道的开放；(2)幅度大小呈等级性；(3)电流的传导逐渐衰减，不能长距离传播；(4)有总和效应。

2.局部电位的特点：(1)幅度大小呈等级性；(2)衰减式传导；(3)可在多种细胞上产生；(4)有总和效应。

第四节

1.当可兴奋细胞受到刺激时，会引起阳离子的内流，从而引起细胞膜的去极化，如果刺激具有足够的强度或持续足够的时间进而产生强度逐渐上升的电流，在达到阈值时就能够在细胞中激发一个动作电位，产生快速去极化和复极化。动作电位分上升相、下降相和回射。

(1)上升相：达到阈值的膜电位就能够引起细胞膜上大量Na^+通道的开放，大量Na^+内流，从而引发动作电位上升相的产生。通常来说，阈电位的数值要比静息电位高 10～20 mV，如果膜电位的变化没有达到阈电位，即使能够引起少量Na^+通道开放，也会被增加的K^+外流所抵消，出现复极化的情况。而当细胞的膜电位达到阈电位的水平，细胞膜上大量开放的Na^+通道引起的Na^+内流就足以抵消K^+外流的影响，并形成一个正反馈，使得越来越多的Na^+内流，从而在短时间内使膜电位去极化，达到接近Na^+平衡电位的水平。

(2)下降相：动作电位经过快速的去极化后，细胞膜的电位最终接近Na^+的平衡电位。Na^+通道快速失活之后，除了漏通道的K^+持续外流，电压门控型K^+通道也开始进入开放状态，K^+开始从细胞内向细胞外流动，细胞膜开始复极化，膜电位开始变负，即从去极化状态向静息电位转变。

(3)回射：当膜电位回到静息电位附近时，漏通道和电压门控型K^+通道的持续开放，促进细胞膜转向一个超极化的状态，直到电压门控型K^+通道的再次关闭。而Na^+-K^+ ATP酶的持续工作，将胞内的Na^+泵出胞外，将胞外的K^+泵入胞内。

2.动作电位能够在可兴奋细胞上进行不衰减的传导。动作电位一旦产生，就会在短时间内迅速传遍整个细胞。当细胞受到阈上刺激时，神经元细胞膜的局部(通常是在轴丘)产生动作电位，兴奋部位大量的Na^+内流，兴奋部位的胞内Na^+浓度超过相邻的未兴奋部位的Na^+浓度，因此，兴奋部位的胞内Na^+向周围扩散，引起周围部位细胞膜的去极化，当去极化达到阈值时，就可以在周围区域产生新的动作电位。这个过程类似于多米诺骨牌，随着一个个动作电位的产生，动作电位就能实现在膜上不衰减的长距离传导。

复习思专题

1. C　2. C　3. B　4. D　5. D　6. D

第六章　突触与突触传递

复习巩固

第一节

1.化学突触的结构包括：

(1)突触的突触前结构通常是指突触前神经元轴突末端构成的结构，该部位的细胞膜也称为"突触前膜"。

(2)突触后结构与突触前结构相对应，多指与突触前结构联结的突触后神经元的胞体或树突，该部位的细胞膜也称为"突触后膜"。

(3)突触间隙是突触前膜与突触后膜之间狭窄的空隙，根据突触类型的不同，突触间隙的宽度也不一致。

2.电突触的结构包括：电突触是指在神经元之间通过缝隙连接的方式来进行信息传递的结构，是神经细胞间传递信息最简单的方式。缝隙连接是一种特殊的通道结构，由两个相邻的神经元细胞膜上的两个连接小体形成。每个连接小体由六个被称为连接蛋白的蛋白质亚单位组合而成，排列成六角形，中央有一个直径约为1.5 nm的孔，形成了连接两侧细胞的亲水性孔道。两个连接小体形成的缝隙连接通道跨越突触前后神经元的两层细胞膜，形成了一个跨越双分子层细胞膜的密封的细胞间通道。这个通道连接两个细胞的胞质，允许带电离子、小分子及代谢产物自由地在两个细胞间流动。

第二节

1.突触前神经元接收到刺激，产生动作电位，动作电位经轴突传导至轴突末梢，轴突末梢细胞膜上的 Ca^{2+} 通道打开，细胞外的 Ca^{2+} 内流进入胞内，内流的 Ca^{2+} 使突触前结构存在的囊泡向突触前膜移动并与膜融合，完成胞吐，从而将囊泡内的神经递质释放至突触间隙。神经递质可与突触后神经元膜上神经递质受体接合，从而实现信号在神经元之间的传递。当神经递质作用于突触后膜上的受体，会伴随受体偶联的离子通道的打开或第二信使系统的激活，从而将信息向突触后神经元传递。突触后神经元整合来自不同神经元的信号之后，会产生一个独立的电信号，通过轴突传递下去。神经递质在完成信息传递任务后会被多种方式清除掉。

2.在突触间隙可存在多种机制，共同将突触间隙内的递质清除。

(1)简单扩散。最简单的清除方式是简单扩散，递质可从突触间隙扩散至细胞外液，从而使突触间隙内的神经递质浓度降低，但是这种非特异性的清除方式效率较低，因此并不是清除递质的主要途径。

(2)重摄取。突触前膜上的转运体将小分子神经递质及代谢产物逆浓度转运至突触前膜内进行再利用，这个过程称为递质的重摄取。重摄取的神经递质可以被摄入囊泡储存并再次加以利用。这个过程也是许多药物的作用靶点，许多药物通过干涉递质的重摄取过程发挥对突触传递的调节。

(3)被特异性的酶降解。突触间隙内还存在一些特异性的酶，可以将神经递质迅速降解。例如乙酰胆碱可以被胆碱酯酶水解成胆碱和乙酸从而失去活性。

3.突触传递的特点：

(1)单向传递。从突触传递的过程来看，神经递质只能由突触前膜进行释放，作用于突触后膜的受体才能发挥作用。因此突触传递只能单向进行，从突触前神经元传递到突触后神经元，不能逆向进行。突触传递的这种特点，保证了神经系统的信息传递能够有条不紊地进行。

(2)传递的延时性。不同于神经元纤维的快速传导，由于突触传递的过程需要进行神经递质的释放、扩散及作用于突触后膜的受体等过程，因此，传递过程需要的时间比较长。

(3)突触整合。突触后神经元的状态并不由突触前单个神经元决定，而是要将接收到的多个神经元的突触传入进行整合，最终将整合后的信息以电信号的方式向下传递。

第三节

1.一个化学物质能否被认为是神经递质，需要同时具备以下几个特征：

(1)突触前神经元内含有合成该物质的前体物质和酶类，并能够在突触前合成该物质。

(2)神经递质在进行合成之后必须储存于突触前膜活性区的囊泡内。

(3)突触前膜受到神经冲动之后可以引起该物质的释放。

(4)突触前释放的递质可以与突触后膜上的特异性受体结合，发挥兴奋性或抑制性效应。而直接施加该神经递质于效应神经元也能产生相同的效果。

(5)递质在完成信息传递的任务之后能被快速地灭活。

(6)可采用特异性的激动剂和拮抗剂激动或拮抗该递质的突触传递效应。

2.神经递质根据分子量可以分为小分子神经递质和大分子神经递质。根据神经递质的化学结构，小分子神经递质又可包括氨基酸类神经递质和生物活性胺类神经递质。生物活性胺类递质主要有儿茶酚胺类神经递质(多巴胺、去甲肾上腺素和肾上腺素)和5-羟色胺。而氨基酸类神经递质主要是单个氨基酸分子，如谷氨酸、甘氨酸、γ-氨基丁酸(GABA)等。谷氨酸为兴奋性神经递质，介导兴奋性突触传递，而甘氨酸作为抑制性神经递质，介导抑制性突触传递。γ-氨基丁酸是最常见的抑制性神经递质，只存在于特定的神经元。

除了小分子神经递质，神经元中还存在大量的大分子神经递质。与小分子类神经递质不同，大分子神经递质大多是由3～36个氨基酸组成的多肽，包括速激肽、阿片肽、催产素、血管升压素等。

第四节

1.NMDA受体不仅受谷氨酸门控，也受膜电位影响，即NMDA受体是电压及配体门控型离子通道。当谷氨酸与NMDA受体结合时，通道打开，但在静息电位时，NMDA受体的孔道被Mg^{2+}堵塞，Na^{+}、Ca^{2+}不能内流。只有当邻近的AMPA受体激活引起细胞膜去极化时，Mg^{2+}才可以被移除，这时Na^{+}、Ca^{2+}才能内流(外流的K^{+}极小)。因此，通道的开放需要谷氨酸和去极化的协同作用，即NMDA受体既是配体门控型离子通道，又是电压门控型离子通道。

2.当神经递质与离子通道型受体结合之后，由于离子通道直接开放，产生快速的膜电位改变，因此离子通道型受体通常介导快突触传递。与离子通道型受体不同，代谢型受体自身并没有离子通道结构，与神经递质的结合并不能直接使离子通道开放，需要通过细胞内一系列生化反应来调节膜上离子通道的开放状态，或通过调节基因的表达过程，持久调节神经元之间的慢突触传递过程。通过这一系列的过程，代谢型受体能够对细胞膜电位进行间接的调节。

第五节

1.短时程突触可塑性包括：

(1)突触易化。突触易化是指突触前神经元受到重复性刺激，多个动作电位引起突触前膜内流的Ca^{2+}浓度增加，导致神经递质的释放和突触后电位的幅度逐渐增强。在刺激停止后，增强的突触反应可持续数十至数百毫秒。

(2)强直后增强。突触前神经元在接收到一连串的高频刺激(也称强直刺激)之后，会产生强直后增强的现象，这种现象与突触易化相似，都会导致神经递质的释放增加和突触后反应增强。但是,强直后增强的发生比较缓慢,在刺激停止后数秒才会产生最大反应,且持续的时间也比较长,最长可持续 1 h 或更长。

(3)突触抑制。突触抑制与突触易化的过程相反,指的是在连续的动作电位刺激过程中,突触前膜神经递质释放减少,突触后反应减弱的现象。

2.长时程突触增强的产生依赖于兴奋性神经递质谷氨酸的两种主要受体,AMPA 受体和 NMDA 受体。当给予突触前神经元高频刺激时,突触前膜会释放大量谷氨酸,产生幅度较大的兴奋性突触后电位,可以使得 NMDA 受体通道中的 Mg^{2+} 被移除,进而开放 NMDA 受体通道,Ca^{2+} 和 Na^{+} 得以大量内流。大量内流的 Ca^{2+} 可以激活 Ca^{2+}-CaM 依赖的蛋白激酶 II,激活的蛋白激酶 II 可以使 APMA 受体磷酸化而增加其与神经递质的亲和力,同时也可以使储存在胞质中的 AMPA 受体转移到突触后膜上增加受体密度。通过这一系列的过程,突触后反应得以增强。此外,还有一些特殊的信号分子,如一氧化氮,可以自由地通透细胞膜,从突触后神经元产生,逆向作用于突触前神经元,引起神经递质的大量释放。

复习思考题

1. A　2. A　3. C　4. B　5. B　6. A　7. A　8. D

第七章　感觉的生物基础

复习巩固

第一节

1.味觉传入通路由 3 级神经元组成:第 1 级传入纤维由面神经、舌咽神经、迷走神经 3 对脑神经的轴突构成,三对脑神经的轴突进入脑干,汇聚在一起,和微小的味觉核(延髓的孤束核)形成突触,即味觉核(孤束核)是这三对脑神经的初级中枢;第 2 级纤维由孤束核的神经元发出,与丘脑中的腹后内侧核(VPM 核)形成突触连接,在此处对信息进行初步分析和处理;第 3 级传入纤维由 VPM 味觉神经元发出的轴突组成,终止于位于脑岛的初级味觉皮质。初级味觉皮质与眶叶皮质的次级加工区域相连,每个味觉细胞只对一种味道反应,而我们体验到的复杂味觉,是由味觉细胞传递的信息经眶叶皮质加工整合后得到。

2.嗅觉通路的第 1 级神经元为嗅细胞,第 2 级神经元为嗅球内的神经元。嗅细胞的轴突构成嗅神经,与嗅球内的僧帽细胞或小球周细胞形成兴奋性突触,而小球周细胞与颗粒细胞为嗅球内的抑制性中间神经元。嗅球为一扁平卵圆形实体,位于筛板上方,框额叶面的下方,是嗅神经的终核。嗅球和端脑是嗅觉中枢,嗅觉是唯一不经过丘脑而直接到达感觉皮质的感觉。由嗅球内神经元发出的纤维形成嗅束,沿框额叶面的嗅沟向后延伸,靠近前穿质处变扁平,展开成为嗅三角,在此纤维分束形成外侧嗅纹和内侧嗅纹(内嗅皮质),经前者传导的冲动主要到达梨状皮质和杏仁体,再传至海马和齿状回，产生嗅觉；经后者传导的冲动主要到达隔区和前穿质（嗅结节），以后与边缘系统联系，完成嗅觉反射。尽管一些纤维通过前联合交叉到达大脑的另一侧，嗅神经束的大多数纤维连接到同侧皮质（与神经束位于同一侧的皮质）。

第二节

1.视觉的产生共经历了4级神经元，第1级神经元是视网膜最外层的光感受器细胞（视锥细胞和视杆细胞）；中层的双极细胞是第2级神经元；最内层的节细胞是第3级神经元，节细胞的纤维在视神经盘处聚集形成视神经，视神经入颅后形成视交叉，视交叉延续为视束，在视交叉中，来自两眼鼻侧的节细胞纤维交叉，来自两眼颞侧的节细胞纤维不交叉，视束终止于外侧膝状体；第4级神经元的胞体位于外侧膝状体内，这些神经元发的纤维终止于视皮质。

2.双极细胞可分为两类：OFF双极细胞和ON双极细胞，OFF双极细胞膜上表达的是离子型谷氨酸受体，当与谷氨酸结合后，阳离子内流，细胞膜产生去极化；而ON双极细胞上表达的是代谢型谷氨酸受体，当与谷氨酸结合后，谷氨酸会激活G蛋白信号通路，导致阳离子通道关闭，细胞膜产生超极化。以视锥细胞为例，当光照到视锥细胞，视锥细胞膜超极化，谷氨酸释放减少，OFF双极细胞呈超极化，而对ON双极细胞的抑制减少，ON双极细胞产生去极化。双极细胞与节细胞形成突触，释放兴奋性递质谷氨酸，ON双极细胞的释放引起节细胞的兴奋。

第三节

1.听觉传导通路的第1级神经元为蜗神经节（螺旋神经节）内的双极感觉神经元，该神经元周围突分布于内耳螺旋顺达的毛细胞，接受毛细胞的听觉信息，中枢突聚集形成蜗神经，与前庭神经一起构成前庭蜗神经，在延髓与脑桥交界处入脑，止于延髓的蜗神经腹核及背核；第2级神经元胞体位于蜗神经腹核及背核内，发出的纤维多数交叉至对侧，在上橄榄核的外侧折向上行，组成外侧丘系，少数纤维终止于上橄榄核，发出的纤维在同侧和对侧的外侧丘系内上行。外侧丘系的纤维大多数终止于中脑的下丘；第3级神经元是胞体位于下丘的神经元，该级神经元发出的纤维终止于内侧膝状体，也有少部分外侧丘系的纤维绕过下丘，直达内侧膝状体；第4级神经元的胞体位于内侧膝状体，发出纤维组成听辐射，投射到位于颞叶的听皮质。

2.当声波使得基底膜相对于盖膜轴向运动时，毛细胞纤毛将弯曲变形，机械力传导通道开放，而内淋巴液的K^+浓度高，引起K^+大量内流，导致毛细胞去极化，并随之激活电压门控型Ca^{2+}通道，Ca^{2+}大量内流入毛细胞，毛细胞在基底释放兴奋性神经递质谷氨酸，将冲动传递给与之形成突触的双极神经元（即蜗神经节神经元），并使之去极化，从而将机械刺激转化为电信号。

3.中枢前庭通路整合头部和身体运动的信息，并利用该信息控制对头部、眼睛、身体姿势进行调节的运动神经元。平衡觉传导通路的第1级神经元是前庭神经节内的双极细胞，其周围突分布于前庭内的球囊斑和椭圆囊斑，以及壶腹嵴，中枢突组成前庭神经。前庭神经和蜗神经共同构成了人体的第 VIII 对脑神经—前庭一蜗神经，在延髓与脑桥的交界处入脑，终止于前庭神经核；第 2 级神经元为位于前庭神经核的神经元，该级神经元发出的纤维可能有一小部分到达丘脑腹后核交换神经元，再投射到颞上回前部的皮质，产生意识。而大部分第 2 级神经元投射到非常广泛的区域，通过各种途径，最终影响与平衡觉相关的功能。比如，通过内侧纵束，投射至动眼神经核、滑车神经核和展神经核，完成眼肌前庭反射（如眼球震颤）；投射至副神经核脊髓部和上段颈髓前角运动神经元，执行转眼同步转头的协调动作；前庭神经外侧核投射到脊髓组成前庭脊髓束，完成躯干、四肢的姿势反射；投射至小脑参与平衡调节等。

第四节

1.第一躯体感觉皮质接受躯体各部位投射的特点是：① 接受对侧躯体的投射；② 躯体各部位在第一躯体感觉皮质投射位置与躯体的解剖位置上下颠倒，即下肢、骶部所对应的感觉皮质位于中央后回上部及中央旁小叶前部，躯干和上肢对应区位于中央后回中部，头面部对应区位于中央后回下部；③ 躯体各部位在第一躯体感觉皮质投射的范围比例与躯体各部位的真实大小无关，而与该部位的感觉敏感度成正比，例如手指与唇舌的感受器最密，因此在感觉区投射比例相应就最大。

2.躯干将触觉信息传递到脑的途径称为后索一内侧丘系通路，该通路由 3 级神经元组成。

第 1 级神经元是初级传入神经元，该神经元位于脊神经节细胞，该神经元的周围突分布于肌肉、关节躯干皮肤的精细触觉感受器；中枢突经脊神经后根进入同侧脊髓后索。第 5 胸节及以下的脊神经节细胞的初级传入纤维组成薄束，第 4 胸节及以上的脊神经节细胞组成楔束，楔束居薄束外侧。薄束传导同侧第 5 胸节以下的感觉信息，楔束传导同侧第 4 胸节以上的感觉信息，分别中止于延髓的薄束核与楔束核。

复习思考题

1.A 2.B 3.A 4.B 5.A 6.B 7.B 8.C 9.A

第八章 脊髓控制的行为

复习巩固

第一节

1.能够使关节发生屈曲的肌肉被称为屈肌，使关节伸展开的肌肉，叫作伸肌。同一组骨骼肌只可以向同方向运动，如果需要向两个方向运动的话，要两组不同的骨骼肌往相反方向运动，由于屈肌和伸肌将关节向相反的方向拉动，所以它们互称为对方的拮抗肌。

2.在肌肉位于静息状态的时候，由于肌球蛋白头部（横桥）与肌动蛋白的结合点被原肌球蛋白掩盖，所以此时横桥与肌动蛋白无法结合。当胞质内 Ca^{2+} 浓度增高，Ca^{2+}

与肌钙蛋白结合，肌钙蛋白构象发生变化，原肌球蛋白被肌钙蛋白移除，横桥与肌动蛋白的结合位点就暴露出来，于是处于高势能垂直状态的横桥与肌动蛋白相结合，横桥向 M 线方向扭动，使细肌丝沿着粗肌丝向 M 线滑动，Z 线靠近，一个肌小节就缩短了，所以，这就表现为肌肉发生了收缩。随之，ATP 与横桥结合，促进横桥与肌动蛋白解离，横桥具有 ATP 酶活性，分解结合的 ATP，利用其化学能使扭动后的横桥重新竖起而处于高势能状态。如果胞质中 Ca^{2+} 仍然保持较高的浓度，肌动蛋白上的横桥结合位点仍然暴露，横桥就会和细肌丝上的下一个结合位点结合，进入下一个收缩周期。如果肌质网通过钙泵回收 Ca^{2+}，肌质内 Ca^{2+} 浓度降低，肌钙蛋白与 Ca^{2+} 解离并恢复原来的构型，重新将肌动蛋白和横桥的结合点掩盖，横桥与肌动蛋白脱离接触，细肌丝退回原位，肌节恢复原长，肌纤维又恢复舒张状态。

第二节

1.骨骼肌纤维可以分为三种类型：快肌、慢肌以及中间型肌肉。

(1)快肌，又叫作白肌，氧化酶含量低，多发生厌氧代谢，人体的大部分屈肌和伸肌都属于此类。当受到刺激时，快肌会发生强有力的收缩，但持续时间比较短，很快就会感到疲劳。快肌主要用于从事一些短暂的剧烈运动，例如短跑或者蛙跳等。

(2)慢肌，又叫作红肌，因为含有大量的肌红蛋白，富含线粒体和氧化酶，运氧和储氧能力强，内部供血丰富，呈红色。慢肌在受到刺激的时候会发生持续时间较长的缓慢收缩，不容易产生疲劳感，所以多用于维持姿势，例如小腿上维持站姿的比目鱼肌等下肢部位的抗重力肌肉就是典型的慢肌。此外，鸟类的翅膀也是这一类，可以支撑长时间的飞行。

(3)中间型肌肉。中间型肌肉的收缩速度和疲劳感出现的速度都处于中间水平。

2.快肌和慢肌这两种肌纤维是可以并存于同一块肌肉中的，但是一个运动单元仅包含一种肌纤维类型。

Ⅰ型运动单元，或称慢运动单元、紧张性运动单元，包含慢肌纤维，会在一个相对长的时间内(60～120 ms)产生低峰值的力，进行相对来说比较稳定的低频的放电活动(每秒 10～20 个脉冲)。Ⅰ型运动单元非常耐疲劳，因为它们可以通过持续的血液供应来维持有氧代谢。

Ⅱ型运动单元，或称快运动单元、运动性运动单元，包含快肌纤维，会在相对较短的时间内(10～50 ms)产生高峰值的力，具有更快的响应时间，有时会发生高频的爆发性的放电活动(每秒 30～60 个脉冲)。Ⅱ型运动单元由两个子类别构成。两者都可以在相对较短的时间内达到高峰值力，但它们在抗疲劳能力上是有所不同的：

Ⅱb 型是非常容易疲劳的一类运动单元，但在受到刺激的时候会产生最大的力。

Ⅱa 型是中间型运动单元，它们的峰值力和抗疲劳性在Ⅰ型和Ⅱb 型之间。

第三节

1.兴奋-收缩耦联的过程包括：

(1)兴奋

大脑或脊髓向 α 运动神经元发送冲动，激发 α 运动神经元产生一个动作电位，动作电位传导至运动神经元末端（即突触前终扣）；去极化引起接头前膜上电压门控型 Ca^{2+} 通道开放，Ca^{2+} 内流；突触前终扣细胞质 Ca^{2+} 浓度快速增高引起突触囊泡向接头前膜移动，进而与接头前膜融合，囊泡内的乙酰胆碱以胞吐的方式释放到接头间隙；乙酰胆碱经扩散与突触后膜上的烟碱型乙酰胆碱受体结合，引起阳离子的跨膜移动（主要是 Na^{+} 内流）；Na^{+} 内流使终板膜去极化，产生终板电位，当电位去极化达到阈电位时，肌纤维产生一个动作电位，然后顺着肌膜的方向扩散，并经 T 管迅速传入肌细胞深部的肌原纤维周围，并引起肌质网中的 Ca^{2+} 释放。乙酰胆碱完成突触传递后，分布在终板表面和接头间隙的乙酰胆碱酯酶可以将与受体结合或未结合的乙酰胆碱分解成胆碱和乙酸，终止兴奋的传递。

(2)收缩

当胞质内 Ca^{2+} 浓度增高，Ca^{2+} 与肌钙蛋白结合，肌钙蛋白构象发生变化，原肌球蛋白被肌钙蛋白移除，横桥与肌动蛋白的结合位点就暴露出来，于是处于高势能垂直状态的横桥与肌动蛋白相结合，横桥向 M 线方向扭动，使细肌丝沿着粗肌丝向 M 线滑动，Z 线靠近，一个肌小节就缩短了，所以，这就表现为肌肉发生了收缩。随之，ATP 与横桥结合，促进横桥与肌动蛋白解离，横桥具有 ATP 酶活性，分解结合的 ATP，利用其化学能使扭动后的横桥重新竖起而处于高势能状态。如果胞质中 Ca^{2+} 仍然保持较高的浓度，肌动蛋白上的横桥结合位点仍然暴露，横桥就会和细肌丝上的下一个结合位点结合，进入下一个收缩周期。

(3)舒张

在 ATP 驱动泵的影响和作用下，肌质网通过钙泵回摄 Ca^{2+}，肌质内 Ca^{2+} 浓度降低，肌钙蛋白与 Ca^{2+} 解离并恢复原来的构型，重新将肌动蛋白和横桥的结合点掩盖，横桥与肌动蛋白脱离接触，细肌丝退回原位，肌小节恢复原长，肌纤维又恢复舒张状态。

2.(1)改变运动神经元的放电频率。在一个突触前动作电位后会释放 ACh，导致肌纤维产生一个兴奋性突触后电位，如果这个电位足够大，就足以引发一个突触后动作电位。一个突触后动作电位会引起肌纤维迅速出现一次收缩-舒张。如果想要肌肉持续地收缩，就需要持续的动作电位。单次收缩的总和可以使肌肉收缩变得平滑。

(2)募集到更多的运动单元。中枢神经系统对肌肉收缩起等级性控制的第二种方法是募集到更多的具有协同作用的运动单元。一个被募集到的运动单元所能够提供的肌肉张力的大小，是由该运动单元中所含有的肌纤维的数量所决定的。

第四节

1.肌梭是位于骨骼肌内部较深位置的一种本体感受器，肌梭的外形呈梭状，长约数毫米，其外层为一结缔组织囊。囊内含 6～12 根肌纤维，称为梭内肌纤维，囊外的一般肌纤维称为梭外肌纤维。肌梭附着于梭外肌纤维旁，与梭外肌纤维平行排列。梭内肌纤维受到 γ 运动神经元支配而产生收缩。肌梭是感受肌肉的长度变化以及牵拉刺激的本体感受器。

腱器官分布在肌肉和肌腱的交接处，与梭外肌纤维呈串联关系，结构与肌梭相似，同样呈梭状结构，表面被结缔组织的被囊所包裹，在被囊中有若干根腱纤维束。当肌肉收缩时，腱器官的放电增加，腱器官会对肌肉的收缩做出反应，检测肌肉的张力，所以腱器官是一种肌肉张力感受器。

2.腱反射是指肌腱受到快速牵拉的时候发生的牵张反射。

肌紧张也叫紧张性牵张反射，是指肌腱受到缓慢且持续的拉伸的时候所发生的牵张反射。

屈肌反射是一种多突触反射，即当脊椎动物一侧肢体受到伤害性刺激时，可反射性地引起受刺激的同侧肢体屈肌收缩而伸肌舒张，肢体屈曲，称为屈肌反射。

交叉伸肌反射是指脊椎动物肢体一侧的损伤性刺激更加强烈，不仅同一侧肢体发生屈曲反射，还会同时加强躯体对侧伸肌收缩而屈肌舒张，加强肢体伸直以维持身体的平衡。

复习思考题

1.A　2.A　3.C　4.C　5.B　6.C　7.D

第九章　脑控制的行为

复习巩固

第一节

1.背外侧通路起源于大脑第一躯体运动皮质及辅助运动皮质，沿着脊髓背外侧索下行，终止于脊髓灰质的背外侧，受皮质的直接控制，神经纤维并不会经过突触的中断，而是直接延伸到脊髓的目标神经元。背外侧通路主要包括皮质脊髓束和红核脊髓束。

皮质脊髓束是背外侧通路中最重要的一条，起源于皮质，是中枢神经系统里最大最长的纤维束。皮质脊髓束当中大部分的轴突发源于运动皮质，即第一躯体运动皮质及辅助运动皮质(4 区和 6 区)。这些皮质纤维束穿过内囊，大部分纤维在延髓交叉到对侧，构成皮质脊髓束侧束，终止于对侧脊髓灰质；小部分在同侧下行，构成皮质脊髓束前束，终止于同侧脊髓灰质。其功能是支配对侧躯体的随意运动，如果受损会引起对侧肢体的瘫痪。

红核脊髓束起源于中脑的红核，在外侧通路中占很少的一部分。在人类进化的过程中，红核脊髓束的功能基本已经被皮质脊髓束所取代，对于灵长类动物以外的哺乳动物来说，红核脊髓束的运动控制也很重要，但对于人类来说，直接的皮质脊髓通路承担了大部分的功能。

2.腹内侧通路是沿着脊髓白质腹侧以及腹外侧索下行的运动传导通路，终止于脊髓灰质腹内侧部。腹内侧通路包括了四条来自脑干的纤维束，主要有前庭脊髓束、顶盖脊髓束、脑桥网状脊髓束和延髓网状脊髓束，这些纤维束都终止于控制躯干和近端肌肉的中间神经元，受到脑干的控制。腹内侧通路与支配颈部、背部以及肢体近端肌肉的运动神经元建立了直接的联系，利用身体感觉和视觉信息来维持个体的躯体平衡，确定头部和身体的运动方向以及控制姿势。

第二节

1. 第一躯体运动区对于运动的控制有以下几个明显特点。

(1)对肢体的控制是交叉发生的。一侧皮质控制身体另一侧的活动。

(2)支配肢体的脑区与肢体分布的关系是倒立的，皮质上的躯体代表区由上至下、由内到外呈“倒人形”分布。在中央前回上，最内侧靠近中线的地方支配下肢和脚，从里向外分别为躯干主体、肩部、肘部、手掌、手指，最外侧支配面部，而面部的支配关系不再倒立，而是变成正向的了。

(3)躯体各部分在皮质上的投影区与躯体本身大小无关，而与该部位运动的灵活程度呈正相关，即所代表的躯体肌肉活动越精细、越复杂，在皮质上所占的区域就越大。例如手部和面部的活动十分精细，所对应的皮质代表区所占比例就越大。

3.次级运动皮质主要由前运动皮质、辅助运动皮质和后顶叶皮质组成。

前运动皮质主要参与运动准备、运动感觉指导等环节，或者直接对某些行为进行控制。

辅助运动皮质参与了运动决策的过程。与前运动皮质不同，辅助运动皮质的运动计划作用主要针对较为复杂有序的运动，而该运动是以前学习过的，并非第一次做出的行为。

后顶叶皮质是一个处理多种感觉、运动信息的联合脑区，后顶叶皮质能够接收来自视觉系统、听觉系统和躯体感觉系统的信息传入，同时它的主要输出目标是与运动相关的脑区：第一躯体运动区、次级运动皮质、纹状体等，是大脑网络中感觉-运动整合的关键脑区。

第三节

1.(1)“皮质－新纹状体－苍白球(内)－丘脑－皮质”环路，即直接通路，该环路对运动皮质发出的活动有重要的反馈调节作用。从大脑皮质广泛区域传出信息到达新纹状体，从新纹状体发出的纤维到达苍白球内侧部，然后再从苍白球发出纤维，在丘脑中止，最后投射到大脑皮质，主要是到达辅助运动皮质。

(2)“皮质—新纹状体—苍白球(外)—丘脑底核—苍白球(内)—丘脑—皮质”环路,即间接通路,信息从皮质到达新纹状体以后,先经过苍白球外侧部,再经过丘脑底核中继,之后间接到达苍白球内侧部,最后再投射回皮质。

(3)“皮质—新纹状体—黑质—丘脑—皮质”环路 。该通路从皮质投射到新纹状体,经黑质网状部,再发出纤维投射到丘脑,最后回到皮质。

2.基底核对运动具有的调节作用并不太清晰。来自大脑皮质的神经投射到达基底核以后再经丘脑返回大脑皮质,通过这样的神经环路,基底核可以参与随意运动的筹划以及提高运动的稳定性,对肌紧张进行调整和控制,接收来自皮质的运动指令并将其与本体感受器传入的信号相互整合,从而对运动过程进行调节。目前普遍认为,基底核可以影响运动的准备和编码,将脑内的抽象活动设计转变为实际的随意运动。

纹状体还有可能与潜意识水平的运动控制有关,也许参与了学习行为。人们刚开始学习一个事物时,例如学习驾车,刚开始总是手忙脚乱、全神贯注、高度紧张地不断思考自己下一步应该怎么做。一旦熟练掌握了以后,就可以自然而然地、放松地驾车。纹状体对这种学习行为也许起到了很大的作用。

第四节

1.小脑的传入与传出纤维主要是小脑的上、中、下脚,小脑借三对小脑脚与脑干相连,其中最粗大的是小脑中脚,也称小脑臂,与上、下脚相比,位置最靠外,与脑桥相连,几乎全部由脑桥小脑纤维组成。小脑上脚位于最内侧,与中脑相连,也称结合臂。小脑下脚位于小脑中脚内侧,与延髓相连,也称为绳状体。

2.小脑不仅可以对大脑皮质发起的运动起到协调控制的作用,同时也能够自主地发起运动或者参与学习新行为。小脑对于运动的控制作用主要是反馈或者前馈作用。

(1)反馈作用

在个体执行已经获得较为完备的训练的动作时,小脑会对运动起到反馈作用。假如我们的运动计划与最终的运动结果之间是有一定区别的,那么小脑便能够对两者之间的差异进行对比,使运动执行尽量去靠拢运动计划,减少动作的误差。

(2)前馈作用

在执行已经进行了训练之后需要迅速运动的行为时,需要迅速而准确到位,并不会留有充足的时间让小脑去对动作的误差进行反馈校正,在这种情况下,就需要采取前馈的形式来对动作进行控制。在这种校正方式中,小脑需要首先编制并存储一个运动程序,其中的编程过程就是个体在运动前对自己所设想的理想动作有一个预估。因此,假如在运动过程中出现了某个意外,产生了没有预料到的错误动作,小脑就无法及时地按照早已设定好的程序对错误行为进行纠正,运动也就难以准确执行。

复习思考题

1.A　2.B　3.A　4.D　5.D　6.A

第十章　下丘脑和自主神经系统对行为的调控

复习巩固

第一节

1.一般而言，下丘脑从前向后分为视前区、视上区、结节区以及乳头区四个区。

(1)视前区。视前区位于视交叉前缘，主要的核团为视前核，其功能主要与副交感神经的活动有关。

(2)视上区。视上区则位于视交叉上方，主要的核团包括视交叉上核、室旁核、视上核、前核。视交叉上核被看作生物钟，可以调控机体活动的基本节律，视交叉上核主要包括腹外侧区和背外侧区两个区域：腹外侧区主要接受来自视网膜下丘脑束和膝状体下丘脑束传出的神经纤维；而背外侧区不接受视觉信息的传入，其中含有血管降压素和生长抑素神经元。

(3)结节区。结节区位于灰结节内及其上方，主要的核团包括漏斗核(在哺乳动物中又被称为弓状核)、正中隆起、腹内侧核以及背内侧核。

(4)乳头区。乳头区则位于乳头体内及其上方，主要的核团包括乳头体核以及下丘脑后核。下丘脑后核位于下丘脑后部，所占区域较大，接受来自海马、嗅结节、隔核、下丘脑内其他的一些核团的神经传入。乳头体核又被分为乳头体前核、结节乳头体核、乳头体上核。

2.下丘脑是调控神经内分泌功能的高级整合中枢，通过以下几种下丘脑激素轴发挥其对内分泌功能的调控作用。下丘脑通过作用于垂体前叶可以控制 5 个主要的内分泌轴，分别为下丘脑－腺垂体轴、下丘脑－垂体－肾上腺轴、下丘脑－垂体－甲状腺轴、下丘脑－垂体－性腺轴以及下丘脑－淋巴细胞－肾上腺轴。这些神经内分泌轴具有许多共性，可以调控机体的代谢、生殖、发育等许多重要方面。下丘脑促垂体区中的神经元分泌促垂体激素进入垂体门脉循环，作用于垂体前叶，每一类促垂体激素作用于特定的垂体前叶中的细胞，兴奋或抑制这些细胞使其释放一种特定的激素，能促进垂体前叶释放激素的促垂体激素被称为“释放激素”，而抑制垂体前叶释放激素的促垂体激素被称为“释放抑制激素”。

第二节

1.(1)躯体下运动神经元的胞体都位于脊髓前角或脑干内，其发出的轴突直接支配骨骼肌的收缩，中途不需要更换神经元；而自主神经系统的传出神经由节前神经元和节后神经元，以及节前神经元发出的节前纤维，节后神经元发出的节后纤维组成。节前神经元的胞体位于脊髓和脑干中，发出节前纤维与节后神经元的胞体形成突触联系；节后神经元的胞体位于自主神经节内，接受节前神经元的支配，节后神经元发出的节后纤维主要分布在各内脏器官，并支配这些内脏的活动。因此，躯体运动系统是经单突触发挥调节作用，而自主神经系统则是经过双突触路径发挥调节作用。

（2）躯体运动系统能较为快速地、精确地兴奋骨骼肌；而自主神经系统的功能则是多方面的、广泛的和相对缓慢的，即是说自主神经系统的作用范围较广、作用时间较长。

（3）躯体运动神经元轴突末梢释放乙酰胆碱作为神经递质，而自主神经系统节前纤维释放的神经递质是乙酰胆碱，节后纤维释放的神经递质包括乙酰胆碱和去甲肾上腺素。

2.交感神经与副交感神经的功能对比见下表。

器官	交感神经	副交感神经
循环器官	心跳加快、加强 腹腔内脏、皮肤等血管收缩 舒张肌肉血管	心跳减慢、心脏收缩减弱
呼吸器官	支气管平滑肌舒张	支气管平滑肌收缩、黏液腺分泌
消化器官	抑制胃肠运动和胆囊收缩 促进肛门括约肌收缩 分泌黏稠唾液	促进胃肠运动和胆囊收缩 促进胃液、胰液、稀薄唾液分泌 促进肛门括约肌舒张
泌尿生殖器官	使膀胱逼尿肌舒张和尿道括约肌收缩 促进肾小管重吸收 使有孕子宫收缩，无孕子宫舒张 刺激性高潮和射精反应，终止性行为	使膀胱逼尿肌收缩和尿道括约肌舒张 刺激阴茎充血勃起，激发和维持性行为
眼	虹膜辐射状肌收缩，瞳孔放大	虹膜环状肌收缩，瞳孔缩小
皮肤	竖毛肌收缩，汗腺分泌	
代谢	促进肾上腺髓质分泌，分解代谢增加，糖原分解	促进胰岛素分泌，合成代谢增加，糖原合成

第三节

1.应激原是指导致应激反应的刺激或内外环境的变化等各种因素。根据应激原的来源不同，可以将其分为三类：外部环境因素、机体内环境因素以及心理和社会因素。外部环境因素是指环境温度改变、气压、雷电等自然因素和水、食物、噪音等一些人为因素。机体的内环境因素主要是指机体内稳态的失衡。内稳态失衡如内分泌激素紊乱、血容量下降以及心律失常等既可以是应激原也可以属于应激反应的一部分。心理和社会因素包括职业竞争、生活压力、人际关系紧张和拥挤等。值得注意的是，心理和社会因素引起的应激反应在现代社会中越来越普遍。

2.当机体受到应激原的刺激时,应激反应所涉及的主要神经内分泌系统为下丘脑一垂体一肾上腺皮质轴(HPA 轴)和蓝斑一交感一肾上腺髓质轴,大多数应激反应都是由这两个系统进行调控。

(1)下丘脑一垂体一肾上腺皮质激素轴(HPA 轴)

当应激刺激产生的信息传递到下丘脑时,下丘脑的室旁核合成和分泌促肾上腺皮质激素释放激素(CRH),CRH 通过下丘脑一垂体门脉系统作用于垂体前叶,促使其合成和分泌促肾上腺皮质激素(ACTH),ACTH 进而作用于肾上腺皮质,使其合成和分泌肾上腺皮质激素,即糖皮质激素。

(2)蓝斑一交感一肾上腺髓质轴

蓝斑一交感一肾上腺髓质轴主要与应激时的兴奋、警觉相关,并且可以导致紧张、焦虑等情绪反应。蓝斑中的去甲肾上腺能神经元与下丘脑中分泌 CRH 的小细胞分泌性神经细胞存在直接的神经纤维联系,该路径可能也属于启动 HPA 轴的关键结构之一。

当受到应激原的刺激时,蓝斑会合成和分泌去甲肾上腺素到脊髓外侧角,激活交感神经。交感神经兴奋时,作用于肾上腺髓质。当肾上腺髓质被交感神经的节前神经纤维末梢分泌的乙酰胆碱激活时会释放去甲肾上腺素。总之,当机体处于应激状态时,去甲肾上腺素和肾上腺素的分泌增多,二者通过血液作用于全身,促进内脏的血管收缩,血压和血糖升高,抑制消化道的能力等,从而提高机体对环境的适应能力。

复习思考题

1.A 2.D 3.B 4.D 5.C

第十一章 学习与记忆的生物基础

复习巩固

第一节

1.一般来说,不会对学习与记忆进行严格的区分,作为一个连续的神经活动过程,通常分为习得、巩固和提取三个过程。

(1)习得。习得是指信息编码的过程,即感知外界信息的过程。

(2)巩固。巩固是获取的信息在神经系统储存和保持的过程,根据信息的重要程度,神经系统会反复提取有关信息,未及时提取和不重要的信息,无法得到有意义的编码,则进入遗忘过程。

(3)提取。提取是指记忆信息再现的过程,在特定情况下,将储存和保持在神经系统中的信息,通过提取的方式,表现于行为之中。

2.根据不同的分类方法,从信息种类、保存时间、储存方式等角度,可以将记忆归为不同的种类。如果根据信息存储的特点,可将记忆分为陈述性记忆和程序性记忆,陈述性记忆又可分为情景记忆和语义记忆。从记忆保存时间长短的角度,记忆又可以分为感觉记忆、短时记忆和长时记忆。依据记忆过程中意识是否参与，可把记忆分为外显记忆和内隐记忆。不同记忆类型之间，既有区别，又有联系。

第二节

1.(1)海马结构。内嗅皮层与齿状回之间的联结与空间记忆有关，海马结构的三条突触联结均与长时记忆的形成和维持有关。

(2)前额叶与多种学习形式密切相关，主要包括：① 情节记忆。情节记忆是关于在何时何地发生了何事的记忆。前额叶损伤的患者常常会混淆事件的时间地点；前额叶会通过“自上而下”的调控作用，整合感觉皮质传入的感觉信息(例如实验室的气味、声音、光照、研究人员的行为)，形成一个整体的表征，在以后某个时候又可以重新激活相关脑区，重现当时的情景；② 工作记忆。工作记忆体现了大脑“在线式”处理信息的能力，前额叶具有强大的整合处理“在线”信息的能力，是工作记忆的关键脑区；③ 规则记忆。人和动物都能够根据经验对不同的环境刺激做出不同的行为反应，即人和动物都能学会某种规则。前额叶腹侧部是规则学习的关键脑区之一。

(3)间脑与颞叶皮质的联系对记忆功能起到调控作用。丘脑具有调控多种认知功能的作用，一般来说，能够使个体的意识状态保持稳定，对个体注意力的集中也有调节作用，此外还能使个体实现情绪联想。

(4)杏仁核属于大脑边缘系统的一部分，因其形状接近杏仁状得名，杏仁核位于海马的底部和颞叶的背内侧，能有效区分不同的情绪，对与情绪有关的信息进行控制，是恐惧记忆的关键脑区。

2.在条件性恐惧建立过程中，杏仁核外侧核是初级感觉汇聚区域。内侧膝状体将听觉信息(CS)直接或经听觉皮层间接传至杏仁核外侧核。足底电击(US)的信息则由丘脑和皮质传至杏仁核外侧核。因此可见，杏仁核外侧核的神经元接受听觉及电击的刺激，CS 和 US 汇聚于杏仁核外侧核的神经元，并引起神经元可塑性的改变。汇聚的 CS-US 信息从杏仁核外侧核传递到杏仁核中央核就会产生恐惧反应。

第三节

1.长时程突触增强现象的特征，具体来说分为四点，分别是长时性、关联性、特异性和协同性。

(1)长时性。长时程突触增强现象具有长时性的特征，这种现象是由于突触产生了可塑性变化，导致突触结构和功能的长期易化，时间范围在半小时以上，甚至数天数月，这就是所谓的长时性。

(2)关联性。关联性也是长时程突触增强现象的特征之一，即突触前膜和突触后膜必须都处于激活状态，否则无法形成长期的突触可塑性变化，这种形式就是关联性的表现，如果同时激活多条通路，所受电脉冲相对低的那条可能无法引发长时程突触增强，这时别的通路如果受到较强的电脉冲刺激，可能会产生相互作用，在多条通路上激发长时程突触增强效应。

(3)特异性。长时程突触增强现象是一种高度特异性的突触可塑性变化，也就是说，如果某一突触没有受到电脉冲刺激，即使邻近的突触发生了长时程突触增强，这条未激活的突触也不会形成长时程突触增强，不会产生突触可塑性的改变。

(4)协同性。长时程突触增强还具有协同性的特征，实际上仅靠单一神经元的轴突很难激发长时程突触增强，通常是多条神经元轴突共同处于兴奋状态，一般来说，激活的神经元轴突数量越多，产生的兴奋性突触后电位越强，就越容易形成长时程突触增强，二者之间存在正相关的联系。

2.一般来说，长时程突触增强现象包括两个相互关联的时期，分别是诱导期和维持期。这两个时期先后发生，具有时间延续性，但是潜在的神经机制具有明显的差异性。

(1)长时程突触增强现象诱导期的生理机制

在诱导阶段，长时程突触增强现象借助谷氨酸促离子型受体实现，例如 NMDA 受体。在细胞膜处于静息膜电位时，NMDA 受体处于未激活的状态，当谷氨酸迅速从突触前膜释放进入突触间隙，与 AMPA 及 NMDA 受体结合，NMDA 受体在结合谷氨酸及细胞膜去极化的条件下开放，钙离子内流，突触后神经元细胞内钙离子浓度迅速增加，钙离子浓度的升高会产生一系列生理效应，使目的蛋白发生磷酸化，对细胞核内的遗传物质产生装饰作用，相关遗传物质通过转录翻译等过程，诱发长时程突触增强作用的产生。

(2)长时程突触增强现象维持期的生理机制

如果想让长时程突触增强现象稳定地保持下去，突触前膜和突触后膜必须长时间地保持兴奋状态，神经元的突触前成分必须不断地将兴奋性神经递质释放到突触间隙，并且不断地作用于突触后膜的受体上，受体的功能持续增强，能接收来自突触前膜的大量神经活性物质。当长时程突触增强现象处于维持阶段时，除了突触功能可塑性的形成，突触后神经元还可能会出现细胞结构的长期变化和新的蛋白质合成，以维持长时程突触增强现象的稳定。例如神经元的形态可能发生改变，树突向更远处延伸，树突棘数量和种类不断地增加，与周边神经元建立更加广泛的联结。早期时相的长时程突触增强现象可以保持几个小时，晚期时相则能保持更久，缘于突触功能和结构可塑性的发生。

复习思考题

1.D　2.C　3.D　4.A　5.B　6.D　7.A　8.D

第十二章　情绪的生物基础

复习巩固

第一节

1.一般认为情绪是指个体伴随主观认知和意识过程所产生的对外界事物态度的

体验，是人脑对客观外界事物与主体需求之间关系的反应，是以个体需要为中介的一种心理活动。情绪包括主观情感体验和客观生理反应，主观情感体验是个体对不同情绪状态的主观感受，客观生理反应是情绪活动引起的一系列自主神经系统和内分泌系统反应，以及躯体行为反应，如面部表情、手势与姿态，语音语调的改变等。

2.詹姆斯-兰格理论认为刺激引发自主神经系统的活动，产生生理状态上的改变，接着才体验到情绪（我伤心难过是因为我哭泣，我恐惧是因为我逃跑了）。坎农-巴德理论认为情绪体验能独立于情绪表达之外产生，即使没有可感觉到的生理反应，情绪仍然可以被体验到。即詹姆斯-兰格理论认为个体先是对刺激产生生理反应，然后再产生情绪体验；在坎农-巴德理论中，首先有情绪体验然后才出现相应的生理反应。

第二节

1.扣带回→海马→穹隆→乳头体→丘脑前核的纤维联络被称为巴贝兹环。在巴贝兹环中，新皮质使情绪“色彩化”，扣带回控制情绪的体验，下丘脑控制着情绪的行为表达，而下丘脑和新皮质的位置使得它们可以相互影响，因此将情绪的表达和体验联系了起来。在此环中，扣带回通过穹隆和海马影响下丘脑，而下丘脑通过丘脑前部影响扣带回。

2.一个动物会因为各种原因向其他动物发起攻击：获取食物、保卫领地、自我防御等等。攻击行为的一个划分是将其分为了掠夺性攻击和情感性攻击。掠夺性攻击包括攻击不同种类的动物作为食物，不伴有交感神经活动性的增加；情感性攻击是为了显示而非为了食物而攻击，伴有交感神经活动性增加。攻击行为有两条神经环路：一条通路从杏仁核的皮质内侧核发出至下丘脑外侧核和腹侧被盖，控制掠夺性攻击；另一条则从杏仁核的基底外侧核出发，到下丘脑内侧核导水管周围灰质，调节情感性攻击。

复习思考题

1.D　2.C　3.D　4.D　5.A

第十三章　动机行为的生物基础

复习巩固

第一节

1.外部动机指行为动机是由外部力量和外部环境（即诱因）激发而来的动机，是追求行为之外的某种目标。内部动机则是指行为动机出自本人意愿并且行为本身能满足行为人的需要。内部动机虽然相比外部动机更为持久和稳定，但是个体与生俱来的兴趣有限，大部分态度、价值观和行为都是通过后天习得和培养而成，是一种内化的过程。动机也是如此，对于某些缺乏内在兴趣的行为来说，通常需要利用外部刺激给予强化，随后再逐渐培养个体对行为本身的兴趣和对行为的控制力，最终通过内部力量操纵行为，完成动机的内化过程。也就是说，外部动机可以转换为内部动机，即个体在外部刺激结束后，仍然会继续实施这些行为，因为个体在行为中感受到了自我的价值和行为的意义。

2.心理学家耶克斯与多德森通过动物实验研究归纳出耶克斯-多德森定律。该定律可以用来解释心理压力、工作难度与工作绩效三者之间的关系：动机强度与工作效率之间的关系不是一种线性关系，动机的最适强度是由任务的难度决定，即在简单任务中，动机越强，工作效率越高；而在难度较大的任务中，动机与工作效率的关系呈倒U形曲线，适中的动机水平反而有利于任务的完成。

第二节

1.早期的损毁、刺激、电生理结合行为学实验观察发现，激活下丘脑的不同部位可引发或抑制摄食行为。刺激外侧下丘脑可以促进摄食和觅食行为，损毁则会使动物拒绝食物和水，除非强饲，否则动物将会饿死。腹内侧下丘脑为中心的大面积损伤可导致过度摄食和体重增加。由于下丘脑外侧区和下丘脑内侧区在摄食行为中的调控作用，这两个脑区被人们称作“饥饿中枢”和“饱食中枢”。在后续的研究中又发现，在静脉注射葡萄糖后，“饱食中枢”的相关神经元的放电频率显著增加，而“饥饿中枢”神经元的放电频率则有略微降低的迹象，这个现象表明下丘脑外侧区和腹内侧下丘脑中存在对葡萄糖浓度变化敏感的神经元。在摄食行为的开始和终止过程中，外侧下丘脑和腹内侧下丘脑两个脑区相互协同，发挥平衡作用，这种调控机制被称为“双中心调控假说”。

2.脂肪细胞可以释放瘦素，并且脂肪细胞越多，释放的瘦素也就越多，但是瘦素基因缺乏的动物无法产生瘦素。在对瘦素的深入研究中发现，瘦素是脂肪细胞合成分泌的一种蛋白质类激素，其功能是多方面的，主要表现在对脂肪及体重的调节：

(1)影响脂肪代谢。抑制脂肪合成代谢，促进脂肪分解代谢。

(2)抑制食欲。减少体重和体脂量。

(3)增加能量消耗。增加交感活性，促进能量动员，使存储的能量化为热量释放。

复习思考题

1.D　2.B　3.A　4.A　5.C　6.A　7.B

附录二　参考文献

[1] Adolphs R., Tranel D., Damasio H., &Damasio A. (1994). Impaired recognition of emotion in facial expressions following bilateral damage to the human amygdala [J]. *Nature*,372,669—672.

[2]Adolphs R., Tranel D., Damasio H., &Damasio A.(1995). Fear and the human amygdala [J]. *Journal of Neuroscience*,15,5879—5891.

[3] Almli C. R., Fisher R. S., &Hill D. L. (1979). Lateral hypothalamus destruction in infant rats produces consummatory deficits without sensory neglect or attenuated arousal [J]. *Experimental Neurology*,66,146—157.

[4]Amaral D. G.(2003) The amygdala, social behavior, and danger detection [J]. *Annals of the New York Academy of Sciences*,1000,337—347.

[5] Anderson A. K., & Phelps E. A. (1998). Intact recognition of vocal expressions of fear following bilateral lesions of the human amygdala [J]. *Neuroreport*,9(16),3607—3613.

[6]Bastien D.Gomperts.(2010). 信号转导(第 2 版) [M]. 北京:科学出版社.

[7]Bear M. F.,Connors B.,& Paradiso M. A.(1996). *Neuroscience: Exploring the Brain* [M]. New York:Williams and Wilkins.

[8]Berthoz S.,Artiges E.,Van D. M.,Poline J. Rouquette S.,Consoli S. M.,& Martinot J.(2002). Effect of impaired recognition and expression of emotions on frontocingulate cortices: an fMRI study of men with alexithymia [J]. *American Journal of Psychiatry*,159(6),961—967.

[9]Biggio F.,Mostallino M. C.,Talani G.,Locci V.,Mostallino R.,Calandra G., Sanna E., & Biggio G. (2019). Social enrichment reverses the isolation-induced deficits of neuronal plasticity in the hippocampus of male rats [J]. *Neruopharmacology*,151,45—54.

[10] Blank S. C., Scott S. K., & Murphy K. (2002). Speech production: Wernicke, Broca and beyond [J].*Brain*,125(pt8),1829—1838.

[11]Bozic M.,Tyler K.,& Ives D. T.(2010). Bihemispheric foundations for human speech comprehension [J]. *Proceedings of the National Academy of Sciences of the United States of America*,107(40),17439—17444.

[12]Coccaro E. F.,Kavoussi R. J.,Trestman R. L.,Gabriel S. M.,Cooper T. B., & Siever L. J.(1997). Serotonin function in human subjects: intercorrelations among

central 5-HT indices and aggressiveness [J]. *Psychiatry Research*, 73(1—2), 1—14.

[13]Coccaro E. F., Fanning J. R., Phan K. L., & Lee R.(2015), Serotonin and impulsive aggression [J]. *CNS Spectrums*, 20(3), 295—302.

[14]Correia S. S., Bassani S., & Brown T. C.(2008). Motor protein-dependent transport of AMPA receptors into spines during long-term potentiation [J]. *Nature Neuroscience*, 11(4), 457—466.

[15]D'Agostino G., Lyons D., & Cristiano C. (2018). Nucleus of the solitary tract serotonin 5-HT2C receptors modulate food lntake [J]. *Cell Metabolism*, 28(4), 619—630.

[16]Dale P. (2012). *Neuroscience (fifth edition)*[M]. Massachusetts: Sinaue.

[17]David L. F. (2016). *Netter's Atlas of Neuroscience (third edition)*[M]. Philadelphia: Elsevier.

[18]Deutsch J. A., Young W. G., & Kalogeris T. J.(1978). The stomach signals satiety [J]. *Science*, 201(4351), 165—167.

[19]Dorré D., & Smith G P. (1998). Cholecystokinin$_B$ receptor antagonist increases food intake in rats [J]. *Physiology & Behavior*, 65(1), 11—14.

[20]Eleanor A. M., David G. G., & Ingrid S. J. (2000). Navigation-related structural change in the hippocampi of taxi drivers [J]. *Proceedings of the National Academy of Sciences of the United States of America*, 97(8), 4398—4403.

[21]Farooqi I., Jebb S. A., & Langmack G. (1999). Effects of recombinant leptin therapy in a child with congenital leptin deficiency [J]. *New England Journal of Medicine*, 341(12), 879—884.

[22]Jordan H. A. (1969). Voluntary intragastric feeding: oral and gastric contributions to food intake and hunger in man [J]. *Journal of Comparative and Physiological Psychology*, 68(4), 498—506.

[23]Grossman S. P., Dacey D., & Halaris A. E.(1978). Aphagia and adipsia after preferential destruction of nerve cell bodies in hypothalamus [J]. *Science*, 202 (4367), 537—539.

[24]Hetherington M. M., Anderson A. S., & Norton G. N. M. (2006). Situational effects on meal intake: A comparison of eating alone and eating with others [J]. *Physiology & Behavior*, 88(4—5), 498—505.

[25]Hiyama T. Y., Watanabe E., & Okado H.(2004). The subfornical organ is the primary locus of sodium-level sensing by Na(x) sodium channels for the control of salt-intake behavior [J]. *Journal of Neuroscience*, 24(42), 9276—9281.

[26]Lindberg N. O., Coburn P C., & Stricker E. M.(1984). Increased feeding by

rats after subdiabetogenic streptozotocin treatment: a role for insulin in satiety [J]. *Physiology & Behavior*, 98(1), 138－145.

[27]Mark F. B.(2016). *Neuroscience: Exploring the Brain (Fouth Edition)* [M]. Alphen aan den Rijn: Wolters Kluwer.

[28]Nitschke M. F., Binkofski F., & Buccino G.(2004). Activation of cerebellar hemispheres in spatial memorization of saccadic eye movements: an fMRI study [J]. *Human Brain Mapping*, 22(2), 155－164.

[29]Michael S. G.(2017). 认知神经科学——关于心智的生物学(第3版)[M]. 周晓林等译，北京：中国轻工业出版社.

[30]Ortwin B.(2013). Cajal, Golgi, Nansen, Schäfer and the neuron doctrine [J]. *Endeavour*, 37(4), 228－234.

[31]Pardal R., & López-Barneo J.(2002). Low glucose-sensing cells in the carotid body [J]. *Nature Neuroscience*, 5(3), 197－198.

[32]Pesoa L.(2008). On the relationship between emotion and cognition [J]. *Nature Review Neuroscience*, 9(2), 148－158.

[33]Richard J., Anderberg R., & Göteson A.(2015). Activation of the GLP-1 receptors in the nucleus of the solitary tract reduces food reward behavior and targets the mesolimbic system [J]. *PLoS One*, 10(3), e0119034.

[34]Richard J. S., Heather M. F., Tuki A., Dolly G., Martin R. Y., Megan J. O., & Terry D.(2020). Hippocampal-dependent appetitive control is impaired by experimental exposure to a Western-style diet [J]. *Royal Society Open Science*, 7, 191338.

[35]Wojciech P.(2016). *Histology: A text and atlas (seventh edition)* [M]. Alphen aan den Rijn: Wolters Kluwer.

[36]Yair P., David A. N., & Marte O.(2017). Split brain: divided perception but undivided consciousness [J]. *Brain*, 140(5), 1231－1237.

[37]丁斐.(2011). 神经生物学 [M]. 北京：科学出版社.

[38]高英茂.(2016). 组织学与胚胎学(第3版)[M]. 北京：人民卫生出版社.

[39]黄希庭.(2015). 心理学导论 [M]. 北京：人民教育出版社.

[40]焦富勇，闫鲜鹏，薛茹，蔺婧，王焱.(2012). 抽动症治疗新进展 [J]. 中国医药科学，2(23)，52－56.

[41]卡尔森.(2016). 生理心理学(第6版)[M]. 苏彦捷译. 北京：中国轻工业出版社.

[42]李桂源.(2011). 病理生理学(第2版)[M]. 北京：人民卫生出版社.

[43]李如，李继承.(2017). 组织学与胚胎学(第3版)[M]. 北京：人民卫生出版社.

[44][美]LIQUN LUO(骆利群).(2018).神经生物学原理[M].李沉简,李芃芃,高小井,等译.北京:高等教育出版社.

[45]刘金婷,蔡强,王若菡,吴寅.(2011).催产素与人类社会行为[J].心理科学进展,19(10),1480—1492.

[46]邱一华,彭聿平.(2014).生理学(第3版)[M].北京:科学出版社.

[47]茹立强,王才源,殷光甫.(2004).神经科学基础[M].北京:清华大学出版社.

[48]盛祖杭.(2008).神经元突触传递的细胞和分子生物学[M].上海:上海科学技术出版社.

[49]寿天德.(2005).神经生物学[M].北京:高等教育出版社.

[50]隋南.(2018).生理心理学(第2版)[M].北京:中国人民大学出版社.

[51]王庭槐.(2015).生理学(第3版)[M].北京:人民卫生出版社.

[52]薛一雪.(2018).基础神经科学教程[M].北京:科学出版社.

[53]阎书昌.(2013).华生实验被试小阿尔伯特的身份确认及争论[J].西北师大学报(社会科学版),50(1),93—98.

[54]杨艳杰.(2007).生理心理学[M].北京:人民卫生出版社.

[55]柏树令.(2014).系统解剖学(第2版)[M].北京:人民卫生出版社.

[56][美]詹姆斯·卡拉特.(2012).生物心理学(第10版)[M].苏彦捷等译.北京:人民邮电出版社.

[57]朱长庚.(2009).神经解剖学(第2版)[M].北京:人民卫生出版社.

[58]翟中和.(2017).细胞生物学(第4版)[M].北京:人民卫生出版社.